曾国藩
家书详注

〔清〕曾国藩　著
王澧华　注评

浙江古籍出版社

前　言

曾国藩现存家信1500多封，本次选编140封，接近十分之一。

言为心声，何况是写给父母兄弟、妻子儿女的亲笔家书，读者当可以“近距离”观察到曾国藩的内心世界。曾国藩享年六十，却有十四五年旅居京城，十六七年转战东南、宦游南北，大半生异乡异客，他的家信，对于白发高堂，对于众多弟弟妹妹，对于夫人、子女与侄辈，其中展现出怎样的心迹历程？

捧读曾国藩写给“堂上六位老人”——祖父母、父母与叔父母的18封家信，我们可以真切地感受到，一位客居京城、羁绊职守的远方游子，遥望白云亲舍，欲归不能，省亲无期，是如何将魂牵梦绕的思念、挥之不去的牵挂，化作一声声的问候、一笔笔的汇款与一包包的名贵医药。

研读曾国藩写给四位弟弟——当家主事的四弟国潢，桀骜不驯的六弟国华，攻城略地的前敌主将九弟国荃，出师未捷、马革裹尸的季弟贞干的93封家信，我们仿佛身临其境地“穿越”到现场，贴身观察曾国藩是怎样“当大哥”的：

批改作业是如何循循善诱，诲人不倦；

引导修身是如何婆心热血，言之娓娓；

救济亲邻是如何克己待人，持之以恒；

六弟在京不学好，不服管，九弟在京不懂事，闹分餐，如何补救，如何挽回；

十年之间，四个弟弟的学费，是如何东拉西扯筹措的；

两个弟弟的监生捐款，往返京城的生活开销，占据京官微薄俸禄的一半；

自己的大儿子只是二品监生，小儿子还在咬牙“高考”，刚刚晋级相位的曾国藩，却把一品监生的皇恩，背地里送给了侄儿；

南京破城在即却又久攻不下，朝廷上谕再三命令李鸿章淮军前来助攻，在前线将士“舍命不舍财”与一家之主“保全九弟性命”之间，钦差大臣曾国藩如何痛下决心；

九弟一天地方官没做过，却又一下子就任“湖北省长”，出将入相的三朝元老，如何手把手教导“为臣”与“为官”的不传之秘。

静读曾国藩写给夫人的“两地书”、写给子女的教子书、写给侄儿的励志书，我们且看他怎么说：

衙门开销大，使唤佣人多，久居城市，儿子媳妇、女儿女婿，难免习于安逸，请夫人以身作则，带他们回老家，从此安居乡村，耕读传家，清芬世守，行不？回家后，彻底忘记京官太太身份，忘掉侯爵夫人、宰相夫人身份，勤俭持家、亲力亲为，好吗？

大儿子太乖巧，“天质聪颖，但嫌过于玲珑剔透”，于是“泽儿宜浑”（大度包容）、“出口宜讱”（木讷），这话说了几十遍；小儿子有点懒，“生长富贵，但闻谀颂之言，不闻督责鄙笑之语，故文理浅陋而不自知，又处境太顺，无困横激发之时”，于是“鸿儿宜勤”，要“挣扎发愤”，“凡事皆有极困极难之时，打得通的，便是好汉”，就这些，别的不多说。宋代四川眉山县的一位读书人家，名叫家颐的，写过一篇《戒子十章》，其中说“教子有五：导其性，广其志，养其才，鼓其气，攻其病，废一不可”，本书精选29封，读者或可逐一对照。

曾国藩有六个侄儿，这里选取他写给侄儿的两封励志家信，我们是否也能找出他是怎样“导其性”、怎样“广其志”，又怎样“养其才，鼓其气”的呢？“人之有志，犹水之有源，木之有根，作室之有基，力田之有种”，“侄年方幼学，宜立志多读古书，立志作第一好人”。

凡此种种，不胜枚举。

本次注评曾国藩家书，原文以岳麓书社2011年版《曾国藩全集》本为据。除了节选（不仅是从1500封中精选，而且若干入选的家信，某些无关紧要的杂事，本次也略有裁剪），本书还做了两项比较费时费心的工作：一是对信中的人名、地名与官名、典章制度、乡土风俗、疑难字词，逐一做了简明注释。为节省读者查阅之劳，注释不避重复，不作“互见”，但人名第二次出注则大体从简，不再括注生卒，不涉及籍贯。二是评点串讲，结合自己的阅读体会，与读者交流读书心得。其实，这次注评，我自己也得到了很大的收获，得到了很深的教育。

王澧华

2019年5月

目 录

写给弟弟

写给夫人与子侄

写给长辈

禀祖父　道光二十一年四月十七日

祖父大人万福金安〔一〕：

四月十一日由折差发第六号家信〔二〕，十六日折弁又到〔三〕。孙男等平安如常〔四〕，孙妇亦起居维慎〔五〕。曾孙数日内添吃粥一顿，因母乳日少，饭食难喂，每日两饭一粥。

今年散馆〔六〕，湖南三人皆留，全单内共留五十二人，仅三人改部属〔七〕，三人改知县。翰林衙门现已多至百四五十人〔八〕，可谓极盛。琦善已于十四日押解到京〔九〕，奉上谕派亲王三人、郡王一人、军机大臣、大学士、六部尚书会同审讯〔一〇〕，现未定案。梅霖生同年因去岁咳嗽未愈〔一一〕，日内颇患咯血。同乡各京官宅皆如故。

澄侯弟三月初四在县城发信已经收到〔一二〕，正月二十五信至今未接。兰姊以何时分娩〔一三〕？是男是女？伏望下次示知。

楚善八叔事〔一四〕，不知去冬是何光景。如绝无解危之处，则二伯祖母将穷迫难堪，竟希公之后人〔一五〕，将见笑于乡里矣。孙国藩去冬已写信求东阳叔祖兄弟，不知有补益否？此事全求祖父大人作主。如能救焚拯溺〔一六〕，何难嘘枯回生〔一七〕！伏念祖父平日积德累仁，救难济急，孙所知者，已难指数。如廖品一之孤、上莲叔之妻、彭定五之子、福益叔祖之母及小罗巷、樟树堂各庵，皆代为筹画，曲加矜恤〔一八〕。凡他人所束手无策、计无复之者，得祖父善为调停，旋乾转坤〔一九〕，无不立即解危，而况楚善八叔同胞之亲、万难之时乎？孙因念及家事，四千里外杳无消息，不知同堂诸叔目前光景〔二〇〕，又念家中此时亦甚艰窘，辄敢冒昧饶舌，伏求祖父大人宽宥无知之罪。楚善叔事如有说法之处，望详细寄信来京。

兹逢折便〔二一〕，敬禀一二，即跪叩祖母大人万福金安。

注释

〔一〕万福金安：旧时书信中对长辈的问候语。

〔二〕折差（chāi）：负责传送大臣呈报奏折的通讯人员。

〔三〕折弁（biàn）：与“折差”同义。此处“弁”是低级武官。

〔四〕孙男：孙儿。

〔五〕孙妇：孙媳。起居维慎：生活作息都很谨慎。

〔六〕散馆：当时把初次进入翰林院学习与翰林院结业考试，都叫“散馆”。此处是指后一种，即清代科举考试，通过会试者称进士，再经过朝考，优者进入翰林院，称“庶吉士”；庶吉士修业三年，举行大考，优等授予翰林院编修、检讨等官职，中等继续留馆学习，下届再行散馆；成绩不佳则分派六部任主事，或下放地方做知县。

〔七〕改部属：翰林散馆后，改任吏、礼、户、刑、兵、工六部下级属员。

〔八〕翰林衙门：翰林院，清代培养、储备高级文官后备队伍的国家机关。衙门，旧时对官府的俗称。

〔九〕琦善（1786—1854）：字静庵，满洲正黄旗人，曾任两江总督、两广总督，位居文渊阁大学士。在第一次中英鸦片战争期间，他与英军私自签订和约，割让香港，赔款六百万两，随即遭革职审判。后被赦免，出任四川总督、陕甘总督。太平军定都南京，琦善又被任命为钦差大臣率军进攻，不久死于军中。

〔一〇〕上谕：封建时代称皇帝发出的指示为“谕旨”，也叫“上谕”。此处“上”即“皇上”。亲王：封建时代封爵的最高等级，清代一般只有皇家宗室子弟才能获得。郡王：比亲王次一级的爵位。军机大臣：清朝前期雍正帝设立军机处，从朝廷大臣中选派亲信担任军机大臣，协助皇帝直接处理军政重大决策。大学士：清朝不设宰相（总理），由宗室大臣或六部尚书、各地总督中晋升大学士，分别以三殿（保和殿、文华殿、武英殿）、三阁（文渊阁、体仁阁、东阁）冠名，定额为满族、汉族各二人，另有协办大学士，满汉各一人。六部：明清时代的六个国家机关，吏部主要负责审核官员任免，礼部负责国家典礼与科举考试，户部主要掌管税收财政，刑部掌管司法，兵部负责国防，工部负责各类建筑（包括皇陵建设与水利治理）工程。尚书：明清时代六部的正职长官。

〔一一〕同年：明清时期，参加同一年乡试或会试并一同考取者，互称“同年”。

〔一二〕澄侯：即曾国潢（1820—1886），字澄侯，曾国藩大弟，捐资监生，候选郎中。古人讲究礼节，平辈之人，一般不直呼其名，而是称其字号，以示恭敬。

〔一三〕兰姊：即曾国兰，曾国藩大姐。

〔一四〕楚善：曾国藩堂叔。

〔一五〕竟希公：曾国藩曾祖父。

〔一六〕救焚拯溺：拯救他人危急。

〔一七〕嘘枯回生：形容起死回生。

〔一八〕曲加矜恤：体谅他人，予以怜悯关照。

〔一九〕旋乾转坤：即“旋转乾坤”，形容力量无穷，无所不能。

〔二〇〕同堂：此处指“同一祠堂”。

〔二一〕折便：折差往来之便。

点评

曾国藩祖父名叫曾玉屏，字星冈，一位个性坚强、勤俭务实而又见识过人的富裕农民，是他发扬中国古代耕读传家的优良传统，让儿子曾麟书成为曾家第一位秀才，孙子曾国藩成为曾家第一位翰林。曾国藩从小跟随父亲读书十几年，但他更佩服的还是有胆有识的祖父。这封信，就是孙子为堂叔负债而向爷爷求情，在明知自家经济状况“亦甚艰窘”的情况下，还是恳请爷爷舍己助人。

当然，不能让爷爷打开来信就眉头紧锁，曾国藩在这封求情书的前半，先报平安，报喜讯，您的长孙、长孙媳都作息规矩谨慎，您的曾孙每天两餐饭一餐粥，前不久翰林散馆，孙儿我有幸留馆了；接着，大到亲王审判大臣的国家大事，小到咳嗽出血的同乡近况，还有大姐分娩是男是女，都不厌其详地说上一遍。然后这才转入正题，说出曾楚善的事情来。

曾楚善虽然是曾国藩的堂叔，但年龄大不了多少，从小在一起长大，感情不错。曾国藩考中进士进入翰林院，回家筹措“长安居，大不易”的租赁开支，还从堂叔处借支过十千二百文铜钱。不久，曾楚善因为不善居家，只能将田产租佃权转移给曾国藩的爷爷，为了甩掉这个烂摊子，他声明田产租佃往来的三百四十千抵押款由自己垫付，但实际是拆东墙补西墙，到处抵债。曾国藩得知此情，上年冬季还特意写信给族中亲戚，意在帮助解围。半年过去，“杳无消息”。于是曾国藩只好代替堂叔，向爷爷诉苦：楚善叔光景如此，那他的母亲、我的二伯祖母则更加“穷迫难堪”，都是曾祖父的后人，将要被别人看笑话了。接着，曾国藩用更加诚恳的态度，列举“祖父平日积德累仁，救难济急”之事，不管多难的事情，只要您肯出力，每次都能翻转乾坤，改天换地，何况是“同胞之亲、万难之时”呢。此外，行文如“如能救焚拯溺，何难嘘枯回生”之雅洁，态度如“冒昧饶舌”“宽宥无知”之自责，都是这封家书的动人之处。

禀父母 道光二十一年十月十九日

男国藩跪禀父母亲大人万福金安：

十月十七日接奉在县城所发手谕〔一〕，知家中老幼安吉，各亲戚家并皆如常。男于八月初三发第十一号家信，十八发第十二号，九月十六发第十三号，不知皆收到否？

男在京身体平安。近因体气日强，每天发奋用功。早起温经〔二〕，早饭后读二十三史〔三〕，下半日阅诗、古文。每日共可看书八十页，皆过笔圈点〔四〕。若有耽搁，则止看一半。

九弟体好如常〔五〕，但不甚读书。前八月下旬迫切思归，男再四劝慰，询其何故。九弟终不明言，惟不读书，不肯在上房共饭〔六〕。男因就弟房二人同食，男妇独在上房饭〔七〕。九月一月皆如此。弟待男恭敬如常，待男妇和易如常，男夫妇相待亦如常，但不解其思归之故。男告弟云“凡兄弟有不是处，必须明言，万不可蓄疑于心。如我有不是，弟当明争婉讽。我若不听，弟当写信禀告堂上〔八〕。今欲一人独归，浪用途费〔九〕，错过光阴，道路艰险，尔又年少无知，祖父母、父母闻之，必且食不甘味，寝不安枕，我又安能放心？是万万不可也”等语。又写书一封，详言不可归之故，共二千余字。又作诗一首示弟。弟微有悔意，而尚不读书。十月初九，男及弟等恭庆寿辰〔一〇〕。十一日，男三十初度〔一一〕，弟具酒食、肃衣冠，为男祝贺。嗣是复在上房四人共饭〔一二〕，和好无猜。

昨接父亲手谕，中有示荃男一纸〔一三〕，言境遇难得、光阴不再等语，弟始愧悔读书。男教弟千万言，而弟不听；父亲教弟数言，而弟遽惶恐改悟。是知非弟之咎，乃男不能友爱〔一四〕，不克修德化导之罪也〔一五〕。伏求更赐手谕，责男之罪，俾男得率教改过〔一六〕。幸甚。

男谨禀

注释

〔一〕手谕：亲笔信。谕，旧时尊长写给下级或晚辈的指示。

〔二〕温经：复习、研读儒家经典。

〔三〕二十三史：《史记》《汉书》《后汉书》《三国志》《晋书》《宋书》《南齐史》《梁书》《陈书》《魏书》《北齐书》《周书》《南史》《北史》《隋书》《旧唐书》《新唐书》《宋史》《新五代史》《辽史》《金史》《元史》《明史》23部史书。

〔四〕过笔圈点：旧时古书没有标点符号，需读者自行用笔在断句处点读，如觉重要，则在字旁画圈标记。

〔五〕九弟：此处指曾国藩三弟曾国荃（1824—1890），字子植，号沅甫，官至两江总督。幼时，家中按旧时习惯用同祖父各堂兄弟的大排行，起派名为“宽九”，故此处称“九弟”。

〔六〕上房：正房，位居中央、面向大门的房间。

〔七〕男妇：（您）儿媳。

〔八〕堂上：家中长辈，此处特指父母。

〔九〕浪用：胡乱花钱。途费：路费。

〔一〇〕寿辰：生日。此处特指曾国藩、曾国荃父亲的生日。

〔一一〕初度：本义是初生之时，后借指生日。古人以初生之年为第一岁，即今所说的“虚岁”。曾国藩本年虚岁三十一。

〔一二〕嗣（sì）是：从此。

〔一三〕示荃男：写给儿子国荃的家信。

〔一四〕友爱：此处特指兄弟关爱之情。

〔一五〕不克：不能，未能。

〔一六〕俾（bǐ）：使。率教：遵循教诲。

点评

曾国藩这封家书，是向湖南老家的父母汇报，如何处理弟弟闹情绪的问题。它有以下几点值得肯定。

第一，给远在家乡的父母写信，不便提笔便写兄弟矛盾，因此曾国藩先写一小段，简要汇报自己在北京的生活与学习情况：儿子“身体平安”，“体气日强”，“每日发奋用功”，清早读什么，上午、下午读什么，每天读了多少书，清清楚楚，先让父母看着舒心。

第二，进入正题：弟弟最近闹脾气，不过已经改正了，请父母放心。也许有些人，甚至很多人，一般也就写到这样了。但曾国藩不是这样，这样太轻描淡写，父母反而会更加揪心：怎么回事啊？小儿子受委屈了？是不是哥嫂嫌弃了？因此，曾国藩不厌其烦地介绍事情经过，以便让父母确信：小儿子没受半点委屈，一家人确实和和美美。

曾国藩于道光十八年（1838）考取进士，再通过朝考改为庶吉士，进入翰林院学习，此时还没有授予官职。去年腊月，曾国藩父亲曾麟书带着儿媳欧阳氏、长孙曾纪泽与三子曾国荃来京，今年四月回湘，留下国荃在京随大哥读书，与哥嫂同吃同住。但几个月后，曾国荃却突然提出要回家，而且不肯再在一个饭桌上吃饭，甚至一闹就是一个多月。这一年，弟弟十七岁，青春期逆反；哥哥三十岁，正是血气方刚。曾国藩不但不发火，不赌气，反而放下长兄身段，给小弟弟“放让”，竟然把老婆孩子扔到一边，自己端着饭碗走到弟弟房间去陪吃，而且一去就是一个月。不仅如此，还苦口婆心地开导、化解：“哥哥哪儿得罪你了，你骂我好了，你还可以给父母告状，只是不要这样闷在心里；几千里的路程，说要回就要回，不仅浪费钱，而且不安全啊。”除了当面口头劝说，背地里还写下两千字的书信，一直感动得老弟回到饭桌，和好如初。

第三，仅仅这样写，或许有点自我摆功，曾国藩接下来列举父亲来信，父亲教训，三言两语就能见效，胜过我“教弟千万言”，然后顺理成章转入自责：弟弟没有错，错在我这个当哥哥的缺少关爱，道德修养不够，启发诱导不够，因此，我要向父母请罪，请父亲来信批评我教育我，以便使我更好地遵循您的教诲，不断改正错误。

以上是从行文章法上而言，当然，曾国藩写信之初，应该没有这些“章法结构”的考虑。在我看来，这首先是来自于历代先贤“修身齐家”的优良传统，其次，也许要归功于他当年开始的理学修炼。

禀祖父母　道光二十二年八月初一日

孙男国藩跪禀祖父母大人万福金安：

七月初五日发第九号信，内言六月二十四后，孙与岱云意欲送家眷回南〔一〕，至七月初一谋之于神，乃决计不送。

初五日发信后，至初八日九弟仍思南归，其意仍坚，不可挽回。与孙商量，孙即不复劝阻。九弟自从去年四月父亲归时，即有思归之意。至九月间，则归心似箭。孙苦苦细问，终不明言其所以然。年少无知，大抵厌常而喜新。未到京则想京，既到京则思家，在所不免。又家中仆婢，或对孙则恭敬，对弟则简慢〔二〕，亦在所不免。孙于去年决不许他归，严责曲劝，千言万语，弟亦深以为然。几及两月，乃决计不归。今年正月病中又思归，孙即不敢复留矣。三月复元后，弟又自言不归。四、五、六月读书习字，一切如常。至六月底，因孙有送家眷之说，而弟之归兴又发。孙见其意，是为远离膝下〔三〕，思归尽服事之劳〔四〕。且逆夷滋扰〔五〕，外间讹言可畏。虽明知蕞尔螳臂不足以当车辙〔六〕，而九弟既非在外服官〔七〕，即宜在家承欢〔八〕，非同有职位者，闻警而告假，使人笑其无胆，骂其无义也。且归心既动，若强留在此，则心如悬旌〔九〕，不能读书，徒废时日。兼此数层，故孙比即定计，打发他回，不复禁阻。恰好郑莘田先生（名世任，长沙人，癸酉拔贡〔一〇〕，小京官，由御史升给事中〔一一〕，现放贵西兵备道〔一二〕）将去贵州上任，迂道走湖南省城，定于十六日起程。孙即将九弟托他结伴同行。此系初八九起议，十四日始决计。即于数日内将一切货物办齐，十五日雇车。

九弟雇轿车一辆〔一三〕，价钱二十七千文〔一四〕（时价轿车本只要二十三千，孙见车店内有顶好官车一辆，牲口亦极好，其车较常车大二寸，深一尺，坐者最舒服，故情愿多出大钱四千，恐九弟在道上受热生病）。雇底下人名向泽〔一五〕，其人新来，未知好歹。观其光景，似尚有良心者（昨九弟出京七日，在任丘县寄信来京，云向泽伺候甚好）。十六日未刻出京〔一六〕，孙送至城外二十里。见道上有积潦甚多〔一七〕，孙大不放心，恐路上有翻车陷车等事，深为懊悔。二十三日接到弟在途中所发信，始稍放心。兹将九弟原信附呈。孙交九弟途费纹银三十二两整〔一八〕（先日交车行上脚大钱十三千五百文及上车现大钱六千文两项在外〔一九〕），外买货物及送人东西另开一单（九弟带回）。外封银十两，敬奉堂上六位老人吃肉之资（孙对九弟云，万一少途费，即扯此银亦可〔二〇〕，若到家后，断不可以他事借用此银，然途费亦断不至少也）。向泽订工费大钱二千文，已在京交楚〔二一〕。郑家与九弟在长沙分队，孙嘱其在省换小船到县，向泽即在县城开销他。向泽意欲送至家，如果至家，留住几日打发，求祖父随时斟酌。

九弟自到京后，去年上半年用功甚好。六月因甲三病〔二二〕，耽搁半月余。九月弟欲归，不肯读书，耽搁两月。今春弟病耽搁两月。其余工夫，或作或辍，虽多间断，亦有长进。

计此一年半之中，惟书法进功最大。外此则看《纲鉴》三十六本〔二三〕，读《礼记》四本〔二四〕，读《周礼》一本〔二五〕，读《斯文精萃》两本半〔二六〕（因《周礼》读不熟，故换读《精萃》），作文六十余篇，读文三十余首。父亲出京后，孙未尝按期改文，未尝讲书，未能按期点诗文，此孙之过，无所逃罪者也；读文、作文全不用心，凡事无恒，屡责不改，此九弟之过也；好与弟谈伦常〔二七〕，讲品行，使之扩见识，立远志，目前已颇识为学之次第，将来有路可循，此孙堪对祖父者也；待兄甚敬，待侄辈甚慈，循规蹈矩，一切匪彝慆淫之事毫不敢近〔二八〕，举止大方，性情挚厚，此弟之好处也。弟有最坏之处，在于不知艰苦，年纪本轻，又未尝辛苦，宜其不知，再过几年，应该知道。

九弟约计可于九月半到家。孙恐家中骇异，疑兄弟或有嫌隙，致生忧虑，故将在京、出京情形，述其梗概。至琐细之故，九弟到家详述，使堂上大人知孙兄弟绝无纤介之隙也。

孙在京一切自宜谨慎，伏望堂上大人放心。

孙谨禀

注释

〔一〕岱云：即陈源兖（？—1853），字岱云，湖南省茶陵州（今茶陵县）人。道光十八年（1838）与曾国藩会试同榜进士，此时同为翰林院庶吉士，后由编修出任江西广信知府，调任安徽池州知府，战死于安徽省城庐州（今合肥市）。回南：回湖南去。

〔二〕简慢：傲慢。

〔三〕远离膝下：远离父母，不在父母身边。因人幼时常在父母膝下玩耍，故以“膝下”代指幼年，成年后则用来表示对父母的爱慕。

〔四〕服事之劳：晚辈对年老长辈应尽的照顾与帮助。

〔五〕逆夷滋扰:此处指中英第一次鸦片战争。古时蔑称边境外族为“夷”，称犯上作乱者为“逆”。

〔六〕蕞（zuì）尔：形容并轻视其小。螳臂当车：螳螂张牙舞爪，妄想阻拦来车，形容不自量力。

〔七〕服官：封建时代，臣民有尽忠朝廷的义务，故古时称做官为“服官”。

〔八〕承欢：本义是迎合他人，讨取欢心，后多用于子女侍奉父母。

〔九〕心如悬旌（jīng）：心绪不宁。“旌”即旗帜。

〔一〇〕癸酉：古人用十天干（甲乙丙丁戊己庚辛壬癸）与十二地支（子丑寅卯辰巳午未辛酉戌亥）相配用以纪年，60年一个周期，循环往复。这一轮癸酉年是1813年。拔贡：明清时期，各省秀才经考试选拔，派赴京城国子监学习的高材生。

〔一一〕御史：监察御史，明清时期京城的监察官，从五品。给事中：明清时期，对应吏、户、礼、兵、刑、工六部，设立六科，各设给事中，负责对政务奏章上传下达，同时还有建言与进谏之责，正五品。

〔一二〕放：任命官职，此处是外放，即京官调任外地。兵备道：清代中高级（省以下、府以上）地方行政官，并且负责当地军事防备，正四品。

〔一三〕轿车：古代的轿车，有车棚的木制官车。

〔一四〕二十七千文：二十七千个铜币，一个铜币为一文。下文“二十三千”即“二十三千文”，“大钱四千”，即四千个铜币。当时大体是一千一百多个铜币折合一两银钱。

〔一五〕底下人：仆人，佣人。

〔一六〕未刻：古人将一昼夜分为十二个时辰，每个时辰两小时，分别以十二地支“子”“丑”“寅”“卯”“辰”“巳”“午”“未”“辛”“酉”“戌”“亥”命名。未时即下午一点到三点，亦作“未刻”。

〔一七〕积潦（lǎo）：道路上淤积的雨水。

〔一八〕纹银：含银量符合法定标准（约93.5%）的银锭。两：古时计量单位，一两大约相当于现在的37克。

〔一九〕上脚钱：交付车手的报酬。

〔二〇〕扯：此处是把整银换开来花销的意思。

〔二一〕交楚：交付了清。

〔二二〕甲三：曾国藩长子曾纪泽的家中派名。旧时习惯于用吉祥字为排名顺序，曾国藩为子侄辈取“科甲鼎盛”为排行。

〔二三〕《纲鉴》：《纲鉴易知录》，清初吴乘权、周之炯、周之灿合编，编年体纲目式简易中国通史。

〔二四〕《礼记》：儒家经典，战国与秦汉间学者辑录各家阐释礼学的著作而成。

〔二五〕《周礼》：儒家经典，相传为周武王之弟周公旦所作，通过对周朝官制的解说表达政治思想。

〔二六〕《斯文精萃》：清初尹继善主持编印的范文选本。

〔二七〕伦常：尊卑长幼、忠孝节义等伦理规范。

〔二八〕匪彝慆（tāo）淫：行为举止违背常规，一心沉迷享乐。“匪”有“不轨”义，“彝”有“法度”“常规”义，“慆”有“愉悦”“怠慢”义，“淫”有“过度”义。

点评

小老弟在北京学习生活一年半，几次三番要回家，于是曾国藩在弟弟启程之后，写下这封家书。它有以下几点，给人留下很深的印象。

第一，这封信不是写给父母，而是写给祖父母，这一年，曾国藩的父亲53岁，祖父69岁，都在湖南老家，并没有分居两地。曾国藩这么做，不仅反映出当时社会对长幼尊卑、纲常伦理的敬畏，而且体现出他对“一家之主”权威的维护与尊重。国有国法，家有家规，有规矩就要遵守，是规矩就不能违反。

第二，这封信很长，对国荃回家的起因、过程及其前后安排，简直是写得巨细无遗。专程进京读书，学业未成，怎么半途而废了？因此，曾国藩必须把话说清楚，除了讲清前因后果（思乡心切、屡次要回、因病误学），还要写出回家的必要性（中英战争、回家尽责、去意已决、在此无益）与可行性（官员同伴、租车从优、路费从宽、雇人护送）。曾国藩祖父母都是山村老农，所以这封信，曾国藩不仅注意层次清晰，而且行文还特别注意通俗易懂。

第三，批评与自我批评，有一说一，直言无讳，毫无文过饰非之意。小老弟进京求学，大哥哥辅导督促，兄弟俩付出了多少，做到了哪些，哪些做得好，哪些做得差，我有哪些优缺点，他有哪些优缺点，一五一十，老老实实说，清清楚楚写。

第四，孝顺体贴，算准行程，赶在弟弟到家之前，让家中老人得读此信，以防“家中骇异，疑兄弟或有嫌隙，致生忧虑”，因此特别如此“详述，使堂上大人知孙兄弟绝无纤介之隙”。于细微处见精神，曾国藩治家严明，他自己早已以身作则了。

禀祖父母　道光二十二年九月十七日

孙男国藩跪禀祖父母大人万福金安：

九月十三日接到家信，知祖母于七月初三日因占犯致恙〔一〕，不药而愈，可胜欣幸。高丽参足以补气，然身上稍有寒热，服之便不相宜，以后务须斟酌用之。若微觉感冒，即忌用。此物平日康强时，和入丸药内服最好。然此时家中想已无多，不知可供明年一单丸药之用否？若其不足，须写信来京，以便觅便寄回。

四弟、六弟考试又不得志〔二〕，颇难为怀。然大器晚成，堂上不必以此置虑〔三〕。闻六弟将有梦熊之喜〔四〕，幸甚。近叔父为婶母之病劳苦忧郁，有怀莫宣，今六弟一索得男〔五〕，则叔父含饴弄孙〔六〕，瓜瓞日蕃〔七〕，其乐何如！

英夷在江南〔八〕，抚局已定〔九〕。盖金陵为南北咽喉〔一〇〕，逆夷既已扼吭而据要害〔一一〕，不得不权为和戎之策〔一二〕，以安民而息兵。议抚之使〔一三〕，系伊里布、耆英及两江总督牛鉴三人〔一四〕。牛鉴有失地之罪，故抚局成后即革职拿问〔一五〕。伊里布去广东代奕山为将军，耆英为两江总督。自英夷滋扰〔一六〕，已历二年，将不知兵，兵不用命，于国威不无少损。然此次议抚，实出于不得已。但使夷人从此永不犯边〔一七〕，四海晏然安堵〔一八〕，则以大事小，乐天之道，孰不以为上策哉！

孙身体如常，孙妇及曾孙兄妹并皆平安。同县黄晓潭（鉴）荐一老妈吴姓来〔一九〕，渠在湘乡苦请他来〔二〇〕，而其妻凌虐婢仆，百般惨酷，黄求孙代为开脱。孙接至家住一月，转荐至方夔卿太守（宗钧）处〔二一〕，托其带回湖南。大约明春可到湘乡〔二二〕。

孙每接家信，常嫌其不详，以后务求详明。虽乡间田宅婚嫁之事，不妨写出，使游子如神在里门〔二三〕。各族戚家，尤须一一示知。幸甚。

敬请祖父母大人万安〔二四〕。余容后呈。

孙谨禀

注释

〔一〕占犯：感冒风寒。

〔二〕四弟：即曾国藩大弟曾国潢，家中派名“宽四”，曾国藩书信称为“四弟”。六弟：即曾国藩二弟曾国华（1822—1858），字温甫，派名“宽六”，后改“厚二”。幼年过继给未曾生育的叔父曾骥云为子，后以监生率湘勇追击太平军，兵败身亡，清廷予谥“愍烈”。

〔三〕置虑：牵挂，放在心上。

〔四〕梦熊之喜：古人以梦中见熊罴为家中生男的征兆，故以“梦熊”作为即将生男的吉祥话。

〔五〕一索得男：长子生男的吉祥语。出自《易经·说卦》：“震，一索而得男。”

〔六〕含饴弄孙：老年人含着糖果逗弄小孙子玩耍，用以形容老年愉快生活。

〔七〕瓜瓞日蕃：家中接连生育、人丁兴旺的意思。“瓞”（dié）是小瓜，古人以藤蔓上大瓜小瓜蔓延来形容子孙众多。

〔八〕英夷：英国。古时中国人以华夏自称，将周边少数民族与境外各国蔑视为“夷狄”，即未开化的民族。

〔九〕抚局：停战议和。

〔一〇〕金陵：南京的旧名。咽喉：此处形容重要的战略要地。

〔一一〕逆夷：反叛中国的外国鬼子。吭（háng）：喉咙。

〔一二〕和戎：与外敌议和。“戎”是古时对西方外族的称呼。

〔一三〕议抚之使：与外敌商谈停战议和的外交使节。

〔一四〕伊里布（1772—1843）：清朝宗室大臣，字莘农，在以钦差大臣、广州将军签订《南京条约》后，遭查处革职。耆英（1787—

1858）：清朝宗室大臣，字介春，在两广总督任内参与签订《南京条约》，调任两江总督，后遭查处赐死。两江总督：掌管江南省（后分为江苏、安徽）与江西省的最高军政长官，从一品。牛鉴（1785—1858）：字镜堂，甘肃凉州（甘肃省武威市）人，在两江总督任内参与商订《南京条约》，遭革职查办。

〔一五〕拿问：逮捕审问。

〔一六〕滋扰：滋事扰乱。

〔一七〕犯边：外敌侵犯边疆。

〔一八〕四海：天下，全国。晏然安堵：形容境内平安无事。

〔一九〕黄晓潭：黄鉴，字晓潭。传统礼仪以称人字号为敬，一般不直呼其名。如一定需要写出其名，则字在前，名在后。

〔二〇〕渠：古人书面语中，以“渠”为第三人称代词“他”或“她”。他：古人口语中，第三人称代词“他”男女通用。

〔二一〕方夔卿太守宗钧：姓方字夔卿名宗钧的知府。太守，秦汉时期对郡守的尊称，明清时用于尊称知府。

〔二二〕湘乡：湖南省湘乡县，曾国藩家乡（其村现划归从湘乡分出的双峰县）。

〔二三〕里门：家乡，故乡，家门口。

〔二四〕万安：“万福金安”之省，对长辈的问候、祝福语。

点评

曾国藩接到父亲与叔父来信，回信却写给祖父，这既是表示对祖父的尊敬，也是显示曾家家政的严明，还有对尊老传统的恪守。

这封信，前半回应来信，后半汇报近况并提出希望。

祖母感冒不适，没有请医看病服药，身体很快就痊愈了，从曾国藩回信揣测，大约是吃了一点高丽参（应该也是长孙以前从北京寄来的）。曾国藩一方面表示不胜欢欣庆幸，一方面又及时告知，人参不可随便服用，若有寒热，感冒初起，则不可服用，“服之便不相宜”。这种医理知识，现在大都明白，但乡间老农或有不知，故曾国藩特意交代清楚。此外，他还细心地想到，家里的高丽参应该差不多快用完了，明年想做一剂丸药的量可能都没有，因此特意叮嘱，不够就写信来，以便早日准备，找机会寄回家。

两位老弟秀才预考没有通过，一家人肯定非常失望，曾国藩一是以大器晚成来作宽慰之词，二是用弟媳怀孕来预祝生男，并祝愿家中各弟兄都早生贵子，借以让老人开心。六弟过继给叔父，叔父来信中有为婶婶生病担忧的内容，曾国藩即便因尊老而把回信写给爷爷，但也不能没有几句话涉及叔父。所以，曾国藩信中一连用“一索得男”“含饴弄孙”“瓜瓞日蕃，其乐何如”等吉祥话来祝福，用来回应叔父的来信，要不然，叔父有信来，侄儿无信回，那就是不懂规矩了。

接下来就是汇报自己在北京的生活与见闻。身体如常，人人平安，每次家书也都大同小异，于是就将国家与自家近期发生的两件事分别写来：一件是中英战事已经议和，敌方占了上风，国威有些损失，两广、两江的大臣略有变动，只希望从此天下太平；另一件，有个外人来家里面住了一个月，是个老妈子，姓吴，还是老乡，最近才离开。起因是同乡黄鉴老婆欺负弱者，自己则是急公好义，施以援手。大事小事娓娓道来，只当陪家中老人闲坐聊天。

在信的最后，曾国藩提出一个要求，游子在外，思念家乡，但每次接到家信，总是觉得太短太简单，非常希望以后写得详尽一些，哪怕是乡间邻家的男婚女嫁，也都不妨说给我听。至于各家亲戚，那就更应该逐个写到。这样，我这个在外游子也就如同神魂萦绕，“常回家看看”了。如果能这样，我就“幸甚”了。

禀父母　道光二十三年正月十七日

男国藩跪禀父母亲大人万福金安：

正月八日恭庆祖父母双寿，男去腊作寿屏二架〔一〕。今年同乡送寿对者五人〔二〕。拜寿来客四十人。早面四席，晚酒三席。未吃晚酒者，于十七日、二十日补请二席。又倩人画《椿萱重荫图》〔三〕，观者无不叹羡。

男身体如常。新年应酬太繁，几至日不暇给。媳妇及孙儿女俱平安。

正月十五接到四弟、六弟信。四弟欲偕季弟从汪觉庵师游〔四〕，六弟欲偕九弟至省城读书。男思大人家事日烦，必不能常在家塾照管诸弟〔五〕；且四弟天分平常，断不可一日无师，讲书改诗文，断不可一课耽阁。伏望堂上大人俯从男等之请，即命四弟、季弟从觉庵师。其束脩银〔六〕，男于八月付回，两弟自必加倍发奋矣。六弟实不羁之才〔七〕，乡间孤陋寡闻，断不足以启其见识而竖其志向，且少年英锐之气不可久挫。六弟不得入学〔八〕，既挫之矣；欲进京而男阻之，再挫之矣；若又不许肄业省城〔九〕，则毋乃太挫其锐气乎〔一〇〕？伏望堂上大人俯从男等之请，即命六弟、九弟下省读书〔一一〕。其费用，男于二月间付银二十两至金竺虔家〔一二〕。

夫家和则福自生。若一家之中，兄有言弟无不从，弟有请兄无不应，和气蒸蒸而家不兴者，未之有也；反是而不败者，亦未之有也。伏望大人察男之志，即此敬禀叔父大人，恕不另具。六弟将来必为叔父克家之子〔一三〕，即为吾族光大门第，可喜也。

谨述一二，余俟续禀。

注释

〔一〕寿屏：旧时为尊长祝寿，将祝寿文装裱或刻写于木板，制作成屏风模样，以示隆重。

〔二〕寿对：寿联，给人祝寿的对联。

〔三〕倩（qìng）：请人帮忙。椿萱：古人认为椿树长生不老，故用来指代父亲；又认为萱草令人忘忧，故在出门远游前在母亲卧室的窗外种植萱草，期待母亲不要牵挂，所以用“萱堂”来指代母亲。有时也借以指代祖父母，而“椿萱重（chóng）荫”则是表示家中老人双双健在。

〔四〕季弟：最小的弟弟。此处指曾贞干（1828—1862），初名国葆，字季洪，后改名贞干，字事恒，两度参与湘军，病逝于南京前线。汪觉庵：即汪炳龙（1785—1856），字阶云，号觉庵，湖南省衡阳县人。贡生，长于古文与理学，掌教衡阳唐氏家塾。曾国藩少时曾拜师修业一年，后曾国潢为长子纪梁娶汪氏次女为妻。游：交往，学习。

〔五〕家塾：古人在家中开设的私塾，收费教导家族子弟。曾国藩父亲原为塾师，在家乡开设“利见斋”私塾为业。

〔六〕束脩（xiū）：本为人情往来的常见薄礼，后专指学费。周朝最初只有贵族子弟能够进入官办学校读书，到孔子生活的春秋时代，兴起私学，孔子主张“有教无类”，不分等级都能接受教育，但表示学生应当赠送一点薄礼，例如十条肉干之类。此处“束”是“一捆”的意思，“脩”是“干肉”。

〔七〕不羁之才：超凡出色的优秀人才。“羁”（jī）本为套在马头上的笼头，用以驾驭烈马。

〔八〕入学：科举时代，经过一系列预备考试，才有资格进入当地官府学校学习，当时叫作“入学”。

〔九〕肄（yì）业：修学，在校读书。省城：省会城市，此处指湖南长沙。

〔一〇〕毋乃：诘问词，“难道不是”的意思。

〔一一〕下省：进省，到省城去。

〔一二〕金竺虔：金藻，字竺虔，湖南省长沙县人。道光十四年（1834）与曾国藩同年中举。

〔一三〕克家之子：继承家业、振兴家运的子弟。曾国华过继给叔父为子，故称“为叔父克家之子”。

点评

从信中“四弟欲偕季弟”与“六弟欲偕九弟”两句，可以推知，曾父竹亭公只安排老九和老满两个小儿子赴省从师，而老四与老六则只能继续留在乡村家塾。曾国藩是家中长子，现在又是翰林院天子门生，老四、老六前往大城市“深造”的“同等待遇”之“合理诉求”被父亲拒绝，因此相约，同时给大哥写信求援。可是，弟弟们的要求已经被父亲否决，曾国藩如何写信，才能说服父亲呢?

先是借着为祖父母祝寿这个好题目来做开篇文章。前几天是星冈公七十大寿，一个多月前，又是祖母彭太夫人的七十七岁生日，因此，家信先从这里写起：两位老人，双双庆寿，寿屏两架，寿联五副，寿图一幅，来客四十，早餐的面席，晚餐的酒宴，一一写来，别人尚且“无不叹美”，家中父母听了，当然也会开心。而且还补一句，儿孙个个身体很好，日子过得很平安，请父母放心。

有了这个铺垫，后面就可以同父母打商量了：两天前，我收到了四弟、六弟的来信，四弟也想去府城衡阳，六弟也想去省城长沙，我想来想去，还是答应他们去吧。一来呢，四弟天分平常，“断不可一日无师”，“断不可一课耽阁”，而您现在外出杂事多，对利见斋学塾管的较少，可能将耽误他的学业；二来呢，六弟有才华更有脾气，本来就自认为窝在乡村屈才，州府入学受挫，进京就读被拒，而“少年英锐之气不可久挫”。因此，恳切希望父亲大人俯允儿子们的恳求，同意老四随老满去衡阳，同意老六随老九去长沙。他们的学费，我来出，一次拿不出这么多，下个月先寄一笔，下半年再寄一笔。

信末，再来一个总结：“家和则福自生”，“若一家之中，兄有言弟无不从，弟有请兄无不应，和气蒸蒸而家不兴者，未之有也；反是而不败者，亦未之有也。”兴利避害，何乐不为呢？

最后还留个伏笔：先说这么几点，下次继续陈情。

禀父母 道光二十三年二月十九日

男国藩跪禀父母亲大人万福金安：

正月十七日，男发第一号家信，内呈堂上信三页，复诸弟信九页，教四弟与厚二从汪觉庵师〔一〕，六弟、九弟到省从丁秩臣〔二〕，谅已收到。二月十六日接到家信第一号，敬悉一切。

诸弟在家不听教训，不甚发奋。男观诸弟来信，即已知之。盖诸弟之意，总不愿在家塾读书。自己亥年男在家时〔三〕，诸弟即有此意，牢不可破。六弟欲从男进京，男因散馆去留未定，故比时未许〔四〕。庚子年接家眷〔五〕，即请弟等送，意欲弟等来京读书也。特以祖父母、父母在上〔六〕，男不敢专擅，故但写诸弟，而不指定何人。迨九弟来京〔七〕，其意颇遂，而四弟、六弟之意尚未遂也。年年株守家园，时有耽阁；大人又不能常在家教之；近地又无良友，考试又不利〔八〕。兼此数者，怫郁难申〔九〕，故四弟、六弟不免怨男，其可以怨男者有故。丁酉在家教弟〔一〇〕，威克厥爱〔一一〕，可怨一矣；己亥在家未尝教弟一字，可怨二矣；临进京不肯带六弟，可怨三矣；不为弟另择外傅〔一二〕，仅延丹阁叔教之〔一三〕，拂厥本意〔一四〕，可怨四矣；明知两弟不愿家居，而屡次信回，劝弟寂守家塾，可怨五矣。惟男有可怨者五端，故四弟、六弟难免内怀隐衷〔一五〕。前次含意不申，故从不写信与男。去腊来信甚长，则尽情吐露矣。

男接信时，又喜又惧。喜者，喜弟志气勃勃不可遏也；惧者，惧男再拂弟意，将伤和气矣。兄弟和，虽穷氓小户必兴〔一六〕；兄弟不和，虽世家宦族必败〔一七〕。男深知此理，故禀堂上各位大人，俯从男等兄弟之请。男之意实以和睦兄弟为第一，恐堂上大人接到男正月信必且惊而怪之，谓两弟到衡阳、两弟到省，何其不知艰苦，擅自专命？殊不知男为兄弟和好起见，故复缕陈一切；并恐大人未见四弟、六弟来信，故封还附呈。总愿堂上六位大人俯从男等三人之请而已。

男妇孙男女身体皆平安，伏乞放心。

男谨禀

注释

〔一〕厚二：即曾国华，厚二是其家中派名。“宽厚祥盛”是他们这一辈的起名顺序。从：从师，拜某人为师。汪觉庵师：即汪炳龙，字阶云，号觉庵。曾国藩中秀才前，拜师问学一年。

〔二〕丁秩臣：即丁叙忠（1800—1869），字仲伦，号秩臣，湖南省长沙县人。秀才，对宋明理学与经世之学都有很深的造诣。

〔三〕己亥年：指道光十九年（1839）。

〔四〕比时：先前那个时候。

〔五〕庚子年：指道光二十年（1840）。

〔六〕特：此处为“只不过”的意思。

〔七〕迨（dài）：等到。

〔八〕考试：此处指正式参加秀才考试之前的一系列选拔考试。

〔九〕怫（fú）郁：心情不舒畅。“怫”是“不高兴”的意思。

〔一〇〕丁酉：指道光十七年（1837）。

〔一一〕威克厥爱：语出《尚书》，意思是“从严要求胜过放任偏爱”。

〔一二〕外傅：先秦贵族子弟，幼时由保姆专职抚养，称为“内傅”，大约十岁开始离家，接受名师教导，其教师称为“外傅”。

〔一三〕丹阁叔：曾国藩堂叔。

〔一四〕拂：违背。阙：其，他。

〔一五〕隐衷：内心真实而不便或不愿说出的痛苦心情。

〔一六〕穷氓（méng）小户：贫苦平民百姓。

〔一七〕世家宦族：世代做官之家。

点评

距上封信刚过一个月，曾国藩又给父母写出第二封信，不仅因为接到了父亲年初发出的来信，信中似乎显示出对“诸弟在家不听教训，不甚发奋”的不满，而且担心父亲接到自己上次去信，误认偏袒老弟，因此需要进一步做好解释与转化工作。而且，只有解释工作做足了，转化工作才可能有效果。

为什么要做解释工作呢，解释什么呢？请看信末“恐堂上大人接到男正月信必且惊而怪之”那几句：两个去府城，两个去省城，要用多少钱？家里有多少钱？你有多少钱？今年照办了，明年怎么办？这件事依他了，别的事怎么办？“何其不知艰苦”？老爹已经否决了，老兄却来唱反调，何其“擅自专命”？这不解释怎么行？

解释既然这么有必要，那又怎么解释呢？第一，“男为兄弟和好起见，故复缕陈一切”；第二，“恐大人未见四弟、六弟来信，故封还附呈”。也就是把自己的理由继续说透彻，把老弟们的来信原封转呈。

现存《湘乡曾氏文献》与《湘乡曾氏文献补》，已经找不到曾国潢与曾国华的这两封信，但从曾国藩这封信可知，他们不仅对老爹城乡差别的不平等待遇不满，而且对大哥拖延耽误等援助不力也很不满。以前是“内怀隐衷”而“含意不申”，这次却是“来信甚长”，“尽情吐露”。

年轻人为开阔眼界，寻求新鲜，“不愿在家塾读书”，心情可以理解，但这种“牢不可破”的愿望，却一直被父兄挫折。尤其是那个身在北京的大哥，更有许多不是：进京之前，在家里教导弟弟的时候，太严格，太威风，这是一；中进士点翰林后回家一年，只顾着自己筹措回京生活经费，没有“教弟一字”，这是二；回京时“不肯带六弟”，这是三；离家后没给弟弟们找个好老师，仅仅是廉价聘请一个连秀才都没考上的族叔来辅导，这是四；明知四弟六弟有志外出深造，“而屡次信回，劝弟寂守家塾”，这是五。以前忍着不说，现在不想忍了，尽情吐露，全说出来。

曾国藩的品质可贵，曾国藩的修养到位，在于接读来信，既没有恼羞成怒，也没有文过饰非，不仅是坦然接受，而且还“又喜又惧”。欣喜的是弟弟们有志成才，而且百折不回，惧怕的是家庭不和，兄弟隔阂。由此可见，他是把“兄弟和不和”与“家庭兴与败”的关系看得非常紧密，而且更进一步，他是把“兄弟和不和”与“家庭兴与败”的意义看得非常重大。

于是，“男之意实以和睦兄弟为第一”，“故禀堂上各位大人俯从男等兄弟之请”，“男为兄弟和好起见”，“总愿堂上六位大人俯从男等三人之请”的句子，就接连出现在信尾。解释工作如此诚恳，说服转化的目标也就不难实现了。

禀祖父母　道光二十四年三月初十日

孙国藩跪禀祖父母大人万福金安：

二月十四，孙发第二号信，不知已收到否？孙身体平安，孙妇及曾孙男女皆好。

孙去年腊月十八曾寄信到家，言寄家银一千两，以六百为家中还债之用，以四百为馈赠亲族之用。其分赠数目，另载寄弟信中，以明不敢自专之义。后接家信，知家中旧债尚多，馈赠亲族之银，系孙一人愚见，不知祖父母、父亲、叔父以为可行否？伏乞裁夺〔一〕。

孙所以汲汲馈赠者〔二〕，盖有二故。一则我家气运太盛，不可不格外小心，以为持盈保泰之道〔三〕。旧债尽清，则好处太全，恐盈极生亏；留债不清，则好中不足，亦处乐之法也。二则各亲戚家皆贫，而年老者，今不略为佽助〔四〕，则他日不知何如。自孙入都后，如彭满舅曾祖、彭王姑母、欧阳岳祖母、江通十舅，已死数人矣〔五〕。再过数年，则意中所欲馈赠之人，正不保何若矣！家中之债，今虽不还，后尚可还。赠人之举，今若不为，后必悔之。

此二者，孙之愚见如此。然孙少不更事〔六〕，未能远谋，一切求祖父、叔父作主，孙断不敢擅自专权。

孙谨禀

注释

〔一〕伏乞：谦辞，大体近似于“敬请”的意思。裁夺：“裁决”“拍板”之意。

〔二〕汲汲：急于（操办某事）。

〔三〕持盈保泰：处在盈满富裕的时候，要格外谨慎以保持平安无灾。

〔四〕佽（cì）助：给贫困者施加一些帮助。

〔五〕舅曾祖：祖父的舅父。王姑母：父亲的姑母。岳祖母：岳父之母。

〔六〕少不更事：年纪轻，对世事没有什么经验。

点评

曾国藩居京三四年，去年第一次得到了钦派四川乡试主考官的美差，考试结束，按照通行的规矩，他接受了来自公私两方面的红包礼银一千两。回京之后，他给家中写信，决定将这一千两全部寄回老家，并且写明，“以六百为家中还债”，“以四百为馈赠亲族”，分赠数目也一一写出。三月初八，曾国藩接到曾国华、曾国荃写来的回信，强烈反对这种“四六开”的分配比例，于是，三月初十，曾国藩分别给长辈与弟弟写信，写给长辈的当然就是给当家做主的爷爷了。

这封信，一是弥补上次“四六分成比例”的疏漏，二是表明“急于馈赠亲戚”的原因。

寄钱回家本是好事，何况还是一千两的巨额，家中长子长孙，在北京做官好几年，终于第一次一次性寄回一笔巨款，家中老小应该何等开心！但是曾国藩却事先决定，四六开，一下子拿出百分之四十来分赠远近亲戚，而且还逐个写出各家姓名与具体数额，连一点商量的意思都没有，这显然是不太恰当的。于是，在这封信中，曾国藩首先给自己打圆场辩解，“其分赠数目，另载寄弟信中”，就是表明“不敢自专”，最后又承认“少不更事，未能远谋”，并重新表态：“一切求祖父、叔父作主，孙断不敢擅自专权”。

不过，这封信的重点，还是解释馈赠四百两的用意：第一，“我家气运太盛”，散财是“持盈保泰”；第二，“各亲戚家皆贫”，“年老者”“已死数人”，家中还债可等几年再还，但年老无助者更应及时救助，“今若不为，后必悔之”。

如果说，第一层的自我辩解有些自相矛盾，那么，第二层的解释劝说则确实令人动容。曾国藩自己在京，一直是东拉西扯借钱支撑，年年欠债，但好不容易等来的第一次外快，自己一分不留，全数上交，这是非常难能可贵的，甚至还应该为女主人欧阳夫人大大点赞。尽管曾国藩不得不说这笔钱“一切求祖父、叔父作主”分配，但他扶贫济穷、舍己助人的一腔热忱，确实扑面而来。

几个月后，曾国藩逐渐了解到，其实家中欠债很多，以前不说只是为了不让他分心担忧，于是，在八月二十九《禀祖父母》信中，认错态度更加诚恳体贴：“孙寄银回南，有馈赠亲族之意，理宜由堂上定数目，方合《内则》‘不敢私与’之道。孙比时糊涂，擅开一单，轻重之际，多不妥当，幸堂上各大人斟酌增减，方为得宜。”

禀父母　道光二十四年五月十二日

男国藩跪禀父母亲大人万福金安：

五月十一接到四月十三自省城所发信，具悉一切。

母亲齿痛，不知比从前略松否？现服何药？下次望季弟寄方来看〔一〕。叔父之病至今未愈，想甚沉重，望将药方病症书明寄京。刘东屏医道甚精〔二〕，然高云亭犹嫌其过于胆大，不知近日精进何如？务宜慎之又慎。

王率五荒唐如此〔三〕，何以善其后？若使到京，男当严以束之，婉以劝之。明年会试后偕公车南归〔四〕，自然安置妥当，家中尽可放心；特恐其不到京耳。

常南陔之世兄〔五〕，闻其宦家习气太重。孙男孙女尚幼，不必急于联婚。且男之意，儿女联姻，但求勤俭孝友之家〔六〕，不愿与宦家结契联婚〔七〕，不使子弟长奢惰之习。不知大人意见何如？望即日将常家女庚退去〔八〕，婉言以谢。

前男送各戚族家银两，不知祖父、父亲、叔父之意云何〔九〕？男之浅见，不送则家家不送，要送则家家全送；要减则每家减去一半，不减则家家不减。不然，口惠而实不至，亲族之间嫌怨丛生，将来衅生不测〔一〇〕，反成仇雠〔一一〕。伏乞堂上审慎施行。百叩百叩。

男谨禀

注释

〔一〕方：药方，此处是中医处方。

〔二〕刘东屏：即刘振宗（1791—1859），字镇齐，号东屏，湖南省双峰县四十都（今属涟源市）人。曾国藩好友刘蓉之父。

〔三〕王率五：即王待聘，家中派名率五，曾国藩二妹国蕙之夫。

〔四〕会试：明清时代在京城举行的国家科举考试，应试者为各省乡试的举人，考取者称为“贡士”。公车：汉代以公家车马递送应征举荐给朝廷的贤才，后世便用“公车”代指进京应试的举人。

〔五〕常南陔：即常大淳（1792—1853），字正夫，号南陔，湖南省衡阳县人。由翰林院编修历任福建按察使、安徽按察使、陕西布政使、浙江巡抚、湖北巡抚。1853年，太平军攻破武汉，常大淳率妻儿举家自杀。世兄：对朋友之子的尊称。

〔六〕孝友之家：孝敬父母、友爱弟兄之家，泛指家风和睦相亲之家。

〔七〕结契：本指订立契约，后来也用于泛指通过婚姻形成的亲戚关系。

〔八〕女庚：旧时男女订亲之前，先须“问名”，男家托媒人给女家送庚帖，请其填写该女生辰八字（出生的年月日时，分别配以相应干支，如“某某”年、“某某”月、“某某”日、“某某”时，故称“八字”），然后交还男家。

〔九〕云何：如何，怎么样。

〔一〇〕衅（xìn）：情绪纠纷。

〔一一〕仇雠（chóu）：仇人。

点评

这封信写了三件事，一是回应来信，二是汇报长子订亲，三是询问给亲戚的救助。

母亲牙痛是个老毛病了，总不见好，曾国藩当然非常关切，先问是否比以前好一些轻一些了，不至于更重更痛了吧？紧接着又问，吃的什么药，吃了哪些药？这还不算，还要叮嘱，下次来信，记得把药方子一起寄过来。曾国藩自己并不懂医，他这是要把乡间“赤脚医生”的药方，拿去请京城名医审查了。意思是，你别耽误了我妈妈的治疗。由此可见曾国藩对母亲的思念与关怀。“叔父之病至今未愈，想甚沉重”，同样也体现了曾国藩对长辈的关切，他同样要求将叔父药方寄来，而且还要把病症写明，同样也是寻求京城名医的意思。不仅如此，他还进一步指出，刘东屏名气不小，但高郎中就认为他自信太过，用药过猛，因此叮嘱：“务宜慎之又慎。”

王率五是曾国藩的二妹夫，算是个读书人，但科举考试不顺利，又不肯务农经商，竟然一声不吭，背着家里，北上京城，来找姐夫谋出路。曾国藩从父母来信得知此事，虽说有点生气，但还是告诉父母，我会对他作批评教育，也会耐心劝导，先安排在家里住下来，以后找机会送他回家，“自然安置妥当，家中尽可放心”。从曾国藩下个月给父母家书可知，王率五不仅自己贸然进京，而且还带来一位堂弟，两人借钱出发，才出湖南就没了路费，竟然是从武汉一路步行走到了北京，两千里路走下来，伤风感冒不算，而且一身上下里外，全都破破烂烂，害得曾国藩给他们“件件临时新制”，“而率五仍不知艰苦”，想考取个一官半职。曾国藩看在妹妹的分上，也只好苦口婆心相劝，赔钱赔力把他们先后妥送回家。这是因为，妹夫的事情处理不好，妹妹就是直接的受害人，父母照样受连累。

儿婚女嫁是一家大事，旧时的习俗，儿女订亲都很早，孩子十岁以后，父母长辈就开始忙这事儿了，一是讲究门当户对，二是考察对方家风。常大淳中进士点翰林都比曾国藩早很多，此时官职也高几级。两家联姻，以前得到过父母的同意。但曾国藩经过调查，得知常家之子“官二代”习气太重，因此与父母商量，还是找个“勤俭孝友之家”，别与那些世家大族结亲家做亲戚了吧，免得带坏了孩子们，走向“奢侈”与“懒惰”一路。不知道父母大人同意不？这句话是请示，但下句话却很明确，把常家的庚帖退回去，找个别的理由，婉言谢绝这门亲事。

本年正月前后，曾国藩将四川主考所得一千银两全部寄回家中，六百两给家里还债，四百两给各家亲戚扶助。弟弟们来信反对，曾国藩也一再去信解释。根据家里实际困难，这次表示部分妥协，要送就照单全送，要减就每家减半，既不能“口惠而实不至”，又不能让“亲族之间嫌怨丛生”。好人要做就做到底，好事更不能做成坏事，因此恳请父母三思而行，“百叩百叩”。

禀父母　道光二十四年九月十九日

男国藩跪禀父母亲大人万福金安：

八月二十九日男发第十号信，备载二十八生女及率五回南事，不知已收到否？男身体平安。冢妇月内甚好〔一〕，去年月里有病〔二〕，今年尽除去。孙儿女皆好。

诸弟考试后，尽肄业小罗巷庵〔三〕，不知勤惰若何？此时惟季弟较小，三弟俱年过二十，总以看书为主。我境惟彭薄墅先生看书略多，自后无一人讲究者，大抵为考试文章所误〔四〕。殊不知看书与考试全不相碍，彼不看书者，亦仍不利考如故也。我家诸弟，此时无论考试之利不利，无论文章之工不工，总以看书为急。不然则年岁日长，科名无成〔五〕，学问亦无一字可靠，将来求为塾师而不可得。或经或史，或诗集、文集，每日总宜看二十页。男今年以来无日不看书，虽万事丛忙，亦不废正业。

闻九弟意欲与刘霞仙同伴读书〔六〕。霞仙近来见道甚有所得〔七〕，九弟若去，应有进益。望大人斟酌行之，男不敢自主。此事在九弟自为定计。若愧奋直前，有破釜沉舟之志，则远游不负；若徒悠忽因循，则近处尽可度日，何必远行百里外哉？求大人察九弟之志而定计焉。余容续呈。

男谨禀

注释

〔一〕冢妇：长媳，大儿媳。

〔二〕月里：月子里，产妇分娩后一个月内的康复护理时间。

〔三〕小罗巷庵：曾国藩家乡的私塾所在地。

〔四〕考试文章：即科举考试的规定体裁，如八股文、试帖诗等。

〔五〕科名：科举功名，即凭借科举考试获得的社会地位。

〔六〕刘霞仙：即刘蓉（1816—1873），字孟容，号霞仙，湖南省湘乡县四十都（今属涟源市）人。曾国藩早年密友，后结为儿女亲家，官至陕西巡抚，后遭查办免职。

〔七〕见道：悟道，通过研读理学与心性修炼而达到的思想境界。

点评

曾国藩进入翰林院的头一二年，也是忙于散馆之前的考试文章，稍后交游广，见识大增，一方面，皈依理学心性之学，讲究道德修炼，对程朱理学顶礼膜拜；另一方面，立志诗歌与古文创作，对汉唐古文爱不释手。大约是近期学理学文皆有领悟，于是给父母去信，要求弟弟们不要一心迷恋科举考试文章，还要研读经史古文、名家诗集。

去年，曾国藩曾经给弟弟们写下一封三千字的长信，结合自己的切身经历，传授读书做人、立身处世的经验与心得，其中有一段是这样写的："兄少时天分不甚低，厥后日与庸鄙者处，全无所闻，窍被茅塞久矣。及乙未到京后，始有志学诗古文并作字之法，亦洎无良友。近年得一二良友，知有所谓经学者、经济者，有所谓躬行实践者，始知范、韩可学而至也，马迁、韩愈亦可学而至也，程、朱亦可学而至也。慨然思尽涤前日之污，以为更生之人，以为父母之肖子，以为诸弟之先导。”大意是说，我以前同你们一样，穷居深山，每天接触的都是些见识短浅的庸人，自己的心智就像被一团茅草闭塞了。幸亏后来进京赶考，才茅塞顿开，豁然开朗，觉得古文古诗的价值，原在八股考试文章之上。近年更有幸结交到几位好朋友，互相激励，志向更加高远，只要脚踏实地坚持去做，保国安民的国家栋梁可以做得到，著作等身传之后世可以做得到，为天地立心、为往圣继绝学都可以做得到。只要立志脱胎换骨，我就可以重新做人，我就可以成为父母亲的骄傲，就可以成为你们的榜样。这就是信中忽然贬低考试文章而推崇经史文集的初衷。他担心弟弟们囿于乡村学风，目光短浅，迷信科举，忽略学问，现在“年过二十，总以看书为主”，博览群书，必然有益于考试，“看书与考试全不相碍”。因此，再三叮嘱，“我家诸弟此时无论考试之利不利，无论文章之工不工，总以看书为急”。要不然，在科举一条道上走到黑，一旦科举无望，恐将学问草草，连个私塾教书先生都做不到。

以经史古文为正业，这是从科举考试中走出的过来人的切身感受，所以曾国藩在家书中一再强调。

禀父母　道光二十五年五月二十九日

男国藩跪禀父母亲大人膝下：

五月初六日，男发第六号家信后，十七日接到诸弟四月二十二日在县所发信。欣悉九弟得取前列第三，余三弟皆取前二十名，欢慰之至。

诸弟前所付诗文到京，兹特请杨春皆改正付回〔一〕。今年长进甚远，良可忻慰。向来六弟文笔最矫健，四弟笔颇笨滞，观其“为仁矣”一篇，则文笔大变，与六弟并称健者。九弟文笔清贵，近来更圆转如意。季弟诗笔亦秀雅。男再三审览，实堪怡悦。

严丽生取九弟置前列〔二〕，男理应写信谢他，因其平日官声不甚好，故不愿谢。不审大人意见何如？我家既为乡绅〔三〕，万不可入署说公事〔四〕，致为官长所鄙薄。即本家有事，情愿吃亏，万不可与人构讼〔五〕，令官长疑为倚势凌人。伏乞慈鉴。

男谨禀

注释

〔一〕杨春皆：湖南举人，游历北京，有名于时。

〔二〕严丽生：即严学淦，江苏省丹徒县人，以举人历官湖南溆浦、湘乡县令。

〔三〕乡绅：旧时乡村社会中，有科举功名而无官职并具有一定经济地位的贤达人士。

〔四〕署：官府。

〔五〕构讼：打官司。

点评

十几天前，曾国藩接到弟弟们上个月写来的家信，得知本次全县童生选拔考试，四位老弟的考试成绩都很好，排名都在前二十名，九弟国荃竟然名列第三，为此，曾国藩首先表示“欢慰之至”。

为了及时鼓励，曾国藩马上将弟弟们以前寄来的诗文习作请京中好友批改辅导，而且随信寄回，意在趁热打铁，激励弟弟们再接再厉，勇往直前。不仅如此，他紧接着又逐一表扬各位弟弟，如“六弟文笔最矫健”、四弟“文笔大变，与六弟并称健者”、“九弟文笔清贵，近来更圆转如意”、“季弟诗笔亦秀雅”，言辞非常热烈。年轻人需要严格督促，但更需要热情鼓励，尤其是取得成绩的时候，更期待来自师长们的表扬。

在信的后半，曾国藩向父亲请示：严县长赏识九弟，本次将九弟拔置前列，我按理应该给他去信致谢，但是这个人平日官声不佳，我又不想与他搭理来往，不知道您的意见是怎样的？说完这一点，曾国藩说起另一件似乎不相干的事情：现在我家既然为乡绅，千万不要跑到人家衙门去，说些七七八八的事情。即便是家族其他人与外人起纠纷，我们曾家人也要甘愿让步吃亏，千万不要与人打官司，惹得官长们认为我们仗势欺人。话说得这么明确，想来是意有所指。此时曾家除了曾国藩，另有科举功名的只有这位秀才父亲，而且儿子在京做官，因此，“我家既然为乡绅”，其实就是婉转地指代父亲，请父亲不要在县里抛头露面，代人“说公事”。联系到这句话之前的严丽生官声不好，男不愿谢他，则可以进一步加强这个意思，我们曾家父子，还是尽量洁身自好吧。所以最后要说“伏乞慈鉴”，恳请父亲大人明察与见谅。

禀叔父母　道光二十五年十月初一日

侄国藩谨启叔父母大人万福金安：

九月十八日发第十三号信，是呈叔父者，二十一日发十四号信，是寄九弟者，想俱收到。二十三日四弟、六弟到京，体气如常。

二十四日皇上御门〔一〕，侄得升翰林院侍讲学士〔二〕。每年御门不过四五次，在京各官出缺，此时未经放人者〔三〕，则候御门之日简放〔四〕，以示爵人于朝、与众共之之意。侄三次升官，皆御门时特擢。天恩高厚〔五〕，不知所报。

侄合室平安。身上疮癣尚未尽净，惟面上于半月内全好。故谢恩召见〔六〕，不至陨越以诒羞〔七〕。此尤大幸也。

前次写信回家，内有寄家毅然宗丈一封〔八〕，言由长沙金年伯家寄去心斋之母奠仪三十金〔九〕。此项本罗苏溪寄者，托侄转交，故侄兑与周辑瑞用，由周家递金家。顷闻四弟言，此项已作途费矣，则毅然伯家奠分必须家中赶紧办出付去〔一〇〕，万不可失信。谢兴岐曾借去银三十两，若还来甚好；若未还，求家中另行办去。又黄麓西借侄银二十两，亦闻家中已收。侄在京借银与人颇多，若侄不写信告家中者，则家中不必收取。盖在外与居乡不同，居乡间紧守银钱，自可致富；在外者有紧有松，有发有收，所谓大门无出，耳门亦无入〔一一〕，全仗名声好，乃扯得活；若名声不好，专靠自己收藏之银，则不过一年，即用尽矣。以后外人借侄银者，仍使送还京中，家中不必收取。侄于银钱之间，但求四处活动，望堂上大人谅之。

又闻四弟、六弟言父亲大人近来常到省城、县城，曾为蒋市街曾家说坟山事、长寿庵和尚说命案事。此虽积德之举，然亦是干预公事。侄现在京四品，外放即是臬司〔一二〕。凡乡绅管公事，地方官无不衔恨。无论有理无理，苟非己事，皆不宜与闻。地方官外面应酬，心实鄙薄，设或敢于侮慢，则侄靦然为官而不能免亲之受辱〔一三〕，其负疚当何如耶？以后无论何事，望劝父亲总不到县，总不管事，虽纳税正供〔一四〕，使人至县〔一五〕。伏求堂上大人鉴此苦心，侄时时挂念独此耳。

侄谨启

注释

〔一〕皇上御门：皇帝上朝听政，群臣齐集，处理国家大事。清朝前期，君臣议政场所多在乾清门、太和门，后期日渐减少，故其仪式意义较重。

〔二〕翰林院侍讲学士：翰林院中高级官职，从四品，参与处理朝廷文件与国史撰修等政务。

〔三〕放人：安排某人担任某职。此处“放”是“任命”的意思。

〔四〕简放：正式任命官职。

〔五〕天恩：皇恩。高厚：天高地厚，用来形容“非常重大”“非常难得”。

〔六〕谢恩召见：封建时代，臣子在接受朝廷任命后，一般都要向皇帝谢恩，有些还要上朝觐见。

〔七〕陨越：本义是颠覆坠落，后用来比喻失败、失职。诒羞：“给……带来羞耻”的意思。

〔八〕家：本家。宗丈：同族老辈。

〔九〕年伯：科举时代，同一年考中举人或进士者互称同年，对同年之父则称“年伯”。奠仪：送给丧家的钱物。

〔一〇〕奠分：奠金，送给丧家的银钱。

〔一一〕耳门：边门，小门。

〔一二〕臬司：即按察使，正三品，负责一省之司法监察。

〔一三〕靦（miǎn）然：害羞的样子。亲：此处指父母亲。

〔一四〕纳税正供：缴纳国税这样的应尽义务。

〔一五〕使人：指使别人，指使下人。

点评

这封信主要说三件事，升官报喜、朋友借钱与劝说父亲。

古人家族意识很重，比现在重得多。曾国藩祖父在世时，儿孙们都没有分家，一大家子人住在一起。曾国藩每次写家信，几乎都要向叔父母问安，而且每隔一段时间，他还要专门给叔父母写信，以示尊重，以示亲切。尤其是叔父母没有生育，抚养曾国藩六弟曾国华为嗣子，曾国华生性有些顽劣，婶娘又有一身的病，有时候还有些神志不清，因此，曾国藩对叔父更加体贴关怀。当这次越级升官，他自然也要向叔父母写信报喜，让叔父母分享这份荣耀，分享这份喜悦。

曾国藩本来有两个叔父，但前面那个叔父，名叫鼎尊的，去世很早，后面这位名叫骥云的，只比侄儿大几岁，因此，叔侄俩也就更加亲密。为了避免不必要的麻烦，近年来，遇到有些亲戚朋友的人情往来，曾国藩有意绕开父母兄弟，直接请叔父代办，如上个月给同乡彭三爷儿子的入学贺礼，就是托付叔父出面，当然其中也有给叔父做面子的意思。因为涉及那笔奠金的信，是以前写给叔父的，而这钱几经周折，却被四弟国潢拿走当路费了，因此曾国藩告诉叔父，这笔钱是别人托我转交的，现在我们家要赶快补上，不可失信于人。另外，朋友张三李四以前借去的二十两三十两，不是被家里代为索回，就是准备去催，因此曾国藩请叔父转告，我们朋友间都是互相借款共渡难关的，在家靠父母，在外靠朋友，在家靠节俭，在外靠拉扯，“有紧有松，有发有收”，你若不帮别人，别人也难帮你，“大门无出，耳门亦无入”。所以，他特意关照，侄儿平时就是这么周转银钱往来的，以前借出不少，今后还会继续，这些钱，“家中不必收取”。确实如此，这边大方借出，那边小气催讨，岂不前功尽弃？

至于请叔父出面，劝说父亲不要多管闲事，则是曾国藩从刚到北京的四弟六弟口中得知，“父亲大人近来常到省城、县城，曾为蒋市街曾家说坟山事、长寿庵和尚说命案事”。曾国藩对此很不以为然，坟山地界纠纷，和尚涉及命案，别人避之唯恐不及，自己老爹竟然为此一再出入公署。曾国藩自己是官场中人，深知乡绅插手公事，地方官员无不怨恨，表面上敷衍应付，内心其实很鄙视。要是有人不给面子，脸难看，话难听，岂不让自己儿子丢脸难堪？所以，他一再恳请叔父劝阻父亲，从今往后，不管别人什么事，再也不要出入县衙门，哪怕是自家纳税交粮，也都指派雇工去办即可。恳求你们体谅我这一片苦心，我时时刻刻挂念的，唯独就是这一件。

禀父母　道光二十六年正月初三日

男国藩跪禀父母亲大人万福金安：

乙巳十一月二十二日发家信十七号〔一〕。接大人十一月二十四所示手谕，内叔父及九弟、季弟各一信、彭茀庵表叔一信，具悉家中一切事。

前信言莫管闲事，非恐大人出入衙门，盖以我邑书吏欺人肥已〔二〕，党邪嫉正〔三〕，设有公正之乡绅，取彼所鱼肉之善良而扶植之〔四〕，取彼所朋比之狐鼠而锄抑之〔五〕，则于彼大有不便，必且造作谣言，加我以不美之名，进谗于官，代我构不解之怨。而官亦阴庇彼辈，外虽以好言待我，实则暗笑之而深斥之，甚且当面嘲讽。且此门一开，则求者踵至〔六〕，必将日不暇给，不如一切谢绝。今大人手示，亦云杜门谢客，此男所深为庆幸者也。

朱尧阶每年赠谷四十石〔七〕，受惠太多，恐难为报，今年必当辞却。小斗四十石不过值钱四十千〔八〕，男每年可付此数到家，不可再受他谷，望家中力辞之。毅然家之银想已送矣，若未送，须秤元银三十二两〔九〕，以渠来系纹银也。

男谨禀

注释

〔一〕乙巳：指道光二十五年（1845）。

〔二〕邑：县。书吏：当时各级政府中的文秘人员。肥己：侵公利己，损人利己。

〔三〕党邪嫉正：与坏人结党，与好人为仇。

〔四〕鱼肉：欺凌善良，残害弱势。

〔五〕朋比：坏人勾结成群，危害社会。狐鼠：此处比喻坏人。

〔六〕踵至：接踵而至，络绎不绝。

〔七〕朱尧阶：即朱蓂（1803—1872），字尧阶，湖南省湘乡县杏子铺（今属双峰县）人。秀才，与曾国藩早年相识，后在曾家私塾教书。因参与湘军后勤保障，被保举为即选训导虚衔。石（dàn）：中国古代计量单位，十斤为一斗，十斗为一石。

〔八〕小斗：略小于标准体量的斗。

〔九〕元银：即“元丝银”，清代货币，正面铸有卷丝，其含银量比纹银略低。

点评

曾国藩担心父亲热衷于进出官府，但又不便直接提出意见，因此委托叔父代为进言。曾国藩父亲于是写来回信，表示今后“杜门谢客”。曾国藩接信，一来深表庆幸，二来再做补充解释：没有别的意思，主要是衙门里总有办事员假公济私、鱼肉百姓，乡绅出面主持公义，这帮人就难以敲竹杠捞好处了；断了他们的财路，他们就会报复陷害，到时候就会殃及乡绅。而且帮人伸冤，一次两次，此门一开，诉苦诉冤的就会接踵而来，“不如一切谢绝”，谁的闲事都不管。初看起来，好像是曾国藩太拘谨，也太冷漠，其实，他是担心家里人过于冒头，小到邻里纠纷，大到催收税粮，若是什么事都插一手，天长日久，俨然一方民间小衙门，也难免被外人看作仗势欺人。这一点，在他父亲身上不明显，而对他的大弟弟“曾四先生”，其家乡民间传言，至今还颇为怨恨。

此外，信末还另外提及了两件事：

一是朱家年年送粮，今年再不能受。朱、曾两家世代交情，前些年朱家经商致富，曾家略显不如，故朱家每年赠送谷子四百斤。但曾国藩认为，受惠太多，难以回报，而且自己年薪有所增加，家用不足，自己额外贴补回家，因此，写过一句“今年必当辞却”，后面再加一句“不可再受”、一句“力辞之”，以示态度坚决。

二是给曾毅然老伯的三十两银钱，那是朋友送给人家丧子的往来人情，被四弟半途截用，当作进京路费了。曾国藩去年十月给父亲家信催过，这次再催落实。两次都特别强调，人家给我的是足色纹银，我们现在拿元银去还，必须添加二两。这些事，说大不大，说小也不小，全在自己一丝不苟。

禀父母　道光二十六年九月十九日

男国藩跪禀父母亲大人万福金安：

九月十七日接读第五、第六两号家信，喜堂上各老人安康，家事顺遂，无任欢慰〔一〕。

男今年不得差〔二〕，六弟乡试不售〔三〕，想堂上大人不免内忧；然男则正以不得为喜。盖天下之理，满则招损，亢则有悔〔四〕，日中则昃〔五〕，月盈则亏，至当不易之理也。男毫无学识而官至学士，频邀非分之荣，祖父母、父母皆康强，可谓极盛矣。现在京官翰林中无重庆下者〔六〕，惟我家独享难得之福。是以男栗栗恐惧，不敢求分外之荣，但求堂上大人眠食如常，阖家平安，即为至幸。万望祖父母、父母、叔父母无以男不得差、六弟不中为虑，则大慰矣。况男三次考差〔七〕，两次已得，六弟初次下场〔八〕，年纪尚轻，尤不必挂心也。

男癣疾近日大好，头面全看不见，身上亦好了九分。十八生女，男妇极平安。惟体太弱，满月当大补养〔九〕。在京一切，男自知谨慎。

男谨禀

注释

〔一〕无任：无比，无限。

〔二〕得差（chāi）：京官得到外省学政或乡试主考的临时差使。

〔三〕乡试：明清时代三年一次的省级科举考试，应试者为秀才，考取者为举人。不售：科举考试失败，没有考取。

〔四〕亢则有悔：《易经》有“亢龙有悔”之说，即世间万物，盛极必衰，警示做人做事应该谦虚谨慎。

〔五〕日中则昃（zè）：太阳过了正午就会西斜，光亮就会逐渐减弱。

〔六〕重（chóng）庆：此处指祖父母、父母都健在。

〔七〕考差：京城中高级官员参加朝廷定期举办的例行考试，优者钦派乡试主考，或是出任外省三年一届的学政。

〔八〕下场：进考场参加科举考试。

〔九〕满月：产妇经过一个月的护理调养，称之为“满月”或“出月子”。

点评

翰林院大体属于中央直属机关，翰林官社会地位高，升迁也较快，但经济收入不高。曾国藩此时位居侍讲学士，每年的年俸也只有105两，外加四品京官的“饭贴”（当时叫作“俸米”或“禄米”）五千多斤粮食而已。而京官要讲排场，要多交游，多应酬，因此他们都非常期待“得差”，可以得到额外的收入，用来补贴家用。

家中来信，告知六弟乡试失利，曾国藩不能不回应；自己的年度考差，同样落选，也不能不汇报。两件事都不是令人高兴的好事，但这封信却写出了另一番气象：

首先说，家里两封来信，都说堂上六位老人身体康健，这是多么大的好事，对四千里外游子而言，就是莫大的喜讯，“无任欢慰”，没有比这更令人欢欣宽慰的了。

接着说，我和六弟今年考运都不好，想来你们内心难免忧愁，但是，不仅你们不要忧愁，我还反而以此为喜。为什么呢？因为满则招损，物极必反，太阳当顶以后就会西斜，月亮满圆之后就会亏缺，这是天下不可更改的真理。然后他又拿自己官运亨通做例证：一个农家子弟，几年之间，就官居四品；所有京官翰林，祖父母健在、父母双全的，唯独我一个。如此“极盛”，不会盛极而衰吧？所以，我现在每天都是战战兢兢，再也不敢祈求分外之荣耀加身，唯一祈祷的，就是各位长辈能吃能睡，全家平安无事，就是万幸。至于六弟没能中举，初考失利，年纪还轻，更不必放在心上。

三年前，曾国藩在写给各位弟弟的信中，附录自己的每日功课，题目就叫“求阙斋课程”，也就是说，他很早就有“求阙（缺）于他事，而求全于堂上（父母）”之意。去年五月，他甚至还专门写了一篇《求阙斋记》的文章，开篇就说，天理是阳盛则阴生，阴盛而阳生，可见一物损则另一物益；而人欲却正相反，好盈而忘阙，有车代步了，还要绝世豪车，有食饱腹了，还要山珍海味，更有一类人，还要求名求禄，永无止境。为此，他表示，德不称位，必将有灾，自己已经荣华富贵，祖父母以下全都康强安顺，“乐不可极”，为了预防盛极而衰，因此立志，以“求阙”作书斋之名，自己什么都可以缺少，只要求全于家中老人健康长寿。

由此可见，曾国藩不是临时在这封信中宽慰长辈，而是早就有这种境界与志愿了。如此克制自律，如此诚心孝敬，确实令人感动。然而，遗憾的是，就在写信的前一天，他的祖母在家去世了。

禀父母　道光二十六年十月十五日

男国藩跪禀父母亲大人万福金安：

九月十九日发第十七号信，十月初五发十八号信，谅已收到。十二三四日内诰轴用宝〔一〕，大约十八日可领到。同乡夏阶平吏部（家泰）丁内艰〔二〕，二十日起程回南。男因渠是素服〔三〕，不便托带诰轴，又恐其在道上拜客，或有耽搁。祖母大人于出月二十九大寿〔四〕，若赶紧送回，尚可于寿辰迎接诰轴。是以特命四弟束装出京〔五〕，专送诰轴回家，与夏阶平同伴，计十一月十七八可到汉口。汉口到岳州不过三四天〔六〕，岳州风顺则坐船，风不顺则雇轿，五天可到家。四弟到省即专人回家〔七〕，以便家中办事，迎接诰命。

四弟数千里来京，伊意不愿遽归。男与国子监祭酒车意园先生商议〔八〕，令四弟在国子监报名，先交银数十两，即可给予顶戴〔九〕。男因具呈为四弟报名〔一〇〕，先缴银三十两，其余俟明年陆续缴纳。缴完之日，即可领照〔一一〕。男以此打发四弟，四弟亦欣然感谢，且言愿在家中帮堂上大人照料家事，不愿再应小考〔一二〕。男亦颇以为然。

男等在京身体平安，男妇生女后亦平善。六弟决计留京。九弟在江西有信来，甚好。陈岱云待之如胞弟〔一三〕，饮食教诲，极为可感，书法亦大有长进，然无故而依人，究似非宜。男写书与九弟，嘱其今年偕郭筠仙同伴回家〔一四〕，大约年底可到家。男在京一切用度自有调停，家中不必挂心。

男谨禀

注释

〔一〕诰轴：装裱在卷轴上的朝廷诰书。诰书是封建时代皇帝册封给官员及其父祖辈或夫人的专用文书。用宝：盖上朝廷官印。

〔二〕夏阶平吏部：吏部员外郎夏家泰，字阶平，湖南人。丁内艰：古代礼制，子女在其父母去世后，必须离职回家，守孝三年，称为"丁艰"，"丁内艰"是指母亲去世，子女回家守孝。

〔三〕素服：孝服。

〔四〕出月：下个月。

〔五〕束装：收拾行装，准备出发。

〔六〕岳州：岳州府，在湖南省北部，今为岳阳市。

〔七〕专人：专门派人。

〔八〕国子监：明清时期的国家最高学府，接受各省选拔进京的秀才在此学习。祭酒：国子监主管官员，从四品。

〔九〕顶戴：清代官帽上的装饰，其装饰物依品级自高至低，用来区别官位等级。

〔一〇〕具呈：向官府呈交的申请文书。

〔一一〕照：执照，官府认证的凭证文书。

〔一二〕小考：童生在获得秀才资格前的一系列预考。

〔一三〕陈岱云：即陈源兖，曾国藩好友，此时担任江西池州知府。

〔一四〕郭筠仙：即郭嵩焘（1818—1891），字伯琛，号筠仙，湖南省湘阴县人。曾国藩好友，后为儿女亲家。郭嵩焘此时临时充任陈源兖幕僚。

点评

本年十一月二十九日，是曾国藩祖母王氏的八十大寿，为了表达家中长孙的孝心，他与妻子欧阳氏合计，将按常规赠封给夫人的诰命，貤封给祖母。按照他现在侍讲学士的四品官级，可以诰授给妻子“恭人”的命妇荣誉，给祖母则为“太恭人”。对于一辈子在山村辛苦劳作的农妇而言，这在当时是非常高的荣耀了。诰命有几种，册封给在世者叫“诰授”，给去世者则叫“诰赠”，生前享受子孙带来的诰命，那当然更加体面。所以，曾国藩一面赶办相关手续，一面物色便车，请人捎带诰轴回家。但当时只有一位闻讣回湘的湖南老乡，让一身孝服的人给八十寿诞的老人送诰轴，曾国藩觉得不恰当，于是决定另找人选，但时间都来不及，最后只好把目光转向五月间来京的四弟身上，“特命四弟束装出京，专送诰轴回家”。

但是四弟国潢与六弟国华“数千里来京”，当然不愿意离开这次难得的学习机会，曾国藩于是再下决心，拿钱解决问题：给四弟捐资，买一个监生的头衔，先托关系，先办手续，一手交银子，一手换顶戴，正式认可文凭，待明年缴足经费再领办。于是，曾国藩写信给父亲，诰轴大约这几天就会盖上御宝，十八日就可以领到，我用这个办法“打发四弟”，四弟也“欣然感谢”，并且表示从此在家中帮父母“照料家事”，有了监生顶戴，也就不想“再应小考”。至于长子长媳、六弟九弟，个个都好，生活开支都“自有调停，家中不必挂心”。

由此可见，曾国藩对于家中大小事情的关切之深与用心之细。只可惜，就在九月十八日这一天，他远在家乡的祖母王太恭人去世了。

禀祖父　道光二十七年六月十七日

孙国藩跪禀祖父大人万福金安：

六月十五日接家中第九号信，系四月初三日四弟在县城发者。知祖父身体康强，服刘三爷之药，旧恙已经全愈，孙等不胜欣喜。前五月底，孙发第五号信，言大考蒙恩记名、赏缎事〔一〕，想家中已收到。

六月初二，孙荷蒙皇上破格天恩，升授内阁学士兼礼部侍郎衔〔二〕。由从四品骤升二品，超越四级，迁擢不次〔三〕，惶悚实深。初六日考试教习〔四〕，孙又蒙天恩派为阅卷大臣。初六日入闱〔五〕，初七日王大臣点名〔六〕。士子入闱者，进士、举人共三百八十余名〔七〕，贡生入闱者一百七十余名〔八〕。初八早发题纸，十一日发榜，十三日复试，十四日复命。初三日谢恩及十四复命，两次召见，奏对尚无愆误，教习取中额数共一百二十一名，湖南得取十一人，另有全单。

孙等身体平安，癣疾已将全好，头上竟看不见。孙妇及曾孙男女皆好。余俟续具。

孙谨禀

注释

〔一〕大考：清代对高级京官的年考，据此择优晋职。记名：清代官员升迁程序，对考试、政绩或军功之优异者，记录在案，遇有相应晋职机会，优先选拔。

〔二〕内阁学士：内阁是朝廷最高中枢机关，清代设立军机处后，内阁学士权力减弱，一般只负责审核大臣上奏朝廷的军政文报，为从二品，额定满族六名，汉族四名，一般都同时授予侍郎虚衔。

〔三〕不次：越级，不按先后次序。

〔四〕考试教习：此处为考试汉教习，即为满族宗室及八旗子弟学习汉语选拔师资，也是当时文人入仕途径之一。

〔五〕入闱：进入考场。

〔六〕王大臣：王公与大臣们。

〔七〕进士：明清科举考试中，通过会试录取为贡士，贡士经过殿试，赐予进士出身或同进士出身、同进士及第，统称进士。举人：明清科举考试通过乡试录取者。

〔八〕贡生：明清科举考试录取为秀才者，各地从中选拔优异，保送京城国子监修业，称为“贡生”。

点评

本年四月，翰林院年度大考，曾国藩名列二等第四名，五月进宫引见，奉旨记名，遇有（比现任职务更高级别的）官职出现空缺，即由内阁等有关部门专项上奏，请旨授职，并且同时还得到了大卷绸缎两件的恩赐。因此，在上一封家书中，曾国藩已经报告了这一喜讯，为的是让失去老伴的祖父能够舒展愁眉。

紧接着，六月初二，曾国藩奉旨升受内阁学士兼礼部侍郎衔，“由从四品骤升二品，超越四级”（由从四品、正四品、从三品、正三品到从二品，故称超越四级），这么大的喜讯，曾国藩之所以半个月后才向祖父报喜，是因为上折谢恩、皇上召见，紧接着考试教习，又被皇上派充阅卷大臣，进考场，点名发卷，阅卷发榜，又复试，又阅卷，然后两次进宫禀报，两次召见奏对，半个月间一直忙到今天。然后赶紧写信，把这一个多月来的荣耀一件一件说给中风失语的老爷爷听。不仅如此，还把120名考取教习的名单，尤其是来自湖南的11个人，全单抄录（其中就有曾国藩挚友郭嵩焘的弟弟郭昆焘），附信寄回，没事的时候，翻看几页，也可消磨无聊时光吧。

当年九月初十日，曾国藩接到四弟等人来信，得知“两次喜信使祖大人病体大愈”，回信中感叹说，“此为人子孙者之大幸也”。

禀叔父母　道光二十七年六月十七日

侄国藩敬禀叔父婶母大人万福金安：

新年两次禀安〔一〕，未得另书敬告一切。侄以庸鄙无知，托祖宗之福荫，幸窃禄位，时时抚衷滋愧〔二〕。兹于本月大考，复荷皇上天恩，越四级而超升。侄何德何能，堪此殊荣！常恐祖宗积累之福，自我一人享尽，大可惧也，望叔父作书教侄，幸甚。

金竺虔归，寄回银五十两。其四十两用法：六弟、九弟在省读书用二十六两，四弟、季弟学俸六两〔三〕，买漆四两，欧阳太岳母奠金四两，前第三号信业已载明矣。后又有十两，若作家中用度则嫌其太少，添此无益，减此无损。侄意戚族中有最苦者，不得不些须顾送〔四〕。求叔父将此十金换钱，分送最亲最苦之处。叔父于无意中送他，万不可说出自侄之意，使未得者有觖望〔五〕，有怨言。二伯祖母处，或不送钱，按期送肉与油盐之类，随叔父斟酌行之可也。

侄谨禀

注释

〔一〕禀安：晚辈给长辈或下级给上级的礼节性贺函。

〔二〕抚衷：扪心自问。

〔三〕学俸：学费。

〔三〕些须：些许，少量。

〔五〕觖（jué）望：因不满意而生怨恨。

点评

在给祖父写信报喜的同时，曾国藩还给叔父母写了这封信。一是新年两次禀安，只是新春贺卡性质，没有另外写信汇报，有些简略；二是本月“越四级而超升”，跃居二品大员的高位，理当让家乡的叔父母分享喜悦，不然的话，也是很失礼的。报告喜讯之外，再加上几句谦虚谨慎的话，如“何德何能”，托福感恩的话，如“皇上天恩”，知足知止的话，如“抚衷滋愧”等句，都是非常得体的。再特别强调，恳请叔父以长辈的身份、叔侄的亲情来开导教育侄儿的“庸鄙无知”，这既是教养，更是家教的体现。

接着再说另外一件正事：本年托朋友回湘之便，带回银钱五十两，其中四十两，四位老弟的学费多少，父母亲寿具油漆费多少，岳父之母的奠金多少，上次信中说过，今天再说一遍。而今天要讲的，就是那剩下的十两怎么处理？“若作家中用度则嫌其太少，添此无益，减此无损”，想来想去，不如分送给亲戚中家境最苦的人家，因此，有劳叔父，把这十两银子换成十几千个铜钱，请您出面分送，而且要好像是无意间随手赠送，二伯祖母年老，要么定期买些肉买些油盐送过去。银钱太少，不够分配，您悄悄处理，以免惹出意见出来。

京官只有正俸与恩俸，不像地方官有公余开支可以提取，曾国藩主动为老家生活开支承担了很大的责任，偿还多年积压的旧债，四位老弟的学费，家中老人的药费，还有本年四弟六弟进京以来的各项开支，包括为国潢捐监的额外费用，经济压力也很大，所以，尽管有心济贫，而且还是主动帮扶，他也只能量力而行了。

禀父母　道光二十八年四月十四日

男国藩跪禀父母亲大人礼安：

祖大人之病未知近日如何？两次折弁皆无来信，心甚焦急。兹寄回辽东人参五枝，重一两五钱。在京每两价银二十四两，至南中则大贵矣。大约高丽参宜用三钱者，用辽参则减为一钱；若用之太少，则亦不能见功。祖父年高气衰，服之想必有效。男前有信托江岷樵买全虎骨〔一〕，不知已办到否？闻之医云，老年偏瘫之症，病右者，以虎骨之右半体熬胶医之；病左者，以虎骨之左半体熬胶医之，可奏奇效。此方虽好，不知祖大人体气相宜否？当与刘三爷商之。若辽参则醇正温和，万无流弊。

又，寄回再造丸二颗〔二〕，系山东杜家所制者。杜家为天下第一有福之家，广积阴德。此药最为贵重，有人参、鹿茸、蕲蛇等药在内〔三〕，服之一无流弊。杜氏原单附呈，求照方用之。

男等在京，一切自知谨慎，伏乞堂上大人放心。

男谨禀

注释

〔一〕江岷樵：即江忠源（1812—1854），字常孺，号岷樵，湖南省新宁县人。以举人大挑（举人入职国家公务员考试）得教谕职，回乡后倡办团练，后参与追击广西太平军，积功官至安徽巡抚。

〔二〕再造丸：治疗老年中风的传统中成药，具有化痰活血等功效。

〔三〕蕲（qí）蛇：湖北蕲春所产毒蛇，传统中医用它作通经活络的治病药材。

点评

曾国藩祖父星冈公一生务农，两年前中风偏瘫，于是，家中儿孙辛勤服侍，长孙远在北京，只能经常寄信问候，寄钱寄药治疗。长时间没有接到家中来信，曾国藩内心非常焦急，担心病情加重，于是写信催问，祖父大人之病，近日到底如何？

然后就是寻医购药，借助首都医疗条件，他花费几十两银子买到五枝珍贵的辽东人参，重一两五钱，马上寄回。而且及时告知：辽参药性大，高于高丽参几倍，想来湖南乡村很少有人用到辽参，他又仔细叮嘱，如果要用，就只能用高丽参三分之一的量，当然，也不能太少，太少又没有疗效了。说完辽参，又说虎骨，此前曾经托好友江忠源从湘西山中求购整架虎骨，又请教医生，得一奇方：右边偏瘫，熬老虎右边骨头，左边偏瘫，熬老虎左边骨头，都要熬成胶质，然后服用，说是“可奏奇效”。但是，“此方虽好，不知祖大人体气相宜否”？还应该找中医刘三爷好好商量。如果不行，则辽参比较温和，不用担心。除了虎骨与辽参，他还寄回两颗专治中风的再造丸，虽说只有两粒，但出自山东杜家，“最为贵重，有人参、鹿茸、蕲蛇等药在内”，据说天下第一，疗效神奇，想来是救人不少，故称“广积阴德”，而且“服之一无流弊”，因此药方随同寄上，可以照方服用。总之，为了治疗祖父的病痛，曾国藩算是想方设法，不遗余力。

完整虎骨，后来还真谋求到手了。据当年七月十二日曾国潢来信，“月初江岷樵到省，送来虎骨全付，重八斤，价值十六千大钱。其物颇好，待到家请人细心熬出，服之当奏奇效”。可惜的是，老人家缠绵病榻，还是在一年后去世了。

星冈公持家甚严，自己吃苦耐劳，起早贪黑，让曾家初步脱贫，儿子中秀才，孙子点翰林，在七十六岁的高龄，还亲眼看到长孙升授礼部右侍郎，兼任兵部右侍郎，持家有方，脱贫致富，堪称死而无憾了。

禀父　咸丰四年三月二十五日

男国藩跪禀父亲大人万福金安：

二十二日接到十九日慈谕，训戒军中要务数条。谨一一禀复：

一、营中吃饭宜早，此一定不易之理。本朝圣圣相承〔一〕，神明寿考〔二〕，即系早起能振刷精神之故。即现在粤匪暴乱〔三〕，为神人所共怒，而其行军，亦系四更吃饭〔四〕，五更起行〔五〕。男营中起太晏、吃饭太晏〔六〕，是一大坏事。营规振刷不起〔七〕，即是此咎。自接慈谕后，男每日于放明炮时起来〔八〕，黎明看各营操演。而吃饭仍晏，实难骤改，当徐徐改作天明吃饭，未知能做得到否。

一、扎营一事，男每苦口教各营官，又下札教之〔九〕。言筑墙须八尺高，三尺厚；壕沟须八尺宽，六尺深；墙内有内濠一道，墙外有外濠二道或三道；壕内须密钉竹签云云。各营官总不能遵行。季弟于此等事尤不肯认真〔一〇〕，男亦太宽，故各营不甚听话。岳州之溃败，即系因未能扎营之故。嗣后当严戒各营也。

一、调军出战，不可太散。慈谕所戒，极为详明。昨在岳州，胡林翼已先至平江〔一一〕，通城屡禀来岳〔一二〕，请兵救援，是以于初五日遣塔、周继往。其岳州城内王璞山有勇二千四百〔一三〕，朱石樵有六百〔一四〕，男三营有一千七百。以为可保无虞矣〔一五〕，不谓璞山至羊楼司一败，而初十开仗，仅男三营与朱石樵之六百人，合共不满二千人，而贼至三万之多，是以致败。此后不敢分散。然即合为一气，而我军仅五千人，贼尚多至六七倍，拟添募陆勇万人，乃足以供分布耳。

一、破贼阵法，平日男训戒极多，兼画图训诸营官。二月十三日，男亲画贼之莲花抄尾阵。寄交璞山，璞山并不回信；寄交季弟，季弟回信言贼了无伎俩，并无所谓抄尾阵；寄交杨名声、邹寿璋等，回信言当留心。慈训言当用常山蛇阵法，必须极熟极精之兵勇乃能如此。昨日岳州之败，贼并未用抄尾法，交手不过一个时辰〔一六〕，即纷纷奔退。若使贼用抄尾法，则我兵更胆怯矣。若兵勇无胆无艺，任凭好阵法，他也不管，临阵总是奔回，实可痛恨。

一、拿获形迹可疑之人，以后必严办之，断不姑息。

以上各条，谨一一禀复，再求慈训。

男谨禀

注释

〔一〕圣圣相承：一朝又一朝的皇帝代代相传。

〔二〕神明：此处是“圣明”“英明”的意思。寿考：健康长寿。

〔三〕粤匪：即洪秀全领导的太平军。太平军起事于广西，领导人多来自广东，广东、广西古称百粤，故当时称之为“粤匪”或“粤寇”。

〔四〕四更：旧时把一夜分为五更，即每更相隔大约两个半小时。

四更大约在凌晨两点半。

〔五〕五更：大约凌晨四点五十。起行：军队离营出发。

〔六〕起：起床。晏：晚，迟。

〔七〕营规：军规。

〔八〕放明炮：清军起床号令。起来：起床。

〔九〕札：清代上级对下级的指令性文件。

〔一〇〕季弟：曾国藩幼弟曾国葆，字季洪，后改名贞干，字事恒。

〔一一〕胡林翼（1812—1861），字贶生，号润芝，湖南省益阳县人。由编修出任贵州安顺、镇远、思南、黎平等地知府，后被湖南巡抚张亮基、湖广总督吴文镕奏调至湘、鄂助剿太平军，官至湖北巡抚，予谥“文忠”。平江：平江县，位于湖南省东北部。

〔一二〕通城：通城县，位于湖北省南部。

〔一三〕王璞山：即王鑫（1825—1857），字璞山，湖南省湘乡县人。追随其师罗泽南参与倡办湘军，为湘军最初营官之一，病卒于江西军营，予谥“壮武”。

〔一四〕朱石樵：即朱孙贻（？—1879），字石樵，江西省清江县（今樟树市）人。历任湖南宁乡、长沙、湘乡等县知县。

〔一五〕无虞：无忧。

〔一六〕一个时辰：古人把一昼夜分为十二个时辰，故“一个时辰”为两个小时。

点评

这是曾氏父子之间的家书，也是前任兵部侍郎与乡村教书先生的战略战术交流。只不过，曾国藩的兵部侍郎，只是短期兼职，当时体制，朝廷六部的现任长官，因事离职，皇帝便从另外五部同样级别的官员中，钦定某人兼任，一般都是短期过渡。所以，曾国藩也就从分管文教工作的礼部侍郎，摇身一变，又当上了分管军队与国防建设的兵部侍郎。开始是右侍郎，后来又兼左侍郎，不过，时间不长，前后只有一年多时间。

而正是在他兼任兵部侍郎的这段时间，广东花县的一名落第秀才洪秀全，却在广西桂平县秘密组织太平军，武装造反，自号“太平王”，次年，建号“太平天国”，自封“天王”。当曾国藩奉旨担任江西乡试主考官、离京南下之时，太平军已经从广西攻入他的家乡湖南。曾国藩本来已经向朝廷请假获准，在结束江西乡试之后，顺道回家看望父母，但半途得知母亲去世，他遵照当时礼制，放弃礼部侍郎的官职，赶回家乡湖南湘乡县守孝。半年后，因为太平军攻入湖北、江西、江苏，朝廷下旨，命令东南各省在籍官员协助维护地方防守，当时叫作“帮办本省团练”，曾国藩也是其中之一。

曾国藩是个理学家，本来只想恪守礼教，遵制守孝，但湘乡县在这两三年间，在知县朱孙诒的号召下，曾国藩的父亲曾麟书等一批老少书生，已经倡办了一支很有规模的乡勇，练兵巡防，保境安民。加上当时湖北再次告急，新任湖南巡抚张亮基又是曾国藩的好朋友，曾国藩也就多少吃起了“兵部侍郎”的老本，逐步把湘乡勇这一支“县大队”，发展成湖南省的“省总队”，这封信中提到的朱孙诒、王鑫与邹寿璋等人，就是最早的“营团级干部”。而曾国藩虽然曾经位居“国防部副部长”，却并没有带兵历练，甚至还不如朱、王等人富于实战经验。在这种情况下，远在家乡山村的老秀才，才从故纸堆中的兵书阵法、耳闻目睹的一知半解，来逐条给初出茅庐的儿子出主意。

从这封回信来看，曾国藩老父亲的来信，还是很有针对性的：敌方摸黑起早，天没亮，就已经吃过早饭，整队出发了，而己方却起得晚、吃得晚，本来就已经落人后手，营规不整，甚至还很有些懒懒散散的样子，所谓“振刷不起”，就是精神振奋不起来；而曾国藩回信，却又说“吃饭仍晏，实难骤改，当徐徐改作天明吃饭，未知能做得到否”，这就看不出一点国防部长的威严了；扎营筑墙，苦口教，下文批，而“各营官总不能遵行”，原因只在统帅“太宽，故各营不甚听话”，结果自然是“岳州之溃败”；己方分兵出击，以“不满二千”抵挡“三万之多”，当然又是“致败”；至于“莲花抄尾阵”“常山蛇阵法”，都有点纸上谈兵了。

常言道，慈不掌兵，知子莫若父，看来竹亭公还是很有远见的。而曾国藩也很虚心，在此后十年的血腥拼杀中，未明即起、早饭冷食、力戒分兵、坚扎营盘，就成为湘军的克敌制胜之宝。

写给弟弟

致澄弟温弟沅弟季弟　道光二十二年九月十八日

四位老弟足下〔一〕：

九弟行程，计此时可以到家。自任丘发信之后〔二〕，至今未接到第二封信，不胜悬悬〔三〕。不知道上不甚艰险否？四弟、六弟院试〔四〕，计此时应有信，而折差久不见来，实深悬望。

予身体较九弟在京时一样，总以耳鸣为苦。问之吴竹如〔五〕，云只有静养一法，非药物所能为力。而应酬日繁，予又素性浮躁，何能着实养静？拟搬进内城住，可省一半无谓之往还〔六〕，现在尚未找得。予时时自悔，终未能洗涤自新。

九弟归去之后，予定刚日读经、柔日读史之法〔七〕。读经常懒散不沉着，读《后汉书》〔八〕，现已丹笔点过八本；虽全不记忆，而较之去年读《前汉书》〔九〕，领会较深。

吴竹如近日往来极密，来则作竟日之谈，所言皆身心国家大道理。竹如必要予搬进城住，盖城内镜海先生可以师事〔一〇〕，倭艮峰先生、窦兰泉可以友事〔一一〕。师友夹持，虽懦夫亦有立志。予思朱子言为学譬如熬肉〔一二〕，先须用猛火煮，然后用漫火温。予生平工夫全未用猛火煮过，虽略有见识，乃是从悟境得来。偶用功，亦不过优游玩索已耳〔一三〕。如未沸之汤，遽用漫火温之，将愈煮愈不熟矣。以是急思搬进城内，屏除一切〔一四〕，从事于克己之学〔一五〕。镜海、艮峰两先生亦劝我急搬。而城外朋友，予亦有思常见者数人，如邵蕙西、吴子序、何子贞、陈岱云是也〔一六〕。子序之为人，予至今不能定其品，然识见最大且精，尝教我云："用功譬若掘井，与其多掘数井而皆不及泉，何若老守一井，力求及泉而用之不竭乎？"此语正与予病相合。盖予所谓掘井多而皆不及泉者也。

写至此，接得家书，知四弟、六弟未得入学，怅怅然。科名有无迟早，总由前定，丝毫不能勉强。求业之精，别无他法，曰专而已矣。谚曰"艺多不养身"，谓不专也。吾掘井多而无泉可饮，不专之咎也。诸弟总须力图专业。如九弟志在习字，亦不必尽废他业，但每日习字工夫，断不可不提起精神，随时随事，皆可触悟。四弟、六弟，吾不知其心有专嗜否？若志在穷经〔一七〕，则须专守一经；志在作制义〔一八〕，则须专看一家文稿；志在作古文，则须专看一家文集，作各体诗亦然，作试帖亦然〔一九〕，万不可以兼营并骛〔二〇〕，兼营则必一无所能矣。切嘱切嘱，千万千万！

此后写信来，诸弟各有专守之业，务须写明，且须详问极言，长篇累牍，使我读其手书，即可知其志向识见。凡专一业之人，必有心得，亦必有疑义。诸弟有心得，可以告我共赏之；有疑义，可以问我共析之。且书信既详，则四千里外之兄弟不啻晤言一室〔二一〕，乐何如乎？

予生平于伦常中〔二二〕，惟兄弟一伦抱愧尤深。盖父亲以其所知者尽以教我，而我不能以吾所知者尽教诸弟，是不孝之大者也。九弟在京年余，进益无多，每一念及，无地自容。嗣后我写诸弟信〔二三〕，总用此格纸，弟宜存留，每年装订成册。其中好处，万不可忽略看过。诸弟写信寄我，亦须用一色格纸，以便装订。

兄国藩手具

注释

〔一〕足下：旧时平辈或是朋友之间的敬称。

〔二〕任丘：任丘县，在河北省中部。

〔三〕不胜悬悬：形容内心十分不安的样子。

〔四〕院试：由一省学院（即学政）主持的考试，考取者称为生员，即秀才。

〔五〕吴竹如：即吴廷栋（1793—1873），字竹如，号彦甫，安徽省霍山县人。以拔贡官至刑部右侍郎。

〔六〕无谓：没有意义的事情。

〔七〕刚日：单日。柔日：双日。古时以“十天干”记日，凡天干值甲、丙、戊、庚、壬等居奇位属阳刚的日子称“刚日”，以值乙、丁、己、辛、癸居偶位属阴柔的日子称“柔日”。

〔八〕《后汉书》：南朝刘宋朝史学家范晔所著东汉断代史。

〔九〕《前汉书》：东汉史学家班固所著西汉断代史。

〔一〇〕镜海：即唐鉴（1778—1857），字翕泽，号镜海，湖南省善化县（今属长沙市）人。理学家，官至太常寺卿。师事：以……为模范之师。

〔一一〕倭艮峰：即倭仁（1804—1871），字艮峰，蒙古正红旗人。理学家，官至工部尚书、文华殿大学士。窦兰泉：即窦垿（1804—1864），字于坫，号兰泉，云南罗平州（今为曲靖市）人。官至监察御史。友事：结交……为同志之友。

〔一二〕朱子：即朱熹（1130—1200），南宋著名哲学家、教育家。

〔一三〕优游：安闲自得的样子。玩索：仔细思考体会。

〔一四〕屏除：摈除，排除。

〔一五〕克己：严格要求自己。“克己之学”泛指宋明理学。

〔一六〕邵蕙西：即邵懿辰（1810—1861），字位西，又作蕙西，浙江省仁和县（今属杭州市）人。以举人历官内阁中书、刑部员外郎，长于经学，死于杭州。吴子序：即吴嘉宾（1803—1864），字子序，江西省南丰县人。与曾国藩同榜中进士、选庶吉士，并授翰林院编修，后因事免职，战死于本籍。何子贞：即何绍基（1799—1873），字子贞，号东洲，晚号蝯叟，湖南省道州（今为道县）人。著名经学家、书法家。

〔一七〕穷经：精读所有儒家经典。

〔一八〕制义：即“经义”，明清时期科举考试的规定文体，俗称八股文。

〔一九〕试帖：即试帖诗，唐宋以后科举考试的规定诗体，通常以古人诗句或成语为题，冠以“赋得”二字，并限韵脚。

〔二〇〕骛（wù）：到处乱跑。

〔二一〕不啻（chì）：无异于。晤言一室：在同一间房子里面对面交谈。

〔二二〕伦常：泛指人伦道德规范。封建时代，把君臣、父子、兄弟、夫妇与朋友五种关系称为五伦，并认为这种尊卑、长幼的主次关系是不可改变的常道，故称“伦常”。

〔二三〕嗣后：以后，今后。

点评

常言道，父慈子孝，兄友弟恭，夫和妇顺，敬爱和睦，全家之福。曾国藩家书中，最重要的两部分，就是致弟书和教子书。

这封信以满腔热忱来传授学习心得，字句之间，洋溢着远方兄长对家乡诸弟的一片关爱之情。

九弟来京一年多，骤然分别，大哥不但计算行程，而且天天盼着旅途来信，“不知道上不甚艰险否”，大哥心里实在不安；四弟、六弟接受学政大考，录取就是秀才，落选还须苦熬，按说此时应该有信，但信差天天等不来，大哥心里又急又望。接着又说，我还是整天耳鸣，还像九弟在时一样，去问朋友吴竹如，他说是吃药也没用，只有静心休养，而我素来心思浮杂，看来只能择地而居，与内城的新老理学师友住到一起，依靠这些师友夹持，“屏除一切，从事于克己之学”。克己就是要战胜自己，严格自律，自律力有不及，则必须师友监督批评。信中正是如此，自己“常懒散不沉着”，而吴子序则一针见血：“用功譬若掘井，与其多掘数井而皆不及泉，何若老守一井，力求及泉而用之不竭乎？”

写到这里，接到家信，四弟六弟双双落选，尽管心中失望，但正好接着刚才的“懦夫立志”与“掘井及泉”来启发教育：“求业之精，别无他法”，只有专心致志，我也吃了不专心的亏，但现在开始改，你们也要开始改。九弟想写一笔好字，那就要天天练习；四弟六弟如果想精熟经书，那就专攻某一经，若志在八股，那就钻研某一家范文，学作古文，学作试帖，都是一样的道理，都是一样的方法。譬如挖井，不能东一锄头西一锄头，“万不可以兼营并骛，兼营则必一无所能”。

再三叮嘱之后，还有具体布置：以后写信，每个人都“务须写明”自己的“专守之业”，写到什么程度？写到“详问极言”与“长篇累牍”的程度。为什么？因为父亲把我启发教育出来了，而我不能把我的学习经验传授给你们，“是不孝之大者”，五伦之中，唯有兄弟这一伦最为抱愧。怎么办？我们兄弟定个规矩：往来通信，都用统一规格的信纸，以便装订，以便收存，以便查验，落到实处，一抓到底。

致澄弟温弟沅弟季弟　道光二十二年十二月二十日

诸位贤弟足下：

诸弟在家读书，不审每日如何用功〔一〕？余自十月初一立志自新以来，虽懒惰如故，而每日楷书写日记，每日读史十叶〔二〕，每日记《茶余偶谈》一则〔三〕，此三事未尝一日间断。十月二十一日立誓，永戒吃水烟〔四〕，洎今已两月不吃烟〔五〕，已习惯成自然矣。予自立课程甚多，惟记《茶余偶谈》、读史十叶、写日记楷本，此三事者誓终身不间断也。诸弟每人自立课程，必须有日日不断之功，虽行船走路，俱须带在身边。予除此三事外，他课程不必能有成；而此三事者，将终身以之。

予从前限功课教诸弟，近来写信寄弟，从不另开课程，但教诸弟有恒而已。盖士人读书，第一要有志，第二要有识，第三要有恒。有志则断不甘为下流〔六〕；有识则知学问无尽，不敢以一得自足，如河伯之观海〔七〕，如井蛙之窥天，皆无识者也；有恒则断无不成之事。此三者缺一不可。诸弟此时，惟“有识”不可以骤几〔八〕，至于“有志”“有恒”，则诸弟勉之而已。书不能尽言，惟诸弟鉴察。

兄国藩手草

课程

主敬〔九〕：整齐严肃，无时不惧。无事时心在腔子里〔一〇〕，应事时专一不杂。

静坐：每日不拘何时，静坐一会，体验静极生阳来复之仁心〔一一〕。正位凝命，如鼎之镇〔一二〕。

早起：黎明即起，醒后勿沾恋。

读书不二：一书未点完〔一三〕，断不看他书。东翻西阅，都是徇外为人〔一四〕。

读史：二十三史，每日读十叶，虽有事不间断。

写日记：须端楷〔一五〕。凡日间过恶（身过、心过、口过），皆记出。终身不间断。

日知其所亡〔一六〕：每日记《茶余偶谈》一则。分德行门、学问门、经济门〔一七〕、艺术门。

月无忘所能：每月作诗文数首，以验积理之多寡、养气之盛否。

谨言：刻刻留心。

养气：无不可对人言之事；气藏丹田〔一八〕。

保身：谨遵大人手谕（节欲、节劳、节饮食）。

作字：早饭后作字。凡笔墨应酬，当作自己功课。

夜不出门：旷功疲神，切戒切戒。

注释

〔一〕不审：不知道，不了解（某事）。

〔二〕十叶：即十页。

〔三〕《茶余偶谈》：曾国藩在京时自立课程之一，分门别类记录见闻所得，如道德品行、治国安邦、诗文艺术之类。

〔四〕吃水烟：早期烟草吸食方法，将点燃的烟草通过水烟袋过滤后吸食提神。

〔五〕洎（jì）今：至今。

〔六〕下流：下品，低级。

〔七〕河伯之观海：比喻妄自尊大，被人耻笑。河伯是古代神话中的黄河水神，当黄河水涨，他自以为天下无双，等到随水流到大海，才知道自己的渺小。

〔八〕几（jī）：接近，快要达到。

〔九〕主：坚守，保持。

〔一〇〕腔子：胸腔，胸腹。

〔一一〕生阳来复：形容理学修养境界，一动一静，合乎自然之理。

〔一二〕“正位凝命”句：形容有道德修养的君子，像铸鼎那样端庄厚重。

〔一三〕点：此处是“点读”的意思，一边读书，一边标点。

〔一四〕徇（xùn）外为人：迎合别人的毁誉好恶评价而装腔作势，自欺欺人。“徇”是“屈从”的意思。

〔一五〕端楷：即正楷。

〔一六〕亡（wú）：通“无”。

〔一七〕经济：经邦济国，治理国家。

〔一八〕气藏丹田：一般说“气沉丹田”，指凝神聚气的一种保健方法。“丹田”一般是指小腹部位。

点评

曾国藩进京初期，八股文与试帖诗等考试功夫是主要功课，闲暇时间就是四处交游，增广人脉。直到两年后，湖南籍理学家唐鉴进京任职，于是开启曾国藩接触宋明理学的机缘，加上以前认识的吴廷栋的介绍，又与理学家倭仁等人初识，因此，他专门借来倭仁等人的日记本，学着这些榜样，一笔一划写正楷，将每日作息、言行甚至内心杂念，全盘写出，然后自己反省。不久，他又在这群理学师友的指导下，设定修身课程，从“早起”到“夜不出门”，从“整齐严肃”到“读书不二”，自我督促，自我鞭策。

这样的刻苦自律，两个月坚持下来，效果比较明显，因此，他接连给弟弟们写信，不厌其烦地传授心得体会，而且认识到自己“从前限功课教诸弟”效果不大，这封信便再不“另开课程”，“但教诸弟有恒”。

为此，他特别列举自己“每日楷书写日记，每日读史十叶，每日记《茶余偶谈》一则，此三事未尝一日间断”，包括“十月二十一日立誓，永戒吃水烟，洎今已两月不吃烟”，从而要求“诸弟每人自立课程”，不仅如此，而且还要发誓“行船走路，俱须带在身边”。信末附载自己的十三条课程，每条还有注解，其目的，一是示范，二是激励，兄弟们互相监督，互相勉励。“有识”可能一下子达不到，但是“有志”“有恒”，则全凭自己做主，“诸弟勉之”。

此时，曾国藩自己已经完成了科举考试的所有进程，当然有条件投资道德资本建设，但是，远在穷乡僻壤的四位弟弟，还在起步阶段，他们对初入理学之门的这种信徒式传道，态度颇有差别。大体来说，四弟国潢、六弟国华，不太把它当回事；九弟国荃、季弟国葆，则没有两位哥哥那样世故，加上后来又在省城岳麓书院进修，湖湘理学精神对两位年轻弟弟的进德修业，还是起到了很大的作用。

致澄弟温弟沅弟季弟　道光二十三年正月十七日

诸位老弟足下：

正月十五日接到四弟、六弟、九弟十二月初五日所发家信。

四弟之信三叶，语语平实。责我待人不恕，甚为切当。谓月月书信徒以空言责弟辈，却又不能实有好消息，令堂上阅兄之书，疑弟辈粗俗庸碌，使弟辈无地可容云云〔一〕。此数语，兄读之不觉汗下。我去年曾与九弟闲谈，云为人子者，若使父母见得我好些，谓诸兄弟俱不及我，这便是不孝；若使族党称道我好些〔二〕，谓诸兄弟俱不如我，这便是不弟〔三〕。何也？盖使父母心中有贤愚之分，使族党口中有贤愚之分，则必其平日有讨好底意思〔四〕，暗用机计，使自己得好名声，而使其兄弟得坏名声，必其后日之嫌隙由此而生也。今四弟之所责我者，正是此道理，我所以读之汗下。但愿兄弟五人，各各明白这道理，彼此互相原谅。兄以弟得坏名为忧，弟以兄得好名为快。兄不能使弟尽道得令名，是兄之罪；弟不能使兄尽道得令名，是弟之罪。若各各如此存心，则亿万年无纤芥之嫌矣。

至于家塾读书之说，我亦知其甚难，曾与九弟面谈及数十次矣。今四弟意必从觉庵师游，则千万听兄嘱咐，但取明师之益，无受损友之损也。其束脩，今年谨具钱十挂〔五〕。兄于八月准付回，不至累及家中。非不欲从丰，实不能耳。凡从师必久而后可以获益。四弟与季弟今年从觉庵师，若地方相安，则明年仍可从游；若一年换一处，是即无恒者，见异思迁也，欲求长进难矣。

此以上答四弟信之大略也。

六弟之信，言兄与诸君子讲学，恐其渐成朋党。所见甚是。然弟尽可放心。兄最怕标榜，常存暗然尚䌹之意〔六〕，断不至有所谓“门户自表”者也〔七〕。信中言四弟浮躁不虚心，亦切中四弟之病，四弟当视为良友药石之言〔八〕。

来信又言四弟与季弟从游觉庵师，六弟、九弟仍来京中，或肄业城南云云。兄之欲得老弟共住京中也，其情如孤雁之求曹也〔九〕。来信以进京为上策，以肄业城南为次策。兄非不欲从上策，因九弟去来太速，不好写信禀堂上。不特九弟形迹矛盾，即我禀堂上亦必自相矛盾也，又目下实难办途费。六弟言能自为计，亦未历甘苦之言耳。若我今年能得一差，则两弟今冬与朱啸山同来甚好〔一〇〕。目前且从次策。如六弟不以为然，则再写信来商议可也。

此答六弟信之大略也。

九弟之信，写家事详细，惜话说太短。兄则每每太长，以后截长补短为妙。季弟一切皆须听诸兄话。此次折弁走甚急，余容后告。

注释

〔一〕云云：文言语助词，大体如同“……等等”之意。

〔二〕族党：亲族，乡党，乡亲们。

〔三〕不弟（tì）：对兄长或长辈不恭顺。“弟”同“悌”，弟弟顺从兄长。

〔四〕底：此处即助动词“的”。

〔五〕十挂：十串，即十千文，十千个铜钱。

〔六〕暗然尚䌹（jiǒng）：“䌹”是外衣，“尚”是加上。《诗经》有“衣锦尚䌹”之句，原指在鲜艳的绸装之上再套一件粗布外衣，以蔽风尘。后来用“暗然尚䌹”比喻君子内修才性而外表朴素。

〔七〕门户自表：拉帮结派，各自标榜。

〔八〕药石之言：比喻切实的批评告诫之言。

〔九〕曹：此处为“群”“辈”的意思。

〔一〇〕朱啸山：即朱富春（1809—1888），字啸山，湖南省湘乡县人。以举人考取景山官学教习，曾国藩早年好友。

点评

曾国藩身为长兄，身居北京，见识大开，而又对家乡四位老弟的学习成长怀着深厚的责任感甚至是使命感，因此写信回家，有时长篇大论，有时训诲切至，去年开始皈依理学，讲究正心诚意，规行矩步，一举一动，都要模仿圣贤，甚至把自己批评反省修身的日记抄录附寄。而在穷居乡村的几乎“失学”的老弟们看来，这实在有些迂腐而不切实际。你倒是秀才举人、进士翰林一飞冲天，你现在可以“主敬”“主静”，可以“谨言”“养气”，搞什么“无不可对人言之事”；我们呢？半耕半读不算，教书先生就是那么几位村儒，我们至少也要像你一样，先通过层层科举考试当上秀才举人再说吧？因此，两个大弟弟，双双给大哥写来长信，一个说大哥你待人不宽厚，总是空言批评多，切实帮助少；一个说大哥你理学师友抱团，会不会是拉帮结派，互相标榜。另外，还对父亲只送两个小弟弟外出“脱产进修”的“不平等待遇”表示失望与不满。

曾国藩不愧是接受了几个月的心性修炼，接到来信如此批评，他不但没有生气，反而一再表示，四弟来信“语语平实”，责我之言“甚为切当”，“读之不觉汗下”。然后诚恳解释，决没有“疑弟辈粗俗庸碌”的用意，恰恰相反，只是想让兄弟五人齐头并进，在父母亲戚心中等量齐观，这话去年当面对九弟讲过，可以为证；至于六弟告诫我不要朋党标榜，“所见甚是”。

此外，对于两位老弟“告京状”“要平等”“要进修”的愿望，曾国藩还曲意满足：你们要读书，要进步，我支持；家里经济困难，我出钱；至于离家来京，不仅忽来忽去，父亲不高兴，而且目前也实在拿不出路费，要不，若我今年得差，手头略为宽裕，你们冬天再来。不仅如此，而且还特意表示，如果六弟对此仍不满意，可以来信再商量。

大哥做到这个地步，确实难能可贵了。

致温弟沅弟 道光二十四年三月初十日

六弟、九弟左右〔一〕：

所寄银两，以四百为馈赠族戚之用。来书云：“非有未经审量之处，即似稍有近名之心。”此二语推勘入微〔二〕，兄不能不内省者也。又云：“所识穷乏得我而为之，抑逆知家中必不为此慷慨而姑为是言〔三〕？”斯二语者，毋亦拟阿兄不伦乎〔四〕？兄虽不肖，亦何至鄙且奸至于如此之甚？所以为此者，盖族戚中有断不可不一援手之人，而其余则牵连而及。

兄己亥年至外家，见大舅陶穴而居〔五〕，种菜而食〔六〕，为恻然者久之。通十舅送我，谓曰：“外甥做外官，则阿舅来作烧火夫也。”南五舅送至长沙，握手曰：“明年送外甥妇来京。”余曰：“京城苦，舅勿来。”舅曰：“然。然吾终寻汝任所也。”言已泣下。兄念母舅皆已年高，饥寒之况可想。而十舅且死矣，及今不一援手，则大舅、五舅者又能沾我辈之余润乎？十舅虽死，兄意犹当恤其妻子；且从俗为之延僧如所谓道场者〔七〕，以慰逝者之魂而尽吾不忍死其舅之心。我弟我弟，以为可乎？

兰姊、蕙妹家运皆舛〔八〕。兄好为识微之妄谈，谓姊犹可支撑，蕙妹再过数年则不能自存活矣。同胞之爱，纵彼无觖望〔九〕，吾能不视如一家一身乎？

欧阳沧溟先生夙债甚多〔一〇〕，其家之苦况，又有非吾家可比者。故其母丧，不能〔不〕稍隆厥礼。岳母送余时，亦涕泣而道。兄赠之独丰，则犹徇世俗之见也。

楚善叔为债主逼迫，抢地无门〔一一〕，二伯祖母尝为余泣言之，又泣告子植曰："八儿夜来泪注地湿，围径五尺也。"而田货于我家〔一二〕，价既不昂，事又多磨，尝贻书于我，备陈吞声饮泣之状。此子植所亲见，兄弟尝欷歔久之。

丹阁叔与宝田表叔昔与同砚席十年〔一三〕，岂意今日云泥隔绝至此〔一四〕！知其窘迫难堪之时，必有饮恨于实命之不犹者矣〔一五〕。丹阁戊戌年曾以钱八千贺我〔一六〕。贤弟谅其景况，岂易办八千者乎？以为喜极，固可感也；以为钓饵，则亦可怜也。

六弟、九弟之岳家皆寡妇孤儿，槁饿无策〔一七〕。我家不拯之，则孰拯之者？我家少八两，未必遂为债户逼取；渠得八两，则举室回春。贤弟试设身处地而知其如救水火也。

其余馈赠之人，非实有不忍于心者，则皆因人而及。非敢有意讨好，沽名钓誉，又安敢以己之豪爽形祖父之刻啬，为此奸鄙之心之行也哉？

诸弟生我十年以后，见诸戚族家皆穷，而我家尚好，以为本分如此耳，而不知其初皆与我家同盛者也。兄悉见其盛时气象，而今日零落如此，则大难为情矣。来书有"区区千金"四字，其毋乃不知天之已厚于我兄弟乎？今吾家椿萱重庆，兄弟无故，京师无比美者，亦可谓至万全者矣。故兄但求缺陷，名所居曰"求阙斋"，盖求阙于他事，而求全于堂上，此则区区之至愿也。家中旧债不能悉清，堂上衣服不能多办，诸弟所需不能一给〔一八〕，亦求缺陷之义也。内人不明此意，时时欲置办衣物，兄亦时时教之。今幸未全备，待其全时，则吝与凶随之矣〔一九〕。此最可畏者也。贤弟夫妇诉怨于房闼之间〔二〇〕，此是缺陷，吾弟当思所以弥其缺而不可尽给其求，盖尽给则渐几于全矣。吾弟聪明绝人，将来见道有得，必且韪余之言也〔二一〕。

至于家中欠债，则兄实有不尽知者。去年二月十六接父亲正月四日手谕，中云："年事一切银钱敷用有余〔二二〕，上年所借头息钱均已完清〔二三〕。家中极为顺遂，故不窘迫。"父亲所言如此，兄亦不甚了了〔二四〕。不知所完究系何项？未完尚有何项？如弟所云家中欠债千余金，若兄早知之，亦断不肯以四百赠人矣。如今信去已阅三月〔二五〕，馈赠族戚之语，不知乡党已传播否？若已传播而实不至，则祖父受啬吝之名，我加一信，亦难免二三其德之诮〔二六〕。此兄读两弟来书，所为踌躇而无策者也。兹特呈堂上一禀，依九弟之言书之，其馈赠之项，听祖父、叔父裁夺〔二七〕。或以二百为赠，每人减半亦可；或家中十分窘迫，即不赠亦可。戚族来者，家中即以此信示之，庶不悖于"过则归己"之义〔二八〕。贤弟观之，以为何如也？若祖父、叔父以前信为是，慨然赠之，则此禀不必付归，兄另有安信付去〔二九〕。使堂上无转念〔三〇〕，则此举也，阿兄发之，堂上成之，无论其为是为非，诸弟置之不论可耳。向使去年得云贵、广西等省苦差〔三一〕，并无一钱寄家，家中亦不能责我也。

兄国藩手草

注释

〔一〕左右：旧时书信敬语，表示不敢直呼其名，只能招呼对方身边的下人。

〔二〕推勘入微：分析周详，具体入微。

〔三〕抑：或是，还是。逆：预先。

〔四〕拟：比拟。不伦：不相当，不合适。

〔五〕陶穴而居：凿挖土洞当房子住。

〔六〕种菜而食：无田种粮，只能在边角地上种杂菜当主粮。

〔七〕道场：佛教与道教的诵经礼拜场所，此处指请和尚为逝者念经超度，即“做道场”。

〔八〕舛（chuǎn）：差错，不顺遂。

〔九〕觖（jué）望：因不满而怨恨。

〔一〇〕欧阳沧溟：即欧阳凝祉（1786—1869），字福田，号沧溟，曾国藩岳父，湖南省衡阳县人。贡生，早年为乡村私塾先生，后在衡阳等地书院教书为生。夙债：旧债。

〔一一〕抢（qiāng）地无门：无处哭诉。“抢地”是“以头触碰地面”。

〔一二〕货：卖出。

〔一三〕同砚席：同在一起读书。“砚”是砚台，“席”是坐席，坐垫。

〔一四〕云泥隔绝：一个天上，一个地上，形容人地位悬殊。

〔一五〕实命之不犹：语出《诗经·小星》，底层民众感叹自己受苦、命运不如他人。

〔一六〕戊戌年：指道光十八年（1838），曾国藩当年考中进士。

〔一七〕槁（gǎo）饿：穷困饥饿，穷得没有饭吃。

〔一八〕不能一给：不能逐一供给，全都满足。

〔一九〕吝与凶：贫困与灾难。

〔二〇〕房闼（tà）：居室。“闼”是门帘子。

〔二一〕韪（wěi）：是的，对的。

〔二二〕年事：春节期间的各项事情。敷用：够用，不缺。

〔二三〕头息钱：第一笔有息借款。完：偿付。

〔二四〕不甚了了：不太清楚。

〔二五〕已阅三月：已经过去了三个月。

〔二六〕二三其德：三心二意，品质不专。诮（qiào）：责备，讥刺。

〔二七〕裁夺：仔细审查，作出决定。

〔二八〕过则归己：语出《礼记》：“善则称人，过则称己。”即有好的事情就让给别人（不争功），错误的事情就自己承担（不诿过）。

〔二九〕安信：向父母请安、报平安的寻常家信。

〔三〇〕使：假使，如果。
〔三一〕向使：假使，当初假使。

点评

翰林院是个清水衙门，曾国藩此时刚晋升侍讲，也就是个知州的级别，好容易在去年轮到了一次四川乡试主考的美差，得到官场内外的馈赠一千两银钱，他一股脑寄回家，而且激动之下，事先没有商量，就决定六百两给家里还债，四百两分赠各位远近亲戚。身在省城读书的六弟国华、九弟国荃非常不高兴，因此双双写信到京，质问大哥为何如此沽名钓誉，并首次告知家中欠债与拮据详细情形，要求阿哥改变决定。

曾国藩回信写得很长，也很真诚，尤其是很感人。

首先，他对来信“未经审量之处”与“稍有近名之心”的质问，不但没有生气，反而说“兄不能不内省”，对预想家中“必不为此慷慨”而预先分配，也仅说比拟太重，一笔带过。紧接着着重解释，之所以如此急于扶助亲戚，实在是有人穷得活不下去，其余则是连类而及：

五年之前进京，大舅之穷，我亲眼目击，但现在大舅已经穷苦而死；通十舅临别，说外甥将来出京做官，阿舅来给你作烧火打杂的勤杂工；南五舅一直把我送到长沙，临别握手流泪，一定要随你大嫂侄儿进京，为的只是一口饱饭。现在阿哥给几位年迈娘舅一点救济，我弟我弟，你们同意吗？

兰姐，蕙妹，家运都很不好，尤其是蕙妹，过几年怕是要活不下去了。一奶同胞，即便是她们没有怨恨没有索求，我能不把她们看作一家人、看作手足亲吗？

岳父一家旧债太多，岳母当年给我送别，说话就哭，我能不送得重一些吗？

楚善堂叔被债主逼得入地无门，他娘当面对我哭诉过，也对你九弟哭过，说他昨夜痛哭流涕，打湿地面五尺一大圈；丹阁堂叔、宝田表叔，与我一起同学十年，他们怎么会想到同学之间现如今的天壤之别？我中进士，丹阁叔竟然拿八千文作贺礼，你们想想他家，是随随便便凑得出这么多钱的人家吗？要是认为这是他喜极而致，则这份真情令人感动；要是认为他图日后回报，那岂不更加可怜？

你们两个的岳家，都是孤儿寡母，穷得束手无策，我家不去扶贫，还有谁会去帮一把？也不过是给他们两家送银八两，我家少这八两，未必就会被债主逼着索讨；他们两家若是得此八两，那就是“举家回春”了。

说完了这些令人鼻酸的故事，再说“求阙避全”的道理；说完了故事与道理，再说“四六分成”的误会：原来是父亲宽慰长子，只说欠债还清，曾国藩并不知欠债一千多两巨款，这才急于拯救穷苦亲戚。好在国荃想出主意，请示祖父母、父母亲，让他们决定，要么减半，要么不送。

说来还是曾国藩更加周到，也更加果决。他最后的态度是：第一，不能让长辈们做恶人背坏名，如果事情不成，原因讲清楚，责任我承担；第二，照九弟建议，重新给家中各位老人写信请示，请他们做主处理；第三，如果长辈们与我原意相符，你们就压下我今天给他们新写的这封信，让他们大大方方、开开心心做善事，你们不要再插嘴，只当是我去年分到的是云南、贵州那样的穷省苦差使，一分钱的外快也没有得到吧。

致澄弟温弟沅弟季弟　道光二十四年八月二十九日

四位老弟左右：

昨二十七日接信，快畅之至，以信多而处处详明也。

四弟七夕诗甚佳，已详批诗后。从此多作诗亦甚好，但须有志有恒，乃有成就耳。

吾人只有进德、修业两事靠得住。进德，则孝弟仁义是也〔一〕；修业，则诗文作字是也。此二者由我作主，得尺则我之尺也，得寸则我之寸也。今日进一分德，便算积了一升谷〔二〕；明日修一分业，又算余了一文钱〔三〕。德业并增，则家私日起〔四〕。六弟天分较诸弟更高，今年受黜〔五〕，未免愤怨。然及此正可困心横虑〔六〕，大加卧薪尝胆之功，切不可因愤废学。

九弟劝我治家之法，甚有道理，喜甚慰甚。《书》曰〔七〕：

“非知之艰，行之维艰。”九弟所言之理，亦我所深知者。但不能庄严威厉，使人望若神明耳。自此后，当以九弟言书诸绅而刻刻警省〔八〕。

季弟信天性笃厚，诚如四弟所云“乐何如之〔九〕”。求我示读书之法及进德之道，另纸开示。余不具〔一〇〕。

国藩手草

注释

〔一〕孝弟（tì）：即孝悌，泛指家庭尊卑长幼相亲相爱。

〔二〕一升：古代容量单位，一斗的十分之一，约合现在的一斤。

〔三〕一文：一个铜钱，大约不到现在的两毛钱。

〔四〕家私：家产，家业。

〔五〕受黜（chù）：本指罢免官职，此处指考试落选。

〔六〕困心横虑：本义是心中受困，忧虑满胸，后表示费尽心力，磨砺成事。语出《孟子》“困于心，衡于虑，而后作”。

〔七〕《书》：即《尚书》。

〔八〕书诸绅：写在衣带上，表示时时记取不忘。

〔九〕乐何如之：其乐无穷。

〔一〇〕不具：旧时书信结尾的习用套语，即“不一一多讲了”的意思。

点评

弟弟写来习作，哥哥随即批改，既有热情鼓励，又有切实指点，既可谓教学有方，更显出循循善诱。

那么，曾国藩为什么对弟弟的期望如此殷切呢？因为在他看来，人生在世，别的都是靠不住的，“吾人只有进德、修业两事靠得住”。何以见得？很简单，“此二者由我作主，得尺则我之尺也，得寸则我之寸也。今日进一分德，便算积了一升谷；明日修一分业，又算余了一文钱。德业并增，则家私日起”。

农家子弟，深知居家立业的艰难辛苦，怎么样勤劳节俭，家里才能积一升谷，怎么样精打细算，手里才能余一文钱，四位老弟从小就看在眼里记在心里，因此，曾国藩特意用一升谷一文钱来打比方，既通俗易懂，又深入人心。四弟作诗勤奋，这就是积谷攒钱；六弟天分更高，如能卧薪尝胆，则必能日有进境；九弟教我治家之法，我虚心接受，时时记取；季弟所求读书之法与进德之道，另纸写出。这不就是孝悌仁义吗，不就是作诗写字吗，不都是“由我作主”的吗？只要有志，只要有恒，那就世上无难事了。“道理”就这么简单，其余的就不多讲了。

总之，从这封信可以看出，曾家兄弟五人，互相激励，互相帮助，其乐融融，乐何如之。

致澄弟温弟沅弟季弟　道光二十四年十月二十一日

四位老弟足下：

吾人为学最要虚心。尝见朋友中有美材者，往往恃才傲物〔一〕，动谓人不如己〔二〕，见乡墨则骂乡墨不通〔三〕，见会墨则骂会墨不通，既骂房官〔四〕，又骂主考〔五〕，未入学者则骂学院〔六〕。平心而论，己之所为诗文，实亦无胜人之处；不特无胜人之处，而且有不堪对人之处。只为不肯反求诸己〔七〕，便都见得人家不是，既骂考官，又骂同考而先得者。傲气既长，终不进功，所以潦倒一生而无寸进也。

余平生科名极为顺遂，惟小考七次始售〔八〕。然每次不进，未尝敢出一怨言，但深愧自己试场之诗文太丑而已。至今思之，如芒在背〔九〕。当时之不敢怨言，诸弟问父亲、叔父及朱尧阶便知。盖场屋之中〔一〇〕，只有文丑而侥幸者，断无文佳而埋没者，此一定之理也。

三房十四叔非不勤读〔一一〕，只为傲气太胜，自满自足，遂不能有所成。京城之中，亦多有自满之人。识者见之，发一冷笑而已。又有当名士者，鄙科名为粪土〔一二〕，或好作诗古〔一三〕，或好讲考据〔一四〕，或好谈理学〔一五〕，嚣嚣然自以为压倒一切〔一六〕。自识者观之，彼其所造，曾无几何〔一七〕，亦足发一冷笑而已。故吾人用功，力除傲气，力戒自满，毋为人所冷笑，乃有进步也。

诸弟平日皆恂恂退让〔一八〕，第累年小试不售〔一九〕，恐因愤激之久，致生骄惰之气，故特作书戒之，务望细思吾言而深省焉。幸甚幸甚。

国藩手草

注释

〔一〕恃才傲物：仗着才能，轻视别人。“物”指“别人”“公众”。

〔二〕动：此处作副词用，“动不动（就）……”的意思。

〔三〕乡墨：明清时期，乡试考取者（即举人）的考场应试佳作，刊印出来给后来应试者做范文揣摩。下文“会墨”即会试考取者（贡士）的考场应试佳作。

〔四〕房官：乡试、会试的试卷初评人，负责向乡试主考官或会试总裁推荐佳作，作为录取者预备人选。因为是分房阅卷，故称“房考”，也叫“房官”。

〔五〕主考：即乡试主考官，由朝廷钦派，一般有正副各一名。

〔六〕学院：即学政，由朝廷钦派，主管一省教育与科举考试。

〔七〕反求诸己：语出《孟子》：“行有不得，反求诸己。”即行事不成，不去责怪他人，而是从自己身上找原因。

〔八〕小考：秀才考试前的一系列选拔考试。售：本义是把商品卖出去，科举时代，用来指代考中与否，一般与否定词“不”“未”等连用。

〔九〕如芒在背：好像背上有刺，让人坐立不安。

〔一〇〕场屋：科举考场。

〔一一〕三房：本族第三分支，此处当指祖父星冈公兄弟之家。

〔一二〕科名：科举功名，旧时考取秀才、尤其举人、进士者所得到的社会地位。

〔一三〕作诗古：作诗，作古文。

〔一四〕考据：当时特指钻研文字训诂与名物考证的学问。

〔一五〕理学：宋明时代兴盛的专讲道德修养、心性修炼的义理之学。

〔一六〕嚣（xiāo）嚣然：傲然，一般用来形容狂傲之态。

〔一七〕曾无几何：根本没有多少东西。

〔一八〕恂（xún）恂：谦恭温顺、小心谨慎的样子。

〔一九〕第：只是，不过。小试：即“小考”，秀才考试前的各类选拔考试。

点评

曾国藩祖父以上几辈都是农民，他父亲考到四十多岁才成为曾家的第一个秀才，第二年曾国藩成为家中第二个秀才，而且一路直升，走到科举顶点。因此，他当然有责任教导后面四位弟弟如何读书应试，光大门庭。但近几年一直没有好消息，四个弟弟每次小考都失利，因此，他结合自己见闻与亲身经历，告诫弟弟们不要气馁，尤其要预防愤激生变，或变为狂傲自大，或变为萎靡懒惰。

曾国藩是科举考试过来人，深知苦学应试而又一再受挫的痛苦，屡战屡败而能坚持到底者，毕竟只是少数，面对一再失利落选，更多的人最直接的心态，往往不是怨天尤人，就是自暴自弃。曾国藩居京四五年，阅人渐多，京城又是各色才子文人聚集的地方，他自己去年也担任了四川乡试正考官，那种恃才傲物的落拓书生，大概也见了不少，而且有些就是自己的朋友，动不动就拿出一副“你算老几，老子天下第一”的派头，别人的乡试范文、会试范文，在这些人眼里，通通都是“不通”，进而嘲骂主考，谩骂学台，还要“骂同考而先得者”。这种人，最后的结局，大多是“傲气既长，终不进功，所以潦倒一生而无寸进”。

为此，曾国藩特意举了正反两个事例：

“余平生科名极为顺遂”，举人一考就中，进士也只考了三次，但这之前的小考，却是考了七次（他不能说父亲考了十七次才中，只能子为父隐，于是不惜拿自己的“糗事”来现身说法），但是，每次失败，“未尝敢出一怨言”，不信你们可以去问父亲、问叔叔，甚至是我好朋友朱尧阶对证。而三房的十三堂叔呢，你们都知道的，不就是“只为傲气太胜，自满自足，遂不能有所成”吗？以他的勤学苦读，如果不是这么自满自足，难道不会有所成就吗？这就是信中首尾一再强调的中心思想：“吾人为学最要虚心”，要认识到自己落选，主要原因是所作诗文实无胜人之处，甚至是有不堪对人之处；考场之中，“只有文丑而侥幸者，断无文佳而埋没者”；最后归结为“吾人用功，力除傲气，力戒自满”，“乃有进步”，“务望细思吾言而深省焉”。

切实告诫而不见高高在上之态，切实督促而不见盛气凌人之色，只因为通篇循循善诱，态度真诚，这便是修养。

致澄弟温弟沅弟季弟 道光二十四年十一月二十一日

四位老弟足下：

前月寄信，想已接到。余蒙祖宗遗泽、祖父教训，幸得科名，内顾无所忧，外遇无不如意，一无所觖矣〔一〕。所望者再得诸弟强立〔二〕，同心一力，何患令名之不显〔三〕？何患家运之不兴？欲别立课程，多讲规条，使诸弟遵而行之，又恐诸弟习见而生厌心；欲默默而不言，又非长兄督责之道。是以往年常示诸弟以课程，近来则只教以“有恒”二字。所望于诸弟者，但将诸弟每月功课写明告我，则我心大慰矣，乃诸弟每次写信，从不将自己之业写明，乃好言家事及京中诸事。此时家中重庆，外事又有我料理，诸弟一概不管可也。以后写信，但将每月作诗几首，作文几首，看书几卷，详细告我，则我欢喜无量。诸弟或能为科名中人，或能为学问中人，其为父母之令子一也〔四〕，我之欢喜一也。

学问之道无穷，而总以“有恒”为主。兄往年极无恒，近年略好，而犹未纯熟。自七月初一起，至今则无一日间断。每日临帖百字〔五〕，钞书百字，看书少亦须满二十页，多则不论，自七月起，至今已看过《王荆公文集》百卷〔六〕、《归震川文集》四十卷〔七〕、《诗经大全》二十卷〔八〕、《后汉书》百卷，皆朱笔加圈批。虽极忙，亦须了本日功课〔九〕，不以昨日耽搁而今日补做，不以明日有事而今日预做。诸弟若能有恒如此，则虽四弟中等之资，亦当有所成就，况六弟、九弟上等之资乎？

兄日夜悬望，独此“有恒”二字告诸弟，伏愿诸弟刻刻留心。幸甚幸甚。

兄国藩手草

注释

〔一〕觖（jué）：即“觖望”，心有所求，未能满足，因而怨恨。

〔二〕强立：自强自立，不落人后。

〔三〕令名：美名。

〔四〕令子：好儿子。一：一样，相同。

〔五〕临帖：临摹字帖，一笔一划照着写。

〔六〕《王荆公文集》：即宋代政治家、文学家王安石的文集，王安石在世时受封“荆国公”，故世人尊称“王荆公”。

〔七〕《归震川文集》：即明代文学家归有光的文集。归有光，字熙甫，号震川，人称“震川先生”。

〔八〕《诗经大全》：明朝学者官员胡广奉旨汇编宋元注解《诗经》的一本科举必读书。

〔九〕了：做完，做成。

点评

这一年，曾国藩已是年满三十三，四位弟弟，国潢二十四，国华二十二，国荃二十，国葆才十六岁，长兄如父，责无旁贷，因此以教诲弟弟为己任。

“前月之信，想已接到”，前信写于十月二十一，好了，今天是十一月二十一，大哥又提笔写信。写什么呢？“我在北京好好的”，命运对我很照顾，我对生活一点都没有怨望，唯一希望的，就是你们几个能够自强自立，立“令名”，成“令子”，兴“家运”。

态度太热切，写着写着有点怨言了：“长兄”之责，就是“督导之责”，以前给你们详细开列读书功课，但言者言之谆谆，而听者似乎听之藐藐，现在我也不这样烦你们了，没别的，因为“恐诸弟习见而生厌心”；但“长兄”之责又令我不能“默默而不言”，因此改为只要求你们读书有恒，“所望于诸弟者，但将诸弟每月功课写明告我，则我心大慰矣”。可是，你们每次来信，从不给我写到学习进度，说的都是家里家外这里那里的一些杂事。家事有父祖管着，外事有我料理，你们一概不要管，行不？“以后写信，但将每月作诗几首，作文几首，看书几卷，详细告我，则我欢喜无量”，只要有恒，科名中人也行，学问中人也行，同样都是父母的好儿子，同样都令我欢喜。看见没？口气又很是亲切了，火气一点都不见了，及时克制，留有余地，自然而然。

每月汇报学习总成绩，作诗几首，作文几首，看书几卷，这些“总量”要靠平时“有恒”去积累。曾国藩一方面现身说法，“兄往年极无恒”，自我揭短；另一方面，又以身作则，不仅“近年略好”，而且四五个月来，至今无一日间断，每天习字多少，抄书多少，读书总量多少，我先告诉你们。这些总量，都是每日功课，当天事，当天毕，没有一点是事后“补做”的，也没有一点是事先“预做”的。你们若是能像我这样有恒，岂不个个都能学业有成？看来是说着说着又激动了，下一句，“六弟、九弟上等之资”，夸奖的话，人人爱听，“四弟中等之资”，这话让家中老二听了，大概不太舒服。这样的“错误”，曾国藩犯了不止一次两次，道光二十九年正月致各弟信，也是在信尾，说“季洪诗文难于进功，须用心习字，将来即学叔父之规模，亦有功于家庭”。这次就把季弟惹毛了，四弟回信告诫，这样说话，“下则藐视季弟，上则轻看上人”，叔父虽“全无芥蒂”，季弟则赌气不肯寄文章给你看了，“兄以后写信，竟不妨多奖他”。

说者无心，听者有意，曾国藩也是责任心太强，态度太热切了。

致澄弟温弟沅弟季弟　道光二十四年十二月十八日

诸位老弟足下：

四弟之诗又有长进，第命意不甚高超〔一〕，声调不甚响亮。命意之高，须要透过一层。如说考试，则须说科名是身外物，不足介怀〔二〕，则诗意高矣；若说必以得科名为荣，则意浅矣。举此一端，余可类推。腔调则以多读诗为主，熟则响矣。去年树堂所寄之笔，亦我亲手买者。“春光醉”目前每支大钱五百文，实不能再寄。“汉璧”尚可寄，然必须明年会试后乃有便人回南，春间不能寄也。五十读书固好〔三〕，然不宜以此耽阁自己功课。女子无才便是德，此语不诬也。常家欲与我结婚〔四〕，我所以不愿者，因闻常世兄最好恃父势作威福〔五〕，衣服鲜明，仆从烜赫〔六〕，恐其家女子有宦家骄奢习气，乱我家规，诱我子弟好佚耳〔七〕。今渠再三要结婚，发甲五八字去〔八〕，恐渠家是要与我为亲家，非欲与弟为亲家。此语不可不明告之。贤弟婚事，我不敢作主，但亲家为人何如，亦须向汪三处查明。若吃鸦片烟〔九〕，则万不可对〔一〇〕；若无此事，则听堂上各大人与弟自主之可也。

六弟九月之信，于自己近来弊病颇能自知，正好用功自医，而犹曰“终日泄泄”〔一一〕，此则我所不解者也。家中之事，弟不必管。天破了自有女娲管〔一二〕，洪水大了自有禹王管〔一三〕，家事有堂上大人管，外事有我管，弟只安心自管功课而已，何必问其他哉？至于宗族姻党〔一四〕，无论他与我家有隙无隙，在弟辈只宜一概爱之敬之。孔子曰“泛爱众而亲仁”〔一五〕，孟子曰“爱人不亲反其仁，礼人不答反其敬”〔一六〕。此刻未理家事，若便多生嫌怨，将来当家立业，岂不个个都是仇人？古来无与宗族乡党为仇之圣贤，弟辈万不可专责他人也。十一月信言现看《庄子》并《史记》〔一七〕，甚善。但作事必须有恒，不可谓考试在即，便将未看完之书丢下。必须从首至尾，句句看完。若能明年将《史记》看完，则以后看书不可限量，不必问进学与否也。贤弟论袁诗、论作字亦皆有所见，然空言无益，须多做诗、多临帖乃可谈耳。譬如人欲进京，一步不行，而在家空言进京程途，亦何益哉？即言之津津〔一八〕，人谁得而信之哉？

九弟之信，所以规劝我者甚切，余览之不觉毛骨悚然〔一九〕。然我用功，实脚踏实地，不敢一毫欺人。若如此做去，不作外官，将来道德文章必粗有成就〔二〇〕。上不敢欺天地祖父，下不敢欺诸弟与儿子也。而省城之闻望日隆〔二一〕，即我亦不知其所自来。我在京师，惟恐名浮于实，故不先拜一人，不自诩一言，深以过情之闻为耻耳〔二二〕。

季弟信亦谦虚可爱，然徒谦亦不好，总要努力前进。此全在为兄者倡率之。余他无可取，惟近来日日有恒，可为诸弟倡率。四弟、六弟纵不欲以有恒自立，独不怕坏季弟之样子乎？

昨十六日卓秉恬拜大学士〔二三〕，陈官俊得协办大学士〔二四〕。自王中堂死后〔二五〕，隔三年，大学士始放人，亦一奇也。书不尽宣〔二六〕。

兄国藩手具

注释

〔一〕第：只是。

〔二〕介怀：介意，在意，放在心上。

〔三〕五十：此处是曾国潢之女的小名。

〔四〕结婚：此处是“两家联姻”的意思。

〔五〕作福威：作威作福，仗势欺人。

〔六〕烜（xuǎn）赫：显赫，声势很大。

〔七〕好佚：即好逸恶劳，贪图安逸，非常懒惰。

〔八〕甲五：即曾纪梁（1842—1925），曾国潢长子，字晓臣，号介石，甲五是其族中派名，秀才出身，后以乡绅长者有声于时。

〔九〕鸦片烟：即鸦片，俗称大烟，用罂粟果的汁烘干制成，对大脑有刺激兴奋作用。

〔一〇〕对：此处是“议亲”（即商谈婚姻）之意。

〔一一〕终日泄（yì）泄：一天到晚无所事事懒洋洋的样子。

〔一二〕女娲（wā）：中国古代神话人物，据说是她炼五色石补天。

〔一三〕禹王：大禹，中国古代传说人物，据说帮助舜帝治理洪水，后来即位帝王，成为夏朝的第一位君王。

〔一四〕姻党：泛指各家亲戚。

〔一五〕泛爱而亲仁：语出《论语·学而》，形容对人非常亲善，追求仁爱的美德。

〔一六〕爱人不亲反其仁，礼人不答反其敬：语出《孟子·离娄上》，意思是如果爱护别人而别人不亲近你，那就要反省自己的仁爱之心（是否有问题）；如果待人以礼而得不到别人相应的对待，那就要反省自己的恭敬之心（是否有问题）。

〔一七〕《庄子》：先秦道家学者庄周的文章汇编。

〔一八〕津津：兴味浓厚的样子。

〔一九〕毛骨悚（sǒng）然：非常受惊吓，以至于毛发竖立，脊骨发凉。

〔二〇〕道德文章：此处当是泛指立德立功、人品学问。

〔二一〕闻望日隆：名声越来越大，很受大家关注。

〔二二〕过情之誉：超出实际、名不副实的赞美。

〔二三〕卓秉恬（1782—1855）：字静远，四川华阳（今成都市华阳区）人。此时以兵部尚书授体仁阁大学士。

〔二四〕陈官俊（1781—1849）：字伟堂，山东潍县人。以吏部尚书授协办大学士。协办大学士品级比大学士稍低，从一品。

〔二五〕王中堂：即王鼎（1768—1842），字定九，号省厓，陕西省蒲城县人。以刑部尚书授东阁大学士，在第一次鸦片战争中反对议和，并以死明志。中堂，唐于中书省设政事堂，以宰相领其事，后因称宰相为中堂，明清两代无宰相一职，故称大学士为中堂。

〔二六〕书不尽宣：旧时书信末尾套话，即“就此搁笔”的意思。

点评

这封信说得比较热切，但可能效果不太理想，即便是站在旁观者的立场，似乎也能感受到一点居高临下的气息。

先说给四弟的回复：四弟满腔热情抄录新作给大哥讲评，大哥用“有长进”一语带过，没能具体表扬一下，哪些地方有长进，接下来马上就说缺点，“命意不高”；虽说后面的指导很具体，很有益，但接着又拒绝了老弟买笔的要求，先说很贵，还说要寄也是明年春夏以后；四弟汇报自己女儿喜欢读书，但当伯父的却说“女子无才便是德”，不要因为看书耽误了家务正事；常家总想与我结亲，但我心里看不上人家，儿子骄横，他爹据说还吃鸦片，他的目标是我，你推出自己儿子，得先把话说清楚；而且这件事，我不介入，你自己做主。

再看给六弟的回信，那就更有些生硬：一上来就是教训，“我所不解”，言下之意，就是“你到底是怎么回事啊”？接着是一连串排比与反问，“天破了自有女娲管，洪水大了自有禹王管，家事有堂上大人管，外事有我管”，你怎么不安心读书呢？现在又不是你当家，你何必要管闲事呢？内外亲戚的张家长李家短，说那些干什么？还没当家管事就对亲戚六眷指指点点，那以后你当家，岂不人人都是仇人？古来圣贤，哪个是“与宗族乡党为仇”的？你上个月说在读《庄子》、读《史记》，这次信里却说要准备考试，《庄子》《史记》都不读了，这怎么行呢？六弟来信与大哥评论别人的诗如何、字该怎么写，而大哥却不接茬，一言以蔽之，“空言无益”，而且还说“须多做诗、多临帖乃可谈”，更有甚者，再加一句“譬如人欲进京，一步不行，而在家空言进京程途，亦何益哉？即言之津津，人谁得而信之哉”，这就真有点令人难堪了。

信尾给九弟、季弟的答复，似乎也有些匆忙，九弟的切实规劝既然教人“毛骨悚然”，但接下去的话，却不是自我反省，而是自我表曝；季弟来信谦虚可爱，回信却说，不能光是谦虚，“总要努力前进”才好。怎么才能前进？答案是向哥哥们学习。比如有恒，就可以向我学习，而且还逐个点名，把四弟、六弟作为反面典型来批评，你们两个，即便是自己放弃“以有恒自立”，难道就不怕带坏了季弟吗？

也许在他看来，大哥严格管教弟弟，完全是一片好心，所以，一番教训之后，曾国藩竟然还有心情聊起了时事新闻：谁谁谁晋升大学士了，谁谁谁晋升协办大学士了。前任死了三年，才重新任命新官，好奇怪哟。

致澄弟沅弟季弟 道光二十七年二月十二日

澄侯、子植、季洪三弟左右：

二月二十一日接到三弟正月初旬手书，具悉一切〔一〕。

祖大人之病久不见效，兄自去年接祖母讣后，即日日思抽身南归。无如欲为归计〔二〕，有三难焉：现在京寓欠帐五百多金〔三〕，欲归则无钱还帐，而来往途费亦须四百金，甚难措办。一难也。不带家眷而归，则恐我在家或有事留住，不能遽还京师，是两头牵扯；如带家眷，则途费更多，家中又无房屋。二难也。我一人回家，轻身快马，不过半年可以还京；第开缺之后〔四〕，明年恐尚不能补缺〔五〕，又须在京闲住一年。三难也。有此三难，是以踌躇不决，而梦寐之中，时时想念堂上老人，望诸弟将兄意详告祖父及父母。如堂上有望我回家之意，则弟书信与我，我概将家眷留在京师，我立即回家。如堂上老人全无望我归省之意〔六〕，则我亦不敢轻举妄动。下次写信，务必详细书堂上各位老人之意。

九弟、季弟读书，开口便有自画之意〔七〕。见得年纪已大，功名无成，遂有懒惰之意。此万万不可。兄之乡试座师徐晓邨、许吉斋两先生〔八〕，会试房师季仙九先生〔九〕，皆系二十六七入泮〔一〇〕，三十余岁中举〔一一〕，四十余岁入词林〔一二〕。诸弟但须日日用功，万不能作叹老嗟卑之想。譬如人欲之京师，一步不动而长吁短叹，但曰京师之远，岂我所能到乎？则旁观者必笑之矣。吾愿吾弟步步前行，日日不止，自有到期，不必计算远近而徒长吁短叹也〔一三〕。望澄侯时时将此譬喻说与子植、季洪听之，千万千万！无怠无怠！

九弟信言诸妯娌不甚相能〔一四〕，尤望诸弟修身型妻〔一五〕，力变此风。若非诸弟痛责己躬〔一六〕，则内之气象必不改，而乖戾之致咎不远矣。望诸弟熟读《训俗遗规》《教女遗规》〔一七〕，以责己躬，以教妻子。此事全赖澄弟为之表率，关系至大，千万千万！不胜嘱切之至！伏惟留心自反为幸〔一八〕。

兄国藩手草

注释

〔一〕具悉一切：旧时书信正文之前的套话，即“从你的来信中得知你所说各事”的意思。

〔二〕无如：无奈。

〔三〕京寓：京中暂住之所。

〔四〕开缺：旧时官员因事离职。

〔五〕补缺：本义是指候补官吏得到实职。在任官员因事离职，事后待机替补官职，也叫“补缺”。此处是后一义。

〔六〕归省（xǐng）：离家在外的子女回家探望父母。

〔七〕自画：自己限制自己，或是故步自封，或是畏难止步，都有“不思进取”的意思。

〔八〕座师：明清时代，举人对主考官、进士对荐卷同考官的尊称。徐晓邨：即徐云瑞，字晓邨，江苏省甘泉县（今属南京市）人。道光十四年（1834）以翰林院编修钦派湖南乡试正考官。许吉斋：即许乃安，浙江省钱塘县（今属杭州市）人。道光十四年（1834）以翰林院编修钦派湖南乡试副考官。曾国藩道光十四年中举，故称他们为座师。

〔九〕房师：明清时代，进士对荐卷同考官的尊称。季仙九：即季芝昌（1791—1861），字云书，号仙九，江苏省江阴县（今为江阴市）人。以编修历官内阁学士、礼部侍郎、闽浙总督，曾于道光十八年（1838）担任会试同考官，为曾国藩阅卷与荐卷人。

〔一〇〕入泮（pàn）：进学，中秀才。古代学官前有半圆形水池“泮”，故学官又叫“泮宫”，明清时代，考取秀才者要来到学官跪拜孔子像，所以用“入泮”来代指考取秀才。

〔一一〕中举：在乡试考试中录取为举人。

〔一二〕入词林：进入翰林院。因为在翰林院学习主要是加强文学素养，参与国家典礼文稿的见习修撰，故当时将翰林或翰林院叫作“词林”。

〔一三〕长吁（xū）短叹：一声接一声地唉声叹气。

〔一四〕妯娌（zhóu lǐ）：兄弟间妻子的互称。相能：人与人之间亲善和睦。

〔一五〕型妻：以自己的言行作为妻子的榜样。

〔一六〕痛责己躬：切实反省责备自己。

〔一七〕《训俗遗规》：清初学者官员陈宏谋所编修身治家的训诲

格言。《教女遗规》：也是陈宏谋所编，都是告诫女子的训诲之词。

〔一八〕自反：反躬自问，自我反省之意。

点评

这封信说了三件事：归省、励志与型妻。

归省是大好事，但是对于当时的官员来说，也是大难事。中国古代，官员只有月假，一般没有年假，月假也不能积累使用，尤其是当时交通条件有限，往返一般都需要很长时间。这是一。封建社会，皇帝是天子，官员都是臣子，臣子出仕，就是将“在家事父”之责转化为“在外事君”，大臣要回家探亲，必须向朝廷禀报原因，请求批假，朝廷则不能一日无百官，一人离职回家，众人期盼补缺，而此人销假却并不能径直回任，他也得候补另一个缺位。这是二。官员回家，沿途路费与官场应酬，回家之后的各项馈赠，那确实不是一笔小数目，如果没有平时的积累，临时肯定无法周旋。这是三。而曾国藩不仅没有多少积余，反倒负债在身，因此更是难上加难。但是，他此时已经离家八年，祖母去年已在八十高龄去世，祖父身体也日渐衰弱，父亲母亲也都年迈，他的思亲思乡之情一天比一天迫切。于是，他只好请弟弟们切实了解祖父、父母的真实意愿，让我回，我就不顾一切地开缺回来；否则，也不敢轻举妄动。毕竟是一旦辞官，家中经济状况必将大受影响。所以，他只能写信回家，从长计议。

励志是个老生常谈，但这封信略有不同。先是一口气列举乡试会试三位座师的事例，他们都是二十六七进学，三十多岁中举，四十多岁点翰林，言下之意，国荃你才二十三四，国葆你还不满二十，怎么能开口就说自己年纪大了不行了？“万万不可”。我那三位座师，如果不是坚持到底，怎么会苦尽甘来？接着又费尽心思打比方：如果有人想来北京，却一天到晚只是“哎呀呀太远了”地唉声叹气，一定会被人耻笑愚蠢吧？怎么办？“吾愿吾弟步步前行，日日不止，自有到期”，老四你也是当哥哥的，你也要时时把这个比方讲给老九、老满听。

九弟来信，涉及妯娌间不和，大伯子也很着急：你们当丈夫的，要以身作则，要率先示范，你们若不能反躬自省，自我批评，她们妯娌必将变本加厉，败坏家风家运；你们唯有熟读《训俗遗规》《教女遗规》，对照书中教诲，严格要求自己，严格约束老婆；我不在家，这事就完全责成四弟，你是当家的，你来管，你们都要切实反省责备自己，先从自己身上找原因。

看完这封信，只觉得曾国藩当个好子孙不容易，当个好哥哥更不容易。

致澄弟沅弟季弟　道光二十七年六月二十七日

澄侯、子植、季洪三弟足下：

二十五日接到澄弟六月一日所发信，具悉一切，欣慰之至。

发卷所走各家〔一〕，一半系余旧友，惟屡次扰人，心殊不安。我自从己亥年在外把戏〔二〕，至今以为恨事。将来万一作外官〔三〕，或督抚〔四〕，或学政，从前施情于我者〔五〕，或数百〔六〕，或数千，皆钓饵也。渠若到任上来〔七〕，不应则失之刻薄，应之则施一报十，尚不足以满其欲。故兄自庚子到京以来，于今八年，不肯轻受人惠，情愿人占我的便益，断不肯我占人的便益。将来若作外官，京城以内无责报于我者〔八〕。澄弟在京年余，亦得略见其概矣。此次澄弟所受各家之情，成事不说，以后凡事不可占人半点便益，不可轻取人财。切记，切记！

京寓中大小平安。二品本应坐绿呢车〔九〕，兄一切向来俭朴，故仍坐蓝呢车。寓中用度比前较大，每年进项亦较多（每年俸银三百两、饭银一百两〔一〇〕）。其他外间进项尚与从前相似。同乡诸人皆如旧。余不一一〔一一〕。

兄国藩手草

注释

〔一〕发卷：发送人情请柬。

〔二〕把戏：湖南当地方言“打把戏”，大意是“找借口劳烦别人给自己送人情”。

〔三〕外官：京官称地方官为外官。

〔四〕督抚：总督与巡抚。总督掌管一至三省军政，巡抚为一省行政长官。

〔五〕施情：给人送人情财物。

〔六〕数百：数百文，数百个铜钱。下文“数千”即数千个铜钱。

〔七〕到任上来：到现任官的官府走动。

〔八〕责报：索取回报。

〔九〕绿呢车：门窗上装饰绿色呢子的木制马车，三品以上官员才准许乘坐。下文“蓝呢车”则是三品以下官员的出行规格。

〔一〇〕饭银：清朝京官在正俸之外的米俸，当时习称“饭银”。

〔一一〕不一一：旧时书信结尾处的套话，即“其他的就不一一细说了”。

点评

去年九月，曾国藩祖母王太恭人去世，曾国藩在京接到讣告，即请假两月，在京守孝。本月接到国潢来信，告知祖母发丧安葬、人情往来各事，曾国藩一来表示宽慰，二则因为散发讣告、打扰旧友而不安。

中国是个人情社会，亲戚朋友之间，遇有婚丧嫁娶等事，一般都要送钱物做人情，礼尚往来，来而不往非礼也。但一再给别人发请柬，“屡次扰人”，未免有点让人难堪。于是，曾国藩特意写信回家，提醒家中注意。

这里还有两个特殊原因，促使曾国藩郑重其事。第一，自己当年考中进士，以三甲的出身而有幸改为庶吉士，进入翰林院修业深造，但居京生活开支极为不足，不得已回湘筹措经费，以新科翰林的身份，四处拜客走动，收取积攒馈赠。这既是当时的社会积习，也是贫寒子弟不得已的选择。但这种“打把戏”的经历，在经过理学修身熏陶的曾国藩回想起来，却是后悔莫及的隐痛。第二，祖母去世，安葬前后的一系列丧葬活动，一再惊动了他早年在家的那些穷朋友，大家冲着以前的情分，也许更看重曾国藩现在的二品官位，也就一再给曾家送去几钱几两的份子钱。这对曾国藩而言，更是一笔一笔加重套在身上的人情债。三十六岁的内阁学士，外加礼部侍郎衔，将来外放学政、巡抚，晋升总督，都是不太难的事情，所以更担心，这些施情于我的，可能就会是“钓饵”，络绎不绝来到做官衙门，期待“施一报十”。为了防患于未然，他居京八年，从不轻易接受别人的人情馈赠，甚至“情愿人占我的便益，断不肯我占人的便益”，只求“将来若作外官，京城以内无责报于我者”。但“此次澄弟所受各家之情”，促使他赶紧写信告诫，这次就“成事不说”了，但“以后凡事不可占人半点便益，不可轻取人财”，“切记，切记”！

除此之外，他在信末还有意交代一笔，二品官本应该换乘高官级别的绿呢车，但“兄一切向来节俭”，现在还用以前的蓝呢车。这既是俭朴养廉，也有警示子弟的意思。又过了两年，他已经实任礼部侍郎，用的还是那辆蓝呢车；又半年，他的会试座师、吏部侍郎季芝昌调任山西巡抚，把自己的绿呢车送给学生，但曾国藩却宁肯“过一两年再换”，而且在致弟家信中附带一笔，意在昭示自己的克俭。

致澄弟沅弟季弟　道光二十七年七月十八日

四弟、九弟、季弟足下：

家中《五种遗规》〔一〕，四弟须日日看之，句句学之。我所望于四弟者，惟此而已。家中蒙祖父厚德余荫〔二〕，我得忝列卿贰〔三〕，若使兄弟妯娌不和睦，后辈子女无法则，则骄奢淫佚，立见消败。虽贵为宰相〔四〕，何足取哉？我家祖父、父亲、叔父三位大人规矩极严，榜样极好，我辈踵而行之〔五〕，极易为力。别家无好榜样者，亦须自立门户，自立规条，况我家祖父现样〔六〕，岂可不遵行之而忍令堕落之乎？现在我不在家，一切望四弟作主。兄弟不和，四弟之罪也；妯娌不睦，四弟之罪也；后辈骄恣不法，四弟之罪也。我有三事奉劝四弟：一曰勤，二曰早起，三曰看《五种遗规》。四弟能信此三语，便是爱兄敬兄；若不信此三语，便是弁髦老兄〔七〕。我家将来气象之兴衰，全系乎四弟一人之身。余不尽言。

兄国藩手草

注释

〔一〕《五种遗规》：清前期学者官员陈宏谋所编道德读本，即《养正遗规》《教女遗规》《训俗遗规》《从政遗规》《在官法戒录》的合称。

〔二〕厚德余荫：传统观念，长辈若积德，主宰人世的命运之神将给其后辈子孙予以特别的照顾。

〔三〕忝（tiǎn）：谦辞，表示“自己才德不称其位”、“有愧于……”的意思。卿贰：位居朝廷九卿或六部侍郎的二三品京官。“贰”在此处表示副职，侍郎即副部长。

〔四〕宰相：封建社会，皇帝之下的最高行政长官，大体相当于现在的总理职位。

〔五〕踵（zhǒng）而行之：跟着前人的脚步走，表示“效仿”“取法”的意思。“踵”是脚后跟。

〔六〕现样：现成的榜样。

〔七〕弁髦（biàn máo）：古代男子二十行加冠礼，最后的程序是将头上里层布帽（“弁”）与眉际头发（“髦”）去掉。后世因此用“弁髦”表示无用之物。此处作动词用，即“轻视”“鄙视”的意思。

点评

古代讲究尊卑等级，除了“君君臣臣”“父父子子”，还有一个“长兄如父”的说法。兄长关心爱护弟弟是天经地义的责任，但他同时还享有督导训诲的权威。所以有人说，古代中国，既是君权社会，也是族权社会。家族尊长的责任与权威，是相辅相成的。

上个月，曾国藩从九弟国荃信中，得知家中妯娌关系不太好，已经当即写信，要求弟弟们从严整改。现在不到二十天，曾国藩再次去信督促，而且这次改变做法，盯住四弟国潢：你是家中老二，“现在我不在家”，一切由你做主。先授权，再督责：“兄弟不和，四弟之罪也；妯娌不睦，四弟之罪也；后辈骄恣不法，四弟之罪也。”话说这么重，可见曾国藩是如何着急。

着急的原因，信中讲得很清楚：我身为朝廷副部级高官，“若使兄弟妯娌不和睦，后辈子女无法则”，不仅面子上舆论上不好看，而且家风决定家运，家风一坏，家运随之而败，如此则贵为宰相，又有什么意义？何况“我家祖父、父亲、叔父三位大人规矩极严，榜样极好”，这样的“好榜样”，别人家想都想不到手，我们兄弟“岂可不遵行之而忍令堕落之乎”？因此，他这才将长兄权力下放，同时责任包干，“我家将来气象之兴衰，全系乎四弟一人之身”。

除此之外，这封信还有一点可取之处，即不仅给予责权，还及时加以指导，那就是，带头人以身作则，率先垂范，在哪些地方以身作则率先垂范？“我有三事奉劝四弟：一曰勤，二曰早起，三曰看《五种遗规》”，公生明，廉生威，你自己行得正，也才能够严格要求别人。然后再加一句，老弟若能信此三语，便是看得起我、对得起我，否则，就是不拿我当回事了。“弁髦老兄”，想来你也不会吧？

致澄弟沅弟季弟　道光二十七年九月初十日

澄侯、子植、季洪足下：

九月重阳日接到家信三封〔一〕，子植府试文章在此包内〔二〕，题名录二纸，盖至是始识九弟案首入学之信〔三〕。前八月折弁到京，乃七月二十八九在省起行者。计是时九弟府首喜信已发交提塘矣〔四〕，而渠不带来，良可憾也。两次喜信使祖大人病体大愈，此为人子孙者之大幸也。

九弟印卷费〔五〕，须出大钱百千，乃为不丰不啬〔六〕，不被人讥议。或三股均送〔七〕，或两学较多、门斗较少亦可〔八〕。须今年内送去，不可挨至明年〔九〕。教官最为清苦〔一〇〕，我辈仕宦之家，不可不有以体谅之也。家中今年想尚可支吾〔一一〕，至明年上半年，余必寄银至家应用。

九弟入学，家中材料可以做衣，若再久收，恐被虫打〔一二〕。做数套衣，兄弟易衣而出最好〔一三〕。家中诸皮衣，年年须多买樟脑，好好收拾，否则必为虫伤矣。同乡诸家如常。书不能尽，折弁在京仅一日，故多草率。

兄国藩手具

注释

〔一〕重阳日：古时认为九为阳数，所以把农历九月初九叫作“重阳”。

〔二〕府试：明清科举考试，由知府主持的童生考试。县试通过才能参加府试，府试之后才能参加由学政主持的院试，考取者称生员，俗称秀才。

〔三〕案首：县试、府试与院试的第一名，都叫案首，即长官发案写榜的第一人。

〔四〕提塘：清代各省总督、巡抚衙门驻京低级武官，负责本省与京城各官署往来公文传递。

〔五〕印卷费：当时科举习俗，考生在录取后，给州县学官敬献一点礼金，名曰印卷费。

〔六〕不丰不啬：不多不少，过得去。

〔七〕三股：三份。

〔八〕两学：两位学官，此处当指县学的训导与教谕。门斗：明清学官中管理宿舍与膳食的内勤工。

〔九〕挨（ái）：（磨磨蹭蹭地）拖延。

〔一〇〕教官：指府州县地方政府的教谕、训导一级的学官。

〔一一〕支吾：支撑。

〔一二〕被虫打：被虫蛀坏。

〔一三〕易衣而出：好衣服不多，家人出门时轮换着穿。

点评

这封信写得很有情义，无论对外人，还是对家人，对上对下，都显得知冷知热，关爱有加。贵为二品大员，尤其难得。

首先是对九弟国荃府试第一表示由衷的喜悦，字里字外洋溢着长兄的一片关爱之情：一直在心情紧张地等着你的考试结果，而消息迟迟不来，更加令人不安；现在终于等到你的好消息，然后数着日子推算，你的喜报两个月前应该交给了本省提塘，而他们并没有及时带到北京，让我苦等一月，没有及早分享喜悦，真是可惜。但不管怎么样，家中祖父得到这个喜讯，已经是“病体大愈，此为人子孙者之大幸”。

其次是及时嘱咐弟弟，按照科举礼仪与社会习俗，九弟你得赶紧准备谢师礼金，必须得大钱一百千文，面子上、情义上才过得去，要不会让人说三道四。曾国藩自己是过来人，他觉得有必要及时提醒，尊重这种师生之间的情感与礼俗。除了嘱咐，还有指导与教育：谢礼要么三份一样多，或者两位学官稍重、门斗那份略轻也行，但必须在年底之前送去，切莫拖到明年；教官最清苦，每年也就这点外快油水；我们是仕宦人家，更不能不加以体谅。除了开导，还有经济支持：家里面今年想来还能支撑得过去，一到明年上半年，我一定会寄银子给家里开支。

最后一层，是家里面以前积攒舍不得用的衣料，现在可以拿出来了，做几套衣裳，一来是九弟现在入学，要到学宫去读书了，出门要有一身像样的衣装，二来是这衣料再放下去恐怕要被虫蛀坏了。做几件，弟弟们出门，轮换着穿。

这就是晚清一位二品大员家书中的千叮万嘱。农耕社会的礼仪文明、尊老爱幼、克己待人、勤俭持家，种种美德，都体现在这一纸家书之中了。

致澄弟沅弟季弟　道光二十八年十一月十四日

澄侯、子植、季洪三弟左右：

十月十九日温甫弟出京，二十日吾发第十五号家信，不知此时收到否？

前六弟归时，予曾寄母亲零用银五两，内人寄岳母零用银二两。因思予在京多年，并未寄零钱与婶母使用，且四位弟妇买棉买麻亦极窘迫。嗣后每年予所寄亲族银内当添母亲、婶母零用钱各四千，四位弟妇零用钱各三千，每年共二十千。以后每年照今年为例。上半年春俸[一]，予寄五六十两归，以为家中用度。其有不足，望家中设法张罗。下半年秋俸，予寄五六十两归，以为各亲族帮项及母亲、婶母、四位弟妇零用之项（去年所开之单，记共八十千。若添家中此项，则共百千矣。不知须银多少，乞澄弟告知）。予之寄以今年为常规，家中所送亲族者，亦望于今年举行定例。惟孟学公之子孙赴考者〔二〕，今年在省，不知曾送给否？若未送，望按名补送，以为买笔之需。至要至要，一切万祈照单施行〔三〕。

国藩草

注释

〔一〕春俸：清代官员按年计薪，分春秋两季半年发放，故信中有“春俸”“秋俸”之称。

〔二〕孟学公：曾国藩六世祖，从衡阳迁居湘乡之祖。赴考：参与科举考试。

〔三〕万祈：万分期望，万分拜托。

点评

读这封信，可以总结出以下几点。

第一，曾国藩确实很顾家，对家里大大小小、方方面面都非常照顾，也非常细心，处事周详稳重。六弟匆忙回家，曾国藩除了张罗行程，还没忘记给母亲带去几两银子作零用钱。紧接着，他又进一步考虑，自己在京多年，还没有专门给婶娘寄过零用钱，既然母亲给了，婶娘也应该给，给了长辈，平辈的弟媳妇们，平时手头也很拮据，总免不了要买几尺棉、几尺麻给家里人做女红，干脆，要给都给，以免带来不必要的家庭矛盾。于是，他决定在每年馈赠亲戚的八十千文之外，再加二十千，用来孝敬母亲与婶婶，分赠四位弟媳妇。从今以后，都在每年寄家定银之内，从此成为常例。

第二，曾国藩确实很克己，但待人很宽厚。京官薪俸并不高，曾国藩此时官位二品，每年正俸155两，外加恩俸同等数目，共计310两，分春俸、秋俸两次发放，他也一年两次定期寄钱回家，每次都是五六十两，也就是说，他收入的三分之一已经划拨到了老家。然后，还有去年开始馈赠亲族的既定数目八十千，也是有六七十两，本年又有新增给母亲婶婶弟媳妇们的一二十两，这样，他每年工资的三分之二都归入了老家这个大家庭，这还不算平时买药买补品的费用。然后，他只能用这剩余下来的银钱，去应付北京小家庭里老婆孩子、仆人跟班的日常开支（当然，好在京官还有禄米，二品每年77石5斗）与官场应酬。可以想见，他的家庭开支应该是非常节俭的了。如需要大笔用钱，例如同僚人情开支，他大概就只能去钱庄借钱了。这就是他居京八九年、欠债一千两的原因了。

第三，曾国藩很同情弱者。一位二品京官，为什么要总怀着“有福同享”“大庇寒士”的梦想呢，为何要硬撑着给穷亲戚帮一把呢？想来有一个很重要的原因，就是他也是经历过苦日子的人。在他去世后，门生故旧给他编写的《年谱》就这样写着：“（道光十七年）谋会试入都，无以为资，称贷于族戚家，携钱三十二缗以行，抵都中，余三缗耳。”一缗就是一吊，一千个铜钱，靠借来的三十二吊钱进京赶考，所有食宿包括在内。到京后，这三吊钱肯定不足以支撑三个月的考前生活。因此，他应该是有过期待别人帮扶一把的辛酸体验的。正因为如此，他一次次在家书中叮嘱，记得把救济款早点给亲戚们送过去，送过去了吗？是按照单子上的名单与数目吗？甚至连出了五服的人，从衡阳始迁湘乡的六世祖的后人，谁，还有谁，都外出赶考了，他也要问：你们送钱了吗？如果没有，赶紧送，按名单送。读书人，爱面子，就说给他买笔墨用吧。写完这句，再一叠连声地说，至关紧要，至关紧要，千求万求，你们帮我“照单施行”。

致澄弟温弟沅弟季弟　道光二十九年正月初十日

四位老弟足下：

去腊初十日发戊申第十八号家信〔一〕，正月初八日接诸弟腊月十五所发信。四位弟妇，闻皆率母亲、叔母之教，能勤能俭，予闻之不胜欣喜。已办有材料，今春为四弟妇各制一衣，觅便即行寄回。

李子山、曾希六族伯托我捐功名〔二〕，其伙计陈体元亦托捐。我丁酉年在栗江煤垄〔三〕，此二人待我不薄。若非煤垄之钱，则丁酉万不能进京。渠来托我，不能不应，拟今岁为之办就。其银钱嘱渠送至我家，有便将执照付至家中。渠银钱一到，即发执照与渠可也；即未收全，亦可发也。丁酉年办进京盘费〔四〕，如朱文八、王燧三、燧六等皆分文不借〔五〕，则曾、陈二人岂不可感也哉！现在乔心农（晋芳）放常德知府，二月出京。四弟监照与二人执照〔六〕，大约可托渠带至湖南也。

去年年内各族戚之钱，不知如数散给否？若未给，望今春补给，免得我时时挂心。考试者十千及乞丐之十千，不审皆给否？务乞详以示我。

兄国藩手草

注释

〔一〕去腊：去年腊月（农历十二月）。戊申：指道光二十八年（1848）。

〔二〕捐功名：明清时期的一种非常规性制度，民间自愿出资报捐，由吏部核准，朝廷授予捐资者一定级别的官品虚衔。

〔三〕丁酉年：指道光十七年（1837）。

〔四〕盘费：盘缠，旅途中的各项开支。

〔五〕分文：分、文都是古代的货币单位，面值很小。此处“分文”是“一分一文”的省略，形容钱很少。

〔六〕监照：监生执照，国子监颁发给监生的肄业证书。

点评

信中三段话，说了三件事：

先是从四弟来信，抓住机会鼓励四位弟媳妇，“能勤能俭”，好，好，我听了非常欣喜，就是要这样，要向母亲、婶婶上一辈学习，言下之意，就是走勤俭正路，不走奢侈懒惰邪路。话不多，点到为止，接着就转移话题，兄嫂已经为你们弟媳妇每人都准备了衣料，稍后就请北京的裁缝亲手做出来，做好后，找人捎回家。要求不多，情分很重。

其次是以二品京官之身，屈尊为乡村旧友去做办捐琐事。因为是在家书中，曾国藩也用不着避嫌，用不着遮丑，把自己当年进京赶考、四处求人借贷的老底都晾了出来。丁酉年啊丁酉年，一口气说了三遍，如果没有这两位好人慷慨解囊，我当年就真的是“万不能进京”。没有这次进京，哪有几个月后的中进士、点翰林？想想看，“如朱文八、王燧

三、燧六等皆分文不借，则曾、陈二人岂不可感也哉”！同样是乡亲，人与人之间的差别，咋就这么大呢？滴水之恩，涌泉相报，“此二人待我不薄”，他们的事，不仅要办，而且今年就要办好，哪怕是他们的捐资还没到位，我也会去办，办好了，下个月就带回。据本年十月初四致诸弟信，曾国藩为此垫付了241.6两银钱，而且嘱咐，人家还钱，若是少个几两，“我家不必与之争”，因为“丁酉之冬”，如果没有他们小煤矿的那笔钱，我“万不能进京也”。据《曾文正公年谱》记载，他那年十二月进京，向亲戚朋友拼凑赶考生活费，总共只有三十二缗，折合只有二十几两银子，曾国藩现在口口声声说如果没有煤垄那笔钱“万不能进京”，想来李子山与曾希六是出了大头的。

最后一段，短短三四句话，更是感人至深：帮扶穷亲戚的过年银钱，不知“如数”分发没有？如果没有，得尽快补发，“免得我时时挂心”。而且，预备分发给考试者的十千，以及乞丐们的十千，不知道你们都分出去没有？“务必”“乞求”来信详细写清楚。

致澄弟温弟沅弟季弟　道光二十九年三月二十一日

澄侯、温甫、子植、季洪足下：

温弟在省所发书〔一〕，因闻澄弟之计而我不为揭破，一时气忿，故语多激切不平之词。予正月复温弟一书，将前后所闻温弟之行，不得已禀告堂上及澄弟、植弟不敢禀告而误用诡计之故一概揭破。温弟骤看此书，未免恨我，然兄弟之间，一言欺诈，终不可久。尽行揭破，虽目前嫌其太直，而日久终能相谅。

现在澄弟书来，言温弟鼎力办事，甚至一夜不寐，又不辞劳，又耐得烦云云。我闻之欢喜之至，感激之至。温弟天分本高，若能改去荡佚一路〔二〕，归入勤俭一边，则兄弟之幸也，合家之福也。

我待温弟似乎近于严刻，然我自问此心，尚觉无愧于兄弟者，盖有说焉。大凡做官的人，往往厚于妻子而薄于兄弟，私肥于一家而刻薄于亲戚族党。予自三十岁以来，即以做官发财为可耻，以宦囊积金遗子孙为可羞可恨〔三〕，故私心立誓，总不靠做官发财以遗后人。神明鉴临〔四〕，予不食言。此时侍奉高堂〔五〕，每年仅寄些须〔六〕，以为甘旨之佐〔七〕。族戚中之穷者，亦即每年各分少许，以尽吾区区之意〔八〕。盖即多寄家中，而堂上所食所衣亦不能因而加丰，与其独肥一家，使戚族因怨我而并恨堂上，何如分润戚族〔九〕，使戚族戴我堂上之德而更加一番钦敬乎？将来若作外官，禄入较丰〔一〇〕，自誓除廉俸之外〔一一〕，不取一钱。廉俸若日多，则周济亲戚族党者日广，断不畜积银钱为儿子衣食之需〔一二〕。盖儿子若贤，则不靠宦囊，亦能自觅衣饭；儿子若不肖，则多积一钱，渠将多造一孽，后来淫佚作恶，必且大玷家声〔一三〕。故立定此志，决不肯以做官发财，决不肯留银钱与后人。若禄入较丰，除堂上甘旨之外，尽以周济亲戚族党之穷者。此我之素志也〔一四〕。

至于兄弟之际，吾亦惟爱之以德，不欲爱之以姑息〔一五〕。教之以勤俭，劝之以习劳守朴，爱兄弟以德也；丰衣美食，俯仰如意，爱兄弟以姑息也。姑息之爱，使兄弟惰肢体，长骄气，将来丧德亏行，是即我率兄弟以不孝也，吾不敢也。我仕宦十余年，现在京寓所有惟书籍、衣服二者。衣服则当差者必不可少，书籍则我生平嗜好在此，是以二物略多。将来我罢官归家，我夫妇所有之衣服，则与五兄弟拈阄均分〔一六〕。我所办之书籍，则存贮利见斋中〔一七〕，兄弟及后辈皆不得私取一本。除此二者，予断不别存一物以为宦囊，一丝一粟不以自私。此又我待兄弟之素志也。恐温弟不能深谅我之心，故将我终身大规模告与诸弟，惟诸弟体察而深思焉。

兄国藩手草

注释

〔一〕书：此处指书信，家信。

〔二〕荡佚：行为放荡，不受社会规范约束。

〔三〕宦囊：指当官所获资产。遗（wèi）：赠送，给与。

〔四〕神明鉴临：天地神明监督作证。

〔五〕高堂：本指居室正室厅堂，因为是父母所居，故从前又以“高堂”代指父母亲。

〔六〕些须：少许，一些。

〔七〕甘旨之佐：与“甘旨之费”大体同义。“甘旨”是指美食，“甘旨之佐”与“甘旨之费”都是指子女给父母的养老费、生活费。

〔八〕尽吾区区之意：“略表心意”的意思。

〔九〕分润：分取钱财，分享利益。

〔一〇〕禄入：做官所得薪俸。

〔一一〕廉俸：正常收入，合法收入。

〔一二〕畜（xù）：即“蓄”，积累，集聚。

〔一三〕玷（diàn）：玷污，败坏。

〔一四〕素志：历来就有的志向。

〔一五〕姑息：为避免矛盾冲突，无原则地宽恕别人。

〔一六〕拈阄（jiū）：在若干纸条上写字或作记号，揉捏成纸团，由在场者分取，以决定权利或义务该属于谁。

〔一七〕利见斋：本为曾国藩父亲曾麟书的家塾名，后来作为曾氏家族的公房名称。

点评

四年前，曾国潢、曾国华兄弟进京，随长兄嫂一家生活，意在读书应考，获取科举功名。国潢因给祖母赶送诰封匆匆回家，国华则一直留京未归。大哥先后给他们俩捐资，获得了监生的身份，但国华心气过高，乡试一再失败，反而自我放纵，不受长兄约束，最后竟然干出让兄弟们气急败坏而又不敢声张的不体面之事。曾国藩只好给父母与叔父母（曾国华过继给叔父曾骥云为子）写信告状，国潢、国荃接信，担心老人们急火攻心、气出个三长两短，于是，国潢冒险诈称病重，让国荃、国葆写信至京，叫国华火速回家，连曾国藩都被蒙在鼓里。曾国华走到半路，得知四哥转危为安，信中即有所察觉，回家后得知受骗，更是恼怒，而老四、老九与老满，则被父亲与叔叔骂得狗血淋头，据事后国潢给大哥道歉信，“当下弟辈三人之足指，共挖堂屋地下三十孔”，一副灰头土脸的样子。这就是这封信第一段所谓的“诡计”。又据曾国藩这封信，可知曾国华还写信到北京，对曾国藩表示不满，“语多激切不平之词”，曾国藩当即回信，予以反驳，而国潢又从中调解，给大哥来信，“言温弟鼎力办事，甚至一夜不寐，又不辞劳，又耐得烦云云”。于是，曾国藩回信，一方面表示“我闻之欢喜之至，感激之至”，另一方面，则强调“我待温弟似乎近于严刻，然我自问此心，尚觉无愧于兄弟者”。为什么呢，“盖有说焉”，即我有充分的理由。这封信的后半，就是说明自己这么做，正是“无愧于兄弟”。

第一，发誓“当官不发财”：因为“大凡做官的人，往往厚于妻子而薄于兄弟，私肥于一家而刻薄于亲戚族党”，我则以此为大耻。“靠做官发财以遗后人”，这种人不仅“可羞可恨”，而且愚蠢可怜，因为“儿子若不肖，则多积一钱，渠将多造一孽，后来淫佚作恶，必且大玷家声”。此时曾纪泽、曾纪鸿兄弟都还小，这番话火气很大，想来与曾国华在京行为不端颇有关系：仗着兄嫂关爱，白捞一个监生顶戴，拿着这个资格去考举人，却又自己不争气，名落孙山；死活要到北京来，说是好好读书，到京后却又饱暖思淫欲，干出不体面的勾当。几个月前，曾国藩在致弟书中忽然提及好友朱伯韩的胞弟朱寿康等人“俱因在娼家饮酒，提督府锁拿交刑部治罪”，想来也是必有所指。所以，曾国藩在给弟弟们辩解给父母亲告状之时，却大段篇幅声明，有钱绝不留给后人，除了孝敬老人，其余甘愿拿去扶贫，应该是有所激发而至于此。

第二，兄弟之间，严是爱，松是害，姑息养奸，害之更深，只能用保持品德来互相激励，不能用姑息纵容来贻误终生。在这里，曾国藩一连用了几个排比句，阐明“教之以勤俭，劝之以习劳守朴，爱兄弟以德也；丰衣美食，俯仰如意，爱兄弟以姑息也”等一系列人生阅历。大概是曾国华对长兄勤俭持家有所不满，所以，信中反复强调不能“惰肢体，长骄气，将来亏德丧行”，而且特别点名，“恐温弟不能深谅我之心，故将我终身大规模告与诸弟”。

致澄弟温弟沅弟季弟　道光二十九年四月十六日

澄侯、温甫、子植、季洪足下：

祖父大人之病，日见日甚如此〔一〕，为子孙者远隔数千里外，此心何能稍置！温弟去年若未归，此时在京，亦刻不能安矣。诸弟仰观父、叔纯孝之行，能人人竭力尽劳，服事堂上，此我家第一吉祥事。我在京寓，食膏粱而衣锦绣〔二〕，竟不能效半点孙子之职；妻子皆安坐享用，不能分母亲之劳。每一念及，不觉汗下。

吾细思凡天下官宦之家，多只一代享用便尽。其子孙始而骄佚，继而流荡，终而沟壑〔三〕，能庆延一二代者鲜矣〔四〕。商贾之家〔五〕，勤俭者能延三四代；耕读之家，谨朴者能延五六代；孝友之家，则可以绵延十代八代。我今赖祖宗之积累，少年早达，深恐其以一身享用殆尽〔六〕，故教诸弟及儿辈，但愿其为耕读孝友之家，不愿其为仕宦之家。诸弟读书不可不多，用功不可不勤，切不可时时为科第仕宦起见。若不能看透此层道理，则虽巍科显宦〔七〕，终算不得祖父之贤肖〔八〕，我家之功臣。若能看透此道理，则我钦佩之至。澄弟每以我升官得差便谓我是肖子贤孙，殊不知此非贤肖也。如以此为贤肖，则李林甫、卢怀慎辈何尝不位极人臣〔九〕，舄奕一时〔一〇〕，讵得谓之贤肖哉〔一一〕？予自问学浅识薄，谬膺高位〔一二〕，然所刻刻留心者，此时虽在宦海之中，却时作上岸之计。要令罢官家居之日，己身可以淡泊，妻子可以服劳，可以对祖父兄弟，可以对宗族乡党。如是而已。诸弟见我之立心制行与我所言有不符处〔一三〕，望时时切实箴规。至要，至要！

鹿茸一药〔一四〕，我去腊甚想买就寄家，曾请漱六、岷樵两人买五六天〔一五〕，最后买得一架，定银九十两。而请人细看，尚云无力。其有力者，必须百余金，到南中则直二百余金矣〔一六〕；然至少亦须四五两乃可奏效。今澄弟来书，言谭君送四五钱便有小效，则去年之不买就急寄，余之罪可胜悔哉！近日拟赶买一架付归。以父、叔之孝行推之，祖大人应可收药力之效。叔母之病，不知宜用何药？若南中难得者，望书信来京购买。

国藩手草

注释

〔一〕日见日甚：一天比一天加重。

〔二〕食膏粱而衣锦绣：吃得非常好，穿得非常好。“膏粱”是肥肉和细粮，泛指精美的饮食，代指富贵生活。

〔三〕沟壑：山谷。此处指葬身野外。

〔四〕庆延：先辈积德留给后辈的延续不绝的命运眷顾。鲜（xiǎn）：少。

〔五〕商贾（gǔ）：做小生意的商人。

〔六〕一身：一人，一己。

〔七〕巍科显宦：科举名列前茅，做官职务显赫。

〔八〕贤肖：“贤”“肖”都有“好”义，用来形容肖子贤孙。

〔九〕李林甫：唐玄宗时大臣，长期担任宰相，比较专权，名声不好。卢怀慎：唐朝宰相，但碌碌无为。位极人臣：身为君王的臣子，官位已经到达顶点，泛指宰相一级的高官。

〔一〇〕舄奕（tuō yì）：连绵不绝。

〔一一〕讵（jù）：难道，岂，哪里。

〔一二〕谬膺（yīng）高位：不合理地得到高官厚禄，一般用于自谦。

〔一三〕立心制行：做人的志向与行为准则。

〔一四〕鹿茸：雄性梅花鹿或马鹿尚未骨化而带茸毛的幼角，是传统的名贵补药。

〔一五〕漱六：即袁芳瑛（1814—1859），字挹群，号漱六，湖南省湘潭县人。以翰林院编修授陕西道监察御史，出任苏州知府、松江知府，卒于任。与曾国藩为京中好友、儿女亲家（曾国藩长女曾纪静许配袁芳瑛长子袁秉桢）。岷樵：即江忠源，号岷樵。

〔一六〕南中：南方，长江以南地区。

点评

当天曾国藩先后给父母亲与弟弟们写了两封信，两封信都表达了对祖父病情的关切与愧疚。在给父母的信中，他这样写道："敬悉祖父大人病体未好，且日日沉剧，父、叔率诸弟兄服侍已愈三年，无昼夜之闲，无须臾之懈，独男一人远离膝下，未得一日尽孙子之职，罪责甚深。"这与本信"竟不能效半点孙子之职"，"每一念及，不觉汗下"，都是深深的自责。

紧接其后"不愿为仕宦之家"与"肖子贤孙"的论断议论，则因为四弟国潢来信所言而有所感触。国潢来信告知，因为突然得到大哥升任礼部侍郎的喜讯，"举家为之狂喜"，不仅是清朝开国二百年，"我县所仅有者"，而且是"祖父大人正当重病，得此喜信，过一二日即全愈"，因而感叹："此前家中之人，千方百计，请医下药，打点伺候，皆徒劳矣。肖子贤孙，我兄尚何愧哉！"因此，曾国藩这才就此大发议论。

曾国藩文臣出身，博览群书，熟知历史兴衰，近年位居高层，饱览官场起起落落，于是得出结论，大凡天下官宦之家，大多只是一代便享用殆尽，而商贾之家，反倒延续三四代，耕读之家，绵延五六代，至于"孝友之家，则可以绵延十代八代"。究其原因，达官之家，其子孙先是骄横奢靡，继而家败流亡，最终野死荒外者，举不胜举；而经商起家的人呢，往往能勤能俭，所以能够子承父业，传子传孙；耕读之家，既知书识礼，又务本耕耘，所以能够安分守己，代代相承；孝友之家，尊老爱幼，相亲相爱，老天也来助兴，十代八代也很常见。讲完这些，他便说出自己的隐忧：一个农家子弟，十年前还到处借钱赶考，现在三十多岁位居侍郎，这是祖宗积德所致，担心自己一人享受殆尽，因此教育儿女与弟弟们，还是继续做个耕读孝友之家，要求"诸弟读书不可不多，用功不可不勤，切不可时时为科第仕宦起见"。否则，如果不看透这个道理，哪怕是科举得前列、官职升得高，其实算不得肖子贤孙。唐代的李林甫、卢怀慎，身居宰相，位极人臣，但是家世很快败落，哪里称得上肖与贤？

说完这些人生感叹，这封信又回到祖父病情这个话题：买鹿茸，再贵也买。去年没有及时买回，虽说是被别人误导，但终归是自己没有下决心，自己罪大莫及，近日就马上去买，买好寄回。孝能动天，应该可以“收药力之效”。

致澄弟温弟沅弟季弟　道光二十九年十二月初三日

澄侯、温甫、子植、季洪四弟左右：

十一月十五日接到祖父大人讣音〔一〕，中肠惨痛〔二〕。自以游子在外，不克佐父母襄办大事〔三〕，负罪婴疚〔四〕，无可赎挽。比于十八日折差之便〔五〕，先寄银百零五两，计元宝二锭〔六〕，由陈岱云宅专足送至家中〔七〕，不知刻已收到否〔八〕？

国藩于十六日成服〔九〕，十七日托军机大臣署礼部侍郎何大人（汝霖）代为面奏〔一〇〕，请假两月，在家穿孝，不收赙仪〔一一〕。讣帖刻“谨遵遗命，赙仪概不敢领”二语，共发讣帖五百余分。凡来者不送银钱，皆送祭幛、挽联之类，甚为体面。共收祭文八篇、祭幛七十五张、挽联二十七对、祭席十二桌、猪羊二付。其余香烛纸钱之类，不计其数。送礼物来者，用领谢帖；间有送银钱来者，用“奉遗命璧谢”帖〔一二〕。

各处送祭幛来者，哈喇大呢甚多〔一三〕，亦有缎布、江绸者〔一四〕。余意欲将哈喇作马褂数十件〔一五〕，分寄家中族戚之尤亲者。盖南中老人考终〔一六〕，往往有分遗念之说〔一七〕。或分衣，或分银钱。各处寄布，令我歉然难安。诸弟先代我趋谢〔一八〕，并言往后万不可如此。盖京中买布甚易，而家中纺纱织布，则难于登天，我受之甚抱愧也。

澄弟之信，劝我不可告假回家。所言非不是，惟离家十年，想见堂上之心，实为迫切。今祖父大事既已办过，则二亲似可迎养。然六旬以上之老人，四千有余之远道，宿聚之资既已不易〔一九〕，舟车之险尤为可畏，更不敢轻举妄动。烦诸弟细细商酌，禀知父母亲及叔父母，或告假归省，或迎养堂上，二者必居其一，国藩之心乃可少安。父母亲近来欲见国藩之意，与不愿国藩假归之意，孰缓孰急？望诸弟细细体察，详以告我。祷切，望切！

国藩草

注释

〔一〕讣（fù）音：报丧的通知。

〔二〕中肠：肠中，胸中。

〔三〕不克：不能，没能。佐：辅佐，帮助。襄办：辅助，参与帮办。大事：此处指安葬家中逝去的长辈。

〔四〕婴疚：负疚。“婴”同“缨”，“缠负”之意。

〔五〕比：等到，及至，继而。

〔六〕元宝：古代金或银铸成的船形货币。锭（dìng）：做成块状的金属或药物等。此处作量词用，“二锭”即两块。

〔七〕专足：专人（受命带送物件者）。

〔八〕刻：此刻，此时。

〔九〕成服：孝子孝孙开始穿孝服，为逝去的长辈守孝。

〔一〇〕面奏：当面向君王陈奏（汇报请示）。

〔一一〕赙（fù）仪：亲戚朋友给办丧事的人家送的钱物。

〔一二〕璧谢：敬辞，退还原物，并表示感谢。

〔一三〕哈喇大呢：蒙古黑色呢绒。

〔一四〕江绸：江宁绸，清代由江宁织造督办的贡品绸。

〔一五〕马褂：清代盛行的上装外套。

〔一六〕考终：高龄老人寿终正寝。

〔一七〕遗念：把逝者财物留给亲友，以作怀念。

〔一八〕趋谢：登门前往道谢。

〔一九〕宿聚之资：指旅途餐宿费用。

点评

曾国藩从小受祖父关爱，感情非常深厚；长大后，对祖父的治家之术与处世之道尤为佩服。星冈公偏瘫三年，曾国藩寻医问药之外，高价买回鹿茸、托人寻觅虎骨，也终于无力回天。因此，在他接到讣告后，非常悲痛，立即寄回百两元宝，以便家中操办丧礼。

这封信，首先告知自己在北京请假服丧、开吊祭奠的情况，特别表示，尽管开吊，但不收赙金，而且声明这是“谨遵遗命”，只为吊唁追思，重在仪礼，绝不借机收礼，以示对祖父生前克己待人之道的谨遵不忘。

其次，曾国藩告知诸弟，京城同僚所送祭幛，有上好的蒙古黑呢和南京贡绸，准备将它们做几十件马褂，分给故乡亲戚，作为祖父的遗念之物。这既是对祖父助人为乐一贯作风的最好纪念，也更是表达自己对故乡亲人的思念之情。但另一方面，他又对乡亲们织布致祭深感不安。乡里不比京城，北京可以拿钱买，乡亲们“纺纱织布，难于登天”。手工年代，一架纺车每天能纺出几束棉纱，多少根纱线才能织成几匹土布，农家子弟出身的曾国藩，早年的印象一直是深深印记在脑海的。为此，他要求弟弟们作代表，赶紧登门道谢，并让乡亲们以后切莫如此辛劳。贵为省部级高官，面对哈喇大呢与山村土布，他想着的只是送，而不是取。

最后一层内容，就是迫不及待商量请假归省与迎养到京的利弊与取舍。回家看望久别的年迈父母，一直是曾国藩魂牵梦绕的心思与难题。走出家门之前，不知道成功的路在何方；谁知道离开家乡之后，才知道回家的路有多么漫长。辞官回家，全家老小的衣食饱暖必将大受影响，他是一家顶梁柱，生计大事，不能轻率；迎养来京，当时的交通不便，旅途辛劳，他又不能不预想在前。所以，接下来的一两年，他的每次家书，都是商谈，父亲母亲、叔叔婶婶，怎么样分批次接送，什么时候动身，谁来陪伴护送，或者说，自己什么时候有可能得到一个学差或是考差，如何具折请假，如何筹措路费。而家中长辈与弟弟，又意见不太一致，终于错过了机会。

致澄弟温弟沅弟季弟　咸丰元年四月初三日

澄侯、温甫、子植、季洪四位老弟左右：

乡里凶年赈助之说〔一〕，予曾与澄弟言之。若逢荒歉之年，为我办二十石谷，专周济本境数庙贫乏之人〔二〕。自澄弟出京之后，予又思得一法，如朱子社仓之制〔三〕，若能仿而行之，则更为可久。

朱子之制：先捐谷数十石或数百石，贮一公仓内，青黄不接之月〔四〕，借贷与饥民，冬月取息二分收还（每石加二斗）〔五〕，若遇小歉，则蠲其息之半（每石加一斗）〔六〕，大凶年则全蠲之（借一石还一石，但取耗谷三升而已）〔七〕。朱子此法行之福建，其后天下法之，后世效之，今各县所谓“社仓谷”者是也，其实名存实亡。每遇凶年，小民曾不得借贷颗粒〔八〕，且并社仓而无之。仅有常平仓谷〔九〕，前后任尚算交代，小民亦不得过而问焉。盖事经官吏，则良法美政，后皆归于子虚乌有〔一〇〕。

国藩今欲取社仓之法而私行之我境。我家先捐谷二十石，附近各富家亦劝其量为捐谷。于夏月借与贫户，秋冬月取一分息收还（每石加一斗）。丰年不增，凶年不减。凡贫户来借者，须于四月初间告知经管社仓之人。经管量谷之多少，分布于各借户，令每人书券一纸〔一一〕，冬月还谷销券。若有不还者，同社皆理斥，议罚加倍。以后每年我家量力添捐几石。或有地方争讼，理曲者，罚令量捐社谷少许。每年增加，不过十年，可积至数百石，则我境可无饥民矣。盖夏月谷价昂贵，秋冬价渐平落，数月之内，一转移之间，而贫民已大占便宜，受惠无量矣。

前与澄弟面商之，说我家每年备谷救地方贫户。细细思之，施之既不能及远，行之又不可以久；且其法止能济下贫乞食之家，而不能济中贫体面之家。不若社仓之法，既可以及于远，又可以贞于久〔一二〕；施者不甚伤惠〔一三〕，取者又不伤廉，即中贫体面之家，亦可以大享其利。本家如任尊、楚善叔、宽五、厚一各家，亲戚如宝田、腾七、宫九、荆四各家，每年得借社仓之谷，或亦不无小补。澄弟务细细告之父大人、叔父大人，将此事于一二年内办成，实吾乡莫大之福也。

我家捐谷，即写曾呈祥、曾呈材双名〔一四〕。头一年捐二十石，以后每年或三石，或五石，或数十石。地方每年有乐捐者，或多或少不拘，但至少亦须从一石起。吾思此事甚熟，澄弟试与叔大人细思之，并禀父亲大人，果可急于施行否？近日即以回信告我。

兄国藩手草

注释

〔一〕乡里：家乡周边邻里。凶年：灾年，农田减产欠收之年。赈（zhèn）助：赈灾救助。

〔二〕庙：佛教寺庙。旧时享有庙田，佃农耕种，灾年散粮救助，时有灾民聚集。

〔三〕朱子：即宋代理学家朱熹。社仓：朱熹创办的民间救济形式，即富户捐谷存于祠堂等地，贫户借贷，低息或减息归还。

〔四〕青黄不接："青"指未成熟的庄稼，"黄"指已成熟的庄稼，"青黄不接"即粮食已经吃完，田里的禾谷还未收割，家里已经断粮。

〔五〕冬月：农历十一月。息：利息。

〔六〕蠲（juān）：减除，免除。

〔七〕耗谷：粮食在运输、存储、收放过程中会有难以避免的损耗，因此，每一石折合三升耗谷。升：古代计量单位，一斗的十分之一。

〔八〕曾：此处是“甚至”“竟然”的意思。

〔九〕常平仓：古代官府粮仓，用来调节粮价，储粮备荒。

〔一〇〕子虚乌有：假托的，不真实的，不存在的。

〔一一〕书券（quàn）一纸：写张借条。

〔一二〕贞于久：长久不变。

〔一三〕伤惠：与下文“伤廉”皆语出《孟子·离娄下》，意思是让施惠与受惠的人都合乎常理，施惠者不至过于受损，受惠者不至过于索取。

〔一四〕曾呈祥：即曾国藩父亲曾麟书，呈祥是其原名。曾呈材：即曾国藩叔父曾骥云，原名呈材。

点评

古代中国是个农业社会，春种秋收，勤苦劳作，没有机械耕种与农药化肥，粮食产量很低。即便是风调雨顺，年成不错，可是交完皇粮，农民本身也仅能免于饥寒。但一旦遇到旱灾、水灾或是蝗虫灾害，那农民就只能挨饿甚至流亡乞讨了。曾国藩的前半生，在湖南山乡生活了三十年，荒年歉收、灾民四出的情形，他是一再耳闻目睹过的。即便是后来生活在京城，衣不蔽体、沿街倒毙的身影，也几乎随处可见。四弟国潢去年来京，曾国藩就曾经与之商议“乡里凶年赈助之说”，如购置曾氏义田，救助本族穷户，兼及周边乡亲，可惜力所不及。国潢离京回湘才一个月，曾国藩又想到了另一个看起来更好的办法，这便是社仓。

道光二十九年七月十五日，曾国藩曾经在写给弟弟们的信中这样说道：“乡间之谷，贵至三千五百，此亘古未有者，小民何以聊生！吾自入官以来，即思为曾氏置一义田，以赡救孟学公以下贫民；为本境置义田，以赡救念四都贫民。”孟学公是他的六世祖，孟学公以下贫民就是本族穷人；念四都指二十四都荷塘乡，置义田是要拯救全乡所有穷人。这是很大的志愿，需要很大的财力，因此，他接下去说，“不料世道日苦，予之处境未裕”。于是，他与国潢面商，说我家应该每年备谷，拯救地方贫户。现在，苦思两年，终于想到了社仓这个妙计。

在这封信中，曾国藩一面追溯朱子社仓渊源，一面介绍社仓贷放息的具体方法，一面感叹这么好的良法美政，可惜事经官吏，归于子虚乌有。于是，他设想，“取社仓之法而私行之我境”，我们曾家率先垂范，先捐谷二十石，进而憧憬各富家跟进，何人经管，何时放贷，如何取息，甚至还设想，“或有地方争讼，理曲者，罚令量捐社谷少许”，这样一来，社仓之谷“每年增加，不过十年，可积至数百石，则我境可无饥民矣”。这样一来，比此前与国潢面商的“我家每年备谷救地方贫户”，局面更大，力量更大，更能持久，尤其还能顾忌“中等贫苦户”的体面。总之，前景非常令人满意。因此，他在信末谆谆嘱咐，四弟你与父亲、叔叔仔细商量，“果可急于施行否？近日即以回信告我”。

这封信先被在长沙岳麓书院读书的季弟国葆看到，小老弟当即回信，指手叫好：“社仓之法甚善，于贫民大有益，待澄兄归，父大人、叔大人必遵行于我境，不久即有回信。”但是，曾国藩最后接到家里的回信却完全两样：“社仓之说，目前决不能行。乡间要借者太多，几十石谷不能动手。有不当借而来借者，有借去本可以还而必要费尽心力乃能还来者，有借去竟不能还者。即使一升利谷不要，也无可如何。人心不古，暂毋庸议。”这真是应了那句话：理想很丰满，现实很骨感。曾老四还用皇帝批折子的口气，给这位一腔热忱的书生官老爷来了个“着毋庸议”。当然，开过玩笑，老弟还是补充了一句，如果今年真像我们在北京预测“看大势是荒年”的话，则“家中发谷二十石，甚是实惠及人，将来敬谨遵行”。至此，曾国藩也只能感叹，“社仓之法，有借无还，今日风俗诚然如此”，但曾家捐谷救荒，还是在他的倡议下，从此坚持了下来。

由此可以看出，曾国藩确实是心存爱民，心存济贫，尽管力所不及，甚至有些书生之见，但他是真的想尽力帮助弱势群体的。

致澄弟温弟沅弟季弟　咸丰元年八月十九日二更〔一〕

澄侯、温甫、沅甫、季洪四位老弟足下：

季弟有志于道义身心之学〔二〕，余阅其书，不胜欣喜。凡人无不可为圣贤，绝不系乎读书之多寡。吾弟诚有志于此，须熟读《小学》及《五种遗规》二书〔三〕。此外各书能读固佳，不读亦初无所损〔四〕。可以为天地之完人，可以为父母之肖子，不必因读书而后有所加于毫末也。匪但四六、古诗可以不看〔五〕，即古文为吾弟所愿学者，而不看亦自无妨。但守《小学》《遗规》二书，行一句算一句，行十句算十句，贤于记诵词章之学万万矣。

季弟又言愿尽孝道，惟亲命是听〔六〕，此尤足补我之缺憾。我在京十余年，定省有阙〔七〕，色笑远违〔八〕，寸心之疚，无刻或释。若诸弟在家能婉愉孝养〔九〕，视无形，听无声〔一〇〕，则余能尽忠，弟能尽孝，岂非一门之祥瑞哉？愿诸弟坚持此志，日日勿忘，则兄之疚可以稍释。幸甚幸甚。书不十一，余俟续具。

兄国藩手草

注释

〔一〕二更：夜晚九、十点钟。

〔二〕道义身心之学：指宋明理学的身心修养、道德规范学说。

〔三〕《小学》：宋代理学家朱熹所编的儿童道德教育读本。

〔四〕初：全，本来就。

〔五〕匪但：不但。四六：四六文，骈文，常用前四后六的双句对偶，故称四六文。

〔六〕亲命：父母亲的命令。

〔七〕定省有阙：子女没有在父母身边关心照顾。“定省”是指子女每天早晚到父母面前问安。

〔八〕色笑有违：子女远离父母，不能时时刻刻看到父母的笑容，听到父母的笑声。

〔九〕婉愉孝养：成年子女和颜悦色地陪伴年迈父母，耐心而又温和。

〔一〇〕视无形，听无声：语出《礼记》，意思是晚辈孝敬长辈，应当体察长辈的心意，哪怕长辈没有明确表示什么，也要能够从无声与无形中体察到长辈的意图。

点评

在曾国藩的四位弟弟中，曾国葆最为笃实好学，而且在大哥等人的影响下，一度真心皈依理学，本年七月十五日，他一连三天给大哥写下1500多字的长信，阐述自己“非慕理学之名而勉强入其中以剽窃虚名”，实在是因为“见人生斯世，无论智愚贤否，皆当安分守己，曲尽其当然之道，以完其本然之性，方为无愧”，表示“弟此后大约总以保养精神、爱惜光阴为主”，“愿兄不弃而常有以教之”。于是，曾国藩在给弟弟们的回信中，特意给国葆写下这两段。

这两段话，非常平实，完全看不到一点道学迂阔之气。理学强调服从天理，克制私欲，有时难免说些看上去似乎有点假大空的套话。尤其是理学新教徒，初闻大道，热血沸腾，言辞可能有些脱离实际。曾国藩是过来人，看他当年的修身日记，有些话就显得有些虚头巴脑，因此，面对小老弟洋洋洒洒满满十页书信，他不忍违心周旋，而是非常冷静地指出，“吾弟诚有志于此，须熟读《小学》及《五种遗规》二书”，别的先都放下，就这两本，书不在多。想做天地之完人，想做父母之肖子，并不在于读多少书，你只要牢牢守住“《小学》《遗规》二书，行一句算一句，行十句算十句”，比什么都强。

紧接着，曾国藩又从朱子《小学》与陈宏谋《五种遗规》，顺势落实到日常孝道。子女赡养老人，和颜悦色最难，耐心温和最难，察言观色、顺从老人意愿最难。曾国藩离家十多年，父母年纪一年比一年老，身体一年比一年差，可是，臣子事君，忠孝不能两全，只好教导弟弟，代兄尽孝，日日勿忘，以解远方游子内心歉疚。

不知道国葆接信会怎么想，他期待的应该是理学导师的修炼心得与道德讲习，怎么就这么几句大白话呢？也许是他错过了最佳时间，早几年，当曾国藩刚开始有心向道的时候，每次家信，总是滔滔不绝，一写就是长篇大论。为此，国潢甚至忍不住写信抱怨，写点有用的好吗？比如什么时候得个外差，赚点外快？最后，连老父亲都出面了：你不要写这么长，你好好工作吧。那时候，曾国藩没有具体职务，现在不同了，礼部侍郎，新近又兼任刑部侍郎，刑部可比礼部忙得多。折差一来，家信好几封，父亲的，四弟的，六弟的，九弟的，有时还有叔父的，他也只能每人写几段了。

致澄弟温弟沅弟季弟　咸丰元年十月十二日

澄侯、温甫、子植、季洪四弟足下：

纪泽聘贺家姻事〔一〕，观闰八月父亲及澄弟信，已定于十月订盟[二]；观九月十四澄弟一信，则又改于正月订盟。而此间却有一点挂碍[三]，不得不详告家中者。

京师女流之辈[四]，凡儿女定亲，最讲究嫡出庶出之分[五]。内人闻贺家姻事，即托打听是否庶出，余以其无从细询，亦遂置之。昨初十日接家中正月订盟之音，十一日即内人亲至徐家打听，知贺女实系庶出，内人即甚不愿。余比晓以大义，以为嫡出庶出何必区别，且父亲大人业已喜而应允，岂可有他议？内人之意，以为为夫者先有嫌妻庶出之意，则为妻者更有局蹐难安之情[六]，日后曲折情事，亦不可不早为虑及。求诸弟宛转禀明父母，尚须斟酌，暂缓订盟为要。陈伯符于十月十日到京[七]，余因内人俗意甚坚，即于十二日夜请贺礼庚、陈伯符二人至寓中[八]，告以实情，求伯符先以书告贺家，将女庚不必遽送，俟再商定。伯符已应允，明日即发书，十月底可到贺家。但兄前有书回家，言亲事求父亲大人作主。今父亲欢喜应允，而我乃以妇女俗见从而扰惑，甚为非礼。惟婚姻百年之事，必先求姑媳夫妇相安，故不能不以此层上渎[九]。即罗山处[一〇]，亦可将我此信钞送一阅，我初无别见也。

夏阶平之女，内人见其容貌端庄，女工极精[一一]，甚思对之[一二]。又同乡陈奉曾一女，相貌极为富厚福泽，内人亦思对之。若贺家果不成，则此二处必有一成，明春亦可订盟；余注意尤在夏家也。京城及省城订盟，男家必办金簪、金环、玉镯之类，至少亦须花五十金。若父亲大人决意欲与贺家成亲，则此数者亦不可少。家中现无钱可办，须我在京中明年交公车带回[一三]。七月间诸弟乡试晋省之便再行订盟，亦不为晚。望澄弟下次信详以告我。

兄国藩手草

注释

〔一〕聘：旧时称男子订妻为“聘”。

〔二〕订盟：商订盟约，此处是“订婚”的意思。

〔三〕挂碍：此处是“不方便”“行不通”的意思。

〔四〕京师：京城，首都。女流之辈：妇女们（带贬义）。

〔五〕嫡出：旧时一夫多妻，准确地说，是一妻、多妾，正妻之子为“嫡出”，妾所生子为“庶出”。

〔六〕局蹐（jí）：畏惧不安的样子。

〔七〕陈伯符：贺长龄姻亲。

〔八〕贺礼庚：贺长龄族弟。

〔九〕上渎（dú）：很冒犯地给尊长汇报。

〔一〇〕罗山：即罗泽南（1807—1856），字仲岳，号罗山，湖南省湘乡县二十九都（今为双峰县）人。以秀才参与倡办湘乡县勇，为湘军早期主将，积功官至宁绍台道，战死于军，予谥“忠节”。

〔一一〕女工：旧时指女性所作针线活。

〔一二〕对：此处是“订亲”的意思。

〔一三〕公车：汉代以公家车马递送应征赴朝的人，后世便以“公车”作为应试举人的代称。

点评

曾纪泽本年十一岁，因为是家中长房长孙，所以全家老少都挺关心他的终身大事，先后物色了几家，最后找到长沙大官贺长龄家。那时相亲，主要就是门当户对。贺长龄的年辈、资历都比曾国藩高很多，十几年前就位居巡抚，后来还晋升总督，可惜晚年罢官回湘，两年前在长沙去世。一般人似乎觉得贺长龄编印《皇朝经世文编》，与陶澍、林则徐一样，是典型的经世文派中人，其实他对理学同样很注重，正因为如此，他与理学新秀曾国藩就有过一段时间的较为密切的交往。这门亲事，由曾国藩的湘乡老乡、理学同志罗泽南牵线，曾国华、曾国荃联合考察，经曾国藩初步认可，报请曾麟书审批，现在进入议亲阶段。可是，曾国藩却在这个问题上闹了一个大乌龙，想退亲，另选他家。通过这件事，可以看出曾国藩的一些不足，以及他的及时悔改。

简单地说，就是禁不住夫人的“枕边风”，出尔反尔，临时变卦，有失规矩，并且还有些诿过于人，把责任推给夫人：诸如京师女流之辈最重嫡出庶出，我觉得反正她无从打听也就随她去打听；我晓以大义，“父亲大人业已喜而应允，岂可有他议”，却又“因内人俗意甚坚”，便将贺家内外亲戚叫来，表示“暂停”，而且还让人家写信发回长沙；最后连他自己都觉得忸怩不安，“前有书回家，言亲事求父亲大人作主。今父亲欢喜应允，而我乃以妇女俗见从而扰惑，甚为非礼”。

在等候家乡回信的那段时间，曾国藩自己越想越不对，因此，在十二月连发二信，表示后悔，说上次家书“嫌贺女庶出之说，系一时谬误，自知悔过，求诸弟为我敬告父亲大人，仍求作主，决意对成，以谐佳耦”，“接得此信，即赶紧与贺家订盟”；甚至他还想到，贺家一直是大户人家，如果赌气拒绝继续议亲，四弟你给我赶去长沙，找媒人出面，“将内人性情细告贺家，务祈成此亲事，不致陷我于不孝之咎”。总之，不能得罪父亲，不能“陷我于不孝”。

果然，曾国藩父亲接到第一封信，极为生气，亲笔写信到京，质问儿子：我一再说过，孙子的亲事我不插手，你们当爹妈的自己决定；你却一时李家、一时常家，几次要我作主，还要家里帮你物色，这才有贺家的私塾老师罗泽南找上门来，你的朋友刘蓉、你的弟弟国华，当面看过贺家女儿，都是满口称赞，我这才选定日子，讨问女庚，“择期订盟”。你现在把责任推到老婆身上，“此尔饰非之词也”；“况尔前信内念及耦耕先生（即贺长龄，字耦耕）始与结姻，人人咸知，今尔又以庶出不对其女，更有何人来对？贺氏固难为情，即尔心何以对耦耕先生于地下？尔寄信与予，要对此女为媳，予又为之细察，始择期订盟，今忽然不对，尔又何以对予于堂上？”

儿子犯错，自我悔改，父亲教子，义正辞严，从中我们可以感受曾氏家风之正。六年后，曾贺联姻，只可惜，贺氏第二年难产，在湘乡曾家老屋去世。

致澄弟温弟沅弟季弟　咸丰四年四月二十日

澄、温、植、洪老弟左右：

十七、十九接父大人十三、十五手谕及澄弟两函，具悉一切。兹分列各条于后，祈诸弟禀知父大人，兼禀叔父大人：

一、澄弟自到省帮办以来，千辛万苦，巨细必亲。在衡数月[一]，尤为竭力尽心，衡郡诸绅佩服，以为从来所未有。昨日有郑桂森上条陈[二]，言见澄侯先生在湘阴时景象，渠在船上，不觉感激泣下云云。澄弟之才力诚心，实为人所难学。惟近日公道不明，外间悠悠之口[三]，亦有好造谣言讥澄弟之短者。而澄弟见我诸事不顺，为人欺侮，愈加愤激，肝火上炎[四]，不免时时恼怒，盛气向人。人但见澄弟之盛气，而不知实有激之逼之使然者也。人以盛气凌物诮澄，澄以盛气伤肝致病。余恐其因抑郁而成内伤，又恐其因气盛而招怨声，故澄归之后，即听其在家养息，不催其仍来营中。盖亦见家中之事，非澄不能提新宅之纲；乡间之事，非澄不能代大人之劳也，并无纤介有不足于澄弟之处[五]，澄弟当深知之，必须向大人膝下详禀之[六]。

一、王璞山之骄蹇致败[七]，贻误大局，凡有识者皆知之。昨在家招数百乡勇[八]，在石潭杀残贼三十人[九]，遂报假胜仗，言杀贼数百人，余深恶之。余与中丞、提军三人会衔具奏一折[一〇]，系左季高所作[一一]。余先本将折稿看过，后渠又添出几段，竟将璞山之假胜仗添入。发折后，始送稿来画[一二]，已无可如何，只得隐忍画之[一三]。朱石樵在岳州战败逃回，在宁乡战败[一四]，逃奔数次。昨到省城，仍令其署宝庆府事[一五]，已于十八日去上任矣。是非之颠倒如此，余在省日日恼郁，诸事皆不顺手，只得委曲徐图。昨当面将朱石樵责备，渠亦无辞以对，然官场中多不以我为然。将来事无一成，孤负皇上委任之意，惟有自愧自恨而已，岂能怨人乎？怨人又岂有益乎？大抵世之乱也，必先由于是非不明，白黑不分。诸弟必欲一一强为区别，则愈求分明，愈致混淆，必将呕气到底。愿诸弟学为和平，学为糊涂。璞山之事，从今以后不特不可出诸口[一六]，而且不可存诸心。

一、率五病故，我绝不知信息。季弟何以并不告我？前澄弟信中有半句，我始骇然。昨葛十一来〔一七〕，乃实知之。刻下已搬柩还乡否〔一八〕？若尚在省，急须写信来，我当设法送归也。其如何病，如何没〔一九〕，季弟当详告我知。

以上数条，望诸弟细心体贴，缕禀堂上大人为要。

国藩字

注释

〔一〕衡：衡阳。下文“衡郡”即指湖南省衡阳府（今衡阳市）。

〔二〕条陈：旧时称下级给上级写来的建议书或说明书。

〔三〕悠悠之口：局外人的纷纷议论。

〔四〕肝火上炎：情绪激动带来的肝脏不适。

〔五〕纤介：形容很小的东西。

〔六〕膝下：此处指“在长辈身边”。

〔七〕骄蹇（jiǎn）：骄纵误事。

〔八〕乡勇：清代地方政府在正规军以外临时招募的民兵。

〔九〕贼：封建时代官府称武装造反者为贼寇，这里特指洪秀全领导的太平军。

〔一〇〕中丞：清代对巡抚的尊称，因为当时巡抚一般兼任都察院右副都御史，该职务相当于汉代的“御史中丞”，所以巡抚被尊称为“中丞”。提军：即提督，一省绿营（清朝正规部队）的最高军事长官，武职从一品。会衔：几位官员联合签署官职姓名（上报奏折）。

〔一一〕左季高：即左宗棠（1812—1885），字季高，湖南省湘阴县人。以举人入湖南巡抚骆秉章幕府，后为胡林翼、郭嵩焘等人举荐，奉旨以三四品京堂襄办曾国藩军务，受曾国藩举荐升任浙江巡抚，后晋升闽浙总督、调陕甘总督，率军平定西北军务，授东阁大学士，以收复新疆，晋爵靖恪侯。晚年入值军机大臣、调两江总督，授钦差大臣督办福建海防，病逝于任内，予谥“文襄”。

〔一二〕画：画押，在公文上签署自己的名字，或在写有自己名字的公文上画圈。

〔一三〕隐忍：为了大局或长远意图，强忍自己不满意的事情。

〔一四〕宁乡：宁乡县，在湖南省东部。

〔一五〕署宝庆府事：代理宝庆府知府一职。“宝庆府”即现在的湖南省邵阳市。

〔一六〕不特：不仅，不只。

〔一七〕葛十一：曾家姻亲。

〔一八〕刻下：目前，当前。柩（jiù）：装有尸体的棺材。

〔一九〕没（mò）：同“殁”，对“死”的委婉说法。

点评

自从前年底奉旨帮办本省团练，曾国藩先是开办审案局，大开杀戒，继而大张旗鼓招募乡勇，省内四处作战。作为一名守孝回家的离职京官，曾国藩的这一系列作为，在省城内外官场看来，未免手伸得太长。究其原因，可能是挟昔日京官余威，兵部侍郎、吏部侍郎、刑部侍郎一一兼任过，回家乡带几支民兵队伍，杀几个闹事分子，训几个办事不力的州县地方官，他自己觉得没啥不妥；再加上进省之初，湖南巡抚张亮基与自己同年中举，两人关系很好，随后张亮基还晋升湖广总督，曾国藩也就更加放手放胆。可惜好景不长，张亮基稍后调任山东，后任湖南巡抚骆秉章却是官场老油条，而且翰林资历比曾国藩还老，所以曾国藩当时在长沙待不下去，只能借机操练水师，躲到衡阳。这就是本信开头，说澄弟“到省帮办”“在衡数月”的来由。

但细看这一段，却重在向国潢解释，为什么不让你继续在我身边帮办，理由很多，道理简单：别人对我们兄弟不太友好，我们兄弟吃辛苦还受气，何苦呢？“公道不明”，已经气出病来了，干脆再不管公事。关于这一点，他在四天前的家书中就已经讲得很清楚：“余近来因肝气太躁，动与人多所不合，所以办事多不能成。澄弟近日肝气尤旺，不能为我解事，反为我添许多唇舌争端。军中多一人不见其益，家中少一人则见其损。澄侯及诸弟以后尽可不来营，但在家中教训后辈，半耕半读，未明而起，同习劳苦，不习骄佚，则所以保家门而免劫数者，可以人力主之。望诸弟慎之又慎也。”可见他此时所想，还是与从前一样，家事为重，半耕半读，少管闲事。

第二件事，是牵扯到湘勇早期将领王鑫、湖南巡抚骆秉章及其私人秘书左宗棠，以及湘乡民勇第一创始人朱孙诒：朱孙诒四年前调任湘乡知县，正好赶上太平军武装暴动，因此组织本县书生招募民勇，立左中右三营，其中最得力的就是私塾先生罗泽南及其弟子王鑫等人，曾国潢也一度参与其事。曾国藩奉旨帮办湖南团练，因此在湘勇的指挥调度、对王鑫的用兵机宜等相关问题，与骆秉章摩擦较多，矛盾加深。仅从信中这一段描述，就可知两人关系紧张，只是没有公开冲突。为此，曾国藩特别针对王鑫近期胜败的真假出入，告诫家中，不要“强为区别”，其中的内幕说不清楚的，“愈求分明，愈致混淆，必将呕气到底”，“璞山之事，从今以后不特不可出诸口，而且不可存诸心”。

可惜的是，“学为和平，学为糊涂”，曾国藩自己这时却时时有违于此。当面责备朱孙诒，就是明显的失误。朱孙诒毕竟是湖南官场少见的干才，为湘勇的兴办作出了很大的贡献，这才被骆秉章及其幕后师爷左宗棠所看重，哪怕是“在岳州战败逃回，在宁乡战败，逃奔数次”，也被提拔为宝庆知府。而曾国藩竟然“当面将朱石樵责备”，训得人家“无辞以对”，湖南官场当然颇不以为然。官员任命是本省专政，你一个回籍守孝的人，怎么可以对省长刚刚任命的市长这么不讲情面？更加严重的是，责备朱孙诒的事，竟然发生在曾国藩自己靖港大败之后。靖港之战是在四月初二日，这封信写于四月二十日，“昨当面将朱石樵责备”，这个“昨”，肯定是这一两天的事情。靖港之战，曾国藩一败涂地，情急之下，投水自杀，被幕僚章寿麟纵身救起，逃回长沙，怎么人家朱孙诒就不能打几次败仗呢？骆秉章肯定不服气，朱孙诒尤其要记仇。十年后，翰林院编修蔡寿祺弹奏湘军将帅，曾国藩、曾国荃、刘蓉都在打击范围之内，幕后操手就是他的江西同乡朱孙诒。至此，曾国藩在写给好友郭嵩焘的亲笔信中，后悔地写道“昔年与吁门（即骆秉章）、石翘（即朱孙诒）恼终隙末”，“彼此皆有过当，情状令人难堪”。所以说，聪明难，糊涂更难。曾国藩凭考运带来官运，当官的前八年，一直在翰林院这个清闲机关，连着两次越升四级，三十八岁就当上了副部长，从来没有经历过基层官场的磨砺与绞杀，往往凭制度是非来作人事取舍，王鑫“假报胜仗”，曾国藩便“深恶之”，骆秉章、左宗棠却将此“假胜仗”上奏朝廷，在他心里都是“是非不明，白黑不分”，所以气得要死。

难得的是，在他心情这么郁闷的情况下，他对妹夫去世还是表示了很大的关切，一再催问，什么病？怎么死的？灵柩运回去没有？如果还在长沙，“急须写信来，我当设法送归”。由此可见，家庭成员的冷暖，在他心目中永远是最重要的。

致澄弟温弟沅弟季弟　咸丰四年八月十一日

澄侯、温甫、子植、季洪四弟足下：

久未遣人回家，家中自唐二、维五等到后亦无信来，想平安也〔一〕。

初三日接上谕廷寄〔二〕，余得赏三品顶戴，现具折谢恩，寄谕并折寄回。余居母丧，并未在家守制〔三〕，清夜自思，局蹐不安。若仗皇上天威，江面渐次肃清，即当奏明回籍，事父祭母，稍尽人子之心。

诸弟及儿侄辈务宜体我寸心，于父亲饮食起居十分检点，无稍疏忽，于母亲祭品礼仪必洁必诚，于叔父处敬爱兼至，无稍隔阂。兄弟姒娣〔四〕，总不可有半点不和之气。凡一家之中，“勤”“敬”二字能守得几分，未有不兴，若全无一分，未有不败；“和”字能守得几分，未有不兴，不和未有不败者。诸弟试在乡间将此三字于族戚人家历历验之，必以吾言为不谬也。诸弟不好收拾洁净，比我尤甚，此是败家气象。嗣后务宜细心收拾，即一纸一缕、竹头木屑，皆宜捡拾伶俐〔五〕，以为儿侄之榜样。一代疏懒，二代淫泆〔六〕，则必有昼睡夜坐、吸食鸦片之渐矣。四弟、九弟较勤，六弟、季弟较懒。以后勤者愈勤，懒者痛改，莫使子侄学得怠惰样子。至要，至要！子侄除读书外，教之扫屋、抹桌凳、收粪、锄草，是极好之事，切不可以为有损架子而不为也。

前寄来报笋殊不佳〔七〕，大约以盐菜蒸几次〔八〕，又咸又苦，将笋味全夺去矣。往年寄京有报竹，今年寄营有报盐菜。此虽小事，亦足见我家妇职之不如老辈也〔九〕。因便付及，一笑。

兄国藩手草

注释

〔一〕想：料想。

〔二〕廷寄：清廷给地方高级官员的谕旨，由内阁发出者称“明发谕旨”，如果内容较为机密，则直接由军机处密封，交兵部捷报处寄往各省当事责任人，叫作“廷寄”。

〔三〕守制：依据封建礼制，子孙在父祖辈直系亲属去世后，需离职回家守孝，不得婚嫁、应考。

〔四〕姒娣（sì dì）：兄弟间妻子，口语作“妯娌”，书面语称“姒娣”或“娣姒”。

〔五〕捡拾伶俐：收拾整理干净到位。

〔六〕淫泆（yì）：指放纵享乐。

〔七〕报笋：湖南土特产，将春笋用盐腌过，伴干菜蒸煮后曝晒风干。“曝”在湘乡话中，与“报”同音。殊：很，非常。

〔八〕盐菜：用盐腌渍过的蔬菜，大多经过日晒，以便保存。

〔九〕妇职：旧时礼教，妇女在家，以家务劳动为本职工作，这里特指烹饪、纺织等事。

点评

上个月，曾国藩率领湘勇北上，救援湖北，节节获胜，于是，朝廷赏赐给他三品顶戴，命他收复被太平军占领的湖北省会武汉。曾国藩在坐民船巡视军营途中，写下这封家信。

首先是告知接上谕廷寄，得赏三品顶戴，现在将谕旨与自己的谢恩折寄回家中保存。曾国藩本来是二品侍郎，两年前因为母丧离职，后来进省，做钦命帮办团练大臣，那是临时性的，没有正式官职。本年春，曾国藩在衡阳组建水师，急需经费，前任湖北巡抚杨健的孙子捐助饷银二万两，条件是为其祖父奏请入祀乡贤祠。杨健是被查处降级并撤职回家的“问题官员”，曾国藩苦于军费无着落，只好照办，但为此受到降级处分。据《年谱》记载：“奉旨交部议处。部议革职，奉旨改为降二级调用。”此时又因为战功，所以得到三品顶戴的赏赐。曾国藩本来要在家守孝三年，因为太平军造反，曾国藩这才依据“军革无避”的古代礼制，戴孝从军。现在朝廷赏给三品顶戴，他只能一面谢恩，一面表示，一旦战局结束，“即当奏明回籍，事父祭母，稍尽人子之心”。

接下来的一段话，便从“事父祭母”生发开来，先从“诸弟及儿侄辈务宜体我寸心”，具体到对父亲饮食起居应该如何，对母亲祭品应该如何，对叔叔态度应该如何。然后就是泛论开去，“勤”字、“敬”字、“和”字，逐一阐发。不论那个家庭，对这三个字，守得几分，没有不兴旺的，不勤不敬不和，没有不败家的。而且还说，不信你们拿这三个字到亲戚邻舍去逐个检验。写到这里，他又开始批评人了，“诸弟不好收拾洁净”，“此是败家气象”，而“即一纸一缕、竹头木屑，皆宜捡拾伶俐，以为儿侄之榜样”，这就不免有点巨细无遗。当然，吸取精华，还是信中“凡一家之中”那几句，“一代疏懒，二代淫泆”那几句，“教之扫屋、抹桌凳、收粪、锄草”那几句。这是他一贯坚持的治家之道。

信末那段，很有意思，家里寄来的报笋，让他大失所望，又咸又苦，没有一点笋味了。于是，他顺手来上几句挖苦：以前呢，寄到北京的报笋，简直就是曝竹子——太老了么；现在呢，寄到军营的，干脆就是曝盐菜——太咸了啊；都不如咱妈做的好吃，看来几个儿媳妇的厨房手艺，比婆婆差远了。嘿嘿。

致澄弟温弟沅弟季弟　咸丰四年九月十三日

澄、温、沅、季四位老弟左右：

二十五日着胡二等送家信〔一〕，报收复武汉之喜〔二〕。十一日，武汉克复之折奉朱批、廷寄、谕旨等件〔三〕，兄署湖北巡抚〔四〕，并赏戴花翎〔五〕。

兄意母丧未除，断不敢受官职。若一经受职，则二年来之苦心孤诣〔六〕，似全为博取高官美职，何以对吾母于地下？何以对宗族乡党？方寸之地〔七〕，何以自安？是以决计具折辞谢，想诸弟亦必以为然也。

功名之地，自古难居。兄以在籍之官，募勇造船，成此一番事业，其名震一时，自不待言。人之好名，谁不如我？我有美名，则人必有受不美之名与虽美而远不能及之名者。相形之际，盖难为情。兄惟谨慎谦虚，时时省惕而已。若仗圣主之威福〔八〕，能速将江面肃清，荡平此贼〔九〕，兄决意奏请回籍，事奉吾父，改葬吾母，久或三年，暂或一年，亦足稍慰区区之心，但未知圣意果能俯从否〔一〇〕？

诸弟在家，总宜教子侄守勤敬。吾在外既有权势，则家中子弟最易流于骄，流于佚，二字皆败家之道也。万望诸弟刻刻留心，勿使后辈近于此二字。至要，至要！

罗罗山于十二日拔营〔一一〕，智亭于十三日拔营〔一二〕，余十五六亦拔营东下也。余不一一。乞禀告父亲大人、叔父大人万福金安。

兄国藩手草

注释

〔一〕着（zhuó）：指派。

〔二〕收复：收回被敌军占领的地区。

〔三〕朱批：皇帝在大臣奏折上的亲笔批示，因墨水用朱砂磨成，故称“朱批”。

〔四〕署：署理。清代官制，官员任职，一般都先有一个带职试用阶段，称为“署理”，简称“署”。

〔五〕花翎（líng）：清代官帽上的孔雀翎尾装饰，一般是武职五品以上、文职二品巡抚以上，因军功由朝廷赏给。

〔六〕苦心孤诣（yì）：形容为某事付出的所有辛劳。

〔七〕方寸之地：指人的内心。

〔八〕圣主：封建时代对皇帝的敬称，即“圣明的国君”的意思。

〔九〕荡平此贼：彻底消灭这造反的太平军。

〔一〇〕圣意：朝廷的想法。封建时代称当朝皇帝为“圣人”“圣上”。

〔一一〕罗罗山：即罗泽南，号罗山，此时随曾国藩进攻武汉。

〔一二〕智亭：即塔齐布（1817—1855），字智亭，陶佳氏，满洲镶黄旗人。因曾国藩举荐，本年被朝廷越级晋升为湖南提督，第二年病死于九江前线。

点评

武汉是太平军攻占的第一个省会城市，也是湘军攻克的第一个省会城市。此时的湘军，完全还是一支七拼八凑的杂牌军，竟然硬拼硬打夺回一座武昌城，这真让远在北京的咸丰皇帝喜出望外，当即下旨，给曾国藩赏给二品顶戴，署理湖北巡抚，并加恩赏戴花翎。

此时，离曾国藩母亲去世已25个月，但离27个月的守孝期限还有两个月，而且，曾国藩仅仅在家守孝半年，因此，按照古代礼制，他不能在这个时候接受任命。所以，他要写信告知家中，武汉被我湘军攻克，朝廷授予湖北巡抚之职，但自己“决计具折辞谢”。写这封信，一方面说料想你们一定会认同我的决定，另一方面，则着重解释做出这个决定的原因。不过，他只写到了“功名之地，自古难居”，担心“我有美名”会让别人“难为情”，竟然一句都没有提到孝期未满、孝期不足。这多少可以看出，在他心目中，居功不傲的姿态，甚至比遵守国家礼制还更重要。当然这些话他在上奏朝廷的辞官奏折中，已经讲过了，只不过，那是官样文章，家书却是大实话。

当然，他也知道，现在军情紧急，朝廷不一定会接受他的辞职请求，“未知圣意果能俯从否”，虽说是紧接“奏请回籍”而来，但应该也包含这次的推辞湖北巡抚一事，而且，他在下一段的“吾在外既有权势，则家中子弟最易流于骄，流于佚”，也流露出位居巡抚、大权在握的意思。甚至他还叫幕僚抄录他致湖南巡抚骆秉章的报捷信，信中详细介绍此次战报，诸如二十一日如何“冲过贼营，直下鹦鹉洲、汉阳、鲇鱼套等处”，二十二日如何“鏖战约一时之久”，二十三日如何“两岸同时克复”，还说“自军兴以来，未有如此痛快者也”。曾国藩如此兴高采烈，踌躇满志，却没有想到，京城的皇帝竟然在接到自己的辞官折之前，小气地收回成命，拿一个兵部侍郎衔的虚职，收回已经发出了半个月多的湖北巡抚一职，命令他继续收复失地，而且还倒打一耙，说“朕料汝必辞”，但你此次上奏的官衔，竟然没有写上署湖北巡抚，这是“好名之过尚小，违旨之罪甚大”，还要“着严行申饬”。这真把曾国藩气得不轻，这是后话。

致澄弟温弟沅弟季弟　咸丰四年十一月初七日

澄侯、温甫、子植、季洪四位老弟足下：

兹因魏荫亭亲家还乡之便〔一〕，付去银一百两，为家中卒岁之资〔二〕。以三分计之：新屋人多，取其二以供用；老屋人少，取其一以供用。外五十两一封，以送亲族各家，即往年在京寄回之旧例也。以后我家光景略好，此项断不可缺。家中却不可过于宽裕，处此乱世，愈穷愈好。我现在军中，声名极好。所过之处，百姓爆竹焚香跪迎，送钱米猪羊来犒军者络绎不绝〔三〕。现在但愿官阶不再进，虚名不再张，常葆此以无咎，即是持身守家之道。至军事之成败利钝，此关乎国家之福，吾惟力尽人事，不敢存丝毫侥幸之心。诸弟禀告堂上大人，不必悬念。

衡州所捐之部照〔四〕，已交朱峻明带去〔五〕。朱于初二日起行，江隆三亦同归〔六〕，给渠钱已四十千，今年送亲族者，不必送隆三可也。余不一一。

兄国藩书于武穴舟中〔七〕

注释

〔一〕魏荫亭亲家：即魏承樾，字荫亭，湖南省衡阳县人。以举人在曾国潢家做塾师，曾国潢为其子纪梁聘魏承樾女为妻，故曾国藩称其为亲家。

〔二〕卒岁之资：过年的生活开支。

〔三〕犒（kào）军：用酒食与财物慰劳驻军，以表谢意。

〔四〕部照：户部下发的收款执照。

〔五〕朱峻明：曾国藩乡亲，随营办理杂务。

〔六〕江隆三：曾国藩表弟，曾母江太夫人之侄，隆三是其派名，曾国藩有时也写成“龙三”。

点评

自从咸丰二年回家，曾国藩接连两年都在家过年，今年带兵出省作战，因此又开始寄钱回家，一来是父亲与叔父年迈，他必须表达孝敬之心，二来是帮扶亲族，团结亲族，和睦相处。尤其值得肯定的，总共一百五十两银钱，三分之一是给各家亲戚们的。不仅如此，还说“此项断不可缺”。与此相对应的，却又是“家中却不可过于宽裕”。这种态度，身为多年高官，确实很难得。

也许现在的年轻人觉得很难理解，为什么要这样做？自己的钱财，凭什么要给外人那么多？往精神层面上说，这是做人的境界；以现实环境而论，这是人生的阅历。在这封信中，曾国藩自己透露了一个深层次的原因，即“处此乱世，愈穷愈好”。一方面，中国自古就有“为富不仁”的成见，进而产生“杀富济贫”的口号；另一方面，自古以来，急公好义，乐善好施，同样也是乡村社会的优良传统。一部分人倾向于前者，另一部分人甘愿于后者。前者互相仇恨，恶性循环；后者互相亲善，共存共济。而广西贫困山区冲杀出来的太平军，就是一种最好的证明，赤贫者一无所有，只能铤而走险，揭竿而起，其中受害最深的，当然就是富裕阶级。此外，曾国藩似乎还受到“知足惜福”民间禁忌的影响，如家书中的“以祖宗累世之厚德，使我一人食此隆报，享此荣名，寸心兢兢，且愧且慎”等语皆是。本月二十三日，他还再次写信进一步申述：“名者，造物所珍重爱惜，不轻以予人者。余德薄能鲜，而享天下之大名，虽由高曾祖父累世积德所致，而自问总觉不称，故不敢稍涉骄奢。……古人谓无实而享大名者，必有奇祸。吾常常以此儆惧，故不能不详告贤弟，尤望贤弟时时教戒吾子吾侄也。”所以，曾国藩这才作出上述看似不合情理的决定。

致澄弟温弟沅弟季弟　咸丰四年十一月二十七日

澄侯、温甫、子植、季洪四位老弟足下：

前信已封，而春二、维五于二十五日到营，接奉父大人手谕及诸弟信件，敬悉一切。

曾祖生以本境练团派费之事，而必求救于百里之外，以图免出费资，其居心不甚良善。刘东屏先生接得父大人手书〔一〕，此等小事，何难一笑释之，而必展转辩论，拂大人之意〔二〕？在寻常人尚不能无介介于中〔三〕，况大人兼三达尊而又重以世交〔四〕？言不见信〔五〕，焉能不介怀耶？望诸弟曲慰父大人之意，大度含容〔六〕，以颐天和〔七〕，庶使游子在外得以安心治事。所有来往信件，谨遵父大人谕，即行寄还。

吾自服官及近年办理军务，中心常多郁屈不平之端〔八〕，每效母亲大人指腹示儿女，曰“此中蓄积多少闲气，无处发泄”。其往事诸弟不及尽知，今年二月在省城河下，凡我所带之兵勇仆从人等，每次上城，必遭毒骂痛打，此四弟、季弟所亲见者；谤怨沸腾，万口嘲讥，此四弟、季弟所亲闻者。自四月以后两弟不在此，景况更有令人难堪者。吾惟忍辱包羞〔九〕，屈心抑志〔一〇〕，以求军事之万有一济〔一一〕。现虽屡获大胜，而愈办愈难，动辄招尤〔一二〕。倘赖圣主如天之福，歼灭此贼，吾实不愿久居宦场，自取烦恼。四弟自去冬以来，亦屡遭求全之毁、蜚来之谤〔一三〕，几于身无完肤，想宦途风味，亦深知之而深畏之矣。而温弟、季弟来书，常以保举一事疑我之有吝于四弟者〔一四〕，是亦不谅兄之苦衷也。

再颂澄、温、沅、季四弟近佳。

国藩再行〔一五〕

注释

〔一〕刘东屏：即刘振宗，号东屏，曾国藩好友刘蓉之父。

〔二〕拂：违背。大人：此处为“父亲大人”之省。

〔三〕介介于怀：有（不顺心的）心事，不能忘怀。

〔四〕三达尊：官职、年辈与德行这三种为大众普遍尊崇的东西。

世交：几辈子的交情，一般是指两家的上代或数代有交谊。

〔五〕言不见信：说的话不被别人相信。

〔六〕含容：即包容、宽恕、容忍。

〔七〕颐：保养，保持。天和：本义是天地元气，此处泛指老人身体健康、心情顺畅。

〔八〕中心：心中。

〔九〕忍辱包羞：强忍一时的屈辱，不计较眼前的得失。

〔一〇〕屈心抑志：克制情绪，从长计议。

〔一一〕万有一济：比喻某事最终总能取得一定的成效。

〔一二〕招尤：招来别人的怨恨。

〔一三〕求全之毁：求全责备、不合情理的指斥。蜚（fèi）来之谤：捕风捉影、造谣生事的诽谤。

〔一四〕保举：古代官吏选拔制度，中高级官员可以向朝廷保荐人才或有功人员，建议列入官员后备人选。吝（lìn）：小气，不大方。

〔一五〕再行：旧时书信习用语，在署名之后，若又有话想说，即附笔添加，一般用"再"开头，用"再行"或"又行"结尾。

点评

曾祖生大约不是族人就是乡亲，可能是因为对本县摊派团练经费心有不满，于是向"百里之外"的某人写信申诉，以求减免。也许这件事牵扯到了曾家父子，所以老太爷来信诉说。因此，曾国藩用一句"其居心不甚良善"来表态，也算是对家里人的一种安慰，但也只是一笔带过。后面着重要说的，就是大段的劝譬之词。因为这些话不便直接对父亲说，便请弟弟们转达。

刘东屏是曾国藩好友刘蓉的父亲，与曾国藩的父亲竹亭公也比较熟，他大概是因为某事（可能就是曾祖生摊派那事）与竹亭公产生纠葛，竹亭公只得亲笔写信解释。但是，刘东屏在接信之后，没有大度地一笑而过，反而与竹亭公"展转辩论"，因此有违于竹亭公亲笔修书的本意。这就多少让曾老太爷有点耿耿于怀：我们两家是世交，我怎么也算得上"三达尊"了，你让我"言不见信"，对我的话还有怀疑？因此给儿子的家书中，也就捎上了几笔。曾国藩只好先顺着父亲的心情去说，我理解，我理解，刘老先生做的不算太漂亮。但曾国藩更想表达的意思在后面几句话：请几位弟弟好言好语开导老爹，化解心结，大度包容，别气坏了身子，以免让领军在外的儿子为这些小事情分心。与此相关的往来信件，按照父亲大人的吩咐，我全都寄回去，这事儿就算过去了。

接下去的一段话，一方面是因父亲之信所言曾、刘纠葛所致，一方面也是因为四弟、六弟来信责怪保举而引发：我心里有多少委屈不平，你们知道吗？我只能仿效母亲大人当年的样子，指着肚子对我们儿女说："这里面装着多少闷气，无处发泄。"我以前在北京受的闲气，你们不知道，但今年二月以来在省城，我的手下只要上街，"必遭毒骂痛打"，我本人受到"万口嘲讥"，这些都是四弟、季弟亲见亲闻的；四月以后，两弟回家，还有更加令人难堪的。所有这一切，我也都只能忍辱包羞，咬牙坚持，只等军务结束，才好早点脱离官场，从此再不自寻烦恼。四弟去年冬天帮我办事，同样也是遭人无端诋毁，甚至到了体无完肤的程度。宦海风波险恶，四弟也算是深有体会的了。可是，六弟、季弟来信，却总是责怪我对他没有尽力保举，这都是没有体谅我的苦衷啊。

父子兄弟之间的往来家书，说的都是私房话，贴心体己话，都是不便对外人说的心事、不想让别人知道的苦楚。有些事，太令人气愤，说给别人听，自己难堪。但是，装一肚子闷气在心里，无处发泄，只好偶尔对家人说。家长偶尔对子女说，哥哥偶尔对弟弟说。所谓"偶尔"，也就是看机缘，因有些事情而起。这次就是因为刘东屏而起。说一说，发泄一下，心里多少舒服些。当然，这些话，曾国藩不会写进日记里，不会写进朋僚书信中，世人也就只能在他的留存家书中得见一二了。

致澄弟温弟沅弟季弟　咸丰五年三月二十日

澄侯、温甫、子植、季洪四弟足下：

久未接家信，想堂上大人安康，家中老幼清吉为慰〔一〕。

兄在江西驻扎两月，造船添勇，已有头绪。现在船近二百号，勇逾三千人〔二〕，认真操练，可成劲旅。兄于十三日出省登舟，剿上游，则在九江、武穴、田镇等处游绎〔三〕，不出湖口二百里之内〔四〕。利则久战，不利则退回鄱湖巢穴之内〔五〕。剿下游，则在彭泽、望江、安庆等处游绎〔六〕，亦不出湖口二百里之内。利则久战，不利则亦退鄱湖巢穴之内。如此办理，则上游武汉之贼与下游金陵之贼〔七〕，中间江路被我兵梗阻一段，其势不能常通，亦足以制贼之命。特上游金口等处〔八〕，我军战船无人统领，常不放心耳。

近日吾乡人心慌乱否？去年迁避，终非善策。如贼窜上游岳、常等处〔九〕，谣言四起，总以安居不迁为是。季洪弟尽可不必教书，宜在家中读书。文理尚未甚通，不可误人子弟。去年季弟带兵，在益阳等处所出告示〔一〇〕，人有传以为笑者。笔墨之间，不可不慎。沅弟要方望溪、姚姬传文集〔一一〕，霞仙已代为买得，可用心细看。能阅过一遍，通加圈点，自不患不长进也。

纪泽儿记性极平常，不必力求读书背诵，但宜常看生书。讲解数遍，自然有益。八股文、试帖诗皆非今日之急务，尽可不看不作。至要，至要。儿于史鉴略熟〔一二〕，宜因而加功，看朱子《纲目》一遍为要〔一三〕。纪鸿儿亦不必读八股文，徒费时日，实无益也。修身齐家之道，无过陈文恭公《五种遗规》一书〔一四〕，诸弟与儿侄辈皆宜常常阅看。

兄国藩手草，江西省河七里港舟中

注释

〔一〕清吉：清平吉祥。

〔二〕勇：此处指乡勇、民勇，即官府临时招募的民兵。

〔三〕九江：即九江府，在江西省北部，今为九江市。武穴：即武穴县，在湖北省东南部，今为武穴市。田镇：即田家镇，在湖北省广济县境内。游绎：即游弋，往来巡逻查看。

〔四〕湖口：即湖口县，在江西省北部。

〔五〕鄱（pó）湖：即鄱阳湖，在江西省北部。巢穴：此处借指湘军水师大营。

〔六〕彭泽：即彭泽县，在江西省北部。望江：即望江县，在安徽省西南部。安庆：即安庆府，在安徽省西南部，今为安庆市。

〔七〕金陵：南京的旧称。

〔八〕特：只是，只不过。金口：即金口镇，在湖北省江夏县境内，今属武汉市。

〔九〕岳、常等处：湖南省北部岳阳、常德一带。

〔一〇〕益阳：即益阳县，在湖南省西北部，今为益阳市。

〔一一〕方望溪：即方苞（1668—1749），字灵皋，号望溪，安徽桐城县（今桐城市）人。曾因文字狱坐牢，赦免后官至礼部侍郎，长于散文，开创“桐城文派”。姚姬传：即姚鼐（1731—1815），字姬传，与方苞同乡，其老师刘大櫆师承方苞，经姚鼐等人的创作与文论，“桐城文派”风行一时，曾国藩也深受影响。

〔一二〕史鉴：史书，史籍。

〔一三〕朱子《纲目》：即《资治通鉴纲目》，宋代朱熹编纂。

〔一四〕陈文恭公：即陈宏谋，“文恭”是在他去世后，朝廷给他的谥号。

点评

去年正月，曾国藩从衡阳赶回湘乡老家过年，一家老小相聚数日，随即匆匆返回衡阳军中，六月率军北上，攻克武汉，转战江西，离开家乡又已一年多，故此信先用一段笔墨，介绍近期行程与军情部署，以便让家中长辈、弟辈与儿辈放心。毕竟是身处兵凶战危之地，往来通信不易，所以一封家书，往往包含多层内容。这也是身为湘军统帅，曾国藩经常在家书中不厌其烦叙述战况的原因，当然，一般都是报喜不报忧。谈公事，也只是报告自己的行止与动向，譬如这封信，我们就可以看出曾国藩在这一年的军情部署，由于随后湘军水师在鄱阳湖战败，曾国藩座船成为太平军的战利品，船上的所有公私文件丧失殆尽，因此，这段时间的家书，也就更有历史参考价值。

至于谈论家事，尤其是兄弟子侄辈的读书科举、立身行事，则更显出曾国藩操持家事的重心与方向。即如这封信，便是明确指示，敌军四处窜扰，军情变换不定，不要听信乡间谣传，不要仓皇躲避，一来益处不大，二来影响不好。去年轻举妄动，有欠考虑，“终非善策”，意思是不可再犯。另外，还有一件事，“季弟尽可不必教书，宜在家中读书”。曾国葆这年已经二十七岁，已经成家，尚未立业，种田、经商肯定不愿，做官又还没有资格，当然只能教书谋生。曾国藩二十七岁已经中进士、点翰林，而国葆此时连个秀才也没考上，因此他这才在信中明确指出，季弟目前“文理尚未甚通，不可误人子弟”。除此之外，还有一点，顾忌自家面子，因为“去年季弟带兵，在益阳等处所出告示，人有传以为笑者”，人家讥笑的是曾家老满，但难受的是前任礼部侍郎的自家老大，所以，大哥要教导一句，从此以后，弟弟们“笔墨之间，不可不慎”。正好沅弟曾经求购方苞、姚鼐的文集，而这又正是曾国藩崇拜的桐城文派大师，因此，这封信说，书买到了，即将送到家中，拿到书，就“用心细看”，通读，精读，不怕没有长进。

说过了弟弟们的事，接着说两个儿子的学习大事：大儿子记性极平常，所谓“极平常”，意思就是很不行，但若直说“记性差”“很不行”，就会让儿子受打击，这里体现出父亲的良苦用心与教子风格。怎么办呢？那就“不必力求读书背诵”。学过的背不出，那就要“常看生书”，认真听老师讲解，至少要听懂。

这是饱经阅历之言，更是饱尝甘苦之言。曾国藩是过来人，知道作八股文是要有“背诵功夫”的，只有对四书五经死记硬背，才能在考场上代圣贤立言。儿子背功不行，看来科举这条路是走不通了，反正早就有了礼部侍郎的父亲带来的荫生资格，那就把功夫放在经史典籍上吧，将来做官做人都用得上。不仅大儿子是这样，二儿子也同样如此，“纪鸿儿亦不必读八股文，徒费时日，实无益也”。礼部侍郎反对八股文，而且一再直言“八股文、试帖诗皆非今日之急务，尽可不看不作”“八股文徒费时日，实无益也”，而且还是“至要至要”，不是教子家书，曾国藩在公开场合，大概是很难如此直抒胸臆、放言痛陈的吧。

致澄弟温弟沅弟季弟　咸丰五年十月十四日

澄侯、温甫、子植、季洪四位老弟左右：

十月十三县城专人来营，接到父亲大人手谕，同日成章鉴来〔一〕，又接植弟十五、十八日二函，具悉一切。

唐苹洲父台恺恻慈祥〔二〕，吾邑士民爱戴〔三〕。此际去任〔四〕，自必攀辕挽留〔五〕，但仅夏憩亭一信〔六〕，不足为凭。夏此时并非湖南之官，私信干预，或者有之，断不能以公牍禀告中丞。余若遽以书抵骆中丞〔七〕，恐省城并无唐公调任之说，翻讶此言从何而来〔八〕，则根究其由，无损于夏憩亭而转有损于唐父台。如果有调任之事，俟确信到日，沅浦以一书求左季高，可挽回也。留好官非干预公事可比，余之信所能止者，沅弟之信亦能止之，第不可早发，徒生疑窦耳。

澄弟带勇至朱州、株亭等处〔九〕，此间亦有此信。兹得沅弟信，知系康斗山、刘仙桥二人，澄弟实未管带，甚好，甚好。带勇之事，千难万难，任劳任怨，受苦受惊，一经出头，则一二三年不能离此苦恼。若似季弟吃苦数月便尔脱身，又不免为有识者所笑。余食禄有年〔一〇〕，受国厚恩，自当尽心竭力办理军务，一息尚存，此志不懈。诸弟则当伏处山林，勤俭耕读，奉亲教子，切不宜干涉军政，恐无益于世，徒损于家。至嘱至嘱。

茶陵贼匪窜至江西〔一一〕，安福、永新失守〔一二〕，吉安府城戒严〔一三〕。在次青处调平江勇千三百人往援〔一四〕，周梟台亦带千余人往剿〔一五〕，不知能迅速扑灭否?

余癣疾日痊，营务平善，无劳挂虑。诸弟为我禀告父亲大人、叔父大人，千万放心。不一一具。

兄国藩手草于南康府屏风水营〔一六〕

注释

〔一〕成章鉴：湘军营官，稍后病故于军营。

〔二〕唐莘洲：即唐逢辰，字莘洲，江西省万载县人。捐资出身，历任湖南耒阳、湘乡知县、澧州知州、衡阳知府。父台：本县县长大人。封建时代，老百姓称本地长官为父母官，“台”是对官员的尊称。恺恻（kǎi cè）：平和、温和的样子。

〔三〕吾邑士民：我县人民群众。

〔四〕此际去任：此刻离任。

〔五〕攀辕挽留：拉住行人的车马，不让离去。一般用来表示民众对地方官员的爱戴与挽留。

〔六〕夏憩亭：即夏廷樾（？—1857），字憩亭，一字春岩，江西省新建县（今属南昌市）人。监生，历任湖北通山、咸宁、黄梅、大冶，湖南湘阴、湘潭、长沙等地知县，湖南永顺知府，后因事革职。太平军围攻长沙，夏廷樾因参战有功，升任湖南督粮道，调四川茶盐道，升四川按察使、湖北布政使。后遭弹劾，降级离任。

〔七〕骆中丞：即骆秉章（1793—1886），字吁门，广东省花县（今属广州市）人。时任湖南巡抚，官至四川总督。

〔八〕翻：反而。讶：惊讶。

〔九〕朱州：当时归属湘潭县，现为湖南省株洲市。株亭即其附近小镇。

〔一〇〕食禄：接受朝廷俸禄，即“做官”的意思。

〔一一〕茶陵：茶陵县，在湖南省东部。

〔一二〕安福：安福县，在江西省西部。永新：永新县，在江西省西部。

〔一三〕吉安府：在江西省西部，现为吉安市。

〔一四〕次青：即李元度（1821—1887），字次青，湖南省平江县人。以举人大挑得郴州教谕，辞职从军，入曾国藩军幕，并创建平江勇，转战江西，因徽州战败被曾国藩查处，后官至贵州布政使。

〔一五〕周臬台：此处指江西按察使周玉衡（1790—1855），字器之，湖北省荆门州（今为荆门市）人。以举人大挑得知县，历任江西省会昌、龙泉、大庾、龙南、赣县、宁都、新建等地知县，咸丰五年七月由吉南赣宁道升任江西按察使，次年病逝于任。臬台，对按察使的尊称。

〔一六〕南康府：在江西省北部，现为九江市。

点评

曾国藩早期与父亲通信较多，后来写信较少，有事一般都是写信给弟弟们，让他们转告。这原本是他父亲的指示，让他多用自己读书赶考、做官做事的经验，来帮助弟弟们成长。而曾国藩遇到一些较难处理的事情，或是不便与父亲直言的看法，便有意无意绕开父亲，直接给弟弟们写信。例如这一次，明明是父亲有信来，他仍旧是只给弟弟回信。从回信内容来看，可能又是父亲信中涉及了县衙门公事。

知县官品不高，却是朝廷命官，掌管全县军政、民政大事。唐知县官声很好，乡绅、百姓风闻调离之说，攀辕扣马，以示爱戴之情，本无不可。但若让本县高官曾国藩亲自出面，给现任湖南巡抚写信“止之”，说唐某人如何深受民众拥护，显然不太合适。因此，曾国藩回信指出，调任之说，是真是假还不清楚，“仅夏憩亭一信，不足为凭”；而且，夏某此时也非湖南之官，私信干预，倒也罢了，但决不至于动用公文；我身为湘乡人，为本县父母官去留，给一省之长写信，冒昧干渎不说，要是骆省长并不知情呢，或者干脆就是空穴来风呢，那我岂不是太不懂事？当然，信中的话说得很委婉，把对自己不利说成对唐县长不利。而且还退一步说，等到真有“调任之事”，那个时候，九弟再去信也不晚，“余之信所能止者，沅弟之信亦能止之”，一方面给家中一个台阶下，另一方面，又把麻烦事推了回去。以曾国藩现在的身份地位，他若插手此事，骆秉章可能真不给面子，他俩的关系曾经很紧张的。而地方官又最忌讳这种事，曾家家中老小不懂官场规矩，所以在家书中扯出这么一个棘手难题。曾国藩不过问，不插手，这才是心明眼亮。

这封信还说到另一件事，就是劝阻家中老四，不要管带乡勇。三个月前，曾国藩就曾写信回家，湘南一小撮土匪闹事，与我县相隔较远，而“澄弟带勇至衡阳，温弟带勇至新桥”，都没有必要，“嗣后总以不带勇为妙”，因为“吾阅历二年，知此中构怨之事、造孽之端不一而足，恨不得与诸弟当面一一缕述之也”。而国潢并没有听信大哥劝阻，反而越境跑到株洲，那里根本不是湘乡县地盘，国荃不知是为四哥打掩护，还是远在省城，消息不准，说四哥并没有带队去，是另外两个人在领头。曾国藩得信，一面表示欣慰，一面重申“带勇之事，千难万难，任劳任怨，受苦受惊”，不如在家“勤俭耕读，奉亲教子”。否则，“无益于世，徒损于家”。国潢这才很不情愿地接受大哥指示。时隔一月，曾国藩再次去信，再次申述：“兵凶战危，一经带勇，则畏缩趋避之念决不可存。兵端未息，恐非二三年所能扫除净尽，与其从事之后而进退不得自由，不如早自审度，量而后入，想诸弟亦必细心筹维也。”要么不出山，奉亲教子；要么不中止，战场拼杀。不过三五年，国华在安徽被围杀头，国葆在南京感染瘟疫病死，再看信中“无益于世，徒损于家”之言，曾国藩不幸而言中；再看“与其从事之后而进退不得自由，不如早自审度，量而后入”之说，不免惋惜曾家老小有欠“细心筹维”。

致澄弟温弟沅弟季弟　咸丰五年十二月初一夜

澄侯、温甫、子植、季洪四位老弟左右：

安五、蒋一来，接到父亲大人手谕及各书函，欣悉温弟生子之喜。至慰，至慰。我祖父母生平无一缺憾之事，惟叔父一房后嗣未盛，九泉尚未满意。今叔父得抱长孙，我祖父母必含笑于地下，此实一门之庆。

吾今年本拟付银百两回家，以三十两奉父亲大人甘旨之需〔一〕，以二十两为叔父大人含饴之需〔二〕，以五十两供往年资送亲族之旧例。此时瑞、临有贼〔三〕，道途阻梗，不能令长夫带银还家〔四〕，昨接冯树堂信，言渠将宝庆捐功牌之银送二百两与子植〔五〕，为进京之川资〔六〕，不审已收到否？如已收到，即请子植先代出百金，明年来大营，如数给还，或有所增加，亦未可知。如未收到，即请澄侯代为挪借百金，即付还归款也。资送亲族之项，比往年略有增改，兹另开一单，祈酌之。

闻屡次长夫言及我家去年在衡阳五马冲买田一所，系国藩私分等语〔七〕，并云系澄侯弟玉成其事〔八〕。国藩出仕二十年，官至二品，封妻荫子〔九〕，且督师于外〔一〇〕，薄有时名。今父亲与叔父尚未分析〔一一〕，两世兄弟，怡怡一堂，国藩无自置私田之理。况田与蒋家垅相近，尤为鄙陋。此风一开，将来澄弟必置私产于暮下，温弟必置私产于大步桥，植弟、季弟必各置私产于中沙、紫甸等处，将来子孙必有轻弃祖居而移徙外家者。昔祖父在时，每讥人家好积私财者为将败之征，又常讥驼五爹开口便言水口，达六爹开口便言桂花树，想诸弟亦熟闻之矣。内子女流[一二]，不明大义，纪泽儿年幼无知，全仗诸弟教训，引入正大一路。若引之入于鄙私一路，则将来计较锱铢[一三]，局量日窄，难可挽回。子孙之贫富，各有命定。命果应富，虽无私产亦必自有饭吃；命果应贫，虽有私产多于五马冲倍蓰什佰[一四]，亦仍归于无饭可吃。兄阅历数十年，于人世之穷通得失思之烂熟。兹特备陈大略，求澄侯弟将五马冲田产为我设法出脱[一五]。或捐作元吉公祭田[一六]，或议作星冈公祭田，或转售他人，以钱项备家中日用之需。但使不为我私分之田，并不为父亲私分之田，则我之神魂为之少安，心志为之少畅。温、植、季三弟亦必力赞成吾意，至幸至慰。诸弟禀明父亲、叔父后，如何定计，望详明告我。

余身体如常，癣疾迄未大愈。营中之事尚能料理，无所疏失耳。余不一一，即问近好。

兄国藩书于南康舟中

神冲三家、犁头三家[一七]，向例各三串，今年拟添厚一、宽五各二串[一八]。

添梓坪满太婆，向例三串[一九]，用银块封上，写“岁仪”[二〇]。

大舅、五舅、龙三表弟，向例各三串，今年大舅八十，拟添一串。

定二、定三舅祖、荆四、荆八表叔，向例各一串，今年拟添舅祖二人各一串。

兰姊、蕙妹，向例各三串，今年拟添震四外甥三串。

商七、徵一表叔，向例各一串，腾七表弟二串，宫九姑娘一串。

欧阳家向例六串[二一]，汪家、葛家、熊家、邓家，向例各二串〔二二〕。

族内乞丐者共十串。

以上共用钱七十九串。如有至亲应酌添者，诸弟裁度行之〔二三〕。

注释

〔一〕甘旨之需：泛指家中长辈改善膳食的赡养费。

〔二〕含饴之需：泛指家中长辈日常零用钱。

〔三〕瑞：即瑞州府，在江西省西北部，今为高安市。临：即临江府，在江西省中部，今为樟树市。

〔四〕长夫：旧时军队的编外后勤人员。

〔五〕功牌：本为军功奖牌，清朝前期一般只发给八旗子弟，后期为弥补军费不足，凡捐资上交国库者，也都可以领取功牌。

〔六〕川资：路费。

〔七〕私分（fèn）：私产。

〔八〕玉成："促成""成全"的客气说法。

〔九〕封妻荫子：封建时代，朝廷对大臣之家，诰封其妻为夫人，荫庇其子相应官品。

〔一〇〕督师于外：大臣出京带兵。

〔一一〕分析：此处是"兄弟分家"的意思。

〔一二〕内子：内人，在别人面前称自己的妻子。

〔一三〕锱铢（zī zhū）：古代计量单位，"锱"为一两的四分之一，"铢"为一两的二十四分之一。比喻极其微小的数量。

〔一四〕倍蓰（xǐ）什佰：成倍增长以至五倍、十倍、百倍。

〔一五〕出脱：脱手转让。

〔一六〕元吉公：即曾应贞（1694—1764），字元吉，曾国藩四世祖。祭田：旧时族田中用于祭祀先祖的共有土地。

〔一七〕神冲三家：曾家五服之内长辈。"犁头三家"也是曾家宗亲。

〔一八〕厚一：曾国藩堂弟。宽二：曾国藩堂弟。

〔一九〕满太婆：曾国藩堂曾祖母。

〔二〇〕岁仪：旧时称孝敬长辈的春节红包为"岁仪"。

〔二一〕欧阳家：曾国藩岳家。

〔二二〕汪家：曾国潢岳家。葛家：曾国华岳家。熊家：曾国荃岳家。邓家：曾国葆岳家。

〔二三〕裁度：酌情处理。

点评

中国古代一直都是农业社会，人们很少外出谋生，一般都是大家族聚居，四世同堂乃至五世同堂者，远近皆视为满门吉祥。因此，兄弟不分家，子孙不流散，体现的是家族和睦，生活安定。曾国藩这封信，让我们再次看到他身上的传统烙印。

父亲等人来信，报知温甫生子之喜，曾国藩回信，表示由衷高兴，但请注意，他不是向温弟贺喜，而是着重在庆贺叔父得抱长孙，告慰祖父母于九泉之下。叔父母没有生育，抚养侄儿为嗣子，现在后继有人，故曾国藩称为“一门之庆”。

写信当天为十二月初一，作为曾家长子，曾国藩又要开始筹划寄钱回家。总共一百两银钱，对当时普通家庭来说，金额大得吓人；对钦差兵部侍郎来说，已是年俸三分之二。但又一次对半开，五十两给家中，五十两给族戚。给家里的五十两，三十两给老父亲，二十两给叔父叔母，没有一分一厘给老婆孩子，当然也没有四个弟弟的分。但是，岳家照例给六千文，四个弟弟的岳家，照例各两千文，三位母舅家，照例各三千文，大舅今年八十，加一千文，族内远房长辈满太婆等三家，照例各三千文，堂弟厚一、宽二家，今年加二千文，姐姐妹妹家，照例各二千文，两位舅祖、四位表叔，照例各一千文，表弟表妹各一千文，还有十千文，散分发给族人行乞者。共计多少，曾国藩逐一写明。另加一句，如果还有需要添加的，你们几位帮我酌情处理。

除此之外，曾国藩郑重其事指出，家乡送信的人几次谈起，说我家在衡阳五马冲买了一处田产，还说是我大房私产，还说是你老四一手促成。从上下文来看，这件事，老四从未来信说起，看来夫人与儿子也没有请示汇报。消息来源，竟然是往来送信的人，而且屡次说起，说得有鼻子有眼。这让曾国藩很生气，但是回信似乎还是压住了火气：第一，讲清道理；第二，立即脱手。讲清道理，这不仅违背了自己的立身行事一贯作风，违背了祖祖辈辈的严整家风，而且还将招致下面几个弟弟的效尤，而“好积私财者为将败之征”，以前祖父讥笑别人，现在别人就会讥笑我们了。如果这件事是我老婆孩子不懂事，你们几位弟弟要帮我教训他们，把他们“引入正大一流”。这处田产，赶紧脱手，或者作为老祖宗祭田，或者卖给别人，反正不能作为我的私产，甚至也不能作为父亲的私产。总之，态度是够坚决的了。

致澄弟温弟沅弟季弟　咸丰六年二月初八日

澄侯、温甫、子植、季洪四位老弟左右：

正月十九日发去家信，想日内可到。正月三十日、二月一日连接澄侯在长沙所发四信，具悉一切。

江西军事，日败坏而不可收拾。余在南康，身体平安，癣疾已好十之七。青山陆军，正月十八日攻九江城一次，杀贼百余人。水师于二十九打败仗一次，失去战舟六号。湖口陆军于初一日打胜仗一次，杀贼七八十人。省城官绅请余晋省〔一〕，就近调度。余以南康水陆不放心，尚未定也。

纪泽儿定三月二十一日成婚，招赘之后〔二〕，七日即回湘乡，尚不为久。诸事总须节省，新妇入门之日〔三〕，请客亦不宜多。何者宜丰，何者宜俭，总求父大人定酌之。

纪泽儿授室太早〔四〕，经书尚未读毕。上溯江太夫人来嫔之年〔五〕，吾父亦系十八岁，然常就外傅读书〔六〕，未久耽阁〔七〕。纪泽上绳祖武〔八〕，亦宜速就外傅，慎无虚度光阴。闻贺夫人博通经史〔九〕，深明礼法，纪泽至岳家，须缄默寡言，循循规矩。其应行仪节，宜详问谙习，无临时忙乱，为岳母所鄙笑。少庚处〔一〇〕，以兄礼事之。此外若见各家同辈，宜格外谦谨，如见尊长之礼。

新妇始至吾家，教以勤俭，纺绩以事缝纫〔一一〕，下厨以议酒食，此二者，妇职之最要者也；孝敬以奉长上，温和以待同辈，此二者，妇道之最要者也。但须教之以渐。渠系富贵子女，未习劳苦，由渐而习，则日变月化，而迁善不知；若改之太骤，则难期有恒。凡此祈诸弟一一告之。

江西各属告警，西路糜烂。子植若北上，宜走樊城〔一二〕，不宜走浙江；或暂不北上亦可。优贡例在礼部考试〔一三〕，随时皆可补考。余昔在礼部阅卷数次，熟知之也。澄侯每写家信，全无安详气象，不知何事匆忙若此？以后宜戒之。即问近好，不一一。

兄国藩书于南康

注释

〔一〕晋省：上省城去。

〔二〕招赘（zhuì）：招女婿，女家招男方到自己家成亲，成亲后在女家生活。

〔三〕新妇：儿媳妇，新媳妇。

〔四〕授室：男子娶妻。

〔五〕江太夫人：此处为曾国藩母亲。曾母曾妻都曾经诰为二品夫人，故此处称“太夫人”。来嫔（pín）：女子出嫁为人妻。

〔六〕外傅：古代贵族子弟，幼时在家，称保姆为“内傅”，稍大则出外就读，称老师为“外傅”。

〔七〕耽阁：即“耽搁”。

〔八〕上绳祖武：子孙继承父祖的事业。

〔九〕贺夫人：此处指贺长龄之妻。

〔一〇〕少庚：贺长龄子，曾纪泽妻兄。

〔一一〕纺绩：纺织与缝纫等手工劳动。

〔一二〕樊城：湖北省襄樊县樊城镇（现属襄樊市）。

〔一三〕优贡：清代制度，各省每三年挑选优秀秀才（即“生员”），贡入京师国子监，称为优贡生。

点评

曾纪泽在十岁时由家中父祖辈定下终身大事，与已故革职贵州巡抚贺长龄小女订亲。去年腊月，曾纪泽年满十六岁，贺太夫人与曾家老太爷做主，将婚期商定在本年三月，曾国潢代表男方前往长沙贺家，落实具体操办事项，随即在长沙给大哥发来信件，曾国藩经过几天考虑，在江西军营写出这份回信。

“纪泽儿定三月二十一日成婚，招赘之后，七日即回湘乡，尚不为久”，这句话显然是对来信内容的认可，认可婚期，认可入赘，认可七日之期。曾纪泽是曾家长子长孙，怎么会当上门女婿，颇为费解。这肯定是贺家的要求，曾国藩早就表示过反对意见，到底为什么没有坚持，目前也不清楚。在长沙帮办团练，训练湘军，曾国藩这几年在省城长住过好几个月，他本人应该是有时间去女方贺家作礼节性拜访的，但从“闻贺夫人博通经史，深明礼法”来看，这两位男女亲家，应该是没有见过面的。当然，这些历史旮旯的细枝末节，我们也不必考究了。重点是作为父亲，曾国藩提前一个半月对儿子婚事的态度，对儿子的指导，以及对儿媳的态度：

第一，“诸事总须节省”，“请客亦不宜多”，宴席规模与规格，求父亲大人定酌。

第二，婚后“宜速就外傅，慎无虚度光阴”，过去只有洞房花烛夜之说，没有西方度蜜月、享受二人世界那样的浪漫，祖祖辈辈都是这么过来的，新郎不新郎，都得及早到学校里去读书用功。

第三，贺家是省城官宦世家，儿子要注意言行举止，少说话，尤其是“应行仪节”，最容易让人看出气度与修养，“宜详问谙习”；否则，“临时忙乱”，那就会被岳家看轻，要是“为岳母所鄙笑”，那就丢份儿了。

第四，新媳妇“系富贵子女，未习劳苦”，但既然进了我曾家门，就要“教以勤俭”，要动手纺织，要下厨做饭，这是“妇职”，即本职工作；对长辈要孝敬，对同辈要温和，这是“妇道”，即处世态度。古人云：“教子婴孩，教妇初来。”看来曾国藩是深明此道，作为公公，对新媳妇的这几句话，很明确，很严正，不过，却不是耍威风，而是非常讲究方式方法：“由渐而习，则日变月化，而迁善不知；若改之太骤，则难期有恒”，一点一点慢慢来，持之以恒，春风化雨，润物无声，不要雷霆风霜，一阵风。总之，诸如此类，有劳各位老弟一一教导。

还有一点，家书的结尾，对当家老弟国潢提出了批评：每次见你来信，总是“全无安详气象”，你到底有“何事匆忙若此”？看来，国潢写信，大概有些丢三落四，或者语焉不详，更有可能的是，这封来信汇报纪泽入赘诸事，重点不突出，层次不清晰，让曾国藩对全局缺乏深入了解。反观曾国藩这封回信，确实高出一筹，一头一尾，介绍自己这边的军情，指导九弟的进京行程，从容舒缓，要言不烦；中间说婚事，说教子教媳，有条不紊，言简意赅。毕竟，一个是见多识广的部级高官，一个只是僻处山村的平头百姓。

致澄弟沅弟季弟　咸丰六年九月初十日

澄侯、沅甫、季洪三弟左右：

九月初二日刘一来江西，奉父亲大人、叔父大人手谕，敬悉家中平安。而澄弟在永丰〔一〕，沅弟在省〔二〕，季弟居稍远，均无安信，纪泽儿亦未写信，则殊不可解。自瑞、临道梗，不通音问者已八阅月〔三〕。此次刘一等回家，纪泽应惊喜异常，写详禀以告家中之琐事，以安余之心，即今年新婚一节，亦应将喜事之首尾、新妇之贤否缕晰禀告，何竟无一字上陈耶？嗣后每次长夫来营，纪泽必写详禀一封，细述家中及亲邻之琐事，并陈己身及诸弟之学业，每次以一千字为率〔四〕，即以此当问视之子职可也〔五〕。

温甫病已全愈，眠食均皆复旧，惟脚力略软，是以尚留省城再为调养〔六〕。余于初三日自省起程，初五日至瑞州。见刘峙衡营务整肃〔七〕，治全军如治一家，每日皆饭毕始近黎明，深堪佩服。普承尧宝勇营亦队伍整齐〔八〕。吴竹庄彪勇现已分出进省〔九〕，另剿东路广信之贼〔一〇〕。省兵五营在瑞者，亦尚有规矩。余驻瑞数日，即行回省，令温弟来瑞也。

安五在营浮躁，不甚守规矩，兹遣之送信回，以后不可令渠来营。余俟续布。

书于瑞州营次

注释

〔一〕永丰：曾国藩家乡小镇。

〔二〕在省：在省城，此处指长沙。

〔三〕八阅月：过了八个月。

〔四〕率：标准。

〔五〕问视：古代礼制，子孙当于每日早晚问候父祖辈的起居，以示孝敬。子职：子女们（孝敬长辈）的本分。

〔六〕省城：此处指江西省会南昌。

〔七〕刘峙衡：即刘腾鸿（1819—1857），字峙衡，湖南省湘乡县杨家滩（今涟源市杨市镇）人。湘军早期将领，次年战死于江西瑞州。

〔八〕普承尧：云南省新平县人。彝族，早年随父军营习武，后中武举人、武进士，授湖南宝庆协都司（正四品绿营武官），转战江西、安徽等省，官至九江镇总兵（正二品绿营武官）。

〔九〕吴竹庄：即吴坤修（1816—1872），字竹庄，江西省永修县人。曾国藩率湘军进入江西征战，吴坤修招募当地乡勇协助作战（彪勇即其一），官至安徽布政使。

〔一〇〕广信：即广信府，在江西省东部，今为上饶市。

点评

这一年，曾国藩湘军在江西各战场，大多不顺坦，不少交通要道都被太平军占据，因此曾国藩与家中通信不多，甚至一度与曾国华写信，也是借用商人口气，譬如称国华为“温六老板”，称国潢为“澄四老板”，自称为“开益号”（曾国藩小名“宽一”），说“小店生意萧条”，“本钱太少，伙计又不得力，恐将来火食为难”。为的都是避开太平军的情报耳目。七月底，曾国藩写信回家，特派得力勇夫刘一送信。一个半月过去，刘一通过敌占区回到军营，却只带来曾家老太爷兄弟俩的信，其他人，四弟、九弟、季弟，包括自己的大儿子曾纪泽，却一个都没有带来一纸半张、只言片语。对此，曾国藩是很不高兴的。但是，他没有严词诘责，而是批评教育与启发诱导并举：八个月家书阻隔，“此次刘一等回家，纪泽应惊喜异常，写详禀以告家中之琐事，以安余之心，即今年新婚一节，亦应将喜事之首尾、新妇之贤否缕晰禀告，何竟无一字上陈耶？”已经成年、已经成家的儿子如此不懂事，曾国藩只是用了“殊不可解”四个字表示不满。子不教，父之过，于是，远在军营的父亲，及时补救：“嗣后每次长夫来营，纪泽必写详禀一封，细述家中及亲邻之琐事，并陈己身及诸弟之学业，每次以一千字为率，即以此当问视之子职”。

曾国藩家书可贵的地方，在于他极少用骂人来泄愤，而是用教导来纠错。“今年新婚一节”，“喜事之首尾、新妇之贤否”，哪个当父亲的不牵挂？儿子“竟无一字上陈”，如此不懂事，该骂；官老爷教子，发点脾气也很正常。错误已经犯下了，严厉批评固然有震慑作用，但曾国藩注重的，不是已经发生的“不懂规矩”，而是从今以后的“明文规定”：此后“每次”通信员来营，你“必写详禀一封”，“每次以一千字为率”，这是你的“子职”。话不多，也不难听，但及时而又具体。随即，笔墨就转移到国华的病情好转与自己这边的军情介绍了。

致沅弟　咸丰六年十月初六日

沅浦九弟左右：

十月十五日接来缄并季公、筠公信〔一〕，具悉一切。攻吉、攻瑞〔二〕，二者俱无把握。瑞则纵筑长围，环攻数月，仍不能下，亦属意中之事；吉则初锐后顿，仍蹈袁、瑞之辙〔三〕。守吉安者为周亚春，绰号豆皮春，贼中颇有名迹。必谓我师能一至而举之〔四〕，余则未敢深信。弟可从憩、南两兄〔五〕，一听骆中丞、左季兄之命，敕东则东〔六〕，敕西则西。

至沅弟之所处，则当自为审度。辱南翁青睐〔七〕，代为整理营务，送至吉安，无论战之胜败，城之克否，即可敬谢速行〔八〕。或来章门与余相见〔九〕，或归里门侍奉老亲，无为仆仆久淹于外也〔一〇〕。此事登场甚易，收身甚难，锋镝至危〔一一〕，家庭至乐，何必与兵事为缘？李次青上年发愤带勇，历尽千辛万苦，日昨抚州一败〔一二〕，身辱名裂，不特官绅啧有烦言〔一三〕，即其本邑平江之勇亦怨詈交加〔一四〕。兵犹火也，易于见过，难于见功。弟之才能不逮次青，而所处之位，尚不如次青得行其志，若顿兵吉安城下〔一五〕，久不自决，以小战小胜为功，以劝捐办团为能，内乖脊令之义〔一六〕，外成骑虎之势，私情公谊，两无所取。弟之自计不可不审，与憩兄、南兄约不可不明也。余俟续布，不尽不尽〔一七〕。

注释

〔一〕季公：即左宗棠，左宗棠字季高，“季公”是对他的尊称。筠公：即郭嵩焘，郭嵩焘号筠仙，“筠公”则为尊称。

〔二〕吉：即吉安府，在江西省西部，今为吉安市。瑞：即瑞州府，今高安市。

〔三〕袁：即袁州府，在江西省西北部，今为宜春市。辙：车辙，覆辙，前车之辙，别人的失败教训。

〔四〕我师：我军。一至而举之：一举攻下。

〔五〕憩、南两兄：夏廷樾、黄冕两位先生。夏廷樾号憩亭，黄冕号南坡，旧时平辈熟识之人，互称“兄”以示尊敬。

〔六〕敕：本为皇帝的诏令，后来借指上司的指令。

〔七〕辱：“有辱于”，此处是谦辞，古人以自谦表示对对方的尊敬。南翁：即黄冕，称“翁”是对长者的尊敬。青睐：青眼相看，表示喜爱或重视。

〔八〕敬谢速行：敬谢不敏，自谦不足以担当重任，离开岗位回家。

〔九〕章门：南昌的旧名。

〔一〇〕无为：不要，不宜。仆仆：风尘仆仆，在外奔波的样子。久淹于外：长期在外逗留。

〔一一〕锋镝至危：出入战场是非常危险的事情。“锋”是刀锋，“镝”是箭头，“锋镝”即泛指兵器。

〔一二〕日昨：几天前。抚州：即抚州府，在江西省东部，今为抚州市。

〔一三〕啧（zé）有烦言：形容议论纷纷，抱怨责备。“啧”是“争辩”的意思。

〔一四〕本邑：本县。詈（lì）：骂。

〔一五〕顿兵：驻兵。

〔一六〕乖：违背。脊令：即鹡鸰，一种水鸟。《诗经·棠棣》有“脊令在原，兄弟急难”之句。后人用“脊令之义”比喻兄弟急难，互相援助。

〔一七〕不尽不尽：“不尽”是旧时书信结尾套语，略同于现在的“就此搁笔”的意思。此处重叠，表示匆忙与强调。

点评

曾国荃在道光二十七年考中秀才，当时二十四岁，在曾家兄弟中，最有可能继国藩之后，走科举正途进入国家文官队伍。因此，在去年九月考取优贡生之后，他就准备进京，参加礼部会试。可是北上之路，需要通过太平军占领区，因此也就耽搁了行程。半年后，朝廷启用革职官员黄冕担任江西吉安知府，当时江西八府五十多个州县都被太平军攻占，吉安也是其中之一。黄冕临危受命，因此怂恿曾国荃投笔从戎，承诺提供军饷，而且与在湘的江西籍旧官夏廷樾等合谋，说服湖南巡抚骆秉章下文，批准曾国荃招兵买马，成立“吉字营”，分为前、后、中、左四个营。十月出湘东征，进入江西，十二月攻至吉安城下。

对于曾国荃弃文从武，曾国藩的态度也摇摆不定：从好的方面看，赶考吧，不一定能考取，带兵呢，可以作为自己的得力助手；从反面来说，行军打仗又是很危险的事情。但现在各方面对国荃都很支持，国荃本人也十分情愿。因此，九、十月间，曾国藩几次回信，态度都是既不十分赞同，也不十分反对，基本是实话实说，于公于私，帮助国荃分析利弊。这封信却明显有些改口，建议国荃在带兵进至吉安后，就把部队交给黄冕，赶紧回家。而其原因，在于李元度平江营的抚州失利。李元度本来是郴州教谕，纯粹一个学官，三年前被曾国藩招入军幕，起草文书，“上年发愤带勇，历尽千辛万苦”，好不容易博得一点名声，但“抚州一败，身辱名裂，不特官绅啧有烦言，即其本邑平江之勇亦怨詈交加”，吵着讨要补发军饷，这几天曾国藩被此事闹得心烦意乱，因此，打定主意，让曾国荃打退堂鼓。理由也很充足：打仗有生命危险，居乡则可侍奉老爹，还有老婆孩子热炕头；带兵征讨，上场容易下台难，“易于见过，难于见功”，犯不着。

曾国荃看似文弱书生，但胆气过人，他没有接受大哥的意见，而是围城一年，收复吉安。两年后，围攻安徽省城安庆府，苦战一年半，攻克安庆；又半年，率军直奔南京，围城血战两年半，攻克太平天国国都，成就湘军最大功业。大哥曾国藩受封一等侯爵，自己受封一等伯爵。曾国藩担心的事情，没有发生在国荃身上。但在此期间，曾国华战死安徽，曾国葆感染军营瘟疫，病死在南京城下。说到底，这些事都很难讲，国华本来也是想进京科举的，是湘军大将李续宾将其招入军营，担任高级幕僚，曾国藩当时也在写给国荃的家书中说，“迪安嘱六弟不必进京，厚意可感”（咸丰八年四月初九日），谁知六个月后，他俩竟一同战死。国葆是胡林翼为答谢曾国藩而着意培养，但胡林翼头年病逝，国葆也随之而去。

致澄弟 咸丰六年十一月二十九日

澄侯四弟左右：

二十八日，由瑞州营递到父大人手谕并弟与泽儿等信，具悉一切。

六弟在瑞州，办理一应事宜尚属妥善，识见本好，气质近亦和平。九弟治军严明，名望极振。吾得两弟为帮手，大局或有转机。

余身体平安。癣疾虽发，较之往在京师则已大减。幕府乏好帮手，凡奏折、书信、批禀均须亲手为之，以是未免有延阁耳〔一〕。余性喜读书，每日仍看数十叶，亦不免抛荒军务〔二〕，然非此更无以自怡也。

纪泽看《汉书》，须以勤敏行之。每日至少亦须看二十叶，不必惑于在精不在多之说。今日半页，明日数页，又明日耽阁间断，或数年而不能毕一部。如煮饭然，歇火则冷，小火则不熟，须用大柴大火乃易成也。甲五经书已读毕否〔三〕？须速点速读〔四〕，不必一一求熟，恐因求熟之一字，而终身未能读完经书。吾乡子弟未读完经书者甚多，此后当力戒之。诸外甥如未读毕经书，当速补之。至嘱，至嘱！

余往年在京曾寄银回家，每年或百金或二百金不等。一以奉堂上之甘旨，一以济族戚之穷乏。自行军以来，仅甲寅冬寄百五十金〔五〕。今年三月，澄弟在省城李家兑用二百金〔六〕，此际实不能再寄〔七〕。盖凡带勇之人，皆不免稍肥私橐〔八〕。余不能禁人之不苟取，但求我身不苟取〔九〕。以此风示僚属〔一〇〕，即以此仰答圣主〔一一〕。今年江西艰困异常，省中官员有穷窘而不能自存者，即抚藩各衙门亦不能寄银赡家〔一二〕，余何敢妄取丝毫？兹寄银三十两，以二十两奉父亲大人甘旨之需，以十两奉叔父大人含饴之佐。此外，家用及亲族常例概不能寄。

澄弟与我湘潭一别之后，已若漠然不复相关，而前年买衡阳之田，今年兑李家之银，余皆不以为然。以后余之儿女婚嫁等事，弟尽可不必代管。千万千万！再候近好。

国藩再叩

注释

〔一〕延阁：耽搁，延误。

〔二〕抛荒：荒废，荒疏。

〔三〕甲五：即曾纪梁，甲五是其派名，曾国潢长子。

〔四〕点读：古时书籍没有标点符号，读书人需依据文气，自行点断诵读。

〔五〕甲寅：指咸丰四年（1854）。

〔六〕省城李家：此处指长沙富绅李仲云家。

〔七〕此际：此刻。

〔八〕稍肥私橐（tuó）：多少有些过度积攒私财。“橐”是旧时盛物的布袋。

〔九〕身：自身，自己。苟取：不顾脸面，贪求不义之财。

〔一〇〕风示僚属：以身作则，用以劝诫下属。

〔一一〕圣主：封建时代，臣民称当朝皇帝为“圣主”，即“英明的国君”。

〔一二〕抚藩：巡抚与藩司（布政使），即一省正副省长。赡家：赡养家庭，承担家庭人员的生活开支。

点评

曾国潢是曾家次子，曾国藩身为长子，但长年在外，因此，国潢就当仁不让做了当家人，对上侍奉父祖，对下督导子侄，堪称尽心尽责。曾国藩在接到父亲、儿子与国潢来信后，径直给国潢回信，答复来信各事。

一是简要汇报六弟国华、九弟国荃各自军营近况，包括自己的体癣顽疾、公务处置与读书养性各节，老父牵挂，儿子自当报喜不报忧，这也是寻常家书的大体模样。

二是关注子侄读书进展，信中所说，都是甘苦与阅历之言。大概是纪泽来信汇报近期在读《汉书》，史书卷帙浩繁，曾国藩便以“勤敏”加以督导，而且落实到每天必须看二十页以上。古书是木刻印刷，字体都很大，二十页其实没有多大的篇幅。如果再拘守什么“读书在精不在多”之说，甚至“今日半页，明日数页”，岂不是“数年而不能毕一部”？史书多为纪传体，都是人物传记，确实不需要沉思默想，无所谓“熟”与“不熟”。曾国藩甚至还用了很浅显又很形象的比喻：“如煮饭然，歇火则冷，小火则不熟，须用大柴大火乃易成”。说完了自己儿子的事，曾国藩又说到弟弟国潢之子曾纪梁的学习。甲五读经书读完了吗？年轻人读书，要速读，“不必一一求熟”，真要“求熟”，谈何容易？我们家乡，终生都没有读完经书的人不在少数，这不行，必须要改。三个姐妹家的外甥，如果没有读完经书的，都要赶紧补课。

三是告知年终寄银锐减，以前在京，多则一二百两，前年也寄过一百五十两，但今年不行了，三月份，你在长沙李家一下子提取二百两，我这时要是再像往年那样一百两百的寄钱，就说不过去了。现在带兵的各级军官，多多少少都有些损公肥私，我做不到禁止别人这么做，但我自己不能这么做。整个江西省这些年穷得叮当响，甚至贵为一省之长都拿不出现银寄家。在这种情况下，今年我也只能寄回三十两，二十两给父亲，十两给叔父，以往寄给亲戚的钱，今年一概都不给了。

四是对澄弟一再越俎代庖表示不高兴：早在八月十八日家书，曾国藩就曾经答复国潢：三月份，你在纪泽婚期到李仲云家支银二百两，现在我“营中实无银可拨，只得仍在家中筹还”，譬如，你前年代我在衡阳买田，这片田产就可以“卖出，以田价偿李家之债”。大概是国潢来信申辩，不接受这种处置意见，所以，曾国藩这才在这封信末尾，说了几句不客气的话：当年湘潭一别，不让你出外带兵，劝你回家务农，你很不满意，从此很少往来；可是你前年在衡阳给我买私产田，今年在长沙为纪泽婚事找李家兑钱，都违背了我的做人原则与勤俭精神，我都不领情。从今以后，我的儿婚女嫁，你“尽可不必代管”，行不行？“千万千万”，务必务必。看来这两兄弟，做人做事，差别真的不小，而且对对方都很有些无可奈何。

致沅弟　咸丰七年十月初四日

沅甫九弟左右：

二十二夜灯后接弟十五夜所发之信〔一〕，知十六日已赴吉安矣。屈指计弟二十四日的可抵营〔二〕，二十五六当专人归来，今日尚未到家，望眼又复悬悬〔三〕。

吉字中营尚易整顿否〔四〕？古之成大事者，规模远大与综理密微〔五〕，二者阙一不可。弟之综理密微精力较胜于我。军中器械其略精者，宜另立一簿，亲自记注，择人而授之。古人以铠仗鲜明为威敌之要务〔六〕，恒以取胜。刘峙衡于火器亦勤于修整，刀矛则全不讲究。余曾派褚景昌赴河南采买白蜡杆子〔七〕，又办腰刀分赏各将弁，人颇爱重。弟试留心此事，亦综理之一端也。至规模宜大，弟亦讲求及之。但讲阔大者，最易混入散漫一路。遇事颟顸〔八〕，毫无条理，虽大亦奚足贵？等差不紊〔九〕，行之可久，斯则器局宏大，无有流弊者耳。顷胡润芝中丞来书赞弟〔一〇〕，有曰“才大器大”四字〔一一〕。余甚爱之。才根于器，良为知言。

润翁信来〔一二〕，仍欲奏请余出东征。余顷复信，具陈其不宜。不知可止住否？李迪庵近有请假回籍省亲之意〔一三〕，但未接渠手信。渠之带勇，实有不可及处。弟宜常与通信，殷殷请益〔一四〕。弟在营须保养身体。兹着王芝三赴吉，报家中近日琐事，并问迩好〔一五〕。余俟续具。

兄国藩手草

注释

〔一〕灯后：天黑以后。

〔二〕的（dí）：的确。

〔三〕悬悬：形容心中不安的样子。

〔四〕吉字中营：曾国荃为攻打吉安所招募的部队称“吉字营”，吉字中营是其中的一个营（500人）。

〔五〕综理：管理。

〔六〕铠（kǎi）仗：铠甲与仪仗，此处泛指军容。威敌：威慑敌军。

〔七〕白蜡杆子：白蜡树干做成的棍棒。

〔八〕颟顸（mān hān）：头脑糊涂而又做事马虎。

〔九〕等差：等级，差别。不紊：不乱。

〔一〇〕胡润芝中丞：即胡林翼，润芝是其号，此时担任湖北巡抚。“中丞”是对巡抚的尊称。

〔一一〕器：器识，度量与见识。

〔一二〕润翁：即胡林翼，古人称人字号以示尊敬，对于年长者，则取其字号前一字，后附“翁”字，表示尊重与亲切之意。

〔一三〕李迪庵：即李续宾（1818—1858），字克惠，号迪庵，湖南省湘乡县上里（今属涟源市）人。以秀才随其师罗泽南带领湘军转战湖北、江西与安徽，积功官至浙江布政使，后在安徽三河镇被太平军英王陈玉成聚歼，李续宾亦战死于此，予谥“忠武”。

〔一四〕殷殷：非常殷切的样子。请益：请教。

〔一五〕迩：近。

点评

二月初四日，曾国藩的父亲竹亭公去世，远在江西南北的国藩、国华、国荃兄弟，先后赶回湘乡，遵制守孝。国荃因为是前线指挥，九月上旬离家，返回吉安军营。此后将近一年，曾国藩时时给国荃写信，就带兵之道、战略战术等要点，远程指教。

曾国荃离营前，部队交付营务处（类似于司令部副官处）文翼指挥，后来文翼感染瘟疫，返回湘乡养病。军事主官先后离队，部队确实容易散乱，所以，曾国藩首先提醒老弟，要注重军纪整顿，军容不整，最易打败仗。这大概是他带兵三四年来的切身感受，一线指挥，往往关注战功，而较少整顿军纪。信中接下去针对“规模远大与综理微密”立言，尤其看重后者，称自古以来，成大事者，固然见识高远，规模宏大，但也多能大处着眼，小处入手。曾国藩一面以自己采购河南白蜡木与打制佩刀等小事，来加强说服力，一面以胡林翼的赞赏来激励国荃。

国荃新出带兵，一下子统领数千人，顿兵坚城，围困太平军劲旅，曾国藩当然担心，因此，人在家中，却无异于“山中宰相”。

致沅弟　咸丰七年十二月十四夜

沅甫九弟左右：

十二日接弟信，备悉一切。

凡人作一事，便须全副精神注在此一事〔一〕，首尾不懈，不可见异思迁，做这样想那样，坐这山望那山。人而无恒，终身一无所成。

我生平坐犯无恒的弊病〔二〕，实在受害不小。当翰林时，应留心诗字，则好涉猎它书以纷其志；读性理书时，则杂以诗文各集以歧其趋；在六部时〔三〕，又不甚实力讲求公事；在外带兵，又不能竭力专治军事，或读书写字以乱其志意。坐是垂老而百无一成〔四〕。即水军一事，亦掘井九仞而不及泉〔五〕，弟当以为鉴戒。现在带勇，即埋头尽力以求带勇之法，早夜孳孳〔六〕，日所思，夜所梦，舍带勇以外则一概不管。不可又想读书，又想中举，又想作州县〔七〕，纷纷扰扰，千头万绪，将来又蹈我之覆辙，百无一成，悔之晚矣。身体虽弱，却不宜过于爱惜，精神愈用则愈出，阳气愈提则愈盛〔八〕。每日作事愈多，则夜间临睡愈快活。若存一爱惜精神的意思，将前将却，奄奄无气，决难成事。凡此皆因弟“兴会索然”之言而切戒之者也〔九〕。余生平坐无恒流弊极大，今老矣，不能不教诫吾弟吾子。

兄国藩草

注释

〔一〕注：专注，注重。

〔二〕坐：因为。

〔三〕六部：中国古代朝廷的主要职能机构，吏部负责官员选拔任用，户部负责农商税收，刑部负责司法，兵部负责军事，礼部负责文教，工部负责皇宫、陵园与城建。

〔四〕坐是：因此。

〔五〕掘井九仞（rèn）而不及泉：语出《孟子·尽心上》，意思是说，打井即便是打得很深了，但若是没有泉水涌出，那仍然是一口废井。比喻做事即使做到只差一点就要成功了，然而此时放弃，仍然不能算成功。

〔六〕早夜：早晨与夜晚，从早到晚。孳（zì）孳：同“孜孜”，形容很勤奋的样子。

〔七〕作州县：做州官、县官。

〔八〕阳气：泛指人的生气与活力。

〔九〕兴会：兴致。索然：空荡荡，没兴味。

点评

曾国荃本年三十三岁，在此之前，他的主要经历，就是读书应考，也曾短期在京城、省城读书，去年还在家乡当过一阵子私塾先生。现在，一下子成为围城部队的指挥官，除了指挥打仗，还要发放饷银，还要应酬官场，因此不免生出一些厌烦情绪。上次来信，他就透露不耐烦的意思，说是“志不在此”，这次来信，又说“兴会索然”，看来是很有些后悔去年的弃文从武了。

见异思迁，也许是年轻人都曾经有过的通病；人非圣贤，一生中总或许有过几次知难而退的动摇。曾国藩自己也是过来人，因此，他在讲过一句“凡人作一事，便须全副精神注在此一事”的大道理后，便以自己的切身体会、类似毛病来现身说法：我也是再三见异思迁，我也曾多次立志而无恒坚持，生平因为“无恒的弊病，实在受害不小”。人们常说“批评与自我批评”，也许应该调换语序，改为“自我批评与批评”更好。曾国藩无论教弟还是教子，往往都是先作自我批评，再来批评对方。这样做，至少可以起到缓冲的作用。这封信也是这样，把自己从早年做翰林到近年建水师的那些“掘井九仞而不及泉”的糗事一一晒出来，说完了这些，再接下去的批评与告诫之词就好说了，“弟当以为鉴戒。现在带勇，即埋头尽力以求带勇之法，早夜孳孳，日所思，夜所梦，舍带勇以外则一概不管，不可又想读书，又想中举，又想作州县”，否则，“将来又蹈我之覆辙，百无一成，悔之晚矣”。年纪轻轻，一会儿“做这样想那样，坐这山望那山”，一会儿又“将前将却，奄奄无气”，必将“终身一无所成”。所以，曾国藩一再告诫：“余生平坐无恒流弊极大，今老矣，不能不教诫吾弟吾子。”态度真诚，语气热切，这也是曾国藩家书的一贯风格。

致沅弟　咸丰七年十二月二十一日

沅甫九弟左右：

十九日亮一等归，接展来函，具悉一切。临江克复〔一〕，从此吉安当易为力，弟黾勉为之〔二〕。凡兄所未了之事，弟能为我了之，则余之愧憾可稍减矣。

余前在江西，所以郁郁不得意者：第一不能干预民事，有剥民之权，无泽民之位，满腹诚心无处施展；第二不能接见官员，凡省中文武官僚晋接有稽，语言有察；第三不能联络绅士，凡绅士与我营款惬〔三〕，则或因吃醋而获咎（万篪轩是也）〔四〕。坐是数者，方寸郁郁，无以自伸。然此只坐不应驻扎省垣，故生出许多烦恼耳。弟今不驻省城，除接见官员一事无庸议外，至爱民、联绅二端皆可实心求之，兵勇扰民，严行禁之，则吾夙昔爱民之诚心，弟可为我宣达一二矣。

吾在江西，各绅士为我劝捐八九十万，未能为江西除贼安民。今年丁忧，奔丧太快，若恝然弃去〔五〕，置绅士于不顾者，此余之所悔也。若少迟数日，与诸绅往复书问乃妥〔六〕。弟当为余弥缝此阙。每与绅士书札往还，或接见畅谈，具言江绅“待家兄甚厚，家兄抱愧甚深”等语。就中如刘仰素、甘子大二人〔七〕，余尤对之有愧。刘系余请之带水师，三年辛苦，战功日著，渠不负吾之知，而余不克始终与共患难。甘系余请之管粮台〔八〕，委曲成全，劳怨兼任，而余以丁忧遽归，未能为渠料理前程。此二人皆余所惭对，弟为我救正而补苴之〔九〕。余在外数年，吃亏受气实亦不少，他无所惭，独惭对江西绅士。此日内省躬责己之一端耳。

承寄回银二百两收到。今冬收外间银数百（袁漱六、郭雨三各二百）〔一〇〕，而家用犹不甚充裕，然后知往岁余之不寄银回家，不孝之罪，上通于天矣。余日内心绪少佳，夜不成寐，盖由心血积亏，水不养肝之故，春来当好为调理。甲三所作八股文近颇长进，科一、科四、科六三人之书尚熟〔一一〕。一切弟可放心。

即颂年祺，不一一。

兄国藩手草

注释

〔一〕临江：即临江府，在江西省中部，今为樟树市。克复：攻克、收复被敌军占领的地方。

〔二〕黾（mǐn）勉：努力，尽力。

〔三〕款惬（qiè）：大体近于“应酬交际”“友好往来”的意思。

〔四〕万篪轩：即万启琛，字篪轩，江西人。曾以在籍绅士为曾国藩筹措军饷，后任安徽按察使、江苏布政使等职。

〔五〕恝（jiá）然：比较冷淡，不热心的样子。

〔六〕往复书问：通信往返交流。

〔七〕刘仰素：即刘于浔 （1807—1877），字养素，江西省南昌府（今南昌市）人。以举人历任江苏知县、通判，丁忧回家，创办团练“江军”。受曾国藩委任兴办江西水师，后因军功升任甘肃按察使。甘子大：即甘晋，字子大，江西省奉新县人。以进士官礼部主事。

〔八〕粮台：旧时军队的后勤总务处。

〔九〕补苴（jū）：补救，弥补。“苴”指古人鞋子里垫的干草。

〔一〇〕袁漱六：即袁芳瑛，与曾国藩为京中好友、儿女亲家。郭雨三：即郭霈霖（1809—1859），字仲霁，号雨三，湖北省蕲水县（今为浠水县）人。与曾国藩会试同年，历任翰林院编修、两淮盐运使司兼淮阳兵备道，战死于江苏。他也是曾国藩亲家，其女郭筠即曾国藩次子纪鸿妻。

〔一一〕科一：即曾国藩次子曾纪鸿（1848—1881），字栗诚，科一是其派名。科四：即曾国荃长子曾纪瑞（1849—1880），字伯祥，一字符卿，科四是其派名。科六：即曾国荃次子纪官，科六是其派名。

点评

从江西军营回到湘乡老家，至今已经半年，曾国藩心情一直很郁闷。当时在江西得知父亲去世，他左思右想犹豫几天，终于一咬牙一跺脚，不等朝廷回复，撇下全部责权，回家守孝。理由当然很充足：为母亲守孝仅半年，就奉旨进省操办团练，后来又奉旨救援湖北、救援江西；现在父亲又去世了，他必须回家料理丧事，并遵制守孝，否则将成为名教罪人，遭人唾骂。问题是，他既然上奏了离营回家的折子，军务在身，就必当等候朝廷的回复，没有说走就走的道理。因此，长沙城内、巡抚衙门的师爷左宗棠，对此极为不满，一再痛骂，江西官场更是恨得咬牙切齿，一时间，曾国藩落得个灰头土脸。毕竟，人家说得在理，自己确实有些理亏。

就在这种难得的空闲时期，曾国藩开始反省自己的所作所为，并且逐步总结出一些头绪：一是为什么在江西这么不顺手？二是自己有哪些地方做得不到位?

对于第一点，他认为是“不应驻扎省垣，故生出许多烦恼”。这一点，与三年前在湖南省城长沙一样，官场太复杂，人心太复杂，自己不善周旋，所以后来只好出走衡阳；对于第二点，他认为是“奔丧太快”，没有“少迟数日，与诸绅往复书问”，情理上过不去。对于朝廷与皇上，他仍然不觉得自己亏欠了什么，这几年，论功劳，论苦劳，比谁都不差。

尽管心绪恶劣，甚至到了“夜不能寐”“心血积亏”的地步，但曾国藩在给九弟写信的时候，仍然传达出不少正能量：我在江西不顺，根子在驻扎省城，你现在不在省城，也就不会有我当时的烦恼，江西官民节衣缩食供养我军军饷，你当禁止兵勇扰民，而且还要放手联络绅士，一来是贯彻我的爱民初衷，二来是弥补我对江西绅士的愧欠，尤其是对于刘于浔，对于甘晋这些任劳任怨、同甘共苦的战友与部下，请你代我解释代我致歉，平时加强往来，多少也能为我做些补救。

这封信还有一点值得注意，就是曾国藩住乡半年，这才第一次感到居家不易，同样是在外带兵，国荃的年终红包是二百两，此前还有两位亲家袁芳瑛、郭霈霖的治丧礼金四百两，“而家用犹不甚充裕”，对比自己以前寄钱回家，一是从没到过二百之数，二是分散内外亲戚，这才觉得“往岁余之不寄银回家，不孝之罪，上通于天”。第二年端午节，在给国荃的回信中，曾国藩还再次自责：“余在外未付银至家，实因初出之时，默立此誓；又于发州县信中以‘不要钱’‘不怕死’六字自明，不欲自欺其志，而令老父在家受尽窘迫、百计经营，至今以为深痛。”

家书吐露真情实感，曾国藩的内心世界，我们也只能在家书中得以披寻。

致沅弟　咸丰八年正月初四夜

沅甫九弟左右：

十二月二十八日接弟二十一日手书，欣悉一切。

临江已复〔一〕，吉安之克，实意中事。克吉之后，弟或带中营围攻抚州〔二〕，听候江抚调度〔三〕；或率师随迪安北剿皖省〔四〕，均无不可。届时再行相机商酌。此事我为其始，弟善其终，补我之阙，成父之志，是在贤弟竭力而行之，无为遽怀归志也。

弟书自谓是笃实一路人〔五〕，吾自信亦笃实人，只为阅历世途〔六〕，饱更事变〔七〕，略参些机权作用〔八〕，把自家学坏了。实则作用万不如人，徒惹人笑，教人怀恨，何益之有？近日忧居猛省〔九〕，一味向平实处用心，将自家笃实的本质还我真面，复我固有。贤弟此刻在外，亦急须将笃实复还，万不可走入机巧一路，日趋日下也。纵人以巧诈来，我仍以浑含应之，以诚愚应之，久之则人之意也消。若钩心斗角，相迎相距，则报复无已时耳。

至于强毅之气，决不可无，然强毅与刚愎有别〔一〇〕。古语云：自胜之谓强。曰强制，曰强恕，曰强为善，皆自胜之义也。如不惯早起，而强之未明即起；不惯庄敬，而强之坐尸立斋〔一一〕；不惯劳苦，而强之与士卒同甘苦，强之勤劳不倦。是即强也。不惯有恒，而强之贞恒，即毅也。舍此而求以客气胜人〔一二〕，是刚愎而已矣。二者相似，而其流相去霄壤〔一三〕，不可不察，不可不谨。

余不一一，顺问近好，诸惟心照。

国藩手具

注释

〔一〕复：克复，攻克，收复失地。

〔二〕抚州：即抚州府，在江西省东部，今为抚州市。

〔三〕江抚：江西巡抚。

〔四〕迪安：即李续宾，迪安是其号。皖省：安徽省。

〔五〕笃实：老实，诚实。

〔六〕世途：人世间。

〔七〕更：经历。事变：世间变故。

〔八〕机权：机巧，权谋。

〔九〕忧居：即守孝在家。

〔一〇〕刚愎（bì）：过分执拗，过分自信。

〔一一〕坐尸立斋：静坐养气。

〔一二〕相去霄壤：相差极大。“霄壤”即天与地。

〔一三〕客气：虚骄之气，指为人不实在、逞意气。

点评

除去在家守孝的半年，曾国荃带兵此时还不到一年，大概各方面都不太顺心，因此在家书中向大哥诉苦。从曾国藩回信看，来信大概吐露出以下几点心思：自己是老实人，在官场呆不惯；要在官场混，就得学乖巧、用权谋；要不就索性我行我素，不看人脸色；早知今日何必当初，还是回家做老百姓好。

年轻人，血气方刚，涉世不深，初出茅庐即独当一面，遇到挫折就沉不住气，二十天前，曾国藩已经去信开导。曾国荃来信在半个月前发出，当然还没有收到大哥的教诲，所以信中再次流露出不耐烦的意思。对此，曾国藩采取了如下策略：

第一是安慰与激励：吉安肯定是能攻克的，附近的临江不是就打下来了吗？攻克吉安之后，你要想打抚州也可以，你要想去打安徽也可以，自由得很。这是安慰之词。你弃文从武，这是父亲批准的，你招兵买马，率领吉字营出征江西，是为了给我解围，你现在就是在“补我之阙，成父之志”，应当“竭力而行之”，不可“遽怀归志”。这是激励之词。

第二是现身说法：咱兄弟俩都是老实人，想乖巧都乖巧不起来，更不用说玩权谋、斗机巧了，弄巧成拙，还不如老老实实做个老实人，“将自家笃实的本质还我真面，复我固有”。跟人家斗智斗不赢，不如干脆装聋作哑，不斗了，人家的机谋也就无所用处了。

第三是因势利导：你说要强毅，我支持。咱笃实，但咱不能不强毅。但什么是“强毅”呢？不是刚愎自用，而是自胜谓之强。战胜自己的弱点，这叫强，强迫自己改掉坏毛病，这叫强。如果一味逞强斗狠，那叫“刚愎”。“强毅”与“刚愎”，看起来有些相似，但实际一个在天上，一个在地下，“不可不察，不可不谨”。

曾国藩比曾国荃大十三岁，这一年，弟弟不到三十四岁，哥哥已经四十七岁，从事心性修炼功夫有十五六年，而且，已经在省部级岗位上磨砺十年之久了。

致沅弟 咸丰八年五月十六日

沅甫九弟左右：

十三日安五等归，接手书，借知一切。抚、建各府克复[一]，惟吉安较迟，弟意自不能无介介[二]。然四方围逼，成功亦当在六七两月耳。

家中四宅眷口平安。十二日叔母寿辰，男女共九席，家人等三席。罤山先生十四日来馆[三]，瀛皆先生十五日来馆[四]。澄侯弟于十二晚往永丰一带，吊各家之丧，均要余作挽联。近来精力日减，惟此事尚颇如常。澄弟谓此亦可卜其未遽衰也。

杨家滩周俊大兄（号少濂）[五]，与余同读同考，多年相好。频年先祖、先考妣之丧均来致情[六]。昨来家中，以久试不进，欲投营博一功名[七]，求荐至吉营。余以功牌可得，途费可赠，保举则不可必。渠若果至吉营，望弟即日填功牌送之，兼送以来往途费。如有机可假，或恰逢克复之日，则望保以从九、县丞之类[八]；若无机会，亦不勉强，以全余多年旧好。

余昔在军营不妄保举，不乱用钱，是以人心不附，至今以为诟病。近日揣摩风会，一变前志。上次有孙、韩、王之托，此次又有周君之托，盖亦情之不得已者。孙、韩、王三人或保文职亦可，渠辈眼高，久已厌薄千、把也[九]。仙屏在营[一〇]，弟须优保之，借此以汲引人才。余未能超保次青，使之沉沦下位，至今以为大愧大恨之事。仙屏无论在京在外，皆当有所表见[一一]。成章鉴是上等好武官，亦宜优保。

兄国藩手草

注释

〔一〕建：即建昌府，在江西省东部。

〔二〕介介："纠缠于心，不能释怀"的意思。

〔三〕睾（yì）山：即葛封泰，字睾山，一作亦山，湖南省湘乡县人。曾国华妻弟，曾家的家庭教师。馆：学馆，私塾。

〔四〕瀛皆：即邓汪琼，字瀛皆，一作寅皆，湖南省湘乡县人。曾家聘请的家庭教师。

〔五〕杨家滩：曾国藩家乡湘乡县附近市镇（今属涟源市）。

〔六〕频年：近年。先：已经去世的先人。考妣（bǐ）：已经去世的父母。致情：送礼，送人情。

〔七〕投营：投奔军营。功名：此处指官职官位。

〔八〕从九：从九品。县丞：明清时期的副县级官员，正八品。

〔九〕千：千总，清代低级武职，正六品。把：把总，清代低级武职，正七品。

〔一〇〕仙屏：即许振祎（？—1899），江西省奉新县人。曾为曾国藩幕府文秘人员，后以进士官至广东巡抚。

〔一一〕表见：即"表现"。

点评

这封信主要是说两件事，一是受自己的早年同学之请托，让九弟给谋个一官半职；二是勉励九弟奋发有为，成就一番志业。

官老爷回家做乡绅，有一桩最头疼的事情，就是总有一些沾亲带故的人找上门来求情，让自己给官场的亲戚朋友写推荐信，说白了，就是"递条子""走后门"，多少算徇私舞弊。偶尔一次两次倒也罢了，问题是这种人这种事往往络绎不绝。据现存曾国藩家书，仅仅三四五这三个月，他就接二连三写了四个"条子"。有的是沾亲，有的是带故，就连曾国藩自己都承认，"上次有孙、韩、王之托，此次又有周君之托"，都是"情之不得已者"。

即如这位周君，不仅"与余同读同考，多年相好"，而且"频年先祖、先考妣之丧均来致情"，现在人家找上门来了，"以久试不进，欲投营博一功名"，而且指名要到你的吉字营。此君既然与曾国藩同过学，想来年纪也有四五十岁了，这会儿投军，估计也是冲着吉安城即将攻破，希望借此机会把自己的名字写进上奏朝廷的保举名单之中。曾国藩也抹不开情面，一面说“保举则不可必”，一面又说“如有机可假，或恰逢克复之日，则望保以从九、县丞之类”，“以全余多年旧好”。

再查此前的“孙、韩、王之托”，都是跟随他多年的内勤跟班。四月初十日《致沅弟》就专门为此而发：“王福、韩升侍我有年，均属难得之才。前此有孙福者，屡从我于危难，余在营本思附案一保，事不顺手，因未果行。兹开名条付吉，望弟附案一保。从我既久，众所共知，以保列武职为妥，免将来挂入弹章。”由此看来，曾国藩对这类人情保举，以前确实是很谨慎很自律也很胆小的，据此，则五月十六日这封信所说“余昔在军营不妄保举，不乱用钱，是以人心不附，至今以为诟病”，确确实实是一点不假的了。至于“余未能超保次青，使之沉沦下位，至今以为大愧大恨之事”，更是痛心疾首，悔不当初。于是，“近日揣摩风会，一变前志”，这种私房话，大实话，曾国藩也只有在家书一不小心吐露一两句。既然自己的勤务兵都不能满足于千总与把总这样的“连排级”干部，那么，像许振祎那样的忠诚幕友、像成章鉴那样的好武官，老弟你当然更要“优保之”，目的只有一个，“借此以汲引人才”。

致沅弟　咸丰八年六月初四日

沅甫九弟左右：

初一日专人至吉营送信。初二夜接弟来信，论“敬”字义甚详，兼及省中奏请援浙事，劝余起复〔一〕。是日未刻郭意城来家述此事〔二〕，骆中丞业出奏矣〔三〕。初三日接奉廷寄〔四〕，饬即赴浙办理军务，与骆奏适相符合。骆奏二十五日发，寄谕二十日自京发也〔五〕。圣恩高厚〔六〕，令臣下得守年余之丧，又令起复，以免避事之责。感激之忱，匪言可喻〔七〕。兹定于初七日起程，至县停一日，至省停二三日。恐驲路迂远〔八〕，拟由平江、义宁以至吴城〔九〕。其张运兰、萧启江诸军〔一〇〕，约至河口会齐〔一一〕。将来克复吉安以后，弟所带吉字营，即由吉东行至常山等处相会〔一二〕。先大夫少时在南岳烧香〔一三〕，抽得一签云："双珠齐入手，光采耀杭州。"先大夫尝语余云："吾诸子当有二人官浙。"今吾与弟赴浙剿贼，或已兆于五十年以前乎〔一四〕？

此次之出，约旨卑思〔一五〕，脚踏实地，但求精而不求阔。目前张、萧二军及弟与次青四军已不下万人，又拟抬船过常、玉二山〔一六〕，略带水师千余人，足敷剿办矣。此外在江各军，有饷则再添，无饷则不添，望弟为我斟酌商办。余若出大道，则由武昌下湖口以至河口〔一七〕；若出捷径，则由义宁、吴城以至河口。

应办事宜及往年不合之处应行改弦者〔一八〕，弟一一熟思，详书告我。顺问近好。

兄国藩再肃

注释

〔一〕起复：既可指起用革职官员，也可指在籍守孝官员服满父母丧期后重新出来做官，另外，守制未满期而应召任职，也叫"起复"。

〔二〕郭意城：即郭昆焘（1823—1882），原名先梓，字仲毅，号意诚，晚号樗叟，湖南省湘阴县人。以举人考选宗学教习，归乡后参与湖南巡抚幕府十余年，得保举为国子监助教，加四品卿。

〔三〕出奏：大臣向朝廷发出奏报。

〔四〕廷寄：清代由军机处密封交兵部寄出的机密谕旨。

〔五〕寄谕：清朝逢重大军政要务，由军机处直接寄发给负责此事的督抚的上谕。

〔六〕圣恩：皇恩。高厚：天高地厚，极言其高其厚。

〔七〕匪：没有。喻：说清楚。

〔八〕驲（rì）路：即"驿路"，古代邮递通信的路线。

〔九〕义宁：江西省修水县义宁镇。吴城：江西省永修县吴城镇。

〔一〇〕张运兰（？—1864）：字凯章，湖南省湘乡县人。早年参与王鑫湘军，后代领其军，积功官至福建按察使。同治三年（1864）为太平军余部俘获于福建，死之。萧启江（1807—1860）：字濬川，湖南省湘乡县金石镇（今属涟源市）人。以监生从罗泽南湘军，转战湖北、江西，积功授布政使衔，病卒于军。

〔一一〕河口：江西省铅山县河口镇。

〔一二〕常山：常山县，在浙江省西部。

〔一三〕先大夫：此处是曾国藩对已故父亲的尊称。“先”表示已故，“大夫”指其父生前曾经受到朝廷诰封的“光禄大夫”的恩遇。南岳：南岳衡山。

〔一四〕兆：先兆，预兆。

〔一五〕约旨卑思：抓要点，做实事。

〔一六〕常、玉二山：指浙江省常山县境、江西省玉山县境。

〔一七〕湖口：湖口县，在江西省北部。

〔一八〕改弦：即“改弦更张”，原意是换掉旧的琴弦，再安上新的。比喻改革制度或变更方法。

点评

一年前，曾国藩接到父亲去世的讣告，犹豫五天后上奏开缺守孝，且不待朝廷批复，撂下挑子回家。此时一接到朝廷起复赴浙的寄谕，却不管丧期未满，当即接受任命，三天后启程，而且还要抄近路横穿湖南与江西，直奔江西、浙江的交界地区。这封信，从头到尾都是整装待发的架势，末尾那句“应办事宜及往年不合之处应行改弦者，弟一一熟思，详书告我”，更显得迫不及待。这是为什么？

这一年，曾国藩过得很不顺畅，开始是恼怒，是怨恨，戴孝从军，艰苦备尝，父亲去世，儿子守孝，天经地义，左宗棠在湖南骂，江西人在江西骂，所以曾国藩很委屈，向皇帝诉苦，直言无职无权、办事艰难，皇帝却毫不卖账，把他晾在一边。结果曾国藩在家一年多，心情十分糟糕。这些在写给国荃的家书中，时常都有吐露：

十二月二十一日：“余日内心绪少佳，夜不成寐。”

正月十一日：“回思历年在外办事，愆咎甚多，内省增疚。”

二月初二日：“弟昨信劝我不必引前事以自艾。余……性素拙直，不善联络地方官，所在龃龉。坐是中怀抑塞，亦常有自艾之意。”

三月十三日：“身体总未全好。回思往事，处处感怀……此外错误之事，触端悔悟，恒少泰宇。”

四月初九日：“兄回忆往事，时形悔艾。”

五月三十日：“近日天气炎热，余心绪尤劣，愧恨交集。每中夜起立，有怀吾弟，不得相见一为倾吐。外间讥议之辞，弟应得闻十一，便中可密及也。”

总之，心情很不好，夜不能寐，经常失眠，但同时他也一再反省自己，如“愆咎甚多，内省增疚”“自艾”“悔悟”“悔艾”“愧恨交集”，都是自责之词，自己做错了，自己恨自己。自己想改过，从头再来，不再犯傻。没想到，湖南官场与朝廷君臣竟然不谋而合，自己得以重新出山，率部救援浙江。兵还是自己的兵，地盘却跳出了江西，浙江巡抚是自己的会试同年晏端书，当年在翰林院，两人同学、同官五六年，关系很不错。所以，曾国藩一反四天前上一封信的“心绪尤劣”，在这封信中情不自禁流露出轻松愉快的情绪，甚至还翻出父亲当年南岳烧香求签的往事来。

湘潭举人欧阳兆熊是曾国藩早年结交的好友，他曾经说过，曾国藩一生三变，在北京做翰林，皈依理学；在长沙办团练，变身法家申韩之学；咸丰八年第二次出山，师法老庄之学。理学是自我修炼之学，讲究自我批评，自我约束；法家是依法治国之学，主张严刑峻法，曾国藩在长沙，就说“水懦民玩”，“火烈民畏”，于是来硬的，大开杀戒，在江西，甚至上奏弹劾一省之长，拿掉了湖南同乡、会试同年、翰林同官陈启迈的乌纱帽，惹得湖南官场、江西官场暗中使绊子、闹摩擦，气得自己借父丧甩下江西烂摊子溜回老家，回家没多久，还跟朝廷讲起了价钱，要位任督抚实职才能打胜仗。咸丰皇帝当然不高兴，就说那你继续守孝吧。现在朝廷让他救援浙江，尽管还是没有实职，但总算重新赋予了军权，算是退了半步，曾国藩本来就在后悔之中，一转眼，台阶来了，他当然不会再犯拧了。哪怕是对去年把他骂得最狠的左宗棠，曾国藩也放下身段，主动给人家去信，重新修好，以至把左宗棠感动得都有点难为情，不仅回信写得很感人，而且还置办家宴为曾国藩接风送行。在长沙，曾国藩亲口邀请擅长书法的左宗棠给自己写下条幅：“知其雄，守其雌；敬胜怠，义胜欲。”这已经完全是一副脱胎换骨、改弦更张的姿态与面目了。

这封信里，还有几处值得注意，第一，九弟来信，“论‘敬’字义甚详”。自己最近劝九弟不要刚愎，要“敬”要“恕”，弟弟来信，一则回应，二则告知湖南巡抚骆秉章奏请起复。骆秉章是曾国藩的前辈，官运差一些，曾国藩当年与他摩擦也不小，现在给他台阶下，应该是身边幕僚左宗棠尤其是郭昆焘的劝和有关。第二，郭昆焘亲自赶来湘乡，当面陈述上奏起复援浙的机缘。左宗棠、郭昆焘乃是骆秉章的左臂右膀，都有“小诸葛”之称，郭昆焘的大哥郭嵩焘与曾国藩多年至交，儿女姻亲，十年前，郭昆焘在北京报考宗学教习（教育清朝满族王公贵族子弟的汉语教师），曾国藩就是当年的阅卷大臣，两人结下师生之谊。可以想见，郭昆焘的到来与陈述，为曾国藩下决心第二次出山，起到了很大的促进作用。而六年前，曾国藩母孝期间的第一次出山，赶来湘乡当面劝说者，就是郭昆焘的哥哥郭嵩焘。

致澄弟季弟　咸丰八年八月二十二日

澄侯、季洪两弟左右：

八月十九曾象五来营，二十一日蒋得胜来，接两弟初一、初二、初三等日之信，具悉家中四宅平安，不胜忻慰〔一〕。

余于八月初八日至河口，因闽贼出窜江西，连破泸溪、金溪、安仁三县〔二〕，派张凯章回剿〔三〕。十八日抵安仁，十九日大战获胜，克复县城，杀贼约四千余，追至万年、乐平等县〔四〕，尚未收队。待张军归来，余即率以入闽也〔五〕。

家中养鱼、养猪、种竹、种蔬四事，皆不可忽。一则上接祖父以来相承之家风，二则望其外有一种生气，登其庭有一种旺气，虽多花几个钱，多请几个工，但用在此四事上，总是无妨。澄弟在家教科一、厚七、旺十习字极好〔六〕，不特学生有益，亦可教学相长。弟近年书法远逊于昔，在家无事，每日可仍临帖一百字，将浮躁处大加收敛。心以收敛而细，气以收敛而静，于字也有益，于身于家皆有益。

后辈子侄，总宜教之以礼。出门宜常走路，不可动用舆马〔七〕，长其骄惰之气。一次姑息，二次、三次姑息，以后骄惯则难改，不可不慎。顺问近好。

兄国藩手草，弋阳行营〔八〕

注释

〔一〕忻（xīn）慰：欣慰。

〔二〕泸溪：泸溪县，在江西省东部，今为资溪县。金溪：金溪县，在江西省东部。安仁：安仁县，在江西省东部，今为余江县。

〔三〕张凯章：即张云兰，凯章是其字。回剿（jiǎo）：返回追击。

〔三〕万年：万年县，在江西省东北部。乐平：乐平县，在江西省东北部，今为乐平市。

〔四〕闽：福建省的简称。

〔五〕厚七：曾国藩堂弟。旺十：曾家族人。

〔六〕舆马：车马。

〔七〕弋阳：弋阳县，在江西省东北部。行营：旧时军队出征，统帅居住的帐篷或房屋。

点评

曾国藩治家，有个八字诀，即考宝早扫，猪蔬鱼竹，他自己津津乐道，当代人也耳熟能详。这个治家八宝，也是逐渐形成的。譬如这封信，就说到了其中一半。

曾国藩是农家子弟，在他那个时代，富裕农民的生活景象，就是水塘里有肥鱼，猪圈有肥猪，菜地里有茂盛的蔬菜，家园里有茂密的竹木。这些不仅是生活温饱的象征，而且还是出售市场增加收入的来源。他们家从祖父星冈公开始脱贫，就一直朝着地主这个目标努力，当他进京赶考时，他穷得抹下脸皮去找家境稍微好一点的亲戚朋友打秋风，可见当时曾家也仅仅只能免于饥寒。所以，当他开始给家里寄钱，并且这几年又在家里长时间居住，他就一直向往着塘里有鱼、圈里有猪、地里有菜、园里有竹的农家乐景象。不仅当面向弟弟们指示照办，而且在本年六月匆匆离家之后，他在一次次家书中，反反复复叮嘱催促：

七月二十日：家中种蔬一事，千万不可怠忽。屋门首（即“屋门口”）塘养鱼，亦有一种生机。养猪亦内政（即“家政”）之要者。下首（即“屋边上”）台上新竹，过伏天后有枯者否？此四事者，可以觇（窥测，观测）人家兴衰气象……

九月十二日：“家事如馆内之书、园里之蔬、塘中之鱼、栏内之猪，四者皆一家生趣，余时时挂心。至于下首之竹，虽不押韵，亦宜加意培植。今冬明春，又须于思云馆外屋后山上多栽新竹。”

九月二十八日：“押韵之书、蔬、鱼、猪，不押韵之竹，千万留心，一一培养。下首台上之线瓜、娈瓜今年有收否？冬塘肥鱼，望烘几个寄营，一笑。……蔬菜茂盛，此是一家生意（即‘生机’）所在……县城菜园之人，似尚须请来治菜畦，一切究竟在行些。”

总之，走到哪里写到哪里，一路走一路写，从南昌写到弋阳，从弋阳写到建昌，船上写，帐篷中写，从高薪聘请好管家（仿照家庭教师的薪水），到县城寻访好菜农，大大小小都安排到了。但小老弟不管事，大老弟不执行，来信只是要求追加大家庭年度预算，可见他们更上心的，只是钱柜里有现钱，衣柜里有套装。聘请专人负责养什么“猪蔬鱼竹”，弟弟们可能很不以为然。

从曾国藩这几封信看，他显然是在反驳，在开导：这四件事，“决不可忽”。为什么？先搬出老祖宗，这是上承爷爷开创、爸爸继承的家风；再开讲大道理，“望其外有一种生气，登其庭有一种旺气”，这是“一家之生机所在”，外人可以窥测到这户“人家兴衰气象”，“养猪亦内政之要者”；最后，还有强调、敦促与期待，“余时时挂心”，“千万留心”，“虽多花几个钱，多请几个工，但用在此四事上，总是无妨”，毕竟“县城菜园之人”“一切究竟在行些”。

有些话，反复讲，一方面，是言者很重视；另一方面，可能也是听者不太重视。而且，往往还形成一个负面循环。在以后的家书中，我们还能看到曾家兄弟这样的来来往往。

致澄弟季弟　咸丰八年十月二十六日

澄侯、季洪两弟左右：

十月初十日发第十三号家信，谅经收到。二十四日接澄弟由刘仙桥带来之信，具悉一切。兹亦分条刊复如左：

一、九弟于十一日晚自建昌开行，十六至江西省城。十九起行，由湖口、九江、湖北而归。余于二十四申刻接雪琴信，知迪庵有初十日三河之败〔一〕，十二个营盘均被失陷〔二〕，温甫弟与孙筱石、李续涛、杨得武等已冲出重围来至桐城县等语〔三〕。不知温弟果无恙否？又不知迪庵冲出否？计九弟日内抵湖口，必有确信寄家，并有确信来营也。余已飞书告九弟矣。

一、纪梁侄捐功名〔四〕，余亦颇有此意，曾与弟说过一次，此次办就。来缄中言纪梁自行抽出之六十千，余即出之为贺，不必梁侄自备也。兹付去银五十两，系万篪轩观察（启琛）所送之奠金〔五〕。送二百两，余受五十两。兹付归作梁侄捐款，以为大伯之贺礼也可，以为祖父之赏赐也亦可。

一、来信言用银三百两，以后不再向追取。去年我在家中嫌用度太广，今年我既出，务求澄弟减省用之。若难于裁减，则我与澄弟共食而分用，或者可以略少。我在军中决不肯多寄银回家，改向来之样子。一则因父母在时我未多寄，二则因百姓穷困异常，我不忍独丰也。余此次在外，一切俱照旧样，惟于人情应酬上略周到些（如胡中丞丁艰送二百〔六〕，龙方伯送一百之类〔七〕，向来所无），此后家中亲戚族人如有庆吊，亦当致情，望弟先写信告知。

以上各条，均乞查照。顺候近好。

国藩手具

注释

〔一〕三河之败：清咸丰八年十月初十日（1858年11月15日），湘军主力李续宾部在安徽省三河镇（今属肥西县）被太平军英王陈玉成部歼灭，主将李续宾以下数千人阵亡，曾国藩弟曾国华也死于此。

〔二〕营盘：营垒，军营。失陷：被敌方攻克。

〔三〕孙筱石：即孙守信（？—1858），字筱石，湖南省长沙县人。先后随江忠源、罗泽南、李续宾征战湖北、江西与安徽，积功晋升湖北候补道，三河之役战死。李续涛：即李续焘，湖南省湘乡县上里（今属涟源市）人。李续宾族弟。从湘勇升至宜昌镇总兵（武职正二品），三河之役闻警，仓皇先撤，随即遭弹奏革职。杨得武：李续宾部营官。桐城县：今为桐城市，在安徽省中部。

〔四〕纪梁：即曾纪梁（1842—1925），字晓臣，号介石，派名甲五，曾国潢长子。捐功名：当时流行的一种买官途径，即民众出资捐助官府，上报吏部核准，换取荣誉性的官职虚衔。

〔五〕万篪轩：即万启琛，篪轩是其字，江西人。曾任湖北督粮道。观察：清代对道员的尊称。奠金：送给丧家办丧的礼金。

〔六〕胡中丞：即胡林翼，时任湖北巡抚。丁艰：旧时指子女遭遇父母丧事。

〔七〕龙方伯：即龙启瑞（1814—1858），字辑五，号翰臣，广西临桂（今属桂林市）人。以状元授翰林院修撰，历官湖北学政、通政司副使、江西布政使，卒于任。“方伯”是对布政使的尊称。

点评

这封家书，主要是三件事：

第一件，“初十日三河之败”：前天接彭玉麟来信，李续宾部在安徽三河镇遭遇大败，六弟国华据说已经与李续宾族弟李续焘等人撤退到桐城县，“不知温弟果无恙否？又不知迪庵冲出否”。李续宾是罗泽南弟子，咸丰初年随罗泽南创办湘勇，在罗泽南战死后，很快成为独当一面的湘军大将，短短数年，攻城略地，战功显赫，越级提升为浙江布政使。尽管说“胜败乃兵家常事”，但是，十二个营盘，整整六千人的部队，一仗下来，全军覆没，这是湘军创建以来从未有过的大败。曾国藩当然惶恐不安，一边给家中写信，一边盼望九弟国荃途中确切消息。曾国荃打下吉安后，此时刚从曾国藩大营出发。

第二件，“纪梁侄捐功名”：纪梁是国潢的长子，科举考试连年不中，因此也想捐资买个官衔。曾国藩自己的长子纪泽早在八九年前就成了二品荫生，前不久在家，曾国藩也与国潢说起过此事。现在侄儿自己掏钱，五十两银子也不是个小数目，因此，曾国藩说，这钱我出。前年竹亭公去世，曾国藩幕僚万启琛送来二百两作奠金，曾国藩收下五十，退回一百五，此时就用这五十两去报捐，“以为大伯之贺礼也可，以为祖父之赏赐也亦可”。话不多，但体现出曾国藩对侄儿的关爱之情。

第三件，“我在军中决不肯多寄银回家，改向来之样子”：从十几年前逐渐升官开始，曾国藩每年大体给湘乡老家寄回一百五十两银子，现在曾国潢要求翻倍，增加到三百两，并且承诺“以后不再向追取”。

对此，曾国藩明确回绝，理由是，“一则因父母在时我未多寄，二则因百姓穷困异常，我不忍独丰”。这话在一个月前即九月十二日信中就讲过：“余去年在家，见家中日用甚繁。因忆先大夫往年支持之苦，自悔不明事理，深亏孝道。今先人弃养，余岂可遽改前辙？”钱不够，那就减少开支，“求老弟格外节省”，“虽未分家，而吃药、买布及在县、在省托买之货物，必须各房私自还钱”。在这封信中，曾国藩甚至说，可以考虑“共食而分用”，一日三餐，公共开支，日常零用，各自承担。大哥就是不松口，此后也就不见四弟再提追加之事了。

致澄弟沅弟季弟　咸丰八年十一月十二日

澄侯、沅甫、季洪老弟左右：

二十五日闻三河挫败之信，专安七、玉四送信回家〔一〕。三十日又寄一信。初五日，又专吉字营勇送九弟湖口所发之信，其时尚幸温弟当无恙也。兹又阅八日而竟无确信〔二〕，吾温弟其果殉节矣〔三〕。呜呼恸哉〔四〕！

温弟少时性情高傲，未就温和，故吾以“温甫”字之。六年，在瑞州相见，则喜其性格之大变，相亲相友，欢欣和畅。去年在家，因小事而生嫌衅〔五〕，实吾度量不闳，辞气不平，有以致之，实有愧于为长兄之道。千愧万悔，夫复何言！自去冬今春以来，吾喜温弟之言论风旨洞达时势，综括机要。出门以后，至兰溪相见〔六〕，相亲相友，和畅如在江西瑞州之时。八九月后，屡次来信，亦皆和平稳惬，无躁无矜。方意渠与迪庵相处〔七〕，所依得人，必得名位俱进，不料遘祸如是之惨〔八〕！迪庵一军，所向无前，立于不败之地。不特余以为然，即数省官绅军民，人人皆以为然。此次大变，迪庵与温弟皆不得收葬遗骨〔九〕，伤心曷极！

去年我兄弟意见不和，今遭温弟之大变。和气致祥，乖气致戾〔一〇〕，果有明征〔一一〕。嗣后我兄弟当以去年为戒，力求和睦。第一要安慰叔父暨六弟妇嫡、庶二人之心〔一二〕。命纪泽、纪梁、纪鸿、纪渠、纪瑞等轮流到老屋久住，五十、大妹、二妹等亦轮流常去。并请亦山先生常住白玉堂，安慰渠姊之心。二要改葬二亲之坟。如温弟之变果与二坟相关，则改葬可以禳凶而迪吉〔一三〕；若温弟事不与二坟相关，亦宜改葬，以符温弟生平之议论，以慰渠九泉之孝思〔一四〕。三要勤俭。吾家后辈子女皆趋于逸欲奢华，享福太早，将来恐难到老。嗣后诸男在家勤洒扫，出门莫坐轿；诸女学洗衣，学煮菜烧茶。少劳而老逸犹可，少甘而老苦则难矣。至于家中用度，断不可不分。凡吃药、染布及在省在县托买货物，若不分开，则彼此以多为贵，以奢为尚，漫无节制。此败家之气象也。千万求澄弟分别用度，力求节省。吾断不于分开后私寄银钱，凡寄一钱，皆由澄弟手经过耳。纪寿侄目清眉耸〔一五〕，忠义之后，当有出息，全家皆宜另目看之。至嘱，至嘱！

注释

〔一〕专：专门派人。

〔二〕阅八日：过了八天。

〔三〕殉节：此处指战败者不投降而牺牲性命。

〔四〕恸（tòng）：极度悲伤。

〔五〕嫌衅（xìn）：嫌隙，小事引起的纠纷与不和。

〔六〕兰溪：在湖北省蕲水县（今为浠水县），濒临长江。

〔七〕方：正当，正在。意：意料。

〔八〕遘（gòu）：遭遇。

〔九〕遗骨：遗体。

〔一〇〕乖气：不和之气，邪恶之气。戾（lì）：罪。

〔一一〕明征：明显的征验。

〔一二〕嫡：正妻。庶：妾，俗称“小老婆”。

〔一三〕禳（ráng）凶：通过向神灵祈祷消除灾殃。迪吉：带来吉祥。

〔一四〕九泉：指人死后埋葬的地方，与现实世界相反的阴间。

〔一五〕纪寿：曾国华子，字岳崧，派名鼎三，后娶李续宾女为妻。

点评

曾国华一直想走科举考试的正途，只是由于个性强，不肯循规蹈矩，考场文章一直没被考官看上。本来准备进京再去冲刺，李续宾这几年兵强马壮，声威大震，出于好意，将曾国华招致军中，为此，曾国藩一再表示感激，因为这个六弟一直让他不省心。没想到，一场三河之战，曾国华竟然一去不回。

曾国藩、曾国华兄弟，性格完全不同，命运也相差很大，而且两人关系一直都不好。曾国藩属于克制而又勤奋一类，曾国华则属于蛮狠而又自负一类，这就是信中所说“温弟少时性情高傲，未就温和”，曾国藩甚至自作主张，用“温甫”给国华作字号。而国华性格生成，所谓“江山易改，本性难移”，加上从小过继给叔父婶婶当儿子，亲生父母管得少，继父继母又百般宠爱，国华也就更加由着性子来。当年在北京，眼高手低，不好好读书，外出惹是生非，后来回到湖南，又变本加厉，气得曾家老小毫无办法。曾国藩好话歹话都说过，这位老弟就是不听，要么不回信不理睬，要么阴阳怪气反唇相讥，最后是四弟国潢出来说话，说大哥你别管了，他心高气傲，并不服你，你好好做你的官。而曾国藩这封信，还情不自禁说漏了嘴，去年在家，他与国华又吵起来了，而且曾国藩还动了怒。现在老弟落下这么个结局，当大哥的心里当然有说不出的伤痛。不管当年老弟多么不懂事，不管兄弟之间吵得如何凶，毕竟是同胞手足，而且，前年“在瑞州相见”，老弟已经“性格大变”，兄弟俩“相亲相友，欢欣和畅”；今年来“兰溪相见，相亲相友，和畅如在江西瑞州之时”，最近俩月，“屡次来信，亦皆和平稳惬，无躁无矜”，总之，现在想到的都是老弟的好。

除此之外，这封信的重点是反省悔改，“去年我兄弟意见不和，今遭温弟之大变。和气致祥，乖气致戾，果有明征”。曾国藩不是一个迷信的人，他要表达的是“嗣后我兄弟当以去年为戒，力求和睦”，而且具体指出三点：第一，纪泽等兄弟姐妹，要轮流到老屋去住，去安慰国华一家老少，对纪寿要格外关爱；第二，要满足国华的遗愿，改葬父亲母亲之坟；第三，要勤俭惜福，男孩要打扫家庭卫生，出门不许坐轿，女孩要洗衣做饭，全家上下都要厉行节俭，日常开支，各用各的，我自己也绝不会给老婆孩子私自寄出一分钱。

由此可见，三河之败，国华之丧，给曾国藩带来很大的刺激，而他的所作所为，都是总结教训，及时纠偏，从自我批评自我悔改做起，然后要求全家引以为戒。用他一个月后的一封信中的话说，就是“切实做工夫”。去年在家没有切实做工夫，“至今愧恨”。亡羊补牢，更待何时？

致澄弟沅弟季弟　咸丰九年正月二十八日

澄侯、沅甫、季洪三弟左右：

二十七日亥刻接胡润公专丁来信〔一〕，知温甫弟忠骸业经寻获〔二〕，是犹不幸中之一幸。惟先轸丧元〔三〕，又幸中之一大不幸。计胡中丞亦必有专信另达舍间〔四〕，沅弟此时自不便遽出，应觅地两所，一面改葬先考妣，一面安厝温弟〔五〕。润公待我家甚厚，温弟灵榇归舟〔六〕，想必妥为照料。吾即派杨名声等三弁送湘乡〔七〕，建昌不另派人，以赶不上也。墓志铭作就，再行专丁送归。胡信及霍山王令信、杨信附去一觅〔览〕〔八〕。顺问近好。

注释

〔一〕亥刻：即亥时，晚上九点至十一点。胡润公：即胡林翼。胡林翼号润芝，“润公”是对他的尊称。专丁：专门派出的人。

〔二〕忠骸：遗体。“忠”是表示对为国战死者的敬意，意即“为国尽忠”“为国捐躯”。

〔三〕先轸（zhěn）：春秋时期晋国名将，曾大败楚军，全歼秦军。丧元：被砍头。

〔四〕舍间：谦辞，“我家”的意思。

〔五〕厝（cuò）：把棺材停放待葬，或浅埋以待改葬。

〔六〕灵榇（chèn）：灵柩，装有尸体的棺材。

〔七〕杨名声：曾国藩的卫队军官。弁（biàn）：旧时用来指低级军官。

〔八〕霍山：霍山县，在安徽省西部。王令：霍山县令王自箨。

点评

三河之役，湘军大败，仅有数百人逃回桐城、六安等地。很长一段时间，主帅李续宾以及司令部孙守信、曾国华等将官，活不见人，死不见尸。于是，湖北巡抚胡林翼、李续宾之弟李续宜派人从鄂皖交界、曾国荃派人从赣皖交界，就近赶赴安徽三河镇，从死人堆里反复寻找。直到两个月后，才将李续宾、孙守信遗体找到，而曾国华则迟迟没有下落。

在此之前，曾国藩多次给家中写信，一方面同意先不发丧，一方面又再三表示哀痛。活不见人，死不见尸，不好向朝廷报告。李续宾、孙守信的遗体找到了，曾国藩一方面侥幸六弟还活着，另一方面，又担心他被俘甚至投降，从政治上说，这是曾国藩很不愿意看到的。左宗棠甚至来信，一半出于公心，一半出于私谊，郑重警告，逃将必须重惩。曾国藩只好悻悻回答：是该重办，但胡润翁在黄州，耳目很近，迪庵的弟弟希庵（李续宾）也在，可以审查，不会放过谁，也不会冤枉谁的。但在去年十二月初三日的家信中，他也坦言，六弟或者是“已逃出，如潘兆奎”，或者是“暂降，如葛原五”。这是从亲情上立言，他还保留着最后一线希望。但是，不论是逃出，还是投降，这么长时间都没有一点风声，他也就只能做到最后一点，即“能寻得遗蜕，尚是不幸中之一幸”，“否则，吾何面目见祖考妣及考妣于地下哉？”这些都是他在家书中一再流露的真情实感与内心想法。于是，曾国藩自己从赣东派出杨名声等三名卫兵，都是以前见过曾国华的，又加上两名从太平军逃出的叛兵，并请求李续宜联系安徽霍山县令王自箨，就近悬赏线人，深入三河故垒，总之，是不惜重金，以期必得。

一个月后，也就是咸丰九年正月二十七日子夜，曾国藩接到胡林翼专人送来的信，告知曾国华遗体已经找到，但只是一具无头尸体。为了打消曾国藩的疑虑，他还附来了湖北总督府警卫队刘步瀛写给霍山县令王自箨的信，王自箨写给曾国藩的信、曾国藩所派杨名声等三人写给曾国藩的禀。胡林翼信中还说，刘步瀛就是找到李续宾、孙守信遗体的人，这次，除了找到曾国华无头尸，还找到了同时阵亡的吴立蓉的尸体。

据曾国藩日记，在接信的第二天，他分别给叔叔、三位弟弟、胡林翼、王自簃、杨名声、刘步瀛写信，对胡、王二人，他表示由衷感激，对杨名声等卫兵，他安排其中两人护送遗体回湘，指令一人回营“销差，以便面询一切”，而写给叔叔与刘步瀛的信，当时却似乎没有留底，所以没有抄存在书信副本中。至于此二信为什么没有录副保留，后人只能留下又一个疑虑了。曾国藩写给三位弟弟的家书，附上了胡林翼、王自簃与杨名声的来信，偏偏刘步瀛写给王自簃的信，他却没有附上。由此看来，曾国藩本人对于此事，似乎也有些狐疑。

致澄弟 咸丰九年十月十八日

澄侯四弟左右：

十月十二王孝一到，接九月十九来缄，具审一切。泽儿及五十侄女两场喜事办理尽善〔一〕，慰谢，慰谢。

我祖星冈公第一有功于祖宗及后嗣，有功于房族及乡党者〔二〕，在讲求礼仪，讲求庆吊。我父守之勿失，叔父于祭礼亦甚诚敬。贤弟若能于“礼”字详求，则可以医平日粗率之气而为先人之令子〔三〕；若于族戚庆吊时时留心，则更可仪型一方矣〔四〕。若须酌送重礼者，则寄信来营，余当寄付弟手。余于军中之钱不愿寄回，而后辈婚嫁及亲族红白喜事之最要紧者，则当略寄。南五舅父处〔五〕，余必寄贺信并寄薄礼。其它有应点缀之处，望弟付信来告。

知家中用度日趋于奢，实为可怕，望弟时时存“紧一把”之心〔六〕。其铺账须各开各的〔七〕，不可由大中开〔八〕，兄并无私意见也。弟及泽儿并诸侄贺帖皆收到〔九〕。男婚女嫁，以似以续〔一〇〕，阖家之庆，还为弟贺焉。顺问近好。

兄国藩手草

注释

〔一〕五十侄女：曾国潢之女，“五十”是其小名。

〔二〕房族：同姓宗族。乡党：邻里乡亲。

〔三〕令子：佳子弟。

〔四〕仪型：做人做事都可作为楷模。

〔五〕南五舅：曾国藩表舅。

〔六〕紧一把：减省生活开支。

〔七〕铺账：日常生活采买的账目。开：开支，支付。

〔八〕大中：也叫“公中”，即大家庭的公用款。

〔九〕贺帖：旧时贺卡。

〔一〇〕以似以续：语出《诗经·良耜》，此处是继承家族人脉的意思。“似”通“嗣”。

点评

中国人的传统习惯，是多子多福，因此，只要家境不至过于贫寒，家长都习惯生育多胎。例如曾家，曾国藩的高祖辈有六兄弟，祖父辈、父辈都有三兄弟，到了他这一辈，姐妹兄弟共有九人，他与欧阳夫人也生育了九胎，再算上侄儿侄女，那就接近二十人了。人到中年（本月十一日，曾国藩四十八周岁本命年生日），儿婚女嫁，此事遂逼。去年重出带兵，半路上就把大儿子纪泽、四女儿纪纯的婚事定下来了，儿娶刘蓉之女（纪泽原配贺氏，两年前难产去世），女嫁郭嵩焘子。而在另一边，四弟国潢的大女儿也定下婚期，都在今年秋季完婚。甲三（纪泽小名）今年，甲五（纪梁，国潢长子）明年，此外，还有科一、科四、科六几位堂兄弟，都将陆陆续续聘亲结婚。于是，曾府当家四老倌兴高采烈办喜事，反正他只管出力，出钱的事找大哥。

曾国潢是个很爱面子、爱热闹的人，大哥不在家，六弟去年阵亡，九弟、季弟此时都在前线，家里只有他这一个亲叔叔，他当然要把大侄儿的婚礼办得热热闹闹。而且，自己的姑娘也在同时出嫁，好事成双，一就二便。“两场喜事”办理完毕，他便提笔给大哥写信汇报。

大哥接到四弟来信，当然只能表示感谢。夫人是个女流之辈，没有读过多少书，而且很早就带着大儿子进京单过，与这一大家子公婆、妯娌生活的时间很短，很少有管理大家庭的经验，乡间远近亲戚朋友多，这些场面上的规矩与礼数，她只能仰仗小叔子国潢去操办。所以，曾国藩接信，提笔就说，“办理尽善，慰谢，慰谢”。

接下去写什么呢？写的是他们的爷爷星冈公“有功于祖宗及后嗣”如何，“有功于房族及乡党”又如何。话题怎么一下子转移到这里来了呢？用现在的话说，“一点预警都没有”。其实也不需要什么话“来过渡一下”。曾国藩的思路初看似乎是有些跳跃，但他的四弟应该能理解。大哥的意思是说，咱爷爷很会看事做事，像“礼仪”“庆吊”这种场面上的事情，很“讲究”，一点都不“将就”，拿得起放得下。祖父的样板，父亲继承了，叔父也继承了，现在你也继承了。你只要在待人接物的时候，在“礼貌”上多下些功夫，就可以改掉“平日粗率之气”，对同族，对外亲，遇到“红白喜事”需要“庆吊”的时候，礼数更周到一些，就可以成为一方楷模了。对亲族，手头尽可宽松一些，心意要到，礼数要到。

写完这一层，最后说的是来信的三个答复，第一，“知（只能是从来信得知）家中用度日趋于奢，实为可怕”，所以，“望弟时时存‘紧一把’之心”；第二，以后五个兄弟家，日常开支确实必须各付各的，不能吃大锅饭；第三，四弟和侄儿们的生日贺卡接到，谢谢，你女儿出嫁，祝贺。

结合第二段的“（对亲族）松”与第三段的“（对自家）紧”，可以看出，曾国藩确实是克己待人，而且是坚持不懈的。本年十二月二十三日，曾国藩给国潢和刚回家休息的国荃写信，信末附有一个礼单，抄录于此：

王定二舅爹八两；王定三舅爹八两；欧阳东昇大爹八两；三爹四两；九木匠九爹四两；瑀胡子二两；蔡俊五老母二两；陈大瞎子（即喊伯一换鞋者）二两。

前四位，是亲戚，是长辈；后四位，则是乡亲，更是老人。蔡俊五，大概是少时朋友吧，过年了，记得给他老母送去二两；陈大瞎子，当年“喊伯一换鞋者”，我一直记在心里的，也请帮我送去二两吧。要知道，当时曾国藩的妻子欧阳夫人在湘乡，每个月的零用钱，只有一千文，还不到一两呢。他家的满女纪芬，在晚年写文章，还提到一件事：老爹在军营，老妈在乡下，邻居来借钱，老妈拿不出，邻居很生气，“以为督抚大帅之家，不应窘乏若此”（曾纪芬《廉俭救国说》）。

致澄弟　咸丰十年闰三月二十九日

澄侯四弟左右：

二十七日刘得四来，接弟十三日信，欣悉各宅平安。沅弟是日申刻到，又得详问一切，敬知叔父临终毫无抑郁之情，至为慰念。

余与沅弟论治家之道，一切以星冈公为法，大约有八个字诀〔一〕。其四字即上年所称“书”“蔬”“鱼”“猪”也，又四字则曰“早”“扫”“考”“宝”。早者，起早也；扫者，扫屋也；考者，祖先祭祀，敬奉显考、王考、曾祖考〔二〕，言考而妣可该也〔三〕；宝者，亲族邻里，时时周旋〔四〕，贺喜吊丧，问疾济急，星冈公常曰“人待人，无价之宝”也。星冈公生平于此数端最为认真，故余戏述为八字诀，曰书、蔬、鱼、猪，早、扫、考、宝也。此言虽涉谐谑〔五〕，而拟即写屏上〔六〕，以祝贤弟夫妇寿辰，使后世子孙知吾兄弟家教，亦知吾兄弟风趣也。弟以为然否？顺问近好。

国藩手草

注释

〔一〕字诀：口诀，押韵易记的短语。

〔二〕显考：亡父。王考：亡祖父。曾祖考：亡曾祖父。

〔三〕该：包括在内。

〔四〕周旋：人情应酬。

〔五〕涉：近于。谐谑：风趣，开玩笑。

〔六〕屏：屏风。客厅或居室中的挡风用折叠状的板框，上面多为书画或雕刻装饰。

点评

曾国荃去年十月离营回家，上个月，受曾国藩催促，率部增援安庆攻城部队。前天到达曾国藩驻扎在安徽宿松县的湘军大营。据曾国藩日记，接连几天，兄弟俩“畅谈家事”，“备谈家事”，曾国藩甚至还“竟夕不寐”。曾国藩此时离家又已经一年半，曾国荃回家，改葬先祖坟墓，修建自家新屋，一住就是五个月，现在兄弟俩聚会数日，连日“畅谈家事”，可见家庭在他们心目中的分量。

从曾国藩这封信可以看出，他们兄弟俩“畅谈家事”，“备谈家事”，其中很重要的一个话题，就是他们的爷爷星冈公。曾国藩说，论治家之道，要“一切以星冈公为法”。“一切”的范围太广，曾国藩把它归结为八个方面。八个方面也太多，于是曾国藩想出一个办法，就是使出拿手好戏，编它一个口诀，押韵，好记。以前，他就把种竹、种菜、养猪、养鱼拼凑起“竹”“蔬”“鱼”“猪”来押韵，后来用子弟读书传家的“书”，换下了家园种竹的“竹”。这几天与九弟论治家之道，又依据星冈公的平生为人，概括成“书”“蔬”“鱼”“猪”“早”“扫”“考”“宝”，而且逐一解释，什么叫“早”，什么是“宝”。最后郑重指出，“星冈公生平于此数端最为认真”，并且还要写到屏风上，作为给四弟夫妇的四十岁生日贺礼，“使后世子孙知吾兄弟家教，亦知吾兄弟风趣”。

曾国藩叔父曾骥云正月去世，这当然也是他们的谈话内容之一，当时国荃在家，现在国荃来营，曾国藩“得详问一切”，“知叔父临终毫无抑郁之情”，所以信的开头就说，“至为慰念”。因为前两个月信中已经对叔父的后事做过安排，所以这封信就没有多说，而是转到了“治家之道”。

致澄弟　咸丰十年五月初四日

澄侯四弟左右：

二十九日寄一缄[一]，由骆中丞处转交，不知何时可到？

余拟于十五日起行，带兵渡江，驻扎徽州、池州二府境内[二]。其九弟所带之万人，现扎安庆城外者，仍不撤动。盖以公事言之，余虽驻军南岸，仍当以北岸为根本。有胡中丞在北岸主持一切，又有多礼堂、李希庵及沅弟三支大军[三]，则北岸稳，湖北稳，袁、翁之军亦稳[四]，余在南岸亦可倚北为声援也。以私事言之，则余为地方官，若仅带一胞弟在身边，则好事未必见九弟之功，坏事必专指九弟之过。嫌疑之际，不可不慎也。余定带鲍镇超之霆字营六千人、朱品隆二千人及现在宿松之马步二千人[五]，合万人先行。余俱在湖南陆续调集招募，足成三万之数。左季高现奉旨以四品京堂候补襄办余处军务[六]，所有应在湖南招勇等事，即咨请季翁在湘料理一切。

纪泽儿若来省觐[七]，则由长沙或坐战船或坐民船，直下湖北以至湖口、东流[八]，余扎营当在东流附近地方。长江之险，夏月风涛无定，每遇极热之时，须防暴风之至，下晚湾泊宜早[九]。来营住一月，即令其速归也。望弟谕知泽儿沿途谨慎，不必求快。顺问近好。

兄国藩手草

注释

〔一〕缄：书信。

〔二〕徽州：在安徽省南部，今为黄山市。池州：在安徽省南部，今为池州市。

〔三〕多礼堂：即多隆阿（1817—1864），字礼堂，呼尔拉特氏，满洲正白旗人。早年从军，绿营著名将帅，官至荆州将军，阵亡于陕西。李希庵：即李续宜（1822—1863），字克让，号希庵，湖南省湘乡县上里（今属涟源市）人。以书生随罗泽南征战，积功官至湖北巡抚、安徽巡抚。

〔四〕袁：此处指袁甲三（1806—1863），字午桥，河南省项城县（今为项城市）人。由礼部主事官至漕运总督，病卒于任。翁：此处指翁同书（1810—1865），字祖庚，号药房，江苏省常熟县（今为常熟市）人。体仁阁大学士翁心存长子，此时任安徽巡抚。后被曾国藩查处参劾，下狱候斩，减罪流放伊犁，病卒于军。

〔五〕鲍镇超：即鲍超，镇是对总兵（正二品武职）的尊称。朱品隆：字云岩，曾国荃旧部，后为曾国藩亲兵营分统。宿松：宿松县，在安徽省西南，与湖北、江西交界，在长江北岸。

〔六〕京堂：本来是指朝廷各衙门的长官，后来泛指官位不高（如三品、四品）而委任较重的新任官员。襄办：助理，辅佐。

〔七〕省觐（xǐng jìn）：子女探望父母，也可包括其他尊长。

〔八〕湖口：湖口县，在江西省北部，长江南岸。东流：东流县（今合并到池州市），在安徽省南部，长江南岸。

〔九〕下晚：傍晚。

点评

半个月前，曾国藩被清廷任命为署理（代理，试用）两江总督，这封信开头所说的“二十九日寄一缄”，就是告知此事。

这是曾国藩十二年来第一次加官晋级。不管是早几年的湖北巡抚，还是近两年的兵部侍郎，都与他当年的礼部侍郎同属从二品，而且那个湖北巡抚，咸丰帝给了仅仅十天就反悔收回去了，那个兵部侍郎，也只是一个虚衔。两次戴孝领兵，艰苦备尝，此时终于赏给了一个兵部尚书的头衔，两江总督的实职，官居一品了。

曾国藩的时来运转，得益于两方面，一是他的对手太平军的强大，二是他的友军与前任的无能。堂堂国家正规军八旗绿营，前后十万人，竟然一再被揭竿而起的农民军打得落花流水，江南大营，江北大营，和春，向荣，张国樑，不管是统帅，还是钦差大臣，几年下来，死的死，逃的逃。就在这两个月，不但被太平军占领的南京久攻不下，而且当时的江苏省会苏州及其附近的州县，都一个个落入太平军手中。两江总督何桂清，竟然一再败逃，不但不能尽守土之责，而且扔下江南驻地的数十万民众，自己躲到了上海。这样，清廷当即将其革职，让这些年来一直与太平军苦斗的曾国藩一举登上两江总督的宝座。

当然，朝廷也不是只管施恩，而不求回报，与任命同时下达的，就是“迅速驰往江苏”，救援江南财税重地。此时，曾国藩驻军安徽宿松县，此地与湖北、江西两省交界，远在长江北岸。按照他与湖北巡抚胡林翼等人的战略计划，湘军与原在安徽省的袁甲三等部队，一个围攻南边的安庆（此前的安徽省会），一个扼守北边的庐州（此时临时的安徽省会，今合肥市）。现在江南一败涂地，曾国藩身为两江总督，必须率部“驰往江苏”，也即是说，必须从长江北岸渡江，赶赴长江南岸。

两江总督，收复失地，当然必须带领能征善战的嫡系劲旅，而且还要兵强马壮。打虎亲兄弟，首选当然是九弟国荃的吉字营。但是，曾国藩此时需要考虑的，一是公，二是私。于公，从大局看，吉字营围攻安庆，势必不能撤军，一旦撤军，北岸的战局就会逆转，太平军就会从守势转为攻势；于私，两江总督不同于此前的钦差大臣临时差遣，而是江南最高军政长官，曾国藩当然不便“带一胞弟在身边”。有功不便奏请保举奖赏，有过又遭众人猜忌弹奏。“嫌疑之际，不可不慎”，这便体现出曾国藩的官场经验与政治远见。所以，他宁肯从各处分头调集，先带一万部队南渡，甚至在湖南招募新兵，也没有把国荃的吉字营从安庆前线撤回来。为此，半年后，在长达三个月的时间里，他一再落入太平军的包围之中，他也一次次写下遗书，甚至把佩刀放到枕头边，随时准备以身殉国。为他解救危难的，就是他一手提拔的四川好汉鲍超。

致季弟　咸丰十年六月二十七日

季弟左右：

顷接沅弟信，知弟接行知〔一〕，以训导加国子监学正衔〔二〕，不胜欣慰。官阶初晋，虽不足为吾季荣，惟弟此次出山，行事则不激不随〔三〕，处位则可高可卑，上下大小，无人不翕然悦服〔四〕。因而凡事皆不拂意〔五〕，而官阶亦由之而晋。或者前数年抑塞之气，至是将畅然大舒乎？《易》曰：“天之所助者顺也，人之所助者信也。”〔六〕我弟若常常履信思顺〔七〕，如此名位岂可限量？

吾湖南近日风气蒸蒸日上。凡在行间〔八〕，人人讲求将略，讲求品行，并讲求学术。弟与沅弟既在行间，望以讲求将略为第一义，点名、看操等粗浅之事，必躬亲之〔九〕，练胆、料敌等精微之事，必苦思之。品、学二者，亦宜以余力自励。目前能做到湖南出色之人，后世即推为天下罕见之人矣，大哥岂不欣然哉！哥做几件衣道贺。

沅弟以陈米发民夫挑濠〔一〇〕，极好极好！此等事，弟等尽可作主，兄不吝也。

注释

〔一〕行知：旧时公文术语，即“行文通知”的意思，此处指通知公事的官方文书。

〔二〕训导：明清时代负责一县教育的低级官员，从八品。国子监：明清时期在首都设立的最高学校，各省考选的优秀生员（秀才）在此进修。学正：国子监下级管理人员，正八品。

〔三〕不激不随：既不急躁鲁莽，也不盲目随从。

〔四〕翕（xī）然悦服：一致称颂，心悦诚服。

〔五〕拂意：此处是“违背他人意愿”的意思。

〔六〕《易》：即《周易》，也叫《易经》。“天之所助”句：孔子所言，见于《周易·系辞上传》第十二章。“顺”指顺从天理人情，“信”指讲求诚信。

〔七〕履信思顺：与“天之所助”句同一出处，“坚守诚信，以求合乎天理人情”的意思。

〔八〕行（háng）间：代指军队。

〔九〕躬亲：“亲力亲为”的意思。

〔一〇〕民夫：临时为军队承担后勤的民众。挑濠：开挖战壕。

点评

曾国葆早在咸丰三年（1843）就开始带兵，当时他大哥曾国藩主持湖南团练，他也刚满二十五岁，就带着本县的600名乡勇进省操练，日后位居一品大员的杨岳斌、彭玉麟，当时都是他手下的“连排级干部”。但第二年曾国藩与湖南官场矛盾加大，以致把跟在身边打帮手的四弟国潢都强行劝说回家，国葆也就在岳阳兵败之后黯然回家。他既无科举功名，又没捐资入官，因此在家碌碌无为。随后，六哥国华、九哥国荃先后分赴安徽、江西军营，各有官阶，因此，他也想重返军营。曾国藩起初未置可否，但三河之败，曾国华阵亡，曾国藩也就很犹豫了，在咸丰八年十二月十三日的家书中，他就这样说过：“洪弟明年出外，尚须再三筹维。若运气不来，徒然怄气。帮人则委曲从人，尚未必果能相合；独立则劳心苦力，尚未必果能自立。如真能受委曲，能吃辛苦，则家庭亦未始不可处也。”湖北巡抚胡林翼得知此事，立即表示支持，曾国葆也就来到湖北。胡林翼一下子分给他两个营，从湖北打到安徽。本年三月，曾国藩决计攻打被太平军攻占的安徽省会安庆，国葆率部与国荃汇合，参与对安庆的合围。

曾国藩这封信开头所说的“以训导加国子监学正衔”，就是曾国葆从军以来的第一次晋职。虽然官品不高，但毕竟有了一个起点，所以，曾国藩单独给国葆写信，一是表扬与鼓励，二是教导与要求。

国葆是家中的老满，上面有两个姐姐四个哥哥，多少有些娇气，而且比大哥小十七八岁，因此，曾国藩写信，先说表扬和鼓励：“弟此次出山”，心态很好，遇事不激不随，做人做事都做得很好，听说大家都很抬举你，都很支持你。正因为这样，所以你才一路顺风顺水，官阶加身。看来，这是上天对你前几年所受磨难的一种回报，从此就要踏上光明大道了。然后，再引经据典，《易经》怎么说的，孔圣人怎么说的，都是说人要信守天道，老太爷肯定是会庇佑那些信守天道的人的。

说完这些，接下来就可以正面教导了：凡是带兵打仗的人，人人都要讲求作战本领，讲求领导素质，讲求带兵之道。比如说，“点名、看操等粗浅之事，必躬亲之，练胆、料敌等精微之事，必苦思之”。现在我们湖南人带兵的多，你能在湖南人里做出个人样，将来就一定成为“天下罕见之人”。想到这些，大哥怎么会不欣欣然呢？大哥给你做几件好衣服，算是大哥的祝贺吧。

曾国藩带兵，非常注重军官的作风建设，特别强调“廉”“明”“勤”三个字。这里对小老弟的训示，点名、看操等粗浅之事，军官必须亲力亲为，坚持不懈，就是他一以贯之的“勤”字；练胆气、察敌情等精深之事，军官必须昼夜苦思，牢记心中，更是他多年带兵的切身感受。总之，“习劳苦为办事之本”（七月初八日《致沅弟季弟》），这是他的阅历所知，也是他的经验之谈。所以，在这封家书中，他要向重返军营的小弟郑重告诫。

致沅弟季弟　咸丰十年七月十二日

沅弟、季弟左右：

十二早接弟贺信，系初七早所发，嫌到此太迟也。

兄膺此巨任〔一〕，深以为惧。若如陆、何二公之前辙〔二〕，则诒我父母羞辱〔三〕，即兄弟子侄亦将为人所侮。祸福倚伏之几〔四〕，竟不知何者为可喜也。默观近日之吏治、人心及各省之督抚将帅，天下似无戡定之理〔五〕。吾惟以一“勤”字报吾君，以“爱民”二字报吾亲〔六〕。才识平常，断难立功，但守一“勤”字，终日劳苦，以少分宵旰之忧〔七〕。行军本扰民之事，但刻刻存爱民之心，不使先人之积累自我一人耗尽。此兄之所自矢者〔八〕，不知两弟以为然否？愿我两弟亦常常存此念也。沅弟“多置好官”“遴选将才”二语〔九〕，极为扼要，然好人实难多得，弟为留心采访。凡有一长一技者，兄断不敢轻视。

谢恩折今日拜发〔一〇〕。宁国日内无信〔一一〕，闻池州杨七麻子将往攻宁〔一二〕，可危之至！

注释

〔一〕膺：此处是“担当”“获取”的意思。

〔二〕陆：指前任两江总督陆建瀛（1792—1853），字立夫，湖北省沔阳县（今为仙桃市）人。由编修官至两江总督，太平军沿江东下，陆建瀛迎击不力，败退南京，遭清廷革职拿问，太平军入城被杀。何：指前任两江总督何桂清（1816—1862），字丛山，号根云，云南昆明人。由编修官至两江总督，在常州遇敌，逃往上海，遭清廷革职拿问处死。前辙：即“覆辙”，翻过车的道路，比喻过去失败的做法或前人失败的教训。

〔三〕诒（yí）：传给，给与。

〔四〕祸福倚伏：语出《老子》：“祸兮，福之所倚;福兮，祸之所伏。”大体意思是，天道难测，祸福相依，如从灾祸中汲取教训，发愤图强，反而能带来吉祥；如果一味沉迷享福，那灾祸也就会随之而来了。几（jī）：隐微难察的玄机。

〔五〕戡（kān）定：平定。

〔六〕吾亲：我们的父母。

〔七〕宵旰（gàn）之忧：指皇帝早起晚食而勤劳国事。“宵旰”是“宵衣旰食”的省略。

〔八〕自矢：自誓，立志不移。

〔九〕遴（lín）选：择优选拔。

〔一〇〕谢恩折：封建时代，大臣感谢皇帝授予官职或赏赐荣誉的专项奏折。

〔一一〕宁国：宁国府，在安徽省东南部，今为宁国市。

〔一二〕杨七麻：指杨辅清，外号“杨七麻子”，广西桂平县人。参与洪秀全“金田团营”（金田起义），先后受封国宗、中军主将、辅王，太平天国失败后十年，在福建被捕杀。

点评

提笔就说接到贺信，但又“嫌”到得太迟，这是曾国藩告诉两位弟弟，你们选派的送信人，还要多加监督，为什么呢？从安庆到祁门，他竟然走了五六天，肯定不算吃苦耐劳的人。

再说两位老弟发来的贺信，当然是为大哥跃居两江总督而发。曾国藩两个多月前就担任两江总督了，为什么国荃他们现在才写来贺信呢？这是因为，那一次是“署理”，也就是代理，试用，而这一次，却是“实授”，也就是“试用期满”，“转正”了。大哥实授两江总督，兼授钦差大臣，办理江南军务，两位同在安徽军营的老弟当然高兴，因此，不待大哥通知，在得到喜讯后立即写信祝贺。

在初七日国荃他们写贺信的第二天，曾国藩也给他们写过信，说的都是怎样带兵，要习劳苦，习劳苦为办事之本。只是在信末，才说实授之事，但随即说，“所虑者，苏、常、淮、扬无一枝劲兵前往”，责任太重，“位高非福”。这既是实情，也是曾国藩一贯的低调作风。现在接到弟弟们的贺信，他更加要及时告诫弟弟们，要谦虚谨慎，不要得意忘形。这封信就是切实说明其中的道理。

两江总督，掌握着中央财政的大半个金库，每年向朝廷上缴地税，供应漕粮，担任这个重要职务的人，都是朝廷最为信任的，官运前程不可限量。只可惜，自从广西的太平军沿江东下，两江总督的厄运就开始了。曾国藩的前任何桂清，不仅连两江总督的衙门都没有进得去（被太平天国的天王洪秀全占据着），而且被太平军一路追击，最后冒险逃窜到上海躲避，以致革职查处（两年后被朝廷处死）；而陆建瀛更是被太平军打得落花流水，狼狈逃窜，朝廷将其革职，太平军将其处死。所以，曾国藩首先就以他们两人为例，告诫弟弟，你们高兴，我却怕得要命，如果像陆某、何某那样的下场，一是有辱于爹娘，二是有害于你们家人。古人说，祸兮福所倚，福兮祸所依，是祸是福，现在真说不清楚。接着，曾国藩还进而特别指出，从这些年的国家大势来看，官场太不像话，各省的军政大员，都不像是平定暴乱的人。

既然说到了各省督抚将帅，当然也包括他自己，于是，曾国藩进一步表明心迹：我的才能自己清楚，很一般，绝对难于建立多大的功勋，目前唯一能做的，或者说做得到的，第一，以“勤苦工作”报答皇恩，第二，以“爱护百姓”无愧父母。因为行军打仗是很容易破坏老百姓的日常生活的，克敌制胜不容易，但不祸害百姓，却是用心就可以做得到的。这就是为兄发誓要做的。说到这里，先说一句，不知道你们两位同意这点不？再叮嘱一句，“愿我两弟亦常常存此念也”。

以上是对来信祝贺有感而发。信末两句，一句说，谢恩折今天拜发；另一句说，敌军悍将进攻宁国，军情可危之至。看看吧，“兄膺此巨任，深以为惧”，怎么样，兑现了吧？

致沅弟季弟　咸丰十年九月初七日

沅、季弟左右：

初五日酉刻接初二午刻来缄，具悉一切。纪泽在桃树店所发之禀亦已收到。

徽州、休宁之贼日内尚未动作〔一〕，鲍、张两军日内亦休息未进，祁门、黟县等处渐有卖米盐者〔二〕。希庵所带四营，暂令扎去祁六十里之历口地方，防西路之贼穿建德、祁门中间而走景德镇〔三〕，即去年沅弟破景德镇贼之出路也。次青二十五日城破走出〔四〕，二十六夜在街口所发信，初六夜乃接到，大节已亏，此后难于自立矣。

二十五夜所奉寄谕，初六日乃恭折复奏，兹钞去一阅。不知皇上果派国藩北上，抑系派润帅北上？如系派我北上，沅弟愿同去否？为平世之官，则兄弟同省必须回避；为勤王之兵〔五〕，则兄弟同行愈觉体面。望沅弟即日定计，复书告我。无论或派我或派润帅，皆须带万人以行，皖北皖南两岸局势必大为抽动，请弟将如何抽法、如何布置，开单见告。一切皆暗暗安排，胸有成竹，一经奉旨，旬日即可成行。不可似都将军〔六〕，四月初十发起程折，八月乃成行也。两弟以为何如？

注释

〔一〕休宁：休宁县，在安徽省南部。

〔二〕祁门：祁门县，在安徽省南部。黟县：在安徽省南部。

〔三〕建德：建德县，在安徽省南部，今为东至县。景德镇：原属浮梁县，在江西省西北部，今为景德镇市。

〔四〕次青：即李元度，曾国藩前期幕僚，此时位任皖南道。

〔五〕勤王：带兵进京，抗击敌军，保卫君王。

〔六〕都将军：即都兴阿（1818—1875），字直夫，郭贝尔氏，隶属满洲正白旗。因父、祖高官世袭贵族，从宫廷侍卫升至江宁将军、荆州将军、西安将军、盛京将军等职。

点评

这封信前后两层意思，先说皖南军务，后说北上勤王。自古勤王就是头等大事，曾国藩难道这么不经心么？这里面的情况，确实很复杂。当时的南北军情，确实害得曾国藩很为难。

先说南边的，曾国藩接手两江总督，江苏、安徽、江西三省，都是他的管辖地，而江苏的南京被太平军天王洪秀全盘踞着，省会苏州被太平军忠王李秀成把守着，身为钦差大臣，他肩负着收复失地的重大使命，而且又刚从倒霉鬼张芾手上接过皖南军务的烂摊子。谁知道，宁国、徽州相继失守，这几年战绩优秀的爱将李元度，刚被曾国藩委以重任，从浙江隔省调任皖南道，却在太平军的突袭之下，一座徽州城，他接手了刚几天就弃城而逃，气得曾国藩破口大骂“大节已亏”。

偏偏就在这个时候，中英第二次鸦片战争的战火，竟然从天津直逼北京。朝廷君臣起初轻敌，轻信蒙古族亲王僧格林沁的精锐部队，结果马刀骑兵不抵洋枪洋炮，英法联军占领天津，进攻通州，张家湾、八里桥两次激战，僧格林沁的骑兵与革职钦差大臣胜保率领的禁卫军都没能抵挡敌军，吓得咸丰皇帝逃出京城，躲到承德。在这种情况下，败将胜保上奏，“用兵之道，全贵以长击短”。洋人以洋枪洋炮见长，但短兵相接是其短处，安徽战场的曾国藩等部，都是“川楚健勇”，可以“兵刃相接”，“与贼相搏”，敌军“定可大受惩创”，请朝廷下旨，命令曾国藩等人抽调数千精兵，交付悍将鲍超等人带领，“交胜保调遣”，“迅扫逆氛”（打败外国侵略者）。

从军事战略上看，南方精锐部队确实不宜抽调，因为清朝的半壁江山已经被太平军搞得一团糟，必须及早结束内乱。这一点，清廷很清楚，此前也只是命令山西、山东等省派兵增援。而且胜保的建议，明显就很拙劣：面对洋枪洋炮，僧格林沁的两万蒙古兵阻挡不了，你自己的几千宫廷警卫部队也阻挡不了，山东、山西已经奉旨就近增援，你现在非要点兵抽调曾国藩的主力部队，而且用谕旨的形式下令，“交胜保调遣”。如此明目张胆挖墙脚，而且是假借“勤王”的名义，公然趁火打劫，这让湘军统帅曾国藩非常不乐意。于是，他拖了十天才给朝廷上奏，摆出一系列充足的理由，表示鲍超官位不够，不如调我或调湖北巡抚胡林翼，带大部队北上，保卫首都，是否可行，请指示。

上奏之后的第三天，曾国藩给安庆围城部队的前线指挥官曾国荃写出这封信，说你赶紧“暗暗安排”，“如何布置”详细告诉我。勤王是体面的事，兄弟同行更加体面。不过，一旦决定放弃安庆，率部北上，就要奉旨即行，最多十天，不能像那个一介武夫都将军，四月初十发了启程折，结果一拖四个月才出发。

在写这封信之前，甚至在上奏朝廷请旨之前，曾国藩已经从留守北京的恭亲王来文得知，咸丰皇帝逃到承德去了，英法联军离北京只有二十里了。他知道，城下之盟，大局已定，赶不上了。当然，这些话，他没有对两位老弟说。有些话，即便是兄弟也不好说，只能说些表面上的话头。

致沅弟 咸丰十年九月初十日

沅弟左右：

初九夜接初五日一缄，初十早又接初八日巳刻、午刻二缄〔一〕，具悉一切。

初九夜所接弟信，满纸骄矜之气〔二〕，且多悖谬之语。天下之事变多矣，义理亦深矣，人情难知，天道亦难测，而吾弟为此一手遮天之辞，狂妄无稽之语，不知果何所本？恭亲王之贤〔三〕，吾亦屡见之而熟闻之，然其举止轻浮，聪明太露，多谋多改。若驻京太久，圣驾远离〔四〕，恐日久亦难尽惬人心。僧王所带蒙古诸部在天津、通州各仗〔五〕，盖已挟全力与逆夷死战〔六〕，岂尚留其有余而不肯尽力耶？皇上又岂禁制之而故令其不尽力耶？力已尽而不胜，皇上与僧邸皆浩叹而莫可如何，而弟屡次信来，皆言宜重用僧邸，不知弟接何处消息，谓僧邸见疏见轻〔七〕，敝处并未闻此耗也〔八〕。

分兵北援以应诏，此乃臣子必尽之分。吾辈所以忝窃虚名〔九〕，为众所附者，全凭“忠义”二字。不忘君，谓之忠；不失信于友，谓之义。令銮舆播迁〔一〇〕，而臣子付之不闻不问，可谓忠乎？万一京城或有疏失，热河本无银米，从驾之兵难保其不哗溃。根本倘拨〔拔〕，则南服如江西、两湖三省又岂能支持不败〔一一〕？庶民岂肯完粮〔一二〕？商旅岂肯抽厘〔一三〕？州县将士岂肯听号令？与其不入援而同归于尽，先后不过数月之间，孰若入援而以正纲常、以笃忠义〔一四〕？纵使百无一成，而死后不自悔于九泉，不诒讥于百世。弟谓“切不可听书生议论”，兄所见即书生迂腐之见也。

至安庆之围不可撤，兄与希庵之意皆是如此。弟只管安庆战守事宜，外间之事，不可放言高论，毫无忌惮。孔子曰“多闻阙疑，慎言其余”〔一五〕，弟之闻本不多，而疑则全不阙，言则尤不慎。捕风捉影，扣盘扪烛〔一六〕，遂欲硬断天下之事〔一七〕。天下事果如是之易了乎？大抵欲言兵事者，须默揣本军之人才，能坚守者几人，能陷阵者几人；欲言经济〔一八〕，须默揣天下之人才，可保为督抚者几人，可保为将帅者几人。试令弟开一保单，未必不窘也。弟如此骄矜，深恐援贼来扑，或有疏失。此次复信，责弟甚切。嗣后弟若再有荒唐之信如初五者，兄即不复信耳。

注释

〔一〕巳刻：即巳时，上午九点至十一点。午刻：即午时，中午十一点至下午一点。

〔二〕骄矜：骄傲自负。

〔三〕恭亲王：即爱新觉罗·奕䜣（1833—1898），道光帝第六子，咸丰帝异母弟，先后担任领班军机大臣、议政王、领班总理衙门各国通商事务大臣。

〔四〕圣驾：皇上，皇帝。

〔五〕僧王：指僧格林沁（1811—1865），博尔济吉特氏，蒙古族贵族，蒙古科尔沁旗（今属内蒙古通辽市）人。先后担任御前行走、御前大臣、蒙古都统、满洲都统等职，因阻击太平天国北伐军，由郡王晋爵亲王，并参与抗击英法联军的反侵略战争，后被捻军击杀在山东。通州：位居北京、天津之间，清代属顺天府，现为北京市行政副中心。

〔六〕逆夷：外国来犯敌军。

〔七〕僧邸：即僧格林沁。“邸”是“王邸”的省略，此处用“王邸”表示“王位”。见疏：被疏远。

〔八〕耗：消息。

〔九〕忝（tiǎn）：自谦之词，表示“有愧于”的意思。

〔一〇〕銮舆：本为皇帝的车马仪仗，后多用来代指皇帝。播迁：遭遇动荡，不得已迁徙流离。

〔一一〕南服：南方。

〔一二〕庶民：老百姓。完粮：农民上缴朝廷的农业税。

〔一三〕商旅：行商，贩运商品的小商人。抽厘：在正常税收之外，对贩卖或贩运商品视其价值征收1%（即1厘）军务税，兴起于咸丰三年（1853）。

〔一四〕纲常：本指三纲五常，三纲即“君为臣纲，父为子纲，夫为妻纲”，强调的是名分与服从；五常即仁、义、礼、智、信，五种道德准则。此处泛指封建社会的最高行为准则。

〔一五〕“多闻阙疑”句：语出《论语·为政》，意思是说，要多听，拿不准的先放下，其余有把握的，也要谨慎地说出来；要多看，有疑惑的先放下，其余有把握的，也要谨慎地去做。

〔一六〕扣盘扪烛：比喻认识片面，未得要领。苏轼《日喻》说，有人生下来双目失明，不知道太阳是什么样子，别人告诉他说：“太阳的样子像铜盘。”这个盲人就去敲铜盘。后来听到敲钟的声音，觉得两者声音一样，就把钟当作了太阳。他又听别人说：“太阳的光像蜡烛。”他便用手摸蜡烛。后来他偶然摸到一支形状像蜡烛的乐器，就把它当作了太阳。

〔一七〕断：评断，判断。

〔一八〕经济：此处是“经邦济国”“掌管国家大事”的意思。

点评

曾国藩这封家信火气很大，因为老弟来信把他气得不轻。不过，并不是因为家事，而是涉及国家大事，这就是上封信说到的“北上勤王”。

曾国荃的来信目前已经找不到，很可能是曾国藩当时就把它毁掉了。从曾国藩回信的训斥来看，曾国荃的信大概有这么三点意思：第一，反正皇帝跑了，京城让他亲弟弟恭亲王代管，恭亲王对外交又很在行，僧亲王不能被疏远，还应该受重用，现在我们不要理睬胜保的“馊主意”，鲍超交给他调遣，肯定是“肉包子打狗——有去无回”。第二，我攻打安庆太平军，意义重大，胜利在望，撤走鲍超主力，我的围城部队就很容易被太平军内外夹击。第三，哥哥你应该权衡清楚，不要被别人牵着鼻子走。

曾国荃说的肯定是实情，问题是，这些话用得着曾国荃来说吗？曾国藩拖延十天才给朝廷回复，说什么“调鲍超不如调大臣”，我和胡林翼“受恩最深”，“呼应较灵”，虽然是地方官，守土有责，但正好我还没有接印，不需要什么交接手续，胡林翼湖北军政可以交给湖广总督，只要朝廷调我们救援，我们可以迅速率部增援。面子上的话非常好听，但骨子里明显就是缓兵之计。

从曾国藩在九月初六日写给胡林翼的信可知，如此复奏，“主意系希庵（李续宜）所定，与侍（我）初计相符”。李续宜此时一直与胡林翼联合指挥江北部队，却亲自赶来曾国藩大营，一连四五天，天天密谈“北援事宜”（曾国藩日记）。两人一拍即合，这才想出一个“请旨赴援”的好办法。当时朝廷与大臣的往来通讯，依靠的是驿站骑兵一站一站轮流换班往前跑，五千里的路程，六百里加急飞奔，一来一回，怎么也得二十天以上，而曾国藩已经在两天前得到恭亲王的通知，英法联军离北京只有二十里了。说得更具体更确切一些，在曾国藩得信的二十天前，英法联军已经打进了北京朝阳门，而且直扑咸丰皇帝的行宫颐和园，侵略者甚至在北京城公开拍卖圆明园历代珍宝了。这些情况，曾国藩此时当然不知道，他只知道，他是刚刚受命督办江南军务的钦差大臣，肩负所有大江南北水陆各军平定东南的艰巨任务。他既不能把嫡系主力拱手让人，也不能坐视江南军务受损，而且身为讲求忠君之道的理学大臣，他更不能不拿出飞兵勤王不计成败的决心与姿态。

可是，就在这个关键时刻，出山刚刚几年的老弟国荃，冒冒失失写来一信，恭亲王如何如何，可以胜任留守重任，僧亲王如何如何，还能拼死抵抗，我这里如何如何，不能撤退，大哥你如何如何，“切不可听书生议论”。总之，“硬断天下之事”，而且公然写到纸面上，交到别人手上带过来。外国侵略者兵临城下，皇帝出逃，事关民族情感、国家大义，偏又与敌我悬殊、胜负已定等局面搅在一起。曾国藩身为大臣，手握重兵，不能遵旨即刻派兵救援，已经是身心煎熬、疲惫不堪。这时候，兄弟之间，国荃给大哥说几句私房话，不是不可以，但是你不能白纸黑字写出来。而且，你能想到的，你大哥都能想得到，不需要你来添乱。一个刚刚带兵的中下级军官，你懂什么？你竟然写出这种“满纸骄矜之气，且多悖谬之语”的荒唐信来，于是，“天下之事变多矣，义理亦深矣，人情难知，天道亦难测，而吾弟为此一手遮天之辞，狂妄无稽之语，不知果何所本？”一连串质问就抛过去了。你见过亲王大臣吗？你说恭亲王、僧亲王之事，哪一条经得起批驳？尤其是，“分兵北援以应诏，此乃臣子必尽之分”，你要我“切不可听书生议论”，这个时候不讲君臣名节，行吗？你说“安庆之围不可撤”，这还用得着你说？你只管做好你自己的事就行。你以后要再写这种荒唐信，我就懒得理睬你了。

几天后，曾国藩接连写给大弟弟国潢的信，真实吐露了此时的两难处境："明知此事无益于北，有损于南，而余忝窃高位，又窃虚名，若不赴君父之难，则既诒后日之悔，复惧没世之讥，成败利钝，不敢计也"，"余若奉旨派出，带兵北上，成败利钝全不计较，但以明君臣之大义"。当然，这里面又有几分是"面子上的漂亮话"了。

致澄弟　咸丰十年十月初四日

澄侯四弟左右：

八月二十四发去之信，至今未接复信，不知弟在县已回家否？

余所改书院图已接到否？图系就九弟原稿改正，规模太崇闳〔一〕。当此大乱之世，兴造过于壮丽，殊非所宜，恐劫数未满〔二〕，或有他虑〔三〕。弟与邑中诸位贤绅熟商〔四〕。去年沅弟起屋太大〔五〕，余至今以为隐虑〔六〕。此事又系沅弟与弟作主，不可不慎之于始。至嘱，至嘱！

京城信息甚坏〔七〕，皖南军务无起色，且愧且愤。家事有弟照料，余甚可放心，但恐黄金堂买田起屋〔八〕，以重余之罪戾〔九〕，则寸心大为不安，不特生前做人不安，即死后做鬼也是不安。特此预告贤弟，切莫玉成黄金堂买田起屋〔一〇〕。弟若听我，我便感激尔；弟若不听我，我便恨尔。但令世界略得太平，大局略有挽回，我家断不怕没饭吃。若大局难挽，劫数难逃，则田产愈多，指摘愈众〔一一〕，银钱愈多，抢劫愈甚，亦何益之有哉？嗣后黄金堂如添置田产，余即以公牍捐于湘乡宾兴堂〔一二〕，望贤弟千万无陷我于恶。顺问近好。

兄国藩手草

注释

〔一〕崇闳（hóng）：高大宏伟。
〔二〕劫数：命中注定不可避免的厄运与灾难。
〔三〕他虑：另外发生的变故。
〔四〕邑中：县里，本县的。
〔五〕起屋：造房子，兴造住宅。
〔六〕隐虑：心中隐隐的不安。
〔七〕信息：消息。
〔八〕黄金堂：曾国藩祖居，此时曾国藩妻儿在此居住。
〔九〕戾（lì）：罪过。
〔一〇〕玉成：促成，成全。
〔一一〕指摘：挑出错误，加以批评。
〔一二〕公牍：公文，官方文书。宾兴堂：旧时州县借助民间捐资所设会所，经管公田收入，资助本地参与秀才以上考试者的旅途开支与报考费用，并辟有宿舍方便临时住宿。

点评

据曾国藩日记，九月二十八日，他清早起床，照例拆阅公私信件。其中有一件是湖北巡抚胡林翼写给幕僚陈鼒的信，因为陈鼒刚从曾国藩大营去江西，曾国藩担心有什么紧要事交办，所以就赶紧拆开来看。一看才知道是封密信，大意是“如你所说，沅甫（曾国荃号沅甫）被本县舆论如此批评，实在有些出格，身处大乱之世，确实不太明智，你还是要私底下直接告知涤公（曾国藩号涤生），好好规劝教育”等等。曾国藩一下子看懵了，心想，陈作梅（陈鼒字作梅）在我这里几个月，几乎天天见面，怎么从没半个字说到这事。于是，赶紧叫来机要秘书李鸿章，一再追问，陈作梅跟你说过沅甫的事没有。李鸿章只好回答：一是去年在家休假时，国荃抢占洪姓人家的坟地，气得洪家人给曾国藩写信告状，“言语憨直”，而且还拿给当地的绅士看过，要求评理，因为话很难听，被别人劝解，这才没有寄过来；二是国荃在家大兴土木，所建“新屋规模壮丽，有似会馆，所伐人家坟山大木，多有未经说明者”。气得曾国藩到半夜还睡不着，日记里一五一十都写进去了。

日记记载，第二天一早，他给国荃写去一封信，十月初三日又写去一信，现在查明，说的都是军事。到十月初四，曾国藩“写家信，澄侯一件，夫人一件，均言家中不可置买田产”。写给欧阳夫人的信，现在找不到了，写给四弟澄侯的信，就是这一件。

先问老弟，八月以后就没有接到你的信，还在县里忙得回不来家吗？接着就说，还是忙建造书院的事吧？我修改寄回的图纸，你收到了吗？原来的设计太铺张了，用得着建造那么高大雄伟吗？“当此大乱之世，兴造过于壮丽，殊非所宜”。道理在哪里？洪秀全带领这么多人造反，穷苦百姓群起响应，这就是报应啊！难道还不引以为戒吗？九弟去年大张旗鼓修建楼舍，我就一直担心啊！你们要三思而后行啊！

然后话锋一转，京城消息很坏，洋兵还占据首都，皇帝还没有回京，我这边的军情也没有起色，让我羞愧而且气愤。好在家事有老弟你做主照料，我可以放心，但是唯有一点，我生怕你们学着老九的样，置办田产，建造新屋。这样只会加重我的罪过，让我日夜不得安宁，生前做人不安，死后做鬼也是不安。现在我告诉你，切莫帮着你大嫂侄儿买什么田，造什么屋。弟若听我，我便感激你；弟若不听我，我便恨你！你听清楚没有？话说得这么重，可见曾国藩是动真的了。最后一句，完全是警告之词，以后你们再给我买田买屋，我就动用官方文书，直接把它们捐给县里的宾兴堂，你信不信？

曾国荃此时在安庆指挥围城部队，曾国藩压住火气一字不提，把火气撒到家里去，如此处置，确实是很高明的。国荃他争地皮、造房子都是去年的事，生米煮成了熟饭，那就先放一放，先让他专心打仗，家里的事，老婆孩子自己管住，当家老弟严词警告，家事是家事，不能妨碍军务，尤其是一线攻城部队。不过，曾国藩大营也没有不透风的墙，不到一个月，安庆前线的曾国荃还是听到了风声，一封信写过来申辩，当然申辩的是占人坟地的事，各有各的理由，洪家也有站不住脚的地方。于是，曾国藩当夜回信，如果我们有理，我是长子，我来出面解决；如果他们有理，我们再妥善处理。总之，“弟日内要打援贼，千万莫恼怒”。直至第二年八月，曾国荃打下安庆半个月后，曾国藩才找个时间，与国荃“竟日久谈”，“言欲得家运绵长，第一禁止奢侈享用”。此时，战事结束，兄弟俩可以心平气和来交谈，同时，因为国荃即将回家休假，曾国藩担心他像上次休假那样铺张张扬，因此及时预防。由此可见曾国藩的处事稳健，也看出他的家书风格。

致沅弟季弟　咸丰十年十月初四夜

沅、季弟左右：

朱祖贵来，接沅弟信，强中营勇回〔一〕，接沅、季二信，皆二十五六日所发。自二十七日以后，弟处发信，想皆因中途有警折回矣。日内不知北岸贼情何如，至为系念。此间鲍、张初二三并未开仗〔二〕，唐桂生赴祁、建交界之区〔三〕，亦未见贼也。

季弟赐纪泽途费太多，余给以二百金〔四〕，实不为少。余在京十四年，从未得人二百金之赠，余亦未尝以此数赠人，虽由余交游太寡，而物力艰难亦可概见。余家后辈子弟，全未见过艰苦模样，眼孔大，口气大，呼奴喝婢，习惯自然，骄傲之气入于膏肓而不自觉〔五〕，吾深以为虑。前函以“傲”字箴规两弟，两弟不深信，犹能自省自惕；若以“傲”字诰诫子侄〔六〕，则全然不解，盖自出世以来，只做过大，并未做过小〔七〕，故一切茫然，不似两弟做过小，吃过苦也。

注释

〔一〕强中营：曾国荃所部番号。勇：兵勇，士兵。

〔二〕鲍、张：此处代指鲍超、张运兰各自带领的部队。

〔三〕唐桂生：即唐义训，字桂生，湖南省湘乡县人。早年参与湘军，此时位任曾国藩亲兵营分统。祁、建：此处指安徽南部祁门县与建德县（今为东至县）。

〔四〕二百金：二百两银子。

〔五〕膏肓（huāng）：本指心脏外层，后用来形容内脏关键部位。

〔六〕诰诫：告诫，规劝，勉励。

〔七〕做大：民间口语，形容生活富贵安逸。做小：与“做大”相反，指生活贫苦艰难。

点评

这封信不长，三层意思。

第一层，你们所派朱某等人已将家中二十五六日之前来信送到，但二十七以后不见来信，可能是半路遇险折回，看来你们那边战情比较紧张，我很是牵挂。

第二层，我这边局势还算安稳，你们放心。

第三层，就是这封信的重点了。我儿子纪泽从我这里返乡，绕道去前线，看望两位叔叔，这是份内之事，但临别之际，季弟你一下子送给他二百两银子的厚礼，这实在太多了。大哥我在北京做官十四年，从没得到过哪个人这么大一笔的馈赠，我自己给别人送礼，也从没给过这个数，由此可见，那时候大家的日子都过得比较紧张。现在我们曾家的子弟们，生下来就享福，从不知道什么叫艰难辛苦，一个个都是傲气得不得了，什么事情都是指使奴婢们去做，这样下去不行，以后会无可救药，要改都改不了。你们哪，我一直跟你们说，做人要切诫一个“傲”字，你们尽管听不进，但以前多少还做过小吃过苦，他们生下来就只做过大，不能再娇惯他们了。言下之意，还是委婉责备小老弟帮倒忙：唉，你这次给这么多钱，也不跟我商量一下。国葆从军才一年左右，一下子给侄儿二百两这么大一个数目，确实有些过分。

曾纪泽，还有他后面的纪鸿和五个妹妹，都是在北京生长的，从小就有佣人侍候，在他们开始懂事的时候，他们的父亲就是中高级官员，他们接触的也都是富贵子弟，曾纪泽还养成一个吹拉弹唱的文艺爱好。几天前，曾国藩从李鸿章转述的陈鼒等人谈话，也说“家中子弟荡佚（行为放纵），习于吹弹歌唱之风”。当天曾国藩写下很长的日记，最后说“家中老小习于‘骄’‘奢’‘佚’三字”，实在是叫我担惊受怕。

前线很紧张，曾国藩尽管心里不高兴，但并没有像对家中四弟那样，拉下脸孔训斥，还是耐住性子，好言相劝。

致澄弟　咸丰十年十一月十四日

澄侯四弟左右：

日内皖南局势大变。初一日德兴失守〔一〕，初三日婺源失守〔二〕，初四日建德失守，而余与安庆通信之路断矣。十二日浮梁失守〔三〕，而祁门粮米必经之路断矣。现调鲍镇六千人进攻浮梁〔四〕，朱、唐三千人进攻建德〔五〕。若不得手，则饷道一断〔六〕，万事瓦裂〔七〕，殊可危虑。

余忝窃高位，又窃虚名，生死之际，坦然怡然。惟部下兵勇四五万人，若因饷断而败，亦殊不忍坐视而不为之所。家中万事，余俱放心，惟子侄须教一“勤”字、一“谦”字。谦者骄之反也，勤者佚之反也〔八〕。“骄奢淫佚”四字，惟首尾二字尤宜切戒。至诸弟中外家居之法〔九〕，则以“考宝早扫，书蔬鱼猪”八字为本，千万勿忘。顺问近好。

兄国藩手草

注释

〔一〕德兴：德兴县，在江西省东北部，今为德兴市。

〔二〕婺源：婺源县，当时属安徽省，今属江西省。

〔三〕浮梁：浮梁县，在江西省东北部。

〔四〕鲍镇：即鲍超，此时因军功获得总兵官衔。

〔五〕朱、唐：此处指朱品隆、唐义训带领的两支军队，当时是曾国藩大营仅有的警卫部队。

〔六〕饷道：古代运送军饷军粮的交通要道。

〔七〕瓦裂：瓦碎，瓦解。

〔八〕佚（yì）：放荡，不守规矩。

〔九〕中外：此处以“中”指室内居家规矩，以“外”指户外经营生产。

点评

短短两百多字，先说军情危急，再说家事安排。很显然，曾国藩这是把它当作遗嘱来写的。

早在十月二十日，曾国藩就给国荃、国葆写过一封遗书，表示一旦遇险则以身殉国，绝不偷生，信是这么写的：“祁门老营距贼仅八十里，朝发夕至，毫无遮阻。现讲求守垒之法，贼来则坚守以待援师，倘有疏虞，则志有素定，断不临难苟免。……贤弟教训后辈子弟，总以勤苦为体，谦逊为用，以药佚骄之积习，余无他嘱。”

“祁门老营”就是曾国藩的总督大营，当时被太平军两支劲旅杨辅清、李秀成大部队突袭，曾国藩的外围防线节节失守，于是曾国藩在六年前兵败投水之后，再次写下遗书。现在二十多天过去，曾国藩周围部队一直处于被动挨打的局面，特别是这两三天，德兴、建德、婺源、浮梁，四座城池，相继失守，危险越来越近。据曾国藩日记，十四日这一天，“阴雨竟日，余心绪恶劣，不能办一事”，于是给国荃、国潢分别写信。给国荃、国葆早已写过遗书，因此今天这信就只说“老营嫌太空虚，然凯章（张运兰）御贼于北，霆营（鲍超所部）剿贼于南，当可无虑”，以免前线将领牵挂。但给国潢写信，既是写给四弟的，其实也是写给老婆孩子的，真要有个三长两短，现在那就要实话实说了。

提笔就说大势不好，大营四面受敌，处处报警，现在带兵反攻，如不得手，则万事瓦碎。接着直言相告，官做到这么大，只能以死报国，只是愧对部下四五万官兵，目前必须拼死反击。至于家事，只有十个字，做人两个字，一个“勤”字，一个“谦”字，居家八个字，“考宝早扫，书蔬鱼猪”。就这两句话，“千万勿忘”，没别的了。

结合这两次遗嘱，都是“贤弟教训后辈子弟”，用“勤劳”字改掉“逸乐”坏习，用“谦谨”改掉“傲慢”的坏习。如此这般，死而无憾，托付托付，切记切记。

致澄弟 咸丰十一年二月初四日

澄侯四弟左右：

二月初一日唐长山等来，接正月十四日弟发之信，在近日可谓极快者。

弟言家中子弟无不谦者，此却未然，余观弟近日心中即甚骄傲。凡畏人、不敢妄议论者，谦谨者也；凡好讥评人短者，骄傲者也。弟于营中之人，如季高、次青、作梅、树堂诸君子〔一〕，弟皆有信来讥评其短，且有讥至两次三次者。营中与弟生疏之人，尚且讥评，则乡间之与弟熟识者，更鄙睨嘲斥可知矣〔二〕。弟尚如此，则诸子侄之藐视一切，信口雌黄可知矣〔三〕。谚云："富家子弟多骄，贵家子弟多傲。"非必锦衣玉食、动手打人而后谓之骄傲也，但使志得意满，毫无畏忌，开口议人短长，即是极骄极傲耳。余正月初四信中，言"戒'骄'字，以不轻非笑人为第一义；戒'惰'字，以不晏起为第一义"，望弟常常猛省，并戒子侄也。

此间鲍军于正月二十六大获胜仗，去年建德大股全行退出〔四〕，风波三月〔五〕，至此悉平矣。余身体平安，无劳系念。

注释

〔一〕树堂：即冯卓怀，字树堂，湖南省长沙县人。道光年间以举人进京会试，与曾国藩交好，后任四川万县知县。此时在曾国藩大营协助。

〔二〕鄙睨（nì）：鄙视，斜着眼睛看。

〔三〕信口雌黄：随口乱说，随意批评别人。"雌黄"是一种橙黄色的矿石，古人用它涂改错别字。西晋王衍能说会道，但也经常前后矛盾，他便随口修改，就像在纸上涂改错字一样，被别人讥讽为“信口雌黄”。

〔四〕建德大股：此处指占领建德县的太平军大支部队。

〔五〕风波：本指江河上的风浪，后多用来形容局面动乱，不太平，有危险。

点评

去年十一月，太平军突袭皖南，险象环生，曾国藩曾给家里写过遗书遗嘱，以防不测。十二月中旬，险情缓解，曾国藩马上给四弟国潢去信，说“此间军事平安”，周边敌军“日内并未动作”。春节前后，局面暂时平静，曾国藩接到国潢来信，信中涉及公事，对同事之人颇有嗤议。曾国藩是有过切实的理学修养功夫的，做人注重谦虚谨慎，持家注重勤俭节约，而国潢却没有他这种境界，总督大人的老弟，在一群乡里人面前，说话做事，多少有些财大气粗。因此曾国藩在正月初四日回信，一面批评，一面开导：“弟于世事阅历渐深，而信中不免有一种骄气。……贤弟欲戒子侄之骄，先须将自己好议人短、好发人覆之习气痛改一番，然后令后辈事事警改。”自从他得知陈鼐向胡林翼、李鸿章等人说及家人舆论不佳之后，他几乎每隔一阵就写信告诫，如“余在外无他虑，总怕子侄习于骄奢逸三字。家败离不得个奢字，人败离不得个逸字，讨人嫌离不得个骄字，弟切戒之”，这些话，他给老家的四弟写过，也给前线的九弟、季弟写过。

九弟、季弟都比大哥小很多，尽管对大哥的克己之道并不十分听从，但还不至于回嘴说“不”，但国潢这位大弟弟，有时也会忍耐不住，表示一点反抗情绪。本年正月十四日的回信就说，家里人没有一个骄傲自大的，个个都很谦谨。曾国藩显然感觉到了其中的不满情绪，于是针锋相对，提笔回信，不对，我看你“近日心中即甚骄傲”，你看你，对左宗棠、李元度、陈鼐、冯卓怀，哪个没有讥刺批评过，有些人甚至还被你说过好几次。你对我大营的人都看不起，那对你周围的乡亲们，那还不一个个鄙视嘲讽得要死了？你说家里人无不谦谨，谦谨的人是不会随意讥评别人的。在我看来，“志得意满，毫无畏忌，开口议人短长，即是极骄极傲”。你在家里是当家人，你的言行，就是子弟们的样板，“弟尚如此，则诸子侄之藐视一切，信口雌黄可知”。有句话，我上个月初四信中给你说过，今天再说一次，“戒‘骄’字，以不轻非笑人为第一义；戒‘惰’字，以不晏起为第一义”，希望老弟赶紧“猛省”，自己做出一个好榜样，然后教育家中儿子侄子们。

信末再附一笔，近来军事还行，三个月风险浪激，总算熬过来了，身体也还行，不需牵挂。这里面也许还包含一点“你们听点话我就少操心了”的意思吧？

致沅弟季弟 咸丰十一年二月二十二日

沅弟、季两弟左右：

二十一接十九早信。

官相既已出城〔一〕，则希庵由下巴河南渡以救省城〔二〕，甚是矣。希庵既已南渡，狗逆必回救安庆〔三〕，风驰雨骤〔四〕，经过黄梅、宿松均不停留〔五〕，直由石牌以下集贤关〔六〕，此意计中事也。凡军行太速，气太锐，其中必有不整不齐之处，惟有一“静”字可以胜之。不出队，不喊呐，枪炮不能命中者不许乱放一声，稳住一二日，则大局已定，然后函告春霆渡江救援〔七〕，并可约多军三面夹击〔八〕。吾之不肯令鲍军预先北渡者，一则南岸处处危急，赖鲍军以少定人心；二则霆军长处甚多，而短处正坐少一“静”字。若狗贼初回集贤关，其情切于救城中之母妻眷属，拚命死战，鲍军当之，胜负尚未可知；若鲍公未至，狗贼有轻视弟等之心，而弟等持以谨静专一之气，虽危险数日，而后来得收多、鲍夹击之效，却有六七分把握。吾兄弟无功无能，俱统领万众，主持劫运〔九〕，生死之早迟，冥冥者早已安排妥贴，断非人谋计较所能及。只要两弟静守数日，则数省之安危胥赖之矣〔一〇〕。至嘱，至要！

顺候近好。

再，群贼分路上犯，其意无非援救安庆。无论武汉幸而保全，贼必以全力回扑安庆围师，即不幸而武汉疏失，贼亦必以小支牵缀武昌，而以大支回扑安庆，或竟弃鄂不顾。去年之弃浙江而解金陵之围〔一一〕，乃贼中得意之笔，今年抄写前文无疑也。无论武汉之或保或否，总以狗逆回扑安庆时，官军之能守不能守以定乾坤之能转不能转〔一二〕。安庆之濠墙能守〔一三〕，则武昌虽失，必复为希庵所克，是乾坤有转机也；安庆之濠墙不能守，则武昌虽无恙，贼之气焰复振，是乾坤无转机也。弟等一军关系天地剥复之机〔一四〕，无以武汉有疏而遽为震摇，须待狗逆回扑，坚守之后再定主意。

注释

〔一〕官相：即官文（1798—1871），王佳氏，字秀峰，满洲正白旗人。由宫廷侍卫出任广州汉军副都统、荆州副都统、荆州将军、湖广总督、授协办大学士、晋文华殿大学士，封伯爵，调任直隶总督。清朝无宰相，故当时对文华殿、武英殿大学士以及协办大学士皆称为相。出城：此处指官文带兵离开省城，迎击太平军。

〔二〕下巴河：在湖北省东部蕲水县境内。

〔三〕狗逆：此处是对太平军将领陈玉成的污蔑称呼，因为他两眼下有痣，远望如四眼，清军称之为“四眼狗”。下文“狗贼”也是指陈玉成。陈玉成（1837—1862），广西藤县人，太平天国英王，以英勇善战著称，后被时叛时降的安徽团练头目苗沛霖诱杀。

〔四〕风驰雨骤：此处是用疾风暴雨形容行军之急速。

〔五〕黄梅：黄梅县，在湖北省东南部，长江北岸。

〔六〕石牌：怀宁县石牌镇，在安徽省西南部，长江北岸。下：此处是“前往”之意。集贤关：位于怀宁县与安庆府（今安庆市）之间的山岭。

〔七〕春霆：即鲍超，鲍超字春霆。其所部即下文所称之“鲍军”“霆军”。

〔八〕多军：福州副都统多隆阿指挥的部队。

〔九〕劫运：命中注定的劫数、灾难。

〔一〇〕胥：都，全部。

〔一一〕金陵：南京的旧称。此时为太平天国首都。

〔一二〕乾坤：此处指局势、大势。

〔一三〕壕墙：战壕与营垒。

〔一四〕剥复：本为《周易》的两个卦名，“剥”表示阴盛阳衰，“复”表示阴极而阳复。古人用来表示事物的盛衰与消长。

点评

安庆曾经是安徽省的省会，七年前被太平军攻占。曾国藩与胡林翼等人合谋东征计划，就是“以上制下”，以武汉为据点，从九江、安庆节节逼下，最后紧逼长江下游，夺回南京。自从九江失守，太平军就加强了对安庆的防卫，英王陈玉成亲自坐镇，并派勇将叶芸来等人重兵把守。当曾国荃率部从宿松开始攻打集贤关，安庆就成为敌我双方的必争之地。

为了保卫安庆，太平军两次采取围魏救赵之策，先是分派主力进攻苏州、上海，意在迫使曾国藩撤退主力，救援东南；此计不成，太平军进而举全军之力，忠王李秀成率部从长江南岸攻打皖南，英王陈玉成率部从长江北岸攻打湖北，侍王李世贤、辅王杨辅清带兵攻打江西。这就是近半年曾国藩四处告警、腹背受敌，不得不一再写出遗书的根本原因。几次激战，交战双方都摸清了对方的战略意图，因此哪怕是在最危机的时刻，曾国荃从前线抽调一支小部队前来警备，曾国藩也当即命令折回安庆。

不料，皖南这边顶住了太平军的轮番进攻，江西、湖北却相继告急，湖北方面，黄州失守，江西方面，景德镇危急，曾国荃安庆围城部队的左右屏障同时受到威胁，于是急忙请求曾国藩增派部队。曾国藩本来兵力有限，更不能不顾全整个大局，因此写出这封回信：

第一，李续宜率部回救武汉，势不得已，陈玉成势必乘机直插安庆。但他既然长途奔袭，就不可能队伍整齐，战斗力必将要打折扣。因此，你不要怕，要沉住气，以逸待劳，牢记一个“静”字诀。顶住一两天，再请求鲍超救援，与多隆阿同时夹击，就能渡过难关。

第二，我为什么现在不能下令给你增兵，因为皖南、江西四处受敌，现在调走鲍军，南岸军心更加不稳，于情于理说不过去。

第三，安庆是胜是败，早有天意，不是你我兄弟“人谋计较所能及”。现在你我兄弟“无功无能”，而又各自“统领万众”，是福是祸，早死晚死，都不要去管它了。目前能做的，就是“静守数日”，如此“则数省之安危”全都押在这里了。

写完之后，曾国藩还是不放心，于是提笔再写：

太平军几乎倾巢出动，看起来是攻打武汉，攻打江西，目的其实就是救援安庆，围魏救赵，故伎重演。眼下我们只有牢牢盯住安庆，只要你们给我守住安庆城外的阵地，我们就可以扭转乾坤。两位老弟，你们肩负天地生死盛衰，明白吗？

“结硬寨，打呆仗”，湘军的“拙诚”军风就是这么形成的。曾国荃由此也被他的对手太平军称之为“曾铁桶”，一旦包围就逃不脱。吉安城，10个月拿下，安庆城，16个月啃下，至于南京，则整整两年半。这里面，当然包含着曾国藩的砥砺与教诲，充分体现出曾国藩的大臣风范与大将气度。

致澄弟　咸丰十一年二月二十四日

澄侯四弟左右：

上次送家信者，三十五日即到。此次专人，四十日未到。盖因乐平、饶州一带有贼〔一〕，恐中途绕道也。

数月以来，实属应接不暇，危险迭见。而洋鬼又纵横出入于安庆、湖口、湖北、江西等处〔二〕，并有欲来祁门之说。看此光景，今年殆万难支持〔三〕。然余自咸丰三年冬以来，久已以身许国。愿死疆场，不愿死牖下〔四〕，本其素志。近年在军办事，尽心竭力，毫无愧怍〔五〕，死即瞑目，毫无悔憾。家中兄弟子侄，惟当记祖父之八个字，曰考、宝、早、扫、书、蔬、鱼、猪。又谨记祖父之三不信，曰不信地仙〔六〕，不信医药，不信僧巫〔七〕。余日记册中又有“八本”之说，曰读书以训诂为本〔八〕，作诗文以声调为本，事亲以得欢心为本〔九〕，养生以戒恼怒为本，立身以不妄语为本（即不扯谎也），居家以不晏起为本，作官以不要钱为本，行军以不扰民为本。此八本者，皆余阅历而确有把握之论，弟亦当教诸子侄谨记之。无论世之治乱，家之贫富，但能守星冈公之八字与余之八本，总不失为上等人家。余每次写家信，必谆谆嘱咐。盖因军事危急，故预告一切也。

余身体平安，家中不必悬念。顺问近好。

兄国藩手草

注释

〔一〕乐平：乐平县，在江西省东北部，今为乐平市。饶州：饶州府，在江西省东北部，今分属上饶市与景德镇市。贼：此处指太平军。

〔二〕洋鬼：明清时期对西方人的蔑称，此处当指西方列强的领事官。

〔三〕殆（dài）：大概，可能。

〔四〕牖（yǒu）下：“牖”是窗户，古人以“老死牖下”为寿终正寝，但有志之人以身许国，故以“老死牖下”为不甘。

〔五〕愧怍（zuò）：惭愧。

〔六〕地仙：此处是指专为别人看风水为生的人。

〔七〕僧巫：和尚与道士。

〔八〕训诂：对古文字词的解说。

〔九〕事亲：侍奉父母。

点评

在给国荃、国葆写下“生死之早迟，冥冥者早已安排妥贴”的第二天，曾国藩给家里写出第二封遗嘱。

最近几个月，是曾国藩一生从未遭遇过的生死危亡，但险情主要集中在皖南，毕竟大局还不算太坏。不料开春以来，湖北战略要地黄州失守，太平军直逼武昌；江西战略重镇景德镇又被太平军围攻，南昌告急；除此之外，曾国藩大营又接连陷入粮道不通、情报不通、军饷不通的困境。国荃那边的安庆围城部队不能撤退，撤退就中了太平军围魏救赵之计；自己这边的祁门大营不能撤退，撤退了就近于示人以怯，与前任两江总督何桂清撤出常州并无差别。野史记载，当时有人苦苦劝说曾国藩撤离祁门，曾国藩不动声色地回答说：“何桂清撇下常州，大概也就是这么被人劝走的吧！”何桂清的下场他当然知道，当年在湖南、在江西，自己两次兵败投水，早就已经以死明志。因此，他这次的遗嘱，比上一次更加明确，更加具体：

首先是“以身许国”的意志更加决绝：这几个月屡次死里逃生，但这次万难支持，局势越来越坏，躲得了初一，躲不过十五。不过，自从咸丰三年离家之后，我早就生死置之度外。老死在家乡，不如牺牲在战场，而且带兵数年，尽心报国，可以死而无憾。

其次是“预告一切”，后事布置更加周详：祖父的八字诀、三不信，我日记的八本论，记住这几条，无论国家是战乱还是安宁，无论家里是富裕还是贫穷，“总不失为上等人家”。

这些诀别之词，确实不是曾国藩自己吓唬自己，从他当天写下的日记可知，“禾戍岭被贼破卡而入，榉根岭亦被贼破卡而入”，这两处营垒都在祁门境内，距离祁门县城都只有三十几公里，要是太平军右军主将刘官芳得知，曾国藩就在眼皮底下束手待毙，他怎么拼死也都要杀上前来。当然，他不知道，知道大帅就在身后的，是曾国藩的嫡系警卫部队。置之死地而后生，主帅誓死不屈，士卒也就拼死抵抗了。

致沅弟　咸丰十一年四月初三日巳初〔一〕

沅弟左右：

初三辰刻接初二巳正来书〔二〕，具悉一切。

昨日雨小而风大，今日风小而雨大，鲍军勇夫万余人〔三〕，纵能渡江，想初二尚未渡毕，初三则断不能渡。凡办大事，半由人力，半由天事。如此次安庆之守，濠深而墙坚，稳静而不懈，此人力也；其是否不至以一蚁溃堤〔四〕，以一蝇玷圭〔五〕，则天事也。吾辈但当尽人力之所能为，而天事则听之彼苍而无所容心〔六〕。弟于人力颇能尽职，而每称“擒杀狗酋”云云，则好代天作主张矣。

至催鲍进兵，亦不宜太急。鲍之队伍由景镇至下隅坂[七]，仅行五日，冒雨遄征[八]，亦可谓极速矣。其锅帐则至今尚未到齐[九]，以泥太深，小车难动也。弟自抚州拔营至景镇，曾经数日遇雨，试一回思，能如鲍公此次之迅速乎？润帅力劝鲍公进兵不必太急，待狗酋求战气竭力疲而后徐起应之云云，与弟见正相反。余意不必催鲍急进，亦不必嘱鲍缓战，听鲍公自行斟酌可也。

至狗酋虽凶悍，然屡败于多、李、鲍之手[一〇]，未必此次忽较平日更很[一一]。黄文金于洋塘、小麦铺两败[一二]，军器丢弃已尽。多、鲍之足以制陈、黄二贼，理也，人力之可知者也；其临阵果否得手，则数也[一三]，天事之不可知者也。即问近好。

注释

〔一〕巳初：巳时初刻（上午九点至九点十五分）。

〔二〕辰刻：辰时（上午七点至九点）。巳正：巳时四刻与五刻交点时分（上午十点）

〔三〕勇夫：兵勇与民夫。

〔四〕一蚁溃堤：堤坝因为一个小蚂蚁洞而溃决，比喻由小隐患带来的大败局。

〔五〕一蝇玷（diàn）圭：白璧因一粒小苍蝇屎的玷污而减价，用以形容美中不足。

〔六〕听之彼苍：听凭天意。无所容心：不去管它，随它去。

〔七〕景镇：即景德镇，在江西省东北部，今为景德镇市。下隅坂：在江西省彭泽县境内。

〔八〕遄（chuán）征：急行军。“遄”是“迅疾”的意思。

〔九〕锅帐：行军所用的炊具、帐篷。

〔一〇〕多、李、鲍：即多隆阿、李续宜、鲍超等部。

〔一一〕很：同“狠”，凶恶。

〔一二〕黄文金：广西博白人，太平天国堵王，能征善战，绰号“黄老虎”。

〔一三〕数：天数，躲不过的厄运。

点评

这封信是单独写给国荃的，不像平常，都是联名写给国荃与国葆。其中原因，大概是有些话带有批评教育的意思，在国葆面前，国荃也是兄长，而且还是前线主将，曾国藩为照顾九弟的面子，这才不让国葆看到。

曾国荃来信今已不见，从曾国藩回信来看，其中重点就是催促鲍超赶赴安庆，及早结束围城之战。曾国荃是前敌总指挥，他的心情可以理解，但作为全军统帅，曾国藩必须统筹全局，预防失策，尤其是当胜利在望的时刻，更不能急躁冒失。为此，他作出以下几点指示：

第一，成大事者，半由人力，半由天命。用我们现在的话说，就是主观努力还需客观条件，客观条件不具备，不充分，那只凭主观意志，有时候往往会适得其反。能否在攻克安庆的同时，各军合力歼灭前来救援的顽敌陈玉成，还要看各路友军的密切配合。你一个攻城指挥官，却总要说“擒杀狗酋”，这就是“代天作主张”了。

第二，对于友军，要加以体谅。鲍超率部从景德镇冒雨行军，五天之内就穿越两省，渡过长江，已经是非常快速了。而且人家是轻装赶赴前线，烧饭的锅碗，睡觉的帐篷，都只能在后面紧赶紧追，道路泥泞，小车全靠人力推拉，已经非常不容易了。前两年你吉字营从抚州开赴景德镇，也是中途遇雨，你自己想想，能像人家鲍超这么快吗?

第三，陈玉成等部对安庆围城部队的威胁并不太大，你不需过于焦虑。陈玉成、黄文金等部的战斗力最近也大为减弱，我部多隆阿、鲍超两支劲旅合力夹击，应该可以战胜。尽人事，听天命，前敌主将，稳重点。战局于我方有利，自己不犯错误就行。

与二月二十二日的信一样，老弟提要求，大哥不偏心，这封信既有战略战术的指导，更有处事公断、以身作则的意义。

致澄弟　咸丰十一年五月十四日

澄弟左右：

接两次家书，具悉五宅平安〔一〕，欣慰无已。

省城雇一种菜之工，此极小之事，弟便说出许多道理来，砌一个大拦头坝。向使余在外寄数万金银〔二〕，娶几个美妾，起几栋大屋，弟必进京至提督府告状矣〔三〕。省城之人虽多睡早觉者，然亦视乎东家以为转移〔四〕。余身边所用之人，住省者居其十之七。往年余以卯正起〔五〕，身边人亦卯正起；近年余以卯初或寅正起〔六〕，身边人亦卯初、寅正起。乡间种菜全无讲究，比之省中好菜园，何止霄壤〔七〕！余欲学些好样，添些好种，故令纪泽托在省雇工，弟可不必打破耳〔八〕。

此间军事平安。黟县于初三日失守〔九〕，初五克复。赤岗岭四贼垒为鲍、成两军攻破〔一〇〕，诛斩净尽，生擒逆首〔一一〕。安庆之克，似已有望。惟湖北兴国、崇、通失守〔一二〕，湖南不免震动。余遍身疮癣，奇痒异常，略似丙午年在京〔一三〕，余无所苦。顺问近好。

国藩手草

注释

〔一〕五宅：此处指居住在湖南湘乡老家的曾氏五兄弟各家。

〔二〕向使：假使。

〔三〕提督府：此处当指清朝所设京城“步军统领衙门”，即俗称“九门提督”者，除了京城警备，还负责民间治安管控。

〔四〕东家：旧时雇佣者称主人为“东家”。

〔五〕卯正：早上五点至七点为卯时，“卯正”即早上六点整。

〔六〕卯初：即卯时初刻，大体相当于“五点十五分”。寅正：即四点整。

〔七〕霄壤：天上地下，形容差别非常大。

〔八〕打破：湖南方言，意思是“横插一杠子阻拦别人的谋划”。

〔九〕黟（yī）县：在安徽省南部，临近祁门县。

〔一〇〕赤岗岭：在安庆城北集贤关附近，此时由太平军靖东主将刘玱林所部驻扎。成：成大吉，湖南省湘乡县人。湘军将领，官至湖南乾州（今为吉首市）协副将。

〔一一〕逆首：叛军头目，此处指刘玱林。

〔一二〕兴国：兴国州，在湖北省东部。崇：崇阳县，在湖北省南部。通：通山县，在湖北省东南部。

〔一三〕丙午年：指道光二十六年（1846）。

点评

因为近期军情缓解，尤其是安庆前线激战告捷，生擒太平军悍将刘玱林，安庆克复有望，所以曾国藩积年重负为之一轻。美中不足的是皮肤病复发，连日日记，反复说到，这简直比当年在北京痒得要死要活的状况还要难受。正好这几天接到四弟国潢的来信，惹得他心里很有些不舒服。

其实也并没有什么大事，不过是上个月曾国藩给儿子纪泽写信，说："乡间早起之家，蔬菜茂盛之家，类多兴旺；晏起无蔬之家，类多衰弱。尔可于省城菜园中，用重价雇人至家种蔬，或二人亦可。其价若干，余由营中寄回。此嘱。"信末特意说，"此次未写信与澄叔，尔禀告之"。这件事，其实以前也给国潢讲过，但国潢根本听不进去，在他看来，我就是乡里人，我种了几十年的菜了，难道还要一个城里人来教？还要高价聘请？城里人比乡里人会种菜？城里人不如乡里人早起，睡懒觉，还要领高薪，真不知你怎么想的。反正天高皇帝远，你远在千里之外，家里的事你够不着，不执行，你奈何？

曾国藩知道老四不服气，但有两点：第一，老四你热心外面的公事，家事管得不太扎实，这是事实吧；第二，城里当然有种菜高手，人家以种菜为生的，而且曾国藩还特别在意菜地里的景象，菜园兴旺，家庭兴旺，菜园荒败，家运肯定不佳，这个观念，他牢固不破。反正他一年不差这几十两银子，雇个"专家级"技术能手，何乐不为？你不听指挥，我指挥我儿子，你老四还要来"打破"，这大哥我就不干了：

好家伙，我要雇个菜农，这么一件极小极小的事情，"弟便说出许多道理来，砌一个大拦头坝"，非要给我搅黄不成？那我要是给家里寄几万金子银子，娶几个漂亮小姐做二姨太三姨太，你岂不是要到京城提督衙门告状去了？你讲了你的道理，你也听我讲的道理。你说城里人睡懒觉，他是佣人，你东家起得早，他不起也得起，我的幕府里面，百分之七八十都是城里人，我什么时候起床，他们也就跟着什么时候起床了，这就是证明。而且，你看我们的左邻右舍，自己种，自己吃，有什么种什么，种什么吃什么，有几个是种菜讲究的？比起"省中好菜园”，差别之大，简直无法形容！我只是想学些好样板，引进些好菜种，这有什么不可以？我让我儿子去请，这有什么不可以？你不要坏了我的好事行不行？

看看，这两兄弟的家信，你一来，我一往，都“说出许多道理来”，也是一件很好玩的事情。

致沅弟 咸丰十一年八月初一日灯下

沅弟左右：

郭弁到〔一〕，接喜信，知本日卯刻克复安庆。是时恰值日月合璧〔二〕，五星联珠〔三〕。钦天监于五月具奏〔四〕，以为非常祥瑞。今皖城按时应验〔五〕，国家中兴〔六〕，庶有冀乎〔七〕！大界之事〔八〕，王二、王三之话均算得矣。

余于初二三日坐长龙赴安庆〔九〕，惟此间银不满六千金，欲凑万金犒赏将士〔一〇〕，弟处可设法办得四千金否？如送礼者向东家回一个红呢寿幛，不知有否？若无之，六千亦可遮脸否？产难之后〔一一〕，如庆再生，赴汤饼会者虽云至乐〔一二〕，不能不念吃亏之人也。顺贺大喜，季弟大喜！

注释

〔一〕郭弁（biàn）：姓郭的下级军官。

〔二〕日月合璧：一般是指日月同升，此处是特指地球运行到与太阳、月球同一方向的天象。

〔三〕五星联珠：金星、木星、水星、土星、火星五大行星同时出现在太阳的同一个方向，看上去像是连贯起来的一串珍珠。

〔四〕钦天监：中国古代的国家天文台，负责天文观测与历法颁布。

〔五〕皖城：此处指安庆。因为皖河经此流入长江，故称。

〔六〕中兴：复兴，振兴。

〔七〕庶：大概。冀：希望。

〔八〕大界：曾国藩祖父母改葬之地。

〔九〕长龙：湘军水师战船。

〔一〇〕犒（kào）赏：对有劳之人用物资表示奖赏。

〔一一〕产难（nàn）：难产。

〔一二〕汤饼会：民间习俗，新生儿第三天或满月时，家中办宴招待庆贺来宾，一般都备有象征长寿的汤面，古代称汤面为汤饼，故该宴又叫“汤饼会”。

点评

自从咸丰十年三月，吉字营进抵安庆城外，安庆攻城之战至今已经持续一年半，随着太平军陈玉成部救援受阻，安庆城的守军实际上已经接近弹尽粮绝，一次次突围都被反击被歼灭。半个月来，曾国藩几乎天天给曾国荃写信，本日上午还写去一信，同意继续用地道攻城之法，并告知军粮即将运到。到了晚上六点钟，曾国藩接到老弟专人送来的捷报，告知安庆城于今天早上六点攻破，部队已经全部杀进城内。据曾国藩日记，一时间，“贺客纷纷”，直到掌灯以后客人才慢慢散去。曾国藩于是铺开信纸，赶紧给老弟写信祝贺。

看得出，曾国藩心里非常高兴，提笔就说，钦天监早就观测到并且公布，八月初一这一天，会有“日月合璧”“五星联珠”，预示着国家将有非常大的祥瑞到来，没想到，这个祥瑞应验在攻克安庆之上啊！看起来，国家的中兴，天下的太平，大概就要从此开始了！说完了钦天监的预测，曾国藩又说出自己家中的一件预兆，两年前，国荃你回家休假，将祖父母坟地改葬在大界新茔，王二、王三当时说过的那些话，现在不也是应验了吗？在接下来一二十天的朋僚往返书信中，曾国藩只说七星同辉、国家祥瑞之类的话，从不说“大界之事”与“王二王三之话”。这些话，只能在家书中说的。

紧接着，曾国藩告诉国荃、国葆，我准备明后天就赶到安庆来，向你们表示祝贺，向全体将士表示慰问，我要好好犒赏这支英雄的部队。只不过，目前手头还不到六千，一时间凑不齐一万两银子，你那里有多少余款，能不能给我垫补四千？只当是我们乡间老礼俗，东家给送礼者当场回赠礼品了。如果你的司令部也没有余款，那我拿个六千来祝贺，能不能遮得住这张老脸？安庆围攻一年半，真好像产妇难产受苦受难，历经生死磨难，幸得分娩，三朝之后，亲戚朋友来赴汤饼会，高兴是当然高兴，但是不能不感激吃苦之人啊！

致澄弟沅弟 咸丰十一年十月二十四日

澄、沅两弟左右：

日来未接家信，不知澄弟已自衡归里否〔一〕？沅弟已过武汉否？

浙事日棘〔二〕，绍兴业已失守，杭州恐亦难保。今冬明春，皖南必极危急，上海亦危如累卵〔三〕。上海富甲天下，现派人二次前来请兵，许每月以银十万济我，用火轮船解至九江，四日可到。余必须设法保全上海，意欲沅弟率万人以去。已与请兵之官商订，定渠买洋人夹板船数号〔四〕，每号可装三千人。现已放二号来汉口，不过放五号来皖，即可将沅弟全部载去。目下专主防守上海一隅，待多破庐州、鲍破宁国后，渠两军会攻金陵，沅弟即可由上海进攻苏、常〔五〕。不知沅弟肯辛苦远行否？如慨然远征，务祈于正月内赶到安庆，迟则恐上海先陷。如沅弟不愿远征，即望代我谋一保上海之法，迅速回信，由毛中丞排递寄来〔六〕。至要，至要！顺问近好。

国藩手草

注释

〔一〕衡：衡阳府，在湖南省中南部，今为衡阳市。里：家乡。

〔二〕浙事日棘：浙江省的战事越来越危急。

〔三〕危如累卵：比喻形势非常危险，如同堆起来的禽蛋，随时都有塌下打碎的可能。

〔四〕洋人夹板船：近代西洋双层运输舰，“夹板”即“甲板”。

〔五〕苏、常：苏州、常州，都在江苏省东南部。

〔六〕毛中丞：即毛鸿宾（1811—1867），字寅庵，又字翊云、寄云，号菊隐，山东省历城县（今属济南市）人。与曾国藩同榜中进士，授编修，由监察御史出任湖北荆宜施道、安徽按察使、江苏布政使、湖南巡抚、两广总督。“中丞”是对巡抚的尊称。排递：当时官方邮递，由沿途州县接力传送。

点评

本月初六日，曾国荃从安庆启程回湘，一是回家休养身体，二是扩编部队，重返安徽战场，不但驻守收复城池，而且意在逼近南京。十天前，曾国藩给朝廷上奏《请令曾国荃回湘募勇来皖片》，称曾国荃在打下安庆之后，率部向东攻打无为州、运漕镇，距离南京仅一百公里，有望直捣太平军老巢，随即得到朝廷允准。

不料在此半个月间，上海官绅两次派人来到安庆，向曾国藩请求派兵，救援上海以及附近的苏州、常州。曾国藩就任两江总督一年半，迄今没发一兵一卒到江苏辖地，深感有愧。面对上海官民重金请兵，曾国藩一时心软，也一时心动，当面答应由曾国荃带兵一万前往，正月新老部队在安徽汇集，二月赶赴上海。上海来人当即表示，只要有兵，他们可以不惜血本雇请西洋兵船，一艘船可以装载三千士兵，三天就可以赶到上海。在这种情况下，曾国藩赶紧给国荃写信，告知此事，说明原因与意义，询问国荃“肯辛苦远行否”，同时表明，你若“不愿远征”，也请“代我谋一保上海之法，迅速回信”。

据曾国藩日记，在此期间，当年追随曾国藩在江西苦战的吴坤修自告奋勇，募兵六千，“赴江苏上海一带救援”，因为等待国荃回信，曾国藩“以新兵恐难得力，未许”。同时接连去信，催促国荃赶紧接受任务，一方面不辜负朝廷恩赐（曾国荃刚得到朝廷恩赐，以记名按察使官衔，破格授头品顶戴），一方面也不失信于上海官绅。一直等到十一月底，才接到曾国荃回信，说虽然上海“财赋甲天下，筹饷易，然贼巢在金陵，急攻其巢，必以全力救援，而后苏、杭可图，（吾）愿任其难者”。话说得很好听，但其实就是不愿意孤军深入，而且还想着直取南京这个头功。于是，十二月初四日，曾国藩回信，说“弟不肯赴上海，亦系量力而行”，同时还透露一句，“余已别有位置，另纸详告”。这张另纸，当然没有录副，那里面应该是有不便示人的小算盘了。

曾国藩兄弟看不到上海的潜力与地位，而此时一直伏处曾国藩幕府的李鸿章，却一把抓住了这一天赐良机。在进入曾国藩幕府之前，李鸿章曾经在家乡合肥一带参与地方团练，他当即表示愿意招募淮军，赶赴上海。一待曾国藩松口，他又得寸进尺，要求划拨湘军水师劲旅黄翼升部五千人、曾国荃爱将程学启部一千人。曾国藩也就好人做到底，写信说服国荃，让出自己亲手招降的太平军猛将程学启。因为担心国荃舍不得，曾国藩怕李鸿章失望，还主动把自己的亲兵营（警卫营）划拨给了李鸿章。后来，曾国荃苦攻南京，请求大哥调回程部，哪怕是暂借暂调也行，但李鸿章就是不松口。打下当时的江苏省会苏州城，程学启功居第一，但随即阵亡，李鸿章则随即把自己的江苏巡抚衙门搬进了拙政园。至于后来曾家兄弟苦请黄部水师助攻南京，李鸿章怎么表现，还是不说了吧。

致沅弟 同治元年三月二十七日

沅弟左右：

和城已克〔一〕，大约裕溪口、西梁山两处俱难站脚〔二〕。弟欲亲率五千人南渡，助攻芜、鲁，则断不可〔三〕。用兵以审势为第一要义，以弟军目下论之，若在下游采石渡江〔四〕，隔断金陵、芜湖两贼之气，下窥秣陵关〔五〕，是为得势。若在上游三山渡江〔六〕，使巢、和、西梁留守之师与分攻鲁港之兵隔气〔七〕，是为失势。余已调鲍公全军与季弟会攻芜、鲁。弟军破西梁山后，将巢、和、西梁山三处派兵守定，即作为弟军后路根本，然后亲率七八千人由采石渡江。闻太平府城已拆〔八〕，该逆毫无守御，应易收复。弟驻军太平一带，与隔江和州、西梁之兵阴相犄角〔九〕。如此布置，则弟军上可夹攻东梁、芜湖〔一〇〕，下可规取金陵，似为得势。余意如此，弟再细询熟于地形者，或亲赴南岸一看，乃可定局。其渡江之早迟，由弟自行酌度。

至进兵金陵之早迟，亦由弟自行审察机势。机已灵活，势已酣足，早进可也；否则不如迟进。与其顿兵城下〔一一〕，由他处有变而退兵，不如在四外盘旋作势〔一二〕，为一击必中之计。兄不遥制也。

注释

〔一〕和城：此处指和州，在安徽省东部，今为和县。

〔二〕裕溪口：在安徽省无为县南部，濒临长江。西梁山：在安徽省和县东南，俯瞰长江。

〔三〕芜、鲁：芜湖县、鲁港镇，在安徽省中部，长江南岸。

〔四〕采石：采石矶，在安徽省太平府（今马鞍山市）西南，濒临长江。

〔五〕秣陵关：在江苏省南京府（今为南京市）东南。

〔六〕三山：三山镇，在安徽省芜湖县西南。

〔七〕巢、和、西梁：巢县、和州、西梁山。

〔八〕太平府：在安徽省东部，今为马鞍山市。

〔九〕掎角（jǐ jiǎo）：捉兽时拖住兽脚叫“掎”，抓住兽角叫“角”，“掎角”比喻两头牵制或两面夹击。

〔一〇〕东梁：东梁山，在安徽省当涂县东南，长江北岸。

〔一一〕顿兵：长期驻兵某地。

〔一二〕四外：四周。

点评

曾国荃在老家过完春节，于二月中旬率领新军赶到安徽，迅速攻占巢县、和州，太平军节节败退。此时，长江南岸曾国葆也率部向芜湖发起进攻。因此，国荃来信汇报请示，打算挟战胜之威，横渡长江，助攻芜湖。对此，曾国藩一口否决，绝对不行。

曾国藩的理由说得很清楚，“用兵以审势为第一要义”。你部现在士气强盛，所到之处，敌军望风而逃，你应该在江北乘胜追击，一直打到江苏地盘，在南京附近的采石矶渡江，隔断太平军在南京与芜湖之间的联系，进可攻，退可守，这是“得势”；如果像你说的，在三山渡江，自己的军队一分为二，隔江相望，这叫“失势”。所以，他告诉国荃，芜湖你不用担心，我会命令鲍超给国葆助威，你在采石矶渡江之后，可以直取太平府，太平府守军已经准备弃城而逃，你只管放心打。

作过这番指示，曾国藩补充两点，第一，什么时候渡江，你可根据江北战况，自行决定。第二，什么时候进兵南京，你也可以相机处置，有机可乘，当进就进，否则，早进不如迟进。与其孤军深入，或者闻警而退，不如在附近伺机而动，“一击必中”。

据战略战术而论，曾国藩的决策，应该比较高明，比较周密。乘胜追击，打过安徽，深入江苏，依据当时的敌对双方士气，很有可能直逼南京。而且还有一点，曾家兄弟这半年连续加官进爵，曾国藩晋升了太子少保、协办大学士，跃居宰相行列，曾国荃从道员晋职记名按察使，不久实授浙江按察使，不过一个月又晋升江苏布政使。兄弟俩同省做官，本当回避，上谕特批“毋庸回避”，“即赴新任”。上谕明明白白让你“即赴新任”，那你必须赶紧打到江苏去，国荃年轻，看不到这一点，曾国藩让他冲出安徽，从采石矶渡江，那也好歹算是打到了江苏境内，这就是曾国藩的老练与高明之处了。

占领采石矶，瞄准秣陵关，那南京城就在眼皮底下了，什么时候围城，伺机而动。曾国藩说得很清楚，但是，曾国荃求功心切，五月一日就开始攻打秣陵关，一下子把自己定死在了南京城外，从此开始两年多的血腥厮杀。别人看到的是曾家兄弟立功受奖，但这两年，他们吃过的苦，受过的罪，吃过的后悔药，他们自己心里最清楚。

致沅弟季弟 同治元年五月十五日

沅弟、季弟左右：

雪琴与沅弟嫌隙已深〔一〕，难遽期其水乳〔二〕。沅弟所批雪信稿，有是处，亦有未当处。弟谓雪声色俱厉。凡目能见千里，而不能自见其睫，声音笑貌之拒人，每苦于不自见，苦于不自知。雪之厉雪不自知〔三〕，沅之声色，恐亦未始不厉，特不自知耳。曾记咸丰七年冬，余咎骆、文、文、耆待我之薄〔四〕，温甫则曰：“兄之面色，每予人以难堪。”又记十一年春，树堂深咎张伴山简傲不敬[五]，余则谓树堂面色亦拒人于千里之外。观此二者，则沅弟面色之厉，得毋似余与树堂之不自觉乎[六]？

余家目下鼎盛之际，余忝窃将相，沅所统近二万人，季所统四五千人，近世似此者曾有几家？沅弟半年以来，七拜君恩，近世似弟者曾有几人？日中则昃[七]，月盈则亏，吾家亦盈时矣。管子云：斗斛满则人概之[八]，人满则天概之。余谓天之概无形，仍假手于人以概之。霍氏盈满[九]，魏相概之[一〇]，宣帝概之[一一]；诸葛恪盈满[一二]，孙峻概之[一三]，吴主概之[一四]。待他人之来概而后悔之，则已晚矣。吾家方丰盈之际，不待天之来概、人之来概，吾与诸弟当设法先自概之。

自概之道云何，亦不外“清”“慎”“勤”三字而已。吾近将“清”字改为“廉”字，“慎”字改为“谦”字，“勤”字改为“劳”字，尤为明浅，确有可下手之处。沅弟昔年于银钱取与之际不甚斟酌，朋辈之讥议菲薄[一五]，其根实在于此。去冬之买犁头嘴、栗子山，余亦大不谓然。以后宜不妄取分毫，不寄银回家，不多赠亲族，此“廉”字工夫也。“谦”之存诸中者不可知，其著于外者，约有四端：曰面色，曰言语，曰书函，曰仆从属员。沅弟一次添招六千人，季弟并未禀明径招三千人，此在他统领所断做不到者，在弟尚能集事，亦算顺手。而弟等每次来信，索取帐棚子药等件[一六]，常多讥讽之词，不平之语。在兄处书函如此，则与别处书函更可知已。沅弟之仆从随员，颇有气焰，面色言语，与人酬接时，吾未及见，而申夫曾述及往年对渠之词气[一七]，至今饮憾[一八]。以后宜于此四端痛加克治[一九]，此“谦”字工夫也。每日临睡之时，默数本日劳心者几件，劳力者几件，则知宣勤王事之处无多[二〇]，更竭诚以图之，此“劳”字工夫也。

余以名位太隆，常恐祖宗留诒之福自我一人享尽，故将

“劳”“谦”“廉”三字时时自惕，亦愿两贤弟之用以自惕，且即以自概耳。

注释

〔一〕雪琴：即彭玉麟（1816—1890），字雪琴，湖南省衡阳县人。早年参加湘军，后参与筹办水师，积功官至兵部尚书。嫌隙：人与人之间因猜忌不满而产生的怨仇。

〔二〕水乳：水乳不分，形容关系亲密。

〔三〕雪：此处是“雪琴”的省称，代指彭玉麟。

〔四〕咎：怪咎，不满。骆：即时任湖南巡抚骆秉章。文：此处当指文格，字式岩，满洲正黄旗人。官至山东巡抚。咸丰五年（1855）由江西按察使升任湖南布政使。文：此处当指文俊，字秋山，满洲镶红旗人。官至刑部右侍郎、西宁办事大臣。咸丰五年至七年（1855—1857）担任江西巡抚。耆：即耆龄（1804—1863），字九峰，以举人历官江西知府、布政使、巡抚，官至闽浙总督、福州将军。

〔五〕树堂：曾国藩旧友冯卓怀，字树堂。张伴山：曾国藩幕府粮台委员张韶南，字伴山。简傲：高傲，傲慢。

〔六〕得毋：“该不会”“莫不是”的意思，表示猜测或反问。

〔七〕昃（zè）：太阳偏西。

〔八〕斗斛（hú）：古代度量衡容器。一斗相当于现在的十斤多，十斗为一斛。概：古人用来刮平斗斛上粮食冒尖处的小木板，后来用作动词，表示“刮去”“削除”的意思。

〔九〕霍氏：此处指西汉大将军霍光的子弟们。霍光身后，其子侄辈纷纷位居高官，气势显赫。

〔一〇〕魏相：西汉丞相，进谏汉宣帝，提防霍家权势过盛。

〔一一〕宣帝：此处为汉宣帝刘询，汉武帝刘彻的曾孙。

〔一二〕诸葛恪（kè）：三国时期蜀国丞相诸葛亮之侄，吴国大将军诸葛瑾之子，官至丞相。因后期独断专行，孙峻辅佐吴少帝将其诛杀。

〔一三〕孙峻：孙权的侄曾孙，孙权死，孙峻与诸葛恪同为辅政大臣，官至丞相、大将军。

〔一四〕吴主：此处指吴少帝孙亮，后被废，自杀。

〔一五〕菲薄：轻视，看不起。

〔一六〕子药：武器弹药。

〔一七〕申夫：即李榕（1818—1890），字申夫，四川剑州（今为剑阁县）人。进士出身，奉旨派入曾国藩军幕，曾一度与曾国荃同领一军，后升任湖北按察使、湖南布政使，遭查究免职。

〔一八〕饮憾：抱憾，把痛苦之事记在心里。

〔一九〕克治：自我克制，改正缺点。

〔二〇〕宣勤王事：为国家为朝廷尽忠效力。封建时代，君国一体，“王事”即国事。

点评

曾国荃与彭玉麟何时失和，隔阂因何而起，具体不太清楚。他们两人以前的交集不多，最近联手攻克太平、芜湖两座城防，攻占长江东梁山、金柱关两处要隘，湘军水陆主力会师南京城外九洑洲。看来他俩矛盾加深，当是在这一期间。

曾国荃来信以及所批彭玉麟信，今已不见。从曾国藩回信看，他只是对自己老弟国荃作批评教育，对彭玉麟没说一个“不”字，而且，好像还有点为之开脱的意思。这是为什么呢？自家兄弟与人不和，曾国藩当然先要批评教育自家人，毕竟先来告状的是曾国荃，而不是彭玉麟。

第一，先就事论事，你对彭玉麟的信件的批注，有些能成立，有些不能成立；你说他“声色俱厉”，这个事情不太好说，因为人们只是看得到别人的脸色难看，而看不到自己的脸色是如何难看。比如说，咸丰七年，我怪罪骆秉章等人待我刻薄，温甫就当场指出，哥哥你说话的时候，也每每令人难堪。冯树堂曾经痛恨张伴山对他如何怠慢不敬，而我看树堂的脸色也是拒人于千里之外。由此可见，你说彭玉麟脸色过分，是不是也有点像我和冯树堂犯过的错误呢？

第二，我们曾家，目前官运鼎盛，我位居将相，你带兵二万，季弟带兵四五千，近代以来，有几家？你半年以来，朝廷七次给你加官晋级，近代以来，有几人？太阳当顶就必西斜，月亮圆满就必亏缺，我们家现在也是到顶了的时候。管子说过，斗满人概，人满天概。天怎么概？还不是借人间之手来消减？举例来说，霍氏家族、诸葛家族，不都是盛极而衰吗？与其叫别人来打压，还不如自己先退避。

第三，自己克制，三个字，“廉”“谦”“劳”。你平时拿钱欠考虑，花钱太大手，别人对你的批评，根子就在这里；你去年又置办田产，我就很不以为然。以后要改，“不妄取分毫，不寄银回家”，这就是“廉”的下手功夫。与人交接，脸不难看，话不难听，通信不傲慢，仆从不傲慢，这就是“谦”的下手功夫。每天上床睡觉前，检查自己一天下来，劳心的事做了几件，劳力的事做了几件，报效国家的时间还有多少，这就是“劳”的下手功夫。我现在官职高，权势大，人满天来概，我就生怕祖宗的福荫让我一人用尽，所以用“劳”“谦”“廉”三字时时自惕，两位贤弟，你们也要“自惕”，也要“自概”啊。

这封信，可能对国荃的触动很深：从此之后，他对彭玉麟一直退避三舍，而彭玉麟却似乎有些得寸进尺，几次在曾国藩面前说曾国荃的不是，吉字营军纪如何坏，大帅要大义灭亲，曾国藩也忍着没做声。直到彭玉麟的水师将官把曾国荃吉字营士兵的耳朵割下来，而且还自恃理直气壮，给曾国藩连写两信，终于惹火曾国藩，一封信将他驳得哑口无言，而国荃却很大度地说，算了算了，过去的事就过去吧。

致沅弟季弟 同治元年六月初二日

沅弟、季弟左右：

次青之事〔一〕，弟所进箴规，极是，极是。吾过矣，吾过矣！吾因郑魁士享当世大名〔二〕，去年袁、翁两处及京师台谏尚累疏保郑为名将〔三〕，以为不妨与李并举，又有“郑罪重”“李情轻”暨王“锐意招之”等语〔四〕，以为比前折略轻。逮拜折之后〔五〕，通首读来〔六〕，实使次青难堪。今得弟指出，余益觉大负次青，愧悔无地。余生平于朋友中，负人甚少，惟负次青实甚。两弟为我设法，有可挽回之处，余不惮改过也〔七〕。

注释

〔一〕次青：曾国藩早期幕僚与部属李元度，字次青。

〔二〕郑魁士：字鳌峰，直隶宣化县（今属河北省张家口市）人。早年从军，积功晋升守备、副将，历任寿春镇总兵、浙江提督、直隶提督。

〔三〕袁、翁：此处指以钦差大臣督办安徽军务的袁甲三与安徽巡抚翁同书。台谏：泛指京城监察御史。累疏：几次上奏。

〔四〕王：指已故浙江巡抚王有龄。王有龄（1810—1861），字英九，号雪轩，福建省侯官（今属福州市）人。捐资出身，官至浙江巡抚，太平军攻破杭州，王有龄自尽以殉，予谥“壮愍”。

〔五〕拜折：大臣给君主拜发奏折，要望空行跪拜礼，并鸣炮致敬。

〔六〕通首：通篇，从头到尾。

〔七〕惮（dàn）：怕。

点评

曾国藩兄弟往来家书，曾国藩对弟弟们开导启发多，批评教育多，弟弟们也时有提醒、规劝之词。即如这次，就是显著一例。

半个月前，曾国藩因为九弟与彭玉麟闹意气，去信开导教育，要谦虚谨慎，宽恕待人，说得头头是道。但就在第二天，他亲笔起草密折，参劾湘军三个违反军纪的高级将领，其中第三个就是他从前的忠诚幕僚与得力战将李元度。按说，大臣上奏朝廷的密片，是不能也不会外传的，但国荃、国葆既然随即来信表示惊讶与责备，那么，这应该就是曾国藩主动抄送的了。

咸丰四年初，李元度有感于曾国藩的热切招邀，辞去郴州教谕的文职，加入曾国藩军幕，随后五六年，生死相依，竭诚效命。当曾国藩坐困江西之时，李元度以一介书生，冒险请缨，拉起一支队伍，大仗小仗上百次，逐渐成为一支湘军主力，甚至当曾国藩父丧离营的一年半，李元度艰苦支撑，转战各地，头部中弹也无怨无悔，曾国藩一家老小，无不感激。可惜的是，咸丰八年，徽州一败，他身为地方官，战败之际，弃城而逃。曾国藩恨其未能与城池共存亡，对之多有责备，而李元度也过分强调客观原因，曾国藩一气之下，不顾胡林翼、李鸿章的阻拦，亲自执笔上奏，将李元度“革职逮问”。李元度伤心至极，负气回湘。恰逢浙江巡抚王有龄军情紧急，一再敦请李元度带兵赶赴浙江。李元度本来就官居浙江道台实职，是曾国藩复出之后匆忙调回安徽，因此，不顾胡林翼的劝阻，组建“安越军”，赶赴浙江，沿途为湖北、江西防剿敌军，朝廷也分别接受湖北与江西的官方奏报，将李元度接连晋升为浙江盐运使、浙江按察使，并署理布政使。

曾国藩本来就愤恨李元度轻敌致败、城破出逃，后来又痛恨他改换门庭。因此，得知李元度接连升职，他当即在二月下旬上奏朝廷，表示李元度一直归我查办，因为他擅自离营，至今没有结案。逗留江西打小仗，救援杭州不及时，这次朝廷给他恢复职级并且连升两级，我认为应该批回给吏部，注销职务，保留革职处分。我曾经保荐过他，我也应该接受吏部的审议处罚。话说得这么重，朝廷当然批复照准。至此事情本可完结。不料，到了五月，曾国藩因为鲍超多名部下投奔湖南、河南，曾国藩为维护军纪，上奏参劾，并再次拉上郑魁士、李元度陪审，说他们都是背弃主将之人，既然上次李元度该惩罚，那么这次鲍超的这些部下情节更严重，更不能不严惩。

李元度兵败撤退、曾国藩严惩拿问的那一次，曾国荃、胡林翼等人就觉得下手太重，李元度很有些冤枉。徽州本来是革职江西巡抚张芾带兵驻防，张芾被查，曾国藩念及京中旧情，将他换下，临时抽调李元度率新兵接防，而张芾旧部哗饷求去，太平军数万劲旅伺机突袭，附近友军坐视不救，李元度随败兵逃往江西。曾国藩不仅说要革职，还要逮捕审问，李元度当然想不通，写下一篇悲愤激越的《小桃源记》寄给曾国荃，以示抗议。从曾国藩后来的反应来看，他可能知道了这一点，于是，就有了第二次、第三次的参劾。

李元度本来是与曾国荃同日升官，一个从浙江按察使升任江苏布政使，一个从浙江盐运使升任浙江按察使，靠的都是历年的战功。大哥如此对待故人与部属，两位弟弟实在看不下去了，于是写信送来，直言相告。曾国藩只得连声自责："吾过矣，吾过矣！"而且表示，"余生平于朋友中，负人甚少，惟负次青实甚"，怎么办？两位老弟请给我想办法，如何挽回，"余不惮改过也"。

由此可见，批评教育他人容易，要谦虚，要谨慎，要不计前嫌，待人宽恕，说起来容易做起来难。曾国藩这次之错，错在个人意气，错在"太计前嫌"。

致沅弟季弟　同治元年七月二十日

沅弟、季弟左右：

季弟病似疟疾〔一〕，近已全愈否〔二〕？吾不以季病之易发为虑，而以季好轻下药为虑。吾在外日久，阅事日多，每劝人以不服药为上策。吴彤云近病极重〔三〕，水米不进已十四日矣。十六夜四更，已将后事料理，手函托我，余一概应允，而始终劝其不服药。自初十日起，至今不服药十一天，昨夜竟大有转机，疟疾减去十之四，呃逆各症减去十之七八〔四〕，大约保无它变。希庵五月之季病势极重，余缄告之，云“治心以‘广大’二字为药，治身以‘不药’二字为药”〔五〕，并言作梅医道不可恃〔六〕。希乃断药月余，近日病已全愈，咳嗽亦止。是二人者，皆不服药之明效大验。季弟信药太过，自信亦太深，故余所虑不在于病，而在于服药。兹谆谆以不服药为戒，望季曲从之〔七〕，沅力劝之。至要，至嘱！

季弟信中所商六条皆可允行。回家之期，不如待金陵克后乃去，庶几一劳永逸。如营中难耐久劳，或来安庆闲散十日八日，待火轮船之便，复还金陵本营，亦无不可。若能耐劳耐烦，则在营久熬更好，与弟之名曰“贞”、号曰“恒”者〔八〕，尤相符合。其余各条皆办得到，弟可放心。

注释

〔一〕疟（nüè）疾：一种急性传染病，由蚊虫叮咬或血液传染。

〔二〕全愈：即“痊愈”，病好了。

〔三〕吴彤云：即吴大廷（1824—1877），字桐云，湖南省沅陵县人。以举人奉派安徽军营，先后参与安徽巡抚李续宜、闽浙总督左宗棠、两江总督曾国藩幕府，官至台湾兵备道。

〔四〕呃逆：打嗝。

〔五〕不药：不服药。

〔六〕作梅：即陈鼐（？—1872），字作梅，江苏省溧阳县（今溧阳市）人。进士出身，曾国藩幕僚，官至直隶清河道。此时在曾国荃大营协助文案。医道：医术，治病能力。

〔七〕曲从：委曲顺从，此处是“勉强听从”的意思。

〔八〕贞、恒：曾国葆原字“季洪”，后期改名“贞干”，改字“事恒”。

点评

曾国藩一家兄弟，身体都不算结实，国荃、国葆年轻时就经常生病。这半年国葆一直在强撑病体，独当一面，负责前线军火、军粮的运输安全与及时保障。曾国藩也经常去信询问，但一般都是力戒过度用药。第一是国葆早年自学过医书，经常自己开药服用，第二是近年服药过于频繁，第三则是曾国藩历来反感动辄服药，这既是他祖父的家教，也是他自己的教训与见识。他的皮肤病顽疾，就是当年过于轻信医方，用药过度，药毒残留体内，导致终生不愈。而且这些年来，他亲眼看到的病例，几乎都有用药失误的倾向。所以，他对亲戚朋友，不管对方听得进听不进，总是那句话“治身以‘不药’二字为药”。对胡林翼，对李续宜，曾国藩都一再表示过这个意见。

为了增加说服力，曾国藩在这里特别举出了两个有力的证据，两个都是国荃、国葆熟知的对象：一个是吴大廷，病得“极重”了，“水米不进已十四日”了，甚至写来诀别信，托付后事了，“余一概应允，而始终劝其不服药”。这个赌局真是太大了，呃，赌赢了，“不服药十一天，昨夜竟大有转机，疟疾减去十之四，呃逆各症减去十之七八”。第二个病例是李续宜，五月底“病势极重”，我去信让他断药，“断药月余”，“病已全愈”。由此可见，这都是“不服药之明效大验”。因此，季弟一定要听我的，沅弟一定要帮我说服他。

为了帮助国葆心情开朗，曾国藩对国葆来信所说各事，都答应照办，但对于离营回家一层，则有所保留。他的意见是，最好等南京打下以后再回去，也算立过战功，有助于今后的升迁；如果前线太苦，可以来安庆休养十天八天；如果能够挺得住，那也与你改名“贞干”、改字“事恒”配得上。

七月二十五日，曾国藩再次去信，除了问“久不接来信，不知季病全愈否”，然后又说“吴彤云大病二十日，竟以不药而愈，邓寅皆终身多病，未尝服药一次”，“吾辈仰法家训，惟早起、务农、疏医、远巫四者尤为切要”。邓寅皆是曾家的家庭教师，终生多病却从不服药，所以曾国藩补充这个证据，进一步强调不服药的道理。

致澄弟　同治元年九月初四日

澄弟左右：

沅弟金陵一军，危险异常，伪忠王率悍贼十余万〔一〕，昼夜猛扑，洋枪极多，又有西洋之落地开花炮〔二〕，幸沅弟小心坚守，应可保全无虞〔三〕。鲍春霆至芜湖养病，宋国永代统宁国一军〔四〕，分六营出剿，小挫一次，春霆力疾回营〔五〕，凯章全军亦赶至宁国守城〔六〕。虽病者极多，而鲍、张合力，此路或可保全。

来信言余于沅弟既爱其才，宜略其小节〔七〕，甚是甚是。沅弟之才，不特吾族所少，即当世亦实不多见。然为兄者，总宜奖其所长，而兼规其短〔八〕。若明知其错，而一概不说，则非特沅一人之错，而一家之错也。

吾家于本县父母官，不必力赞其贤，不可力诋其非，与之相处，宜在若远若近、不亲不疏之间。渠有庆吊〔九〕，吾家必到；渠有公事，须绅士助力者，吾家不出头，亦不躲避。渠于前后任之交代，上司衙门之请托〔一〇〕，则吾家丝毫不可与闻。弟既如此，并告子侄辈常常如此。子侄若与官相见，总以“谦”“谨”二字为主。

注释

〔一〕伪忠王：指太平天国忠王李秀成（1823—1864），广西藤县人，因为是参与洪秀全造反受封为王，所以清军称之为“伪”。

〔二〕落地开花炮：欧洲近代改良火炮，命中目标后爆炸，杀伤力更大。

〔三〕无虞（yú）：没有忧患，太平无事。

〔四〕宋国永：鲍超所部将领，官至云南鹤丽镇总兵。

〔五〕力疾：勉强支撑病体，带病工作。

〔六〕凯章：即湘军老湘营统领张运兰，字凯章。

〔七〕略：忽略，不计较。

〔八〕规：规劝，劝勉。

〔九〕渠：他，他们。

〔一〇〕请托：求人帮忙，求人情。

点评

信不长，共三层意思：

首先，告知南京前线部队的近况，沅弟他们“危险异常”，李秀成率领十万强敌，日夜猛攻我围城阵地，不仅洋枪极多，而且配有从洋人那里重金买来的新式大炮，命中目标才爆炸，杀伤力极大。所幸沅弟顽强坚守，大局应该不会有事。此外，鲍超、张运兰部也都在瘟疫蔓延的不利情况下，确保西南宁国一路后方防线。

其次，答复来信所说国荃之事，即“既爱其才，宜略其小节”。曾国藩一方面表示认同，说“甚是甚是”，甚至说沅弟之才，不仅我们曾氏家族少有，而且在当今之世也实不多见；另一方面，也委婉表示，如果明知有错，而我们当哥哥的，什么规劝的话都不说，那就不是他“一人之错”，而是我们“一家之错”了。从近期家书来看，这里指的是国荃又在新买田产等事。六月二十五日，曾国荃在一场激战之后，回到帐篷，给曾国藩写来二十二页的长信，其中颇有对大哥近期来信的不同意见，认为大哥对前线将领的军纪与财权管得太严，管得过多。七月初一日，曾国藩回信表示，严是爱，松是害，并且指出，你收购“良田”，兴建“美宅”，别人“指摘”，“弟当三思，不可自是”，你说我名位高，自律严，你现在名位“亦实不小”，你却总是想着买几处好墓地，建几栋好楼台，难道不算失策吗？

最后，告诫家中子弟如何处理地方公事，与本县地方官不要走得太近，要保持距离。县官有红白喜事，我家到场表示一下就行；县官需要乡绅支持公务，我家不出头，也不躲避；尤其是不要管前后任交接的闲事，不要帮别人求人情、“走后门”。你要带头做到这点，而且引导家中子弟也照着做才行。

曾国藩既要负责前方打仗，又要预防后院起火，确实很操心，很不容易。

致沅弟　同治元年九月十一日

沅弟左右：

初五早之捷，破贼十三垒，从此守局应可稳固，至以为慰。

缩营之说〔一〕，我极以为然。既不能围城贼，又不能破援贼，专图自保，自以气敛局紧为妥，何必以多占数里为美哉？及今缩拢，少几个当冲的营盘〔二〕，每日少用几千斤火药，每夜少几百人露立〔三〕，亦是便益〔四〕。“气敛局紧”四字，凡用兵处处皆然，不仅此次也。

所需洋枪洋药铜帽等〔五〕，即日当专长龙船解去〔六〕。然制胜之道，实在人而不在器。鲍春霆并无洋枪洋药，然亦屡当大敌。前年十月、去年六月，亦曾与忠酋接仗〔七〕，未闻以无洋人军火为憾。和、张在金陵时〔八〕，洋人军器最多，而无救于十年三月之败。弟若专从此等处用心，则风气所趋，恐部下将士，人人有务外取巧之习，无反己守拙之道〔九〕，或流于和、张之门径而不自觉，不可不深思，不可不猛省。真美人不甚争珠翠，真书家不甚争笔墨〔一〇〕，然则将士之真善战者，岂必力争洋枪洋药乎？

注释

〔一〕缩营：收缩阵地，减少防线。

〔二〕当冲：道路的紧要必争之处。

〔三〕露立：在野外站岗警备。

〔四〕便益：便宜，得益。

〔五〕洋药铜帽：欧洲当时新式步枪的子弹。

〔六〕专：专派。长龙船：清军水师大型战船。解（jiè）：发送。

〔七〕忠酋：指太平军忠王李秀成。接仗：交战。

〔八〕和：即和春（？—1860），字雨亭，赫舍里氏，满洲正黄旗人。由宫廷宿卫历官湖南绿营参将、副将、总兵、江南提督、江宁将军，以钦差大臣督办江南军务，兵败而死。张：即张国樑（1823—1860），字殿臣，原名嘉祥，广东省高要县（今属肇庆市）人。初为逃犯，归降后从军，官至江南提督，帮办江南军务，在与太平军作战时兵败溺毙。

〔九〕反己：反求诸己，自我反省。守拙：不取巧，不慕名利。

〔一〇〕书家：书法家。

点评

古代用大刀长矛作战，凭借作战双方的人数、士气与武艺，火药使用不多，弹药消耗不大。进入近代，尤其是欧洲近代枪炮的引进，打仗打的就是钱了，动辄上万人的战场，持续上十年的拼杀，武器装备的更新与补充，就显得前所未有的重要。曾国荃在一线作战，曾国藩在后方指挥，两人的位置不同，对武器装备的意义，认识也就大不一样了。

曾国荃来信，汇报三件事，曾国藩逐一答复：

第一，欣悉歼灭城外十多个敌军营垒，我方防线威胁减少，攻城部队“守局”得以稳固，胜利来之不易。

第二，赞同缩小阵线，目前兵力不足，向前不足以攻击城防，向后不足以回击援敌，只能“专图自保”，当然要收紧阵地。南京城周长七十里，面临长江天险，背靠连绵钟山，自古号称虎踞龙盘，易守难攻。曾国荃凭着初生牛犊不怕虎的蛮劲，以不足二万人的兵力，孤军深入，对南京城并没有形成多大威胁。太平天国天王洪秀全一声令下，苏南、皖北的各路援军先后赶来救援，曾国藩只能动用一切力量在外线阻击，尽量减少敌军对南京城外曾国荃部队的反包围。现在国荃主动提出紧缩部队，曾国藩当然赞同，以此减少部队消耗，是划得来的便宜事。

第三，所需洋枪弹药，马上专门派出大型战船送来。但是，自古用兵之道，在人，不在武器。我给你举几个例子，鲍超的霆军，他就没有什么洋枪洋子弹，不是照样与强敌交战？谁也没听说过他抱怨没有新式武器。相反，当年和春他们的绿营大队人马，配备的西洋兵器最多，不照样是全军覆没吗？老弟你不要带这个坏头，免得部下都想着“取巧”，因此，“不可不深思，不可不猛省”。

这封信刚发出，国荃催讨弹药的信又来了，曾国藩在九月十三日的回信，就显得有些火气：“弟刻刻宜存节省之意，不必函函苦催。大约弟设身处地所能办到者，兄亦必能办到；兄所束手不能办者，虽弟设身处地，亦无如何也。”因为他还要负责其他部队的武器供应，“每日至少用几千斤火药”，打出去就收不回，经费有限，消耗无休，他当然疲于应付，于是，只能搬出古人的道理：“制胜之道，实在人而不在器。”九月二十日，曾国藩一面给国荃发出“火药二万、银二万”，一面叮嘱“洋枪洋药，总以少用为是”，二十九日，甚至说出“我军仍当以抬、鸟、刀、矛及劈山炮为根本，譬之子弟于经书、八股之外，兼工诗赋杂艺则佳，若借杂艺以抛弃经书八股，则浮矣”的话来。为此，他还将国荃自筹经费托人从广州买来的一千支洋枪截留一半，要赠送李鸿章，气得国荃来信大吵，你要这样做，我当年在北京跟你分餐的脾气就上来了。还给我！于是，曾国藩回信，好了好了拿去吧，但“弟函词旨过涉戆直，非老年兄弟所宜，以后慎之”。

致沅弟　同治元年十月二十三日

沅弟左右：

金陵解围一案〔一〕，季弟请奖一节〔二〕，实不宜形诸公牍〔三〕。在我既不能奏请奖弟，在官、李又不能不奏军情专奏保奖〔四〕，陈述数行，徒觉词费〔五〕。

朝廷立法，所以待大员子弟防范颇严，如在京不准保送军机〔六〕，不准保送御史〔七〕，皆因其声势较广，恐其营私树党。咸丰初元〔八〕，孙苻卿保杜芝农之子〔九〕，杜保孙之侄，当时物论切讥之〔一〇〕。季弟劳绩虽多，吾二人只可置之不议。方今督兵者〔一一〕，如胜、袁、都公〔一二〕，皆有子弟在营，若非皇上特恩，皆只能叙“不敢仰邀议叙”六字而已。

注释

〔一〕金陵解围：此处指南京前线湘军打退太平军的反包围。案：（上报朝廷的）事件。

〔二〕请奖：给朝廷上奏，请求为功臣或志士予以奖赏。

〔三〕公牍：公文，官方文书。

〔四〕官、李：此处指湖广总督官文、江苏巡抚李鸿章。

〔五〕词费：耗费文词，无益于事。

〔六〕保送：推荐人才参加官员选拔考试。军机：此处指在军机处作章京的中级机要文员。

〔七〕御史：此处指都察院的十五道监察御史，从五品。

〔八〕初元：初年。

〔九〕孙苻卿：即孙瑞珍（？—1858），字苻卿，号奇庵，山东省济宁州（今为济宁市）人。世家子弟，官至户部尚书。杜芝农：即杜受田（1788—1852），字锡之，号芝农，山东省滨州（今为滨州市）人。官至刑部尚书，谥号文正。

〔一〇〕物议：舆论评价，一般多为批评。

〔一一〕督兵：领兵，率部征战。

〔一二〕胜：即胜保（？—1864），字克斋，满洲镶白旗人。以举人任国子监祭酒，以内阁学士剿办太平军，调任副都统、兵部侍郎，又以钦差大臣督办陕西军务，后遭赐死。袁：即督办安徽军务的钦差大臣袁甲三。都公：即都兴阿（1818—1875），字直夫，郭贝尔氏，满洲正白旗人。由宫廷侍卫积功升任副都统、江宁将军、西安将军、陕甘总督，卒于盛京将军任内。

点评

曾国荃与曾贞干两兄弟，年龄只相差四岁，青少年时代一道在长沙读书，近两年一同在前线征战，兄弟感情很深。贞干身体一直有病，起初想请假回家生子，结果因军情紧张而推迟；后来家中夫人病逝，他更是伤心抱恨；本想脱离军营，又被国藩、国荃两位兄长劝留；最近病情加重，下决心回家治疗，却又因太平军大股援军来袭，他不忍抛下国荃独力支撑，只能继续抱病工作。为此，曾国荃来信，与大哥商量，打算借着最近打退太平军对湘军围城部队的反包围，请湖广总督官文、江苏巡抚李鸿章在上奏胜仗的时候，为季弟表彰功绩，希望朝廷给予奖赏。

之所以需要官文与李鸿章出面，则因为贞干是胡林翼生前特招的军官，算是湖北的官员，而目前在江苏作战，因此，他的劳绩需要湖北、江苏的长官出面上报。曾国藩作为两江总督，当然管着江苏，但涉及自家兄弟，按照当时官场规矩，如果奏报中需要提及他们的战绩，也只能在客观介绍后说上一句“不敢仰邀议叙”，别的不能多说。

对于曾国荃来信的提议，曾国藩只能这样回答，你们打退敌军，我是要上奏汇报，也可以保举奖赏一些人，但贞干的名字我不能写进去。不但我不好写，官文、李鸿章也不好写，因为南京前线的战况，远在武汉的官文、苏州的李鸿章都不便写，而不写战况却单单奏请褒奖贞干，朝廷不会理睬的，纯属浪费笔墨。本朝开国以来，对大臣子弟防范很严，三品以上的京官，其子弟不能保送到军机处参与机要文秘的选拔考试，不能保送到都察院参与监察官员的选拔考试，因为这都是要害部门，担心这些大臣借机结党营私，胡作非为。咸丰元年，孙瑞珍保送杜受田之子，杜受田保送孙瑞珍之侄，当时就引起舆论非议。那时候我还在北京，耳闻目睹，知道得很清楚。现在带兵大员，袁甲三、胜保、都兴阿，都有子弟在军营效力，想升官，只能指望皇上的特别恩典，家里人是不敢张口乱说的。

据曾国藩日记，他是在写出此信之后才得知贞干病情严重，随即发信，商量来安庆治疗，又担心路途出危险。十月二十七日，曾国藩领衔并附上官文、李鸿章的职衔，上奏将国荃发来的战况归并转述，其中数次提及国荃、贞干各级指挥官之名，附录保举提拔名单七十多名，但没有国荃、贞干之名，说“曾国荃、曾贞干系臣胞弟，不敢仰邀议叙”。曾国藩这样做是正确的。你不说，朝廷不一定不给；你说了，朝廷肯定不给。十一月初八日，朝廷发回上谕，保举名单一律照准，而且首先还对曾国荃赏赐黄马褂，将曾贞干“加恩以知府用”。但这对曾贞干已经没有多少意义了。

致沅弟　同治元年十一月二十三日

沅弟左右：

昨日发两信，定于二十四日起程，前赴金陵，坐“威林密”

船以行〔一〕，而此间官绅上下，纷纷谏阻。今早接弟信并与澄侯一信，知季弟之灵柩，拟于二十四日开船上行，余若坐轮船以往，必在中途错过。余即不赴金陵，留此迎接季榇〔二〕，而请罩山至金陵一行〔三〕，代余慰视老弟。余署附近有一大屋〔四〕，将买为湖南会馆〔五〕，季弟灵榇即迎置其中。一切开吊行礼〔六〕，俱甚方便。一切丧礼应行之仪，皆在安庆行之。

注释

〔一〕“威林密”船：英国造蒸汽机轮船，1859年曾国藩批准购买，以便安庆军械所仿造，并用于长江航运。

〔二〕季榇（chèn）：即季洪弟的灵柩。“榇”即棺材。

〔三〕罩山：即葛封泰，字罩山，湖南省湘乡县人。曾国华妻弟。

〔四〕署：官署，官府。

〔五〕会馆：明清时期兴起的同乡或同业公会，一般在城市购置房产，用于本乡或本行往来人员临时性居住，同时用作聚会宴席之所。

〔六〕开吊：丧家举行吊唁活动，追悼逝者。

点评

十八日，曾贞干医治无效，在南京城外军营病逝。在此之前，曾国藩也曾寄送医药，曾贞干的病情也似乎有所减轻。据曾国藩十八日日记，当天早上，他连接国荃三封来信，“知季弟之病十分沉重，似已万无转机”。而朝廷给予加官晋级上谕也是这天送达，曾国藩立即写信报喜，专人送往南京前线。可惜曾贞干已经再也看不到了。

二十二日黎明，曾国藩接到噩耗，哀痛不已，当即决定亲自赶赴南京军营。此时战局虽有好转，但以钦差大臣、两江总督、协办大学士的身份深入前线，毕竟很危险，因此安庆官府内外上上下下一致劝阻，而国荃后续来信也告知贞干灵柩将于后天运送来此，所以曾国藩这才改派姻亲葛封泰代表他赶赴南京，慰问国荃，自己则在安庆设置灵堂，准备吊唁。

接连几天，曾国藩天天给国荃写信，“劝慰老弟宽怀，专以国事为重”，说“不带勇则已，带勇则死于金陵，犹不失为志士”，而且还列举清代诗人袁枚的诗句“男儿欲报君恩重，死到沙场是善终”来宽慰。当贞干灵柩运抵安庆，他亲自出城迎接，“登舟抚棺恸哭”，回署后“行家奠礼”，连日作挽联，作墓志铭，这些都一一见于《曾国藩诗文集》。

致沅弟　同治二年正月十八日

沅弟左右：

二日未寄信与弟，十七夜接弟初九日信，知弟左臂疼痛，不能伸缩，实深悬系。兹专人送膏药三个与弟，即余去年贴右手背而立愈者，可试贴之，有益无损也。

拂意之事接于耳目〔一〕，不知果指何事？若与阿兄间有不合，则尽可不必拂郁〔二〕。弟有大功于家，有大功于国，余岂有不感激、不爱护之理？余待希、厚、雪、霆诸君〔三〕，颇自觉仁让兼至，岂有待弟反薄之理？惟有时与弟意趣不合：弟之志事，颇近春夏发舒之气；余之志事，颇近秋冬收啬之气。弟意以发舒而生机乃王〔四〕，余意以收啬而生机乃厚，平日最好昔人“花未全开月未圆”七字，以为惜福之道、保泰之法莫精于此〔五〕，曾屡次以此七字教诫春霆，不知与弟道及否？星冈公昔年待人，无论贵贱老少，纯是一团和气，独对子孙诸侄则严肃异常，遇佳时令节，尤为凛不可犯。盖亦具一种收啬之气，不使家中欢乐过节〔六〕，流于放肆也。余于弟营保举、银钱、军械等事，每每稍示节制，亦犹本“花未全开月未圆”之义〔七〕。至危迫之际，则救焚拯溺〔八〕，不复稍有所吝矣。弟意有不满处，皆在此等关头。故将余之襟怀揭出，俾弟释其疑而豁其郁。此关一破，则余兄弟丝毫皆合矣。余不一一，顺问近好。

兄国藩手草

再，余此次应得一品荫生〔九〕，已于去年八月咨部〔一〇〕，以纪瑞侄承荫〔 〕。因恐弟辞让，故当时仅告澄而未告弟也。将来瑞侄满二十岁时，纪泽已三十矣，同去考荫〔一二〕，同当部曹〔一三〕。若能考取御史〔一四〕，亦不失世家气象〔一五〕。以弟于祖父、兄弟、宗族之间竭力竭诚，将来后辈必有可观，目下小恙断不为害，但今年切不宜亲自督队耳。又行。

注释

〔一〕拂意：不如意。

〔二〕拂郁：内心不高兴，很郁闷。

〔三〕希、厚、雪、霆：指李续宜（号希庵）、杨岳斌（字厚庵）、彭玉麟（字雪琴）、鲍超（字春霆）。

〔四〕王：同“旺”，此处是“旺盛”的意思。

〔五〕保泰：此处为“持盈保泰”之省，即“谦虚谨慎以保平安”之意。

〔六〕过节：过度，超出节制。

〔七〕本：此处是“本着”“依据”的意思。

〔八〕救焚拯溺：救人于水火之中，形容紧急救助陷于困境中的遇难者。焚，火灾。溺，水灾。

〔九〕荫生：明清时代凭借先代劳绩与官品而取得的监生资格。

〔一〇〕咨部：行文到部，此处是给吏部报送身份材料。

〔一一〕纪瑞：即曾纪瑞，曾国荃长子，派名科四。承荫：封建时代，国家对大臣子弟的格外优待，依据父祖官品荫庇，承袭相应品级的监生，再参与一次吏部组织的程序性考试，即可获得中下级官职。

〔一二〕考荫：荫生赴吏部参加书面考试。

〔一三〕部曹：中央六部（吏、礼、户、兵、刑、工）的中下级官吏。

〔一四〕御史：都察院的监察御史，负责官纪政纪纠察。

〔一五〕世家：世代官宦人家。

点评

此信所言为国荃正月初九日来信触发，国荃在信中说了三件事：

一是左臂疼痛，不能伸缩；二是烦心事多；三是年终得到朝廷恩赐的“福”字绣花荷包，请大哥附带代办一份谢恩折子。

曾国藩接信第二天，就此作出回应：

左臂不能伸缩，这让我很担心，为此特派专人给你送来膏药三张，这是特效药，我去年右手用过，立竿见影，你试试看。

至于你说烦心事一件接一件，不知你到底指的是哪些事。如果是因为与阿哥我有矛盾，那就尽可不必烦心。你“有大功于家，有大功于国”，我哪有“不感激、不爱护之理”？我对李希庵、杨厚庵等人都那么仁义谦让，难道会待你薄情吗？你做事生气勃勃，我做事稳重周全，我平时最看重前人说过的“花未全开月未圆”，物极必衰，留点余地才是惜福之道。你看咱爷爷，对人“纯是一团和气”，对子孙则要求严格。前面是做解释工作，到此则顺势开导，之所以对你的部队在保举、军饷、军械上“稍示节制”，就是本着“花未全开月未圆”的用心。你说的烦心事，大概就在这里。但是你放心，真要到了紧要关头，我决不会不管的。今天把话跟你说透，你就不要再烦恼了，兄弟之间，话说开了，就啥事也没有了。

信写完，落了款，稍后曾国藩又再添几笔：我今年可以得到一个一品荫生的名额，去年八月我就已经给吏部报送材料，让纪瑞侄子承袭这个恩荫。因为怕你谦让推辞，我就没有告诉你，也给国潢说清楚了。等到纪瑞二十岁的时候，让他跟纪泽一起进京考荫，然后一起在部里面开始做京官。

三天后，国荃接到此信，回信对儿子纪瑞之事表示感激，对“春夏之气”“秋冬之气”与“花未全开月未圆”之说，部分认同，但对“来函所云，弟意有不满处，皆在银钱、军械保举等事”，表示“究竟亦不尽然”。为什么？“惟在军办事，若不趋功利一路，有时多窒碍难行。”意思是，行军打仗，你死我活，不能不争，与“花未全开月未圆”似乎不相干。算了不说了，成败荣辱，听天由命吧。

由此可见，他们都做得很不错，都很谦让。而国荃信中最后那半句话，其实就是指曾国藩春节前后再三批示，坚持要把国荃准备应急的九个营调走三个，撤掉三个，气得他来信说怪话：“鼻筒大，驼住口，有何话说？”这是湘乡土话，意思是鼻子大得压住了嘴巴，压得嘴巴说不出话。你是大哥我是九弟，你是两江总督我是江苏藩司，反正都比你小，反正都归你管。但是这样的烦心事一件接一件，那就手痛肝痛一起来了喽。

致沅弟 同治二年四月初六日

沅弟左右：

初五日夜接弟初二日信，具悉一切。

辞谢之说，余亦孰思之〔一〕。谓才不胜任，则现在并不履浙江任，谓请改武职，则廪生、优贡出身〔二〕，岂有改武之理？且过谦则近于伪，过让则近于矫〔三〕。谓请改京卿〔四〕，则以巡抚而兼头品顶戴〔五〕，必改为侍郎，断无改三品卿之理〔六〕。三者均难着笔，只得于谢折之中〔七〕，极自明其惴栗之意〔八〕。其改武一层，弟以后不宜形诸笔墨，恐人疑为矫伪不情也〔九〕。谢折应专弁赍京〔一〇〕。季弟立祠、予谥谢折〔一一〕，拟兄弟会衔具奏〔一二〕。顺问近好。

国藩手草

注释

〔一〕孰：通“熟”，形容程度很深。

〔二〕廪生：明清两代称由公家给以膳食的生员（秀才）。优贡：各省考选保送到京城国子监深造的优秀生员。

〔三〕矫：矫情，即故意违反常态，表示与众不同。

〔四〕京卿：即京堂，清代中央机关如都察院、詹事府及大理寺、太常寺等部门的长官，统称京堂，都是三品。

〔五〕头品顶戴：头品即一品，顶戴是清代官帽的装饰物。清代头品顶戴为红宝石和单眼花翎。

〔六〕三品卿：三品的京卿，如大理寺卿、太常寺卿、光禄寺卿、太仆寺卿一类闲职。

〔七〕谢折：也叫“谢表”，封建时代高级官员遇升职与奖赏时，需向皇帝上奏谢恩折。

〔八〕惴（zhuì）栗：因为恐惧而战栗发抖。

〔九〕矫伪：假装。不情：不合情理。

〔一〇〕赍（jī）京：送到京城去。

〔一一〕立祠：此处是由朝廷批准给有功人员建立祠庙以凭纪念。予谥（shì）：封建时代，朝廷对已故大臣赐予评价性谥号，以表彰其志节或功业。

〔一二〕会衔：会同签署职务、姓名，联名上奏。

点评

本年三月二十八日，曾国藩接到上谕，左宗棠升任闽浙总督，兼任浙江巡抚，曾国荃由江苏布政使晋升浙江巡抚，继续率部攻打南京。曾国荃接到消息，经过几天的思考，给曾国藩来信，表示从没做过地方官，一省巡抚，责任太重，自己能力有限，打算辞谢这个职务，情愿改为武职，或者改为中央机关京卿一类的清闲职务，请大哥帮着裁决。

曾国荃说的是实情，曾国藩心里当然很清楚，事先也认真考虑过是否辞让。因此，他对国荃说，你说你才不胜任，可是上谕现在并没有让你去浙江上任履职，所以这一点你没法写上去；你说你情愿改为武职，但你是科举正途出身，也没有改调武职的道理，尤其是按照国家的制度，武职可以根据需要改为文职，但极少文职改武职的先例，这样做，只会让别人惊讶，认为太做作，太矫情，这是第二个说不通的地方；如果说巡抚职责重大，改为京卿，那么以你现在的二品职级和头品顶戴，就要平调到六部侍郎的职位上去，决不会只安排三品卿的闲职的，这是第三个不好下笔的地方。因此，你这次只能在谢恩折中，把自己深感责任重大、诚惶诚恐的话多说几句，而改调武职的话，以后再也不好出现在笔下，以免遭人猜忌。另外，曾国藩特别提醒，这次的谢恩折，必须要特派专人进京送呈，以示郑重。

在此之前，曾国藩就给国荃写信告知，位居巡抚，成为封疆大吏，那“奏议是人臣最要之事，弟须加一番功夫”。两个月后，七月初一日，曾国藩又专门写信指导，说“奏折一事，弟须用一番工夫。秋凉务闲之时，试作二三篇，眼界不必太高，自谦不必太甚”；你现在可以随时接到附近省份各巡抚转来的有关公文，像浙江的左宗棠、江苏的李鸿章、湖南的骆秉章、江西的沈葆桢等人的奏折，都很好，“以后凡有咨送折稿到弟处者，弟皆视如学生之文，圈点批抹”。而且特意嘱咐，“每折看二次，一次看其办事之主意、大局之结构，一次看其造句下字之稳否”。每天研读一两篇，体会他们行文下笔的用心与诀窍。如此用功一两个月，再去“参看古人奏稿”，“自有进益”。最后再紧跟一句：“每日极多不过二三刻工夫，不可懒也。”

曾国荃从军八年，从一名秀才到一省之长，曾国藩看到弟弟的成长，当然高兴，高兴之余，不忘耐心辅导，切实帮助，确实很有兄长之风。

致沅弟　同治二年七月二十一日

沅弟左右：

二十日接十六日信，二十一日接十一日交雷哨官信〔一〕，具悉一切。

凡办大事，以识为主，以才为辅；凡成大事，人谋居半，天意居半。往年攻安庆时，余告弟不必代天作主张。墙濠之坚，军心之固，严断接济，痛剿援贼，此可以人谋主张者也；克城之迟速，杀贼之多寡，我军士卒之病否，良将之有无损折，或添他军来助围师，或减围师分援他处，或功隳于垂成〔二〕，或无心而奏捷〔三〕，此皆由天意主张者也。譬之场屋考试〔四〕，文有理法才气，诗不错平仄抬头〔五〕，此人谋主张者也；主司之取舍〔六〕，科名之迟早〔七〕，此天意主张者也。若恐天意难凭，而必广许神愿，行贿请枪〔八〕；若恐人谋未臧〔九〕，而更多方设法，或作板绫衣以抄夹带〔一〇〕，或蒸高丽参以磨墨〔一一〕，合是皆无识者之所为。弟现急求克城，颇有代天主张之意。若令丁道在营铸炮〔一二〕，则尤近于无识矣。愿弟常存畏天之念，而慎静以缓图之，则善耳。顺问近好。

兄国藩手草

弟于吾劝诫之信，每不肯虚心体验，动辄辨论，此最不可。吾辈居此高位，万目所瞻。凡督抚是己非人、自满自足者〔一三〕，千人一律。君子大过人处，只在虚心而已。不特吾之言当细心寻绎〔一四〕，凡外间有逆耳之言，皆当平心考究一番。逆耳之言，随时随事皆有，如说弟必克金陵便是顺耳，说金陵恐非沅甫所能克便是逆耳。故古人以居上位而不骄为极难。兄又及。

注释

〔一〕哨官：明清军队下级军官，一百人为一哨，大体相当于现在的连长。

〔二〕隳（huī）：毁坏。垂成：将成，接近完成。

〔三〕奏捷：打仗获胜。

〔四〕场屋：科举考场。

〔五〕平仄：汉语有声调，分为平声和仄声，平有阴平、阳平，仄有上声、去声与入声。科举考试中有试帖诗，诗句各有规定的平仄要求。抬头：古人书写自上至下，凡言及尊长时，需另起一行书写，称为“抬头”，尤其对君主，还必须高出两三个字格，以示尊敬。

〔六〕主司：本义是主管官员，此处指科举主考官。

〔七〕科名：科举成功，获取功名。

〔八〕请枪：即科举考试时请人冒名进场，代替答卷。

〔九〕臧（zāng）：好，善。

〔一〇〕板绫衣：板绫（斜纹丝织品）做成的衣服。夹带：考试时暗中携带的有关材料。

〔一一〕高丽参：朝鲜半岛出产的人参。

〔一二〕丁道：丁姓道台级官员。

〔一三〕是己非人：总认为自己是对的，别人是错的。

〔一四〕寻绎（yì）：推理归纳，找出关键。

点评

曾国荃所存信件中，不见这半年的信，但从曾国藩的回信看，这次来信大概是急于攻城，以免夜长梦多。就像年初曾国藩对国荃说的，两兄弟，大哥做人做事，像“秋冬之气”，注重收敛；九弟则是“春夏之气”，蓬勃向上。其实说白了，就是一个是急性子，一个是慢性子。对于曾国荃而言，他算是“急性子遇上了慢郎中”。我们来看曾国藩这位“慢郎中”是怎么坐诊开方的：

首先提出两个论点：第一个，“凡办大事，以识为主，以才为辅”；第二个，“凡成大事，人谋居半，天意居半”。怎么论证呢，不急，且听我慢慢道来。俗话说“人算不如天算”，你几年前打安庆时，我就跟你说过，“不必代天作主张”。现在，你的阵地稳不稳，军心牢不牢，这是人谋可以决定的；但破城是早是晚，杀敌是多是少，官兵是不是生病，生病以后是死是活，有没有援军来助攻，这些都是天算，不是你我管得了的。你我都进过科举考场的，文章写得有文理，有才气，平仄不出错，格式不粗心，这个可以自己说了算；至于录取不录取，这次取还是下次取，自己说了不算，得听天老爷主张。有人一定要代天主张，一定要这次考上，于是求神许愿，行贿舞弊，这样做不但无才，而且无识。举例论证完毕，曾国藩归纳一句，“弟现急求克城，颇有代天主张之意”。而且，你自作主张，在前线开设锅炉，制造大炮，这很危险，你不知道啊？炮火连天，随便一发乱跑打过来，岂不是要硝烟四起，自取灭亡？最后的结论当然是，“愿弟常存畏天之念，而慎静以缓图之”。就像老话说的，“病来如山倒，病去如抽丝”，慢慢来，急不得。

信写完了，画句号了，落款了，还觉得意犹未尽，再加几行：弟对兄的劝诫之信，总是不肯认真体会，动不动就辩驳，“此最不可”。为什么？你我现在都已经位居督抚，督抚没有不是己而非人的，一千个人都是一个样，都是自以为是。自古以来，君子之所以远远超出别人，就是他虚心。职位高了，要听得进逆耳之言。

曾国荃是前敌司令，曾国藩是后方统帅，一个要尽快打开城池，冲进城去，一个担心操之过急，鲁莽失误，各有各的道理吧。

致沅弟 同治二年八月二十七日

沅弟左右：

二十五夜接二十二未刻来缄，二十七早接二十三巳刻来缄，具悉一切。

弟十九日疏陈轮船不必入江，而以巡海盗为辞，殊可不必。弟意系恐李泰国来金陵搅局攘功〔一〕，何不以实情剀切入告〔二〕？“苦战十年，而令外国以数船居此成功，灰将士忠义之心，短中华臣民之气”等语，皆可切奏。凡心中本为此事，而疏中故托言彼事以耸听者，此道光末年督抚之陋习，欺蒙宣宗〔三〕，逮文宗朝已不能欺〔四〕，今则更不宜欺矣。七船之事〔五〕，余曾奏过三次，函咨两次〔六〕，即不许李泰国助剿金陵、苏州。李少荃亦曾上书恭邸二次〔七〕，计恭邸亦必内疚于心。特以发贼未灭〔八〕，不欲再树大敌，故隐忍而出此耳〔九〕。君相皆以腹心待我兄弟〔一〇〕，而弟疏却非由衷之言，恐枢府疑我兄弟意见不合〔一一〕，又疑弟好用权术矣。以后此等折奏，望先行函商一次。顺问近好。

国藩手草

注释

〔一〕李泰国：英国人Horatia Nelson Lay（1833—1898）的中文名。在第二次鸦片战争中，由英国驻上海领事馆委任为上海海关临时管理委员会英方委员，咸丰九年（1859）被当时的江苏巡抚、南洋通商大臣薛焕委任为中国海关总税务司（即“总监”），1861年被清朝总理各国通商事务衙门正式任命。在回国休假期间，受清政府委托，为当局从英国购买的七艘军舰物色合适驾驶人员，因越级授权，其总税务司之职被撤换。攘功：抢功。

〔二〕剀（kǎi）切：切实。入告：给朝廷汇报公事。

〔三〕宣宗：爱新觉罗·旻宁（1782—1850）的庙号，即道光帝。

〔四〕逮：等到，及至。文宗：爱新觉罗·奕詝（1831—1861）的庙号，即咸丰帝。

〔五〕七船之事：此处指李泰国越级授权英国海军上校阿思本（Sherard Osborne，1822—1875）掌管中国七艘新购军舰之事，史称

“阿思本舰队事件”。

〔六〕函咨：此处指去信去公文。“咨”是平行公文。

〔七〕李少荃：即李鸿章（1823—1901），字渐甫，号少荃，安徽省合肥县（今为合肥市）人。以编修回籍守孝，参与组织当地团练，后入曾国藩军幕，由福建延建邵道超升江苏巡抚，后封伯爵，调任两江总督、湖广总督、直隶总督、北洋通商大臣、文华殿大学士、军机大臣等职。恭邸：此处指恭亲王奕䜣。

〔八〕发贼：指太平军。太平军一律不剃头，不扎辫子，头发自然下垂，因此被称为“长毛”“发贼”。

〔九〕隐忍：不得已而暂时强忍。

〔一〇〕君相：此时慈禧太后垂帘听政，恭亲王为军机大臣领班，都是事实上的君主与宰相。腹心：此处是“视为心腹之人”的意思。

〔一一〕枢府：政府首脑机关，此处指朝廷与军机处。

点评

第二次中英鸦片战争之后，朝廷内外开始认同二十年前经由魏源等人倡导的“师夷之长技以制夷”之说，“自强”“救时”在政府层面得到重视，因此，多方筹集专款，从英国购买七艘新式军舰，委派时在英国休假的中国海关英国籍总税务司（相当于现在的海关总长）李泰国，帮助物色英籍海军官兵，作为中方水师官兵的学习师资。但李泰国违纪越权，与英国海军上校阿思本私相授受，全权委托招募士兵六百，驾驶军舰来到中国。来华之后，阿思本声称，依据与李泰国合同，舰队雇佣四年，由他全权指挥，只接受由李泰国传递的来自中国皇帝的命令。中国当局还要立即划拨这批外国官兵的四年薪水，作为条约的保证。满足此项条件，即可以进攻一直被太平军占领而清军久攻不下的南京城。这显然与中方购买兵船、镇压叛乱的初衷完全背离。后来经过总理通商事务衙门的驳斥，李泰国同意将阿思本改为帮办，与中国将领共同掌管，接受曾国藩与李鸿章的指挥，中国水兵随船见习。

对此，曾国藩上奏朝廷并回复总理衙门大臣恭亲王，说中国花费100多万两银子，只是托他李泰国买船，谁让他李泰国给中国招募一支英国雇佣军来？然后我还要管吃管住管军饷，而华洋杂处，洋人挟其所长，必多肆意刁难，此事利少弊多，后患无穷。不如干脆遣散舰队，把这七艘兵船分给各国，大不了就是这100多万两银子扔到水里了；如果舰队不能如愿解散，那么，一分为二，中外将领各管各，互不干涉。事件的结局是，由于阿思本拒不接受新的章程，朝廷便采纳曾国藩建议，遣散阿思本舰队，变卖兵船，支付阿思本舰队巨额遣返费用。

大体说来，在阿思本舰队事件中，曾国藩的谨慎与保留态度，公义、私心，各有一半。公义是它可能避免了许多后患，譬如杜绝洋人粗暴插手中国军政的先例；私心是湘军围攻南京，苦战两年，阿思本舰队此时前来，而且湘军将领不得当家做主，显然是来抢夺头功。曾国藩当然不干。曾国藩不干，曾国荃更不干，两三年来，湘军前赴后继，拼死支撑，当然不能将破城头功拱手让人。因此，得知此信，他便急忙上奏朝廷反对，理由是，我们有自己的军队，不需要他帮忙。他要实在想帮忙，可以让他到海上去，帮助沿海清剿海盗。

两相比较，曾国藩的做法显然更加高明。因此，在看到国荃的奏折后，他马上去信教导：明摆着有堂堂正正的理由，干嘛要躲躲闪闪？我就是不想让外国人来"搅局"来"攘功"，臣子对君父说话，老老实实比遮遮掩掩要好得多。"苦战十年，而令外国以数船居此成功，灰将士忠义之心，短中华臣民之气"，这样的话，你尽可以说得。心里是这么想的，上奏的话却是那样写的，这是十几年前的官场恶习，当时可以蒙蔽年老体衰的道光帝，到了年富力强的咸丰帝那儿，这一套就行不通了，现在是精明老辣的西太后垂帘听政，更不能动小心思、玩小花招。我已经几次给朝廷给恭王实话实说，现在你却说出另一番话，让人一看就不真诚，而且还认为我们"兄弟意见不合"，认为你"好用权术"。在信的最后，曾国藩叮嘱："以后此等折奏，望先行函商一次。"

应该说，这封信的口气并不严厉，结果还是有点惹毛了曾国荃。九月初五日，曾国藩接到国荃来信辩解：让洋船巡洋打海盗，就是我的真实想法，我根本就没有玩权术、说假话，大哥你"不谅弟之本意，责备太过"。可能是曾国荃在前线太紧张吧，他纠结于"玩权术"与"说假话"，却似乎忽略了信中的重心所在，那可是大哥政治指导的良苦用心。但曾国藩不再纠缠，而是在四天之后，淡淡一笔：哦，那我是话说重了，这样吧，今天给你运送七万两军饷吧，一次这么多，这也是很少见的了，只当是小时候哥哥打哭了弟弟，然后"又以糖食糕饼抚慰阿弟"，行了不？

致沅弟 同治二年九月十一日

沅弟左右：

接初五日戌刻来函，具悉一切。旋又接十九日所发折片之批谕〔一〕，饬“无庸单衔奏事”“不必咨别处”〔二〕，正与七年四月胡润帅所奉之批旨相同〔三〕。但彼系由官帅主稿会奏〔四〕，饬令“胡林翼无庸单衔具奏军事”，未禁其陈奏地方事件，与此次略有不同耳。弟性褊激〔五〕，于此等难免怫郁〔六〕，然君父之命〔七〕，只宜加倍畏慎。余自经咸丰八年一番磨炼，始知“畏天命”“畏人言”“畏君父”之训诫，始知自己本领平常之至。昔年之倔强，不免客气用事〔八〕。近岁思于“畏慎”二字之中养出一种刚气来，惜或作或辍，均做不到。然自信此六年工夫，较之咸丰七年以前已大进矣。不知弟意中见得何如？弟经此番裁抑磨炼，亦宜从“畏慎”二字痛下功夫。“畏天命”，则于金陵之克复，付诸可必不可必之数，不敢丝毫代天主张，且常觉我兄弟菲材薄德，不配成此大功；“畏人言”，则不敢稍拂舆论〔九〕；“畏训诫”，则转以小惩为进德之基。余不能与弟相见，托黄南翁面语一切〔一〇〕，冀弟毋动肝气。至嘱，至嘱！

国藩手草

注释

〔一〕批谕：上谕，君主对大臣奏折的批示。

〔二〕无庸单衔奏事：（因为不信任）停止某大臣单独上折陈奏军政事件。不必咨别处：清朝文书制度，省部级官员互相转送相关公文，叫作“咨”或“转咨”“咨送”。此处“不必咨别处”，即是一种处罚性措施。

〔三〕七年：此处指咸丰七年（1857）。胡润帅：即已故湖北巡抚胡林翼。清朝的巡抚，按惯例兼任兵部侍郎衔，所以可称为“帅”。

〔四〕官帅：即湖广总督官文。清朝的总督，按惯例兼任兵部尚书衔，故称为“帅”。主稿：第一起草人。会奏：联名上奏。

〔五〕褊（biǎn）激：心胸狭小，言行急躁。

〔六〕怫（fú）郁：心情郁闷，不舒畅。

〔七〕君父：此处特指君主。

〔八〕客气用事：意气用事，感情用事，冲动，不理智。

〔九〕拂：违背，有违于。

〔一〇〕黄南翁：即黄冕，字服周，号南坡，湖南省长沙县（今属长沙市）人。早年在江苏州县任内，颇受江苏巡抚陶澍等人信任，因中英战事牵连遣戍新疆。后起复为江西吉安知府，又因事去职。

点评

曾国荃本年四十岁，刚到孔夫子说的“不惑之年”，而曾国藩却早已过了知天命之年；曾国荃当年在北京，那是去做高考补习的，而曾国藩却在中高级京官职位上见识官海风波。阿思本舰队事件，朝廷本来就很棘手，七艘西洋军舰，炮轰南京城墙，肯定能够加快破城速度，但洋人的条件确实苛刻；而曾国荃身为南京前线指挥官，攻城两年，又进展不大，朝廷本来就不太高兴。现在匆匆上奏，阻止阿思本舰队，立言本来就很难，结果他说的是我方水师“帆樯如林”，不需帮助。这里显然就有漏洞：你水师“帆樯如林”，怎么迟迟没有打开南京城？如此不远万里高价买来的军舰，让它去沿海打海盗？几百万两军饷养着一支西洋舰队，去打海盗？亏你想得出！于是，上谕批回，话就说得很难听，你只管给我早日攻克南京，你就不要给我单衔奏事了，军事、政事都不需要你插嘴了，你平时的那些公文，也用不着转发相关省份了。意思很明显，叫你多嘴，给你点颜色看看。

这样的批谕，曾国藩当然很没面子，也很生气。看看吧，我说你还不服气，还犟嘴，现在朝廷的巴掌打到脸上了吧。不过，这样的话，以他的修养不会说，鉴于曾国荃现在的压力也不能说，只能劝慰，只能开导：

第一，告知事情性质不轻。停止一名现职巡抚单衔奏事的权利，这是很严重的警告。尽管以前胡林翼也挨过这样的处分，但比你轻一些，只说不让他单衔上奏军事，没有禁止他上奏地方公务事情，而对你还另外加上一条，叫你不要给相关部门转送公文，显然警告意味更重了。

第二，警告国荃不要冲动，要理智。直言相告，我知道，你生性“褊激”，受此打击，气愤肯定是难免的，但胳膊拧不过大腿，你现在只能“加倍畏慎”。

第三，具体指导如何“畏慎”。信中以切身经验教训，从咸丰八年复出说起。我们知道，曾国藩在咸丰七年也曾经与咸丰皇帝互相斗过气，说这几年办事，无职无权吃尽苦头，如果要我重新出山，必须要“位任实权”；咸丰皇帝马上回答，那你就在家守孝吧！从此之后，曾国藩深深体会到，这样的“倔强”，纯粹是感情用事，于事无补，从此老老实实心甘情愿承认，“自己本领平常之至”，必须“畏天命”“畏人言”“畏君父”。老弟你现在受此挫折，也要像我当年一样“三畏”，“以小惩为进德之基”，把坏事变成好事。

除此之外，信末还说，我现在无法与你面谈，我请你最信任、最器重你的黄南翁来，与你当面细谈。两天后，曾国藩再次去信，补充新的判断：“此七船乃恭邸数年苦心经营之事，近则既经怄气，又复抱歉，正在十分不自得之际”，你的奏折上的不是时候，他“疑弟折意含讥讽，故触其怒，而一为发舒，非皇太后另有所咎于弟也”。意思是，别太往心里去，心情放开点，恭亲王敲打你两下，出出气就过去了，皇太后不会对你有什么不好的看法，你专心指挥，安心攻城。

曾国荃真应该庆幸，幸亏有这么一位政治上既能高瞻远瞩、生活中又能知冷知热的好大哥。

致澄弟　同治二年十月十四日

澄弟左右：

近与儿女辈道述家中琐事，知吾弟辛苦异常，凡关孝友根本之事，弟无不竭力经营。惟各家规模总嫌过于奢华，即如四轿一事〔一〕，家中坐者太多，闻纪泽亦坐四轿，此断不可。弟曷不严加教责〔二〕？即弟亦只可偶一坐之，常坐则不可。篾结轿而远行，四抬则不可；呢轿而四抬，则不可入县城、衡城，省城则尤不可。湖南现有总督四人，皆有子弟在家，皆与省城各署来往，未闻有坐四轿。余昔在省办团，亦未四抬也。以此一事推之，凡事皆当存一谨慎俭朴之见。

八侄女发嫁〔三〕，兹寄去奁仪百两、套料裙料各一件〔四〕。科三盖新屋移居〔五〕，闻费钱颇多。兹寄去银百两，略为佽助〔六〕。吾恐家中奢靡太惯，享受太过，故不肯多寄钱物回家，弟必久亮之矣〔七〕。即问近好。

国藩手草

注释

〔一〕四轿：四人所抬之轿。下文“四抬”同此。

〔二〕曷不：即“何不”。

〔三〕八侄女：曾国荃之女。发嫁：出嫁。

〔四〕奁（lián）仪：嫁妆贺金。“奁”是古代女子存放梳妆用品的镜箱。套料：做外套的衣料。

〔五〕科三：即曾纪渠，字静臣，曾国潢次子，科三是其派名。盖：此处是“兴建房屋”之意。

〔六〕佽（cì）助：帮助，对他人予以支持或协助。

〔七〕亮：体谅，谅解。

点评

半个月前，曾国藩家眷从湘乡来到安庆总督署。一别五年，曾国藩迎来夫人、儿女、儿媳、女婿一大家子，连日“与内室询家常琐事”，“与儿女辈一谈家事”。随即给国潢去信，对四弟表示感谢，说“内人以下，历述老弟数年以来照料诸事，心思之细，仪节之恭，送情之厚，均为近世兄弟中所未见”。整整十年，曾国藩家属居住在湘乡老家，曾国潢确实里里外外帮着做了很多事，包括儿婚女嫁，置办田产，都是这位叔叔忙前忙后。所以，曾国藩去信感谢，于情于理，都是必不可少的。

写完感谢信后十天，曾国藩再去一信，一是接到国潢来信，有事要谈，二是关于家庭纪律，有话要说。

关于“家庭纪律”，先说一句老弟你管理这一大家族，确实很辛苦，但是，我们五兄弟家，平时生活作风不严，“各家规模总嫌过于奢华”。我现在才知道，家里的四抬大轿，使用的人太多，甚至儿子纪泽出门，也坐四抬大轿。你为什么不严加管教，替我教训？四人抬轿，即便是老弟你，也只可偶一为之，“常坐则不可”。哪能这么摆威风？哪能这么讲排场？哪能这么图享受？我当年在省城做帮办本省团练大臣，我也没有让四个人来抬。湖南现在有四个人在外做总督，都有子弟在家，平时也都与省城各衙门有来往，但我就没听说他们用过四抬大轿。现在说清楚，以后出门远行，要坐轿可以，但不能坐四抬轿，尤其不可以坐那个呢子车棚的四抬轿，更不可以坐着它去县城、府城和省城。别的事情不说，光是这一件事，就看出家里人做人不谨慎，做事不俭朴。看起来，曾国藩很生气，自己当年都不坐的四抬大轿（当时因为有孝在身），现在家里人你坐他坐，一点都不知道低调点，就不怕别人背后戳手指头？

关于来信所说，八侄女要出嫁，为此当伯伯的当有所表示，现寄去嫁妆银一百两，新嫁衣面料两套；又得知科三侄盖新屋，准备搬家，听说花了不少钱，那也送百两资助。不管怎么说，该寄的钱我还是寄，但是，该说的话我还是要说，就怕你们“奢靡太惯，享受太过，故不肯多寄钱物回家”。这次只能寄这么多，老弟多包涵。

说是寄得不多，其实很不少了。曾国藩自己嫁女儿，嫁妆也只有二百两，这还是很久以前定下的规矩，不管后来官做多大，额度始终没有突破，包括国潢以叔叔的身份来说情，曾国藩都不肯增加，明确表示：“嫁女之资，每一分奁银贰百两，余多年在京议定，今不能增也。”两年后，曾国藩的四女儿嫁到广东巡抚郭嵩焘家当儿媳，压箱底的照样是二百两。当时经过武昌，南下发亲前在湖北巡抚曾国荃的官府小住，当他得知只有二百两嫁妆时，真的无法相信，于是亲自动手打开箱子检查，一看气得不行，你老爸给二百，叔叔我给你四百！所以，曾国藩对女儿出嫁才给二百，对侄女出嫁能给一百，已经很不容易了。至于侄儿移居，送礼一百，也属规格很高的。两年前，他“家中因雨多，到处坍裂”，连多年跟随他的仆人都“备言家中窘况”，他也只是“寄回银壹百两，为家中修整屋宇之用”（咸丰十一年六月初四日《致澄弟》）。由此可以看出，曾国藩规劝归规劝，但是，出手还是比较大方的，毕竟还是亲情为重，这样，批评教育也才更有效果。要是反过来，批评得多，资助得少，那效果就会差很多了。

致澄弟 同治二年十一月十四日

澄弟左右：

十一月十一日朱斋三来，接十月初六日一函，具悉一切。

团山嘴桥稍嫌用钱太多，南塘竟希公祠宇亦尽可不起〔一〕。湖南作督抚者不止我曾姓一家，每代起一祠堂，则别家恐无此例，为我曾姓所创见矣。沅弟有功于国，有功于家，千好万好，但规模太大，手笔太廓〔二〕，将来难乎为继。吾与弟当随时斟酌，设法裁减。此时竟希公祠宇业将告竣，成事不说，其星冈公祠及温甫、事恒两弟之祠皆可不修，且待过十年之后再看（好从慢处来）。至嘱，至嘱！

余往年撰联赠弟，有“俭以养廉”“直而能忍”二语。弟之直，人人知之，其能忍，则为阿兄所独知；弟之廉，人人料之，其不俭，则阿兄所不及料也。以后望弟于“俭”字加一番工夫，用一番苦心，不特家常用度宜俭，即修造公费，周济人情，亦须有一“俭”字的意思。总之，爱惜物力，不失寒士之家风而已。莫怕“寒村”二字〔三〕，莫怕“悭吝”二字〔四〕，莫贪“大方”二字，莫贪“豪爽”二字，弟以为然否？

温弟妇今年四十一岁，兹寄去银一百、燕菜二匣〔五〕，以为贺生之礼。其余寄亲族之炭敬、芝圃之对〔六〕，均交牧云带回〔七〕。此间自苏州克复、苗沛霖伏诛后〔八〕，诸事平安。即问近好。

国藩手草

注释

〔一〕竟希公：曾国藩曾祖父。祠宇：祠堂。不起：不建造。

〔二〕手笔：此处指办事、用钱的气派、排场。廓：大，广大。

〔三〕寒村：此处当是“寒碜”“欠体面”的意思。

〔四〕悭（qiān）吝：吝啬，小气。

〔五〕燕菜：即“燕窝”，民间相信它具有很高的营养价值。

〔六〕炭敬：农历新年前给人送出的节礼。对：对子，对联。

〔七〕牧云：即欧阳秉铨，字牧云，曾国藩妻兄。

〔八〕苗沛霖（1798—1863）：字雨三，安徽省凤台县秀才。早年为塾师，后起兵作乱，时降时叛，后为部下所杀。

点评

按照佛家的说法，“修路造桥，功德无量”。有些是一家独资承担，有些则是四方捐资兴建。团山嘴造桥，看来是曾家出资最多，按照惯例，大概是国荃出钱，国潢出面。国荃带兵打仗，杀人为业，自感不安，捐建路桥，可以理解。所以，曾国藩一连感叹，九弟千好万好，就是大手大脚不好，花那么多钱建团山桥，太张扬了吧。过去的不说了，但是，曾祖父祠堂，这次就是完全可以不必建造的，每一代先人都建一个祠堂，“湖南作督抚者不止我曾姓一家”，别人怎么就没有这样做呢？我们不好开这个先例的。这样吧，“成事不说”，但“下不为例”，建了曾祖父祠堂，那祖父祠堂，包括六弟温甫、季弟事恒的祠堂，现在都可以不必急于建造。十年以后再看，行不行？写到这里，他还自注一句：“好从慢处来。”事缓则圆。要得好，就得悠着点。

信的中间一段更有意思，先是用以前书赠的对联来发挥：“直而能忍”，你做到了，“俭以养廉”，我就怕你做不到。从今往后，希望你在“俭”字上“加一番工夫，用一番苦心”。不仅家庭开支要俭朴，即便是捐助工费，周济人情，也要有“爱惜物力”的意思，也要有“寒士家风”的意思。希望你做到四句话，“莫怕‘寒村’二字，莫怕‘悭吝’二字，莫贪‘大方’二字，莫贪‘豪爽’二字”，你同意不？两个“莫怕”，两个“莫贪”，“寒村”与“大方”，“悭吝”与“豪爽”，两组反义词，四个排比句，写得非常好。

说完这一层，曾国藩又告诉自己是怎么送人情的：六弟媳四十一岁生日，我寄去银钱一百两、燕窝两盒，作为“贺生之礼”。六弟国华阵亡三年了，家里上有老下有小，借着贺生，一来温暖人心，二来借机扶助。除此之外，还有给家里穷亲戚们的年终资助，这些地方，曾国藩是不吝啬的。

再补充一点，国潢接信后，为了表示账目清廉，随即将团山嘴造桥账本寄来，曾国藩赶紧解释，“前信嫌用银太多”，“余岂疑经手者之侵蚀哉”？“不过欲弟凡事从省”而已。第二年正月十四日，曾国藩再次解释：“吾不欲多寄银物至家，总恐老辈失之奢，后辈失之骄”，“未有钱多而子弟不骄者”，“吾兄弟欲为先人留遗泽，为后人惜余福，除却勤俭二字，别无做法”，没别的意思，只是担心“子侄看大眼吃大口，后来恐难挽回”，所以这才说“弟须时时留心”。

致沅弟 同治三年正月二十三日

沅弟左右：

接十七、二十日来函，具悉一切。

城事果有可望〔一〕，大慰，大慰！此皆圣朝之福〔二〕，绝非吾辈为臣子者所能为力。不特余之并未身临前敌者不敢涉一毫矜张之念〔三〕，即弟备尝艰苦，亦须知“谋事在人，成事在天”“劳绩在臣，福祚在国”之义，刻刻存一“有天下而不与”之意〔四〕，存一“盛名难副，成功难居”之意。蕴蓄于方寸者既深，则侥幸克城之日，自有一段谦光见于面而盎于背〔五〕。至要，至要！顺问近好。

国藩手草

注释

〔一〕城事：指曾国荃率吉字营等部攻打南京城之事。

〔二〕圣朝：我朝，本朝，也代指当朝皇帝。

〔三〕矜张：自我夸大。

〔四〕有天下而不与：语出《论语·泰伯》，意思是拥有天下，却处之泰然，好像与自己不相干一样。不与（yù），不参与，不相关，不相干。

〔五〕见于面而盎于背：语出《孟子·尽心上》，意思是流露在脸上，体现在背上。见，同“现”。盎（àng），洋溢，充满。

点评

自从前年五月进攻秣陵关，曾国荃率吉字营二万人独自打响南京攻城战，一年半来，湘军水陆各军先后攻占雨花台、九洑洲、孝陵卫等城外战略要塞，两个月前，将南京城墙地道挖通，两天前，又攻占钟山堡垒，即太平军所谓的“天保城”。至此，南京城完全合围，太平军彻底陷于湘军的包围之中。

面对如此从未有过的大好局面，曾国藩不但自己没有被胜利冲昏头脑，而且及时给身在前敌的曾国荃去信，告诫他始终保持清醒的头脑，尤其是保持谦虚的心态，进而体现谦虚的姿态。全信通篇二百字，说过“城事果有可望，大慰大慰”这十个字，其他一百九十字，全都放在“心态”与“姿态”上：

首先，“心态要正”。没有圣上的英明决策，没有圣朝的绝对天命，要想扭转战局转败为胜，绝对是不可能的。不仅像我这样并未身临前敌的人没有一丝一毫的自大资本，哪怕就是像你枪林弹雨艰苦备尝的前敌指挥，也不能有一丝一毫的居功心态。

其次，“心态要诚”。要知道“谋事在人，成事在天”“劳绩在臣，福祚在国”的道理。个人的力量是渺小的，众人拾柴火焰高，一个好汉三个帮，否则，大厦将倾，独木难支，谁都不是救世主。所以，你要有尧舜禹汤那样的胸怀，把“功成不居”四个字时时刻刻牢记在心上。

最后，“心态”要体现在“姿态”上，“姿态”要体现出“心态”来。一旦大功告成，那时候，你发自内心的“谦光”，就会如实地体现在你的脸色上背影上，体现在你四肢的一举一动上，就像孟夫子说的那样，“施于四体，四体不言而喻”。

破城在即，以上三点，至关重要，切记切记！毕竟是书生带兵，政委带兵，破城在即，急切强调的竟是“心态”与“姿态”，而且尽是“心态”与“姿态”。再看破城之际，太平天国幼天王、忠王等人化装突围（穿上清军军装），招致清廷盛怒斥责，不禁一声长叹。

致澄弟 同治三年三月二十四日

澄弟左右：

三月十八日接弟排递之信，言惠妹病重〔一〕，即于十九日船送叶亭回家〔二〕。二十日接弟二月十七在玉班家所发之信〔三〕，具悉一切。

冯树堂劝弟不必晋省〔四〕，金石之言〔五〕，望弟以后信而从之。不特不必到省管闲事，即衡州东征局务及盐局之务〔六〕，亦可不必与闻〔七〕。“贵价弟”三字极不易当〔八〕，动辄惹人谈论，生出谣言。此时家门极盛，处处皆行得通，一旦失势，炎凉之态处处使人难堪〔九〕，故不如预为之地〔一〇〕，不见不闻之为愈也〔一一〕。树堂赴粤之事，余当备咨并写亲笔信与之〔一二〕。在外多年，看来如树堂、岱云、霞、筠等友实为难得也〔一三〕。

余身体平安，惟因饷项支绌、群贼纷窜二事〔一四〕，十分焦灼。内人咳嗽不止，大女儿体日瘦弱，余俱顺适。顺问近好。

兄国藩手草

注释

〔一〕蕙妹：曾国藩大妹曾国蕙。

〔二〕叶亭：即王镇镛，字叶亭，曾国蕙之子，曾国藩外甥。此时在曾国藩幕府帮办文书工作，后官至甘肃秦州知州。

〔三〕玉班：即赵焕联（1806—1885），字雪庄，号玉班，原名焕帘，湖南省湘乡县大坪（今属韶山市）人。以举人大挑得通道教谕、靖州学正，后参与镇压太平军，官至云南按察使。

〔四〕晋省：到省城。

〔五〕金石之言：像黄金宝石那样珍贵的话语，比喻来自他人的可贵而有价值的劝告。

〔六〕衡州：即衡州府，在湖南省中部，今为衡阳市。东征局：湖南为筹集湘军东征安徽、江苏所需军饷而设，主要是加收民间商品税。盐局：当时征收盐商营业税的临时性机构。

〔七〕与闻：参与某事并了解其中的内情。

〔八〕贵价弟：即“贵介弟”，也作“贵介”或“介弟”，敬语，对别人弟弟的尊称。

〔九〕炎凉之态：比喻对待地位不同的人或亲热或冷淡的不同态度。

〔一〇〕预为之地：预先做好准备，留有余地。

〔一一〕愈：好。

〔一二〕备咨：准备转发一份公文。

〔一三〕岱云：即陈源兖，字岱云。霞：即刘蓉，号霞仙。筠：即郭嵩焘，号筠仙。此三人皆为曾国藩早年好友。

〔一四〕饷项支绌：经费短缺，不够军饷开支。

点评

冯卓怀是曾国藩早年在北京一起修炼理学的朋友，做人很讲规矩，说话也很耿直，看到不合规矩的地方，往往当面直言批评。据说，他本名作槐，北京官场看不惯他，把他的姓名各取一半，叫他“马乍鬼”，他这才改名卓怀。名字改了，性子改不了，他是湖南长沙人，此时往来于长沙与安庆之间，对曾国潢在湖南的表现，舆论对曾国潢的议论，看得多，听得多，于是直截了当告知曾家兄弟。国潢知道了，大概不太乐意，所以曾国藩这才苦口告诫，这是“金石之言”，不是真心朋友，谁会说这种既不讨好又得罪人的直话。我在外办事这么多年，真正的朋友，也就是冯树堂这几人了。金石之言，你要听得进去，要珍视，要信从，要改正。从此之后，不仅不必到省城管闲事，即使是衡阳府城，也要少跑一些，什么东征局的事，盐务局的事，都不必参与其中。官场上，“贵介弟”三个字，很不好听的，动不动就会遭人议论，无中生有，谣言乱传。即便是看起来很抬举你，“你弟弟如何如何”，其实都是冲着你哥哥的面子去勉强敷衍的。此时我家官运好，权势大，人家或逢迎，或应付，可是，一旦失势，热脸变冷眼，那时候就很难堪了，不如现在自己就做好准备，少与官场来往，少管别人闲事。

曾国藩经常说，说明曾国潢很少改。习惯了，管不住。曾国藩在世时，曾国潢就这样，曾国藩去世后，曾国潢就更少约束了。从后来的湖南巡抚王文韶日记中，就经常看到“曾四先生来谈”“曾澄侯来见”的记载。说起来，这个习惯，还是二十年前养成的。那时曾家刚出了一位京官，曾国潢自己也到北京跑过两趟，算是见过一点世面，因此，附近乡邻遇到大事小事，都推举国潢出面，国潢也就越办越自信，越自信就越来劲，越来劲就越上瘾。气得曾国藩写信挖苦：一天到晚外面跑，两脚流星不落地，何不干脆挂个招牌，上写四个大字：“专管闲事。”隔一阵子，写信去，问：“两脚流星落地否？”再隔一阵子，又写信，又问：“闲事招牌收起否？”对此，国潢的态度是，听也听一点，改也改一点，要全听全改，很难。

曾国藩大概也知道，但说总比不说好，说了，总归有些作用，多少有些约束。要是不说，对自己是失职，子弟张扬跋扈，对大哥的影响也很坏的。整体上看来，曾家兄弟子侄，还都是很规矩的，没有什么坏话给人说。这不能不归功于曾国藩的家书劝诫，防微杜渐，及时教育。

致沅弟　同治三年五月十六日

沅弟左右：

十二日接弟劝纪鸿乡试之信，字秀劲而有静气，知弟病体大愈。因复一缄，商请少荃来金陵会剿。十四日因接初八寄谕，又去一咨一缄，商少荃会剿之事，十五日又将余与少荃之一咨一缄专戈什哈送至弟处转递〔一〕，想均到矣。

夜来又细思，少荃会剿金陵，好处甚多，其不好处，不过分占美名而已。后之论者曰：润克鄂省〔二〕，迪克九江〔三〕，沅克安庆，少荃克苏州，季高克杭州，金陵一城，沅与泉各克其半而已〔四〕。此亦非甚坏之名也，何必全克而后为美名哉？人又何必占天下之第一美名哉？如弟必不求助于人，迁延日久，肝愈燥，脾愈弱，必成内伤，兄弟二人皆将后悔，不如及今决计，不着痕迹。望弟将余与少泉一咨一函递去，弟亦自加一缄。待弟复信到日，余即会弟衔复奏。少泉将到之时，余亦必赶到金陵会剿，一看热闹也。顺问近好。

注释

〔一〕戈什哈：满族语“卫兵”的音译，是清代高级官员的侍从护卫，简称“戈什”。

〔二〕润克鄂省：即“胡林翼攻克湖北省城武昌”之意，胡林翼号润芝，此处取其中一字以代称，下同。

〔三〕迪克九江：即“李续宾攻克江西九江城”之意，李续宾号迪庵。

〔四〕泉：即“少泉”之简称。当时人在书写别人字号时，有时取其同音字，如曾国藩号“涤生”，有人写成“涤笙”，胡林翼号“润芝”，有人写成“咏之”，此处将李鸿章之号“少荃”写成“少泉”，也是如此。

点评

曾国荃这半年家书未见保存，而曾国藩在南京攻城关键时期的家书，则基本留存。三十天后，曾国荃打进南京，研读曾国藩此时《致沅弟》信，深感曾家兄弟压力实在太大，内心万分焦虑，确实不容易，也很不简单。

压力当然是来自破城的不确定性。南京城内，太平军视死如归，困兽犹斗；而湖北、安徽与江西三省，则仍有大股太平军继续执行围魏救赵的战略布局，围城部队的外线警备力量，如鲍超的霆军等部，不能不分赴三省救援，此时如果城内太平军突围逃生，留下一座空城，则湘军的围城战役无异于功败垂成。夜长梦多，南京城必须马上决出胜负。

这时，两个人的到来以及接下来朝廷的两次谕旨，促使曾国藩下决心立即决战。一个是湘军水师统帅杨岳斌，他刚升任陕甘总督，奉旨率部解救江西与皖南，因此从南京前线来到安庆。据曾国藩日记记载，杨岳斌告诉曾国藩，国荃“面色黑瘦”，而曾国藩恰在本日接国荃信，说肝腹疼痛，头面与手脚湿肿，而且“夜不安神”，这是曾国藩最担心的，就怕国荃病情加重，精神崩溃。上个月国荃来信，已经在长期不堪重负后终于说出真话，“肝病已深，痼疾已成，逢人辄怒，遇事辄忧”。两天后，湘军的水师旧部，如今的淮军亲信黄翼升（字昌岐）来到安庆，他透露出李鸿章对局势的判断、对曾家兄弟处境的同情，于是，五月十二日，曾国藩给国荃去信，说“金陵持久不下，以吾弟平日之性情，恐肝气之病，愈积愈深。吾与昌岐久谈，知少荃于吾兄弟处实有相亲相卫之意，吾意欲奏请少荃亲带开花炮队、洋枪队前来金陵会剿”。两天后，曾国藩同时接到三个消息，一是朝廷首次给李鸿章明确下旨，命令李鸿章亲自率领淮军炮兵部队赶赴南京会战；二是他派往苏州探寻李鸿章意向的幕僚陈艾归来，告知李鸿章仍在继续拖延，不会执行朝廷催其发兵南京的指令；三是国荃催促弹药与军饷，而后勤处已经难以供应。因此，曾国藩当即给李鸿章和曾国荃分别去信，决计两军联手攻城。又两天，即十六日，曾国藩第三次去信，进一步陈述理由，即本信所述，“少荃会剿金陵，好处甚多，其不好处不过分占美名而已”，“如弟必不求助于人，迁延日久，肝愈燥，脾愈弱，必成内伤，兄弟二人皆将后悔，不如及今决计，不着痕迹”，并看似不经意地最后来一句，“少泉将到之时，余亦必赶到金陵会剿，一看热闹”。为什么要去南京“看热闹”，而且还一定要赶在李鸿章之前到达南京？曾国藩是掌管整个东南战区的钦差大臣，又是江苏巡抚李鸿章的顶头上司两江总督，一旦破城，他才是这一天下首功的现场最高指挥官。也就是说，他既要确保战役早日完胜，又要执行朝廷谕旨，还要防止意外事变，更要确保自身利益，他必须统筹兼顾，而又痛下决心。

第二天，也就是五月十七日，曾国藩接到国荃十四日来信，同意李鸿章率淮军前来会战，曾国藩欣喜回信，“此正吾弟豁达恢宏、识量过人处”。而在李鸿章那一边，面对朝廷谕旨一再催促，他找出种种借口，自始至终不去南京抢功。三年前，曾家兄弟划拨精兵强将，陆师如郭松林、程学启，水师如黄翼升，都是能征善战、兵强马壮的部队，他这才得以在上海、苏州频频获胜，一年前，曾家兄弟再三吁请借调陆军程学启部、水师黄翼升部，李鸿章都死活赖着不答应；而这一次，到了曾家兄弟最紧要的关头，吃水不忘挖井人，抗旨（软抗：天太热，大炮容易炸裂，过了盛暑再说吧），不争功，他李鸿章做到了。

致沅弟 同治三年六月十九日辰正[一]

沅弟左右：

十八夜子正[二]，接弟十六日申刻咨文，知午刻克复金陵。弟功在社稷[三]，岂仅一家之光哉[四]！虽有志者事竟成，然弟苦矣，将士苦矣！未得弟详信，不知弟平安否？将士伤亡不甚多否？进城巷战不甚久否？洪、李二酋未逃出否[五]？俟得详函、发详折后，再赴金陵与弟相会也。顺问近好，并贺，并谢！

注释

〔一〕辰正：即上午八点。

〔二〕子正：即零点时分。

〔三〕社稷（jì）：社为土神，稷为谷神，君主每年都要祭拜社稷，后以“社稷”代指国家。

〔四〕光：此处是“光彩”“荣耀”的意思。

〔五〕洪、李二酋：指太平天国天王洪秀全、忠王李秀成。

点评

据曾国藩日记，六月十八日，曾国藩给国荃去信，说“十七日接弟十四夜信，知连日苦攻，虽辛劳迥异寻常，而消息颇佳。十五六七等日大暑酷热，不知猛攻者稍歇手否？弟身体能耐此否？极为系念”。当天晚上，他忙到深夜，“二更四点睡”，一小时后，“三更三点，接沅弟咨文，知金陵于十六日午刻克复。思前想后，喜惧悲欢，万端交集，竟夕不复成寐”。天亮之后，“贺喜之客极多，直至巳正始毕”。由此可知，这封短信，是在贺喜之客络绎不绝的时候，抽空写成发出的。

几个小时过去，曾国藩精神状态，从半夜三更的“喜惧悲欢，万端交集”中恢复过来，将千言万语化作这么七八句话：弟百战成功，功在国家，全家光荣无比，但是，“弟苦矣，将士苦矣！”先说祝贺国家大庆，再说感激前线将士，第三才问破城战况，“弟平安否？将士伤亡不甚多否？进城巷战不甚久否？洪、李二酋未逃出否？”一连四问，重点明确。最后才说，等你详细来信、详细报捷折到，我即赶来南京视察。

短短一百三十个字，包含四大要点，而且层次非常分明。由此可见，曾国藩作为全军统帅，面对骤然到来的捷报，面对热闹纷繁的贺客，他能迅速整理思绪，确实宰相风范。

补充一点，曾国荃发来的是咨文，而不是家书。因为这是国家的大喜之庆，当然应该用公文，而且他此时身为浙江巡抚，已经不再像去年担任江苏布政使时那样属于两江总督的下属，所以才用平行公文来咨送。另一方面，曾国藩对自家胞弟拼死作战换来的捷报，则完全可以用家书的形式来祝贺。

致沅弟 同治三年七月二十九日

沅弟左右：

数日未寄信于弟，想弟悬系无已。余于二十二宿芜湖，二十六宿池州，二十八坐一小舟回省〔一〕，寓中内外平安。

弟撤勇之事，余必一一速办，除催李世忠及办里下河之捐外〔二〕，再札上海官绅办沪捐六十万〔三〕，并加函托苏、常绅士〔四〕，必有所获，弟可放心。昨得云仙信〔五〕，已办六万径解弟营矣。弟之退志，兄应成全，兄之门面，亦赖弟成全。第一要紧守金陵、芜湖、金柱三处，第二要分一支出剿广德，以塞众望。倘兄之门面撑立不住，弟亦无颜久居山中矣。熊登武、张诗日、刘南云三人〔六〕，弟万万不可放走。陈舫仙稍迟一步〔七〕，明年再退可也。此外孰留孰散，听弟裁酌，总不使我遽倒门面为要。千万，千万！

弟肝气不能平伏，深为可虑。究之弟何必郁郁〔八〕？从古有大勋劳者，不过本身得一爵耳，弟则本身既挣一爵，又赠送阿兄一爵。弟之赠送此礼，人或忽而不察，弟或谦而不居，而余深知之。顷已详告妻子知之〔九〕，将来必遍告家人宗族知之。吾弟于国事家事，可谓有志必成，有谋必就，何郁郁之有？千万自玉自重〔一〇〕。顺问近好。

注释

〔一〕省：此处指当时的安徽省城安庆。

〔二〕李世忠（？—1881）：原名李昭寿，安徽省固始县人。早年投奔太平军，后降清，改名李世忠，官至江南提督。因涉嫌谋害人命，被逮捕处死。里下河：江苏省中部贯通南北的里运河，流经南通、扬州与淮安等地。

〔三〕札：旧时公文之一，一般是上级对下级的指令性文告。沪：上海的简称。捐：捐款，此处是指对商民的勒令性派捐。

〔四〕苏、常：江苏省苏州府（今苏州市）与常州府（今常州市）。

〔五〕云仙：即郭嵩焘，号云仙，时任广东巡抚。

〔六〕熊登武：湖南省湘乡县人，曾国荃内亲，吉字营旧部，攻打南京时为记名总兵，破城后论功获骑都尉世职。张诗日（？—1867）：湖南省湘乡县人，早年参与罗泽南湘军，后转入曾国荃吉字营，攻打南京时为记名总兵，破城后论功授一等轻车都尉世职。刘南云：即刘连捷（1834—1887），字南云，湖南省湘乡县杨家滩（今属涟源市）人。湘军将领，曾国荃吉字营旧部，攻克南京，以布政使记名，加头品顶戴，获骑都尉世职。后随曾国荃练兵西北与东南，卒于军。

〔七〕陈舫仙：即陈湜（1832—1896），字舫仙，湖南省湘乡县人。湘军将领，曾国荃吉字营旧部，攻克南京，授陕西布政使。

〔八〕郁郁：郁闷，不开心。

〔九〕妻子：妻子、儿女。

〔一〇〕自玉：自我珍重保养。

点评

六月十六日，湘军打下南京，曾国藩曾国荃兄弟获得天下第一功，欣喜激动之后，就是等着朝廷的封赏。十天后，曾家兄弟深夜接到朝廷上谕，表扬他们将伪城攻破，要求“洪秀全及著名巨酋，必须悉数擒获，毋使免脱”。最后那句话令曾国荃又急又气，因为“将伪城攻破”属实，“悉数擒获”却落空了。不说洪秀全已死，就连洪秀全之子幼天王以及守城实际总指挥忠王李秀成等人，一个都没有“擒获”，几乎是“悉数”“免脱”了。所以，查曾国藩日记，就有第二天早饭后“与九弟一谈，劝令释去焦愤”的记载。

又过了半个月，七月初十日，曾家兄弟接到朝廷姗姗来迟的“恩旨”，表扬的话很长，落到实处的奖赏是，“曾国藩着加恩赏加太子太保衔，锡封一等侯爵，世袭罔替，并赏戴双眼花翎”，“曾国荃加恩赏加太子少保衔，锡封一等伯爵，并赏戴双眼花翎”，另有曾国荃部将李臣典封子爵，萧孚泗封男爵，而湖广总督官文、江苏巡抚李鸿章也同时受封伯爵。对此，曾国藩在日记中说是“非常之恩，感激涕零”，曾国荃的反应如何，日记中不见记载。据曾国藩八月二十四日《致澄弟》信，尽管说国荃“克城封爵之后而郁抑之气并未稍减”，但从“自六月二十五至七月初八、九，沅弟心神不怡，初十日至二十日，察沅心怀似稍开豁”来看，曾国荃“焦愤”与“心神不怡”的时间在封爵之前，受封之后，反倒“心怀似稍开豁”。由此看来，他起初是担心朝廷追究“著名巨酋”并未“就擒”，后来看到封典，也还不太在意自己的伯爵等级以及远在武昌的官文、苏州的李鸿章也同时受封伯爵。据曾国藩致国潢信，国荃是在大哥离开南京返回安庆之后“情复郁结”，对此，曾国藩也想不通，这才给国荃写来这封信，询问“究之弟何必郁郁”？进而开导，“从古有大勋劳者，不过本身得一爵耳，弟则本身既挣一爵，又赠送阿兄一爵”。为了表示诚心诚意，他又继续说了下面一段话，“弟之赠送此礼，人或忽而不察，弟或谦而不居，而余深知之。顷已详告妻子知之，将来必遍告家人宗族知之”，最后归结于九弟你于国于家都有大功大贡献，还“郁郁”什么呢？爱惜身体，生气是用别人的错误惩罚自己。

以往一般的看法是，曾国荃郁闷的是功高赏薄，只是伯爵，又不能世袭，可能未必如此。他真正怄气的，是朝廷上下不体谅破城的艰难，“将伪城攻破”已经是万幸的事了，“巨憝就擒”，“毋使免脱”，谈何容易？狗急跳墙，鱼死网破，哪里那么容易一网打尽？洪秀全早就服毒自杀了，幼天王、李忠王化装出逃，被别人抓住了，朝廷的封赏给别人，他也只能追悔没能严防敌酋逃出，但再怎么后悔也都无济于事。除此之外，劳苦功高的将士要领取巨额欠饷回家享福，而大哥不仅发不出，还要他分兵防守南京内外要塞。从这封信的第一段来看，曾国藩几乎逼迫国荃就范，如“兄之门面，亦赖弟成全”，“倘兄之门面撑立不住，弟亦无颜久居山中”，“总不使我遽倒门面为要”，多少有点强人所难的意思。至于“弟之退志，兄应成全”，说到底，还是为了消除朝廷对曾家军的猜忌，这才让他急流勇退，辞官回家。

现在看来，曾国藩促成国荃辞去浙江巡抚，大局没有错，略显不足的，不仅浙江巡抚之职，辞职太快太彻底，而且还要防控江苏与安徽的太平军残部。整体看来，可能是对国荃破城之后，责望过高，而体谅不足。

致沅弟　同治三年十二月十六日

沅弟左右：

闻京中贾侍御铎奏参湖南厘局、东局之事〔一〕，因胡小蘧查毛寄帅之案〔二〕，便查此案。不知近日已查毕否？寄翁之事〔三〕，不知仅在长沙了〔四〕，抑须果至广东一行〔五〕？弟素性喜抱公愤〔六〕，又待友甚厚，此时告病在家〔七〕，切不可干预丝毫。湖南厘卡薪水太重〔八〕，何子贞在此亦颇议及〔九〕，不知黄、郭得免牵涉否〔一〇〕？弟初到家时，伤风咳嗽，近日全愈否？

此次《鸣原堂论文》抄东坡万言书〔一一〕，弟阅之，如尚有不能解者，宜写信来问。弟每次问几条，余每次批几条，兄弟论文于三千里外，亦不减对床风雨之乐〔一二〕。弟以不能文为此生缺憾，宜趁此家居时苦学二三年，不可抛荒片刻也〔一三〕。顺问近好。

注释

〔一〕京中贾侍御铎：即京城的监察御史贾铎。此处“侍御”指监察御史，即当时负责纪检的中级官员。厘局：即厘金局，掌管厘金（当时专为镇压太平军而增设的“值百抽一”的商品流通税）征收的临时机构。东局：湖南东征局的简称，为征收杂税、筹集军费、专供曾国藩湘军平定东南而设。

〔二〕胡小蘧：即胡家玉（1808—1886），字琢甫，号小蘧，江西省新建县人。由翰林院编修历任贵州学政、军机章京、光禄寺卿、太常寺卿等职，此时担任大理寺卿。毛寄帅：即毛鸿宾，字寄云，此时由湖南巡抚升任两广总督。清朝总督按例兼有兵部尚书衔，故称“寄帅”。

〔三〕寄翁：对毛鸿宾的尊称。

〔四〕了：了结。

〔五〕抑：抑或，还是。

〔六〕素性：秉性。喜抱公愤：甘心为引起公愤的事情打抱不平。

〔七〕告病：官员因病离职回家。

〔八〕厘卡：征收厘税的关卡。

〔九〕何子贞：即何绍基，字子贞，曾国藩京中旧友。

〔一〇〕黄：即黄冕，此时以在籍绅士参与东征局事务。郭：即郭昆焘，历任湖南巡抚骆秉章、毛鸿宾、恽世临的幕宾（机要秘书）。

〔一一〕《鸣原堂论文》：曾国藩所编历代名臣奏议，专为曾国荃增长见识、开阔心胸而选评。东坡万言书：即苏轼《上皇帝书》。

〔一二〕对床风雨之乐：风雨之夜，亲朋相聚，对床而卧，谈心论文。泛指亲朋家居之乐。

〔一三〕抛荒：随意舍弃荒废。

点评

因为朝廷借故追究太平天国幼天王出逃等事愤愤不平，又因为大哥担心功高震主，劝其辞官回家，曾国荃心里本来就很窝火，而刚回到湖南，又接连遇到监察御史检举湖南厘金局、东征局的事情。曾国藩消息灵通，胡家玉奉皇帝密旨，出京查办两任湖南巡抚。为此，曾国藩赶紧给国荃写信，第一，密切关注，第二，冷眼旁观，不要轻举妄动。

这是为什么呢？因为这些人、这些事，与曾国藩都很有关联。

胡家玉几次担任军机章京，此时身居大理寺正卿，通俗点说，就像当代的最高法院院长，又是钦奉密旨出京查案，涉案者又是曾国藩家乡的最高长官。前任巡抚毛鸿宾，与曾国藩同年中进士，当年在北京，两人关系最为密切，前两年得到曾国藩的保举，升任湖南巡抚、两广总督。现任巡抚恽世临，也是曾国藩密奏保举而得到越级超升。他们都对曾国藩奏请开设的东征局网开一面，格外照顾，曾家兄弟这才得到东征局的大额定期军饷，一路攻克城池，打下南京。现在，素有“黑乌鸦”之称的监察御史把矛头对准“湖南厘局、东局”，专职审办大案要案的大理寺卿又钦派来湘，不仅专查毛、恽，而且还要连带处理“厘局、东局之事”。这一系列事件，是否都有“项庄舞剑”的意味，曾国藩不能不特别小心。

而恰恰在另一方面，曾国荃“素性喜抱公愤”，“待友甚厚”，又“此时告病在家”，更有“湖南厘卡薪水太重”的把柄，舆论很是不平。而负责“湖南厘局、东局之事”的黄冕、郭昆焘，都是曾国藩长期重用的亲信之人，当年劝阻曾国荃进京赶考、游说曾国荃组建“吉字营”的吉安知府，正是这位集雄才大略与舆论差评于一身的“长沙里手”黄冕。所以，曾国藩这才急急忙忙写来家书，告诫老弟，湖南之案，你“切不可干预丝毫”。有时间，你去研读我这次特意抄来的“东坡万言书”，你看人家是怎么当官的。

胡家玉回京之后，上折密奏查案底细，湖南巡抚恽世临，先是降级，接着就是罢官回家。几年后，毛鸿宾也丢掉了两广总督的乌纱帽。

致沅弟 同治四年三月初七日

沅弟左右：

金陵昭忠祠纪将士劳苦之碑〔一〕，沅不肯稍编节略〔二〕，其名似谦，其实懒耳。

弟以不能文为深耻，无以怔忡、体弱过于自恕自逸〔三〕。如元年八九月雨花台之役〔四〕，弟昼夜不眠至五十余日之久。三年四、五、六月，弟忧劳更甚，为日更久。岂当时体气忽健，异于生平乎哉？因众人藐视沅甫非能克金陵之人，发愤欲一雪其耻而伸其志，故忘其为积弱之躯也。目下用力于奏议文章〔五〕，亦当稍存昔年拼命之意。不过一二年间，谕旨必屡催出山。一经履任治事〔六〕，诸务冗杂，欲再专力于文章，则不能矣。

注释

〔一〕昭忠祠：旧时为表彰阵亡将士而兴建的祭祀纪念馆。纪：记叙。

〔二〕沅：即沅甫，曾国荃别号。节略：记叙事件的编年性简本。

〔三〕怔忡（zhēng chōng）：阵发性心律失常。

〔四〕元年：此处指同治元年（1862）。

〔五〕奏议：即奏折、奏疏，封建时代臣子上奏给君王的报告。

〔六〕履任治事：官员上任就职，开始处理公务。

点评

去年，曾国荃主动奏请辞去浙江巡抚职位，并不是真心要功成身退，解甲归田，而是避免朝廷疑忌，惹火上身。为此，曾国藩特地为老弟布置了一项“家庭作业”：我给你选编历代名臣的传世奏折，每篇都写下我的读书心得，每隔一阵，发送一篇，你呢，就用心揣摩，学人家的心胸气度，学人家的构思行文，既能陶冶气质，又能学习文法，还能省去许多不必要的应酬与烦心事，总之，好处多多。

除此之外，曾国藩还嘱咐国荃，时不时要动动笔，写写文章，多练手。湘军围攻南京，两三年间，死伤数万，其中还包括曾家小老弟曾贞干。于公于私，封侯封伯的曾国藩曾国荃，都应该为牺牲在南京城内外的烈士们建祠祭祀，树碑立传。两兄弟曾经约定，一个提供素材，一个挥笔作文。但回家之后，曾国荃四处游玩散心，又自感笔墨生疏，于是“耍赖”“赖账”：你知道的，我历来体弱多病，这些年行军打仗，成败之际，操心太重，担惊受怕累惨了，现在时不时“怔忡”，你现在要我写“南京会战大事记”，我写不了；而且，论文笔，我比你差得太远了。

弟弟借口有病不交作业，哥哥当然看得一清二楚，这就是信中开头那句，“其名似谦，其实懒耳”。

为此，曾国藩及时告诫，老弟你要以不善作文为大耻，不要以有病而自我放松。话说得很明确，一点也不拖泥带水。当然，这一点也许很多当兄长的都可以做到。但曾国藩的过人之处，就是刚性告诫之时，还能柔性劝譬，既在理，又得法。这信中紧接着就说，同治元年雨花台之战，你五十天昼夜不眠，不也硬挺过来了吗？去年破城拼命的那三个月，难道身体比现在还好吗？还不是因为拼着一口气，不愿被人看不起，拼死也要发愤雪耻，终归苦尽甘来吗？所以说，老弟你听我的，现在“用力于奏议文章”，就是“稍存昔年拼命之意”，不就动笔作文吗，难道比打仗拼命还难？尤其是，现在你赋闲在家，正好用力于此，不过一年，顶多两年，朝廷肯定还是要让你出来挑大梁的。等到那个时候，责任在身，“欲再专力于文章，则不能矣”。

短短两百个字，层层推进，循循善诱。所以，我评曾国藩家书，概括为三句话：说得在理，说得透彻，说得得法。

致沅弟　同治五年三月二十六日

沅弟左右：

弟定于十七接印〔一〕，此时已履任数日矣。督抚本不易做，近则多事之秋〔二〕，必须筹兵筹饷。筹兵，则恐以败挫而致谤；筹饷，则恐以搜括而致怨。二者皆易坏声名。而其物议沸腾〔三〕，被人参劾者，每在于用人之不当。沅弟爱博而面软，向来用人失之于率〔四〕，失之于冗〔五〕。以后宜慎选贤员，以救“率”字之弊；少用数员，以救“冗”字之弊。位高而资浅，貌贵温恭，心贵谦下。天下之事理人才，为吾辈所不深知、不及料者多矣，切弗存一自是之见〔六〕。用人不率冗，存心不自满，二者本末俱到，必可免于咎戾〔七〕，不坠令名〔八〕。至嘱至嘱，幸勿以为泛常之语而忽视之〔九〕。

注释

〔一〕接印：旧时指官员正式就职的交接仪式，由临时护理者或前任委托人在官堂将官印授予新任官员。

〔二〕多事之秋：事故多、事变多的一段时期。
〔三〕物议：舆论批评。
〔四〕率：轻率，不稳重。
〔五〕冗（rǒng）：多余的。
〔六〕自是：自以为是。
〔七〕咎戾：罪过，灾祸。
〔八〕令名：美名。
〔九〕泛常：寻常，普通。

点评

两个月前，曾国荃被朝廷授予湖北巡抚之职。尽管与他一年半前辞去的浙江巡抚相比，职权相当，并未升迁，但是曾家兄弟还是非常满足，一来是朝廷的器重，二来也可为正在追剿捻军的曾国藩分担重任。于是，曾国藩在老弟北上武昌、正式就职后数日，提笔写来这封家书，指导新任一省之长如何开展工作。

曾国藩担任京官十几年，担任总督也有好几年，而国荃呢，尽管履历上有过按察使、布政使与巡抚的记录，但任期都很短，而且他当时身处前线，从没真正到任，没有坐过一次堂，甚至，连官署衙门都没有进得去，真是一天地方官也没有做过。现在一下子掌管这么一个大省，曾国藩想想都觉得悬。

于是，曾国藩提笔就说，“督抚很不好当”，这当然是他的甘苦之言。更何况，现在又是多事之秋，太平天国闹了十几年，东南半壁，民生凋敝，而中原数省的捻军造反又越来越凶，鄂豫皖包括山东与河北，深受其害。朝廷起用曾国荃，就是要让他重新召集军队，一则保卫湖北本省，二则救援临近省份。这就不是太平年代安享清福的封疆大吏了，必须招兵买马，必须筹集军费。而无论是“筹兵”还是“筹饷”，都是苦差事。带兵打仗，没有常胜将军，一旦失利，总会受到各方指责；而征稽军费，无论是下级官府，还是升斗小民，绝不会有心甘情愿拱手相送的。总之，这两件事，都很容易“坏声名”。所以，你要头脑清醒，要有心理准备。

说完这一层，曾国藩接着指出，当官的受指责，受追查，往往还有一点，那就是用人不当，而你正有这个短处，脸皮薄，耳根子软，不管是否贤能，找上门来的你都收留任用，既失之于轻率，又失之于繁杂。你应该慎选贤才，改掉那个“率”字，少养闲人，改掉那个“冗”字。

第三点，曾国藩更是针对老弟的“位高而资浅”这个“短板”及时补救。曾国荃凭着战功从一介书生跃居一省之长，年纪不到四十，毫无地方政府工作经验，顶头上司湖广总督官文，不仅是权贵，而且盘踞湖北十几年，曾国荃还是一介平民时，人家就是一品大员了，此时的湖北布政使、按察使等人，也都比曾国荃的履历资本强、民政经验多。所以，曾国藩给老弟八个字的忠告：“貌贵温恭，心贵谦下”，不可倚仗自己有战功、有封爵，新官上任，志满意得，下车伊始，指手画脚。这是药石之言，你可不要把它当作寻常的老生常谈啊。

曾国藩官场历练数十年，阅人无数，他给老弟写来就职教导，句句都是阅历之言。可惜的是，曾国荃还是年轻气盛，仅仅一年时间，就与顶头上司官文闹翻了，竟然把这个老官僚告上了朝廷。朝廷先是把官文平调任直隶总督，再借口军务失利，几番敲打之后，逼得曾国荃再次辞官，回到湘乡老家喝老米粥去了。

致澄弟　同治五年六月初五日

澄弟左右：

五月十八日接弟四月八日信，具悉一切。乡间谷价日贱，禾豆畅茂，尤是升平景象〔一〕，极慰，极慰。

此间军事，大约夏秋数月山东、江苏可以高枕无忧，河南、皖、鄂又必手忙脚乱。余老境日逼，勉强支持一年半载，实不能久当大任矣。因思吾兄弟体气皆不甚健，后辈子侄尤多虚弱，宜于平日讲求养生之法，不可于临时乱投药剂。

养生之法约有五事：一曰眠食有恒，二曰惩忿，三曰节欲，四曰每夜临睡洗脚，五曰每日两饭后各行三千步。惩忿，即余匾中所谓“养生以少恼怒为本”也〔二〕。眠食有恒及洗脚二事，星冈公行之四十年，余亦学行七年矣。饭后三千步近日试行，自矢永不间断〔三〕。弟从前劳苦太久，年近五十，愿将此五事立志行之，并劝沅弟与诸子侄行之。

余与沅弟同时封爵开府〔四〕，门庭可谓极盛，然非可常恃之道。记得己亥正月〔五〕，星冈公训竹亭公曰：“宽一虽点翰林〔六〕，我家仍靠作田为业〔七〕，不可靠他吃饭。”此语最有道理，今亦当守此二语为命脉。望吾弟专在作田上用些工夫，而辅之以“书蔬鱼猪，早扫考宝”八字，任凭家中如何贵盛，切莫全改道光初年之规模。凡家道所以可久者，不恃一时之官爵，而恃长远之家规；不恃一二人之骤发，而恃大众之维持。我若有福罢官回家，当与弟竭力维持。老亲旧眷、贫贱族党不可怠慢〔八〕，待贫者亦与富者一般，当盛时预作衰时之想，自有深固之基矣。

沅弟在鄂拆阅，均此。

注释

〔一〕升平：太平盛世。

〔二〕余匾：即曾国藩为家中所写“八本堂匾”，“养生以少恼怒为本”是其中的一句。

〔三〕自矢：自誓。

〔四〕封爵开府：接受封爵，担任封疆大吏。

〔五〕己亥：此处指1839年。

〔六〕宽一：曾国藩族中排行名。点翰林：新科进士经过朝考，入选翰林院庶吉士，这在当时叫作“点翰林”，继续修业二三年，散馆授职，此后一般升迁较快。

〔七〕作田：种田。

〔八〕族党：同一宗族的后人，同一乡里的乡亲。

点评

去年五月，曾国藩离开南京，进驻徐州，指挥淮军与湘军追剿捻军，本年五月，从山东南下宿迁，此时他年满五十六岁，长年征战，深感衰病难支，多次萌生退意。所以这封家书，重点强调两件事。

一是“平日讲求养生之法”：其中既有人们一般常说的“眠食有恒”与“饭后散步”，更有他的个性特色。即便是作息有规律，也难在

“有恒”，难在“每日”。而“惩忿”，“少恼怒”，显然与他的理学心性修养有关。至于“每夜临睡洗脚”，更是近于民间养生单方。湖南乡间有句老话，叫作“富人子（有钱人）靠吃药，穷人子（没钱人）靠烫脚”。不生气，肝气舒畅；热水烫脚，气血疏通。

二是“当盛时预作衰时之想”：先说一家两人同时封爵，位居督抚高位，家门可谓盛极一时，但古往今来，“凡家道所以可久者，不恃一时之官爵，而恃长远之家规；不恃一二人之骤发，而恃大众之维持”。为此，曾国藩搬出星冈公当年教训父亲的话，“我家仍靠作田为业，不可靠他吃饭”。当官总有止步之时，一家老小也不可能个个都能当官，我也还想“有福罢官回家”，因此，一要“在作田上用些功夫”，二要保持“道光初年”勤劳致富的传统，这才是我们曾家的“深固之基”。

致澄弟 同治五年八月初十日

澄弟左右：

八月初六日接弟六月十八山枣一缄〔一〕，具悉一切。

哥老会之事〔二〕，余意不必曲为搜求〔三〕。左帅疏称要拿沈海沧〔四〕，兄未见其原折，便中抄寄一阅。提镇副将〔五〕，官阶已大，苟非有叛逆之实迹实据，似不必轻言正法〔六〕。如王清泉〔七〕，系克复金陵有功之人，在湖北散营〔八〕，欠饷尚有数成未发。既打金陵，则欠饷不清，不能全归咎于湖北，余亦与有过焉。因欠饷不清，则军装不能全缴〔九〕，自是意中之事。即实缺提镇之最可信为心腹者〔一〇〕，如萧孚泗、朱南桂、唐义训、熊登武等〔一一〕，若有意搜求，其家亦未必全无军装，亦难保别人不诬之为哥老会首。余意凡保至一、二、三品武职，总须以礼貌待之，以诚意感之。如有犯事到官〔一二〕，弟在家常常缓颊而保全之〔一三〕。即明知其哥老会，唤至密室，恳切劝谕，令其首悔而贷其一死〔一四〕。惟柔可以制刚很之气〔一五〕，惟诚可以化顽梗之民。即以吾一家而论，兄与沅弟带兵，皆以杀人为业，以自强为本；弟在家，当以生人为心〔一六〕，以柔弱为用，庶相反而适以相成也〔一七〕。

余初九抵周家口〔一八〕，此间或可久住。余详日记中。顺问近好。

注释

〔一〕山枣：曾国藩家乡附近驿站，今在湘乡县境内。

〔二〕哥老会：秘密会党组织，具有一定的政治色彩。

〔三〕曲为搜求：过度追究审办。

〔四〕左帅：即左宗棠，时任闽浙总督。拿：逮捕审问。沈海沧：当系沈沧海，湘军旧部，积功保举至蓝翎都司衔守备（武职五品）。

〔五〕提镇：提督与总兵。提督是清代掌管一省驻军的从一品武职，总兵是镇守一方的正二品武职。副将：位居总兵之下的从二品武职。

〔六〕正法：依法严惩，一般多指处死罪大恶极者。

〔七〕王清泉：曾国荃部将，积功保举为副将，攻克南京，曾国藩据曾国荃开具战报，奏请以提督记名简放。

〔八〕散营：撤销部队，遣散回家。

〔九〕军装：此处当指军械。

〔一〇〕实缺：在正式编制内实际授予官职。

〔一一〕萧孚泗（？—1884）：字信卿，湖南省湘乡县人。早年参加罗泽南湘军，后为曾国荃吉字营将领，实任河南归德镇总兵、福建陆路提督，攻克南京后，受封一等男爵。朱南桂（1818—1869）：字芳浦，湖南省湘乡县蛇形山（今属娄底市）人。早年参加罗泽南湘军，后为曾国荃吉字营将领，官至河南归德镇总兵。唐义训（？—1876）：字桂生，湖南湘乡人。早年参加李续宾湘军，官至皖南镇总兵。熊登武：曾国荃部将，攻打南京功臣之一。

〔一二〕犯事到官：触犯法律，被缉拿受审。

〔一三〕缓颊：为别人说情。

〔一四〕首悔：自首认错。贷其一死：宽恕免死。

〔一五〕刚很：刚愎，凶强。

〔一六〕生人：意同“活人”，即“救人”的意思。

〔一七〕庶：庶几，或许。

〔一八〕周家口：河南省睢阳县境内水运集市，今为河南省周口市川汇区。

点评

曾国潢生性热衷官事，时常奔走在外。两个月前，他在离家数十里外的山枣驿店，给曾国藩写来家书，汇报家乡哥老会之事。

哥老会又叫“哥弟会”，是一个很复杂的民间秘密组织，最初的宗旨是“反清复明”。湘军与太平军征战期间，就不断受到哥老会的渗透，尤其部队遣散回家后，一部分人与哥老会的联络颇为频繁，其中不乏退役湘军将领，有些人还是曾国荃吉字营的功臣。曾国潢担心一旦出事，大哥、九弟受到牵连，因此列举人名、事实，希望大哥查究。

曾国藩这一年一直在指挥追剿捻军，自己的大营也先后辗转于江苏、山东、安徽与河南数省之间，身心疲惫，写完这封信两天后，他就给朝廷上奏请了病假。对于国潢来信中说的事情，他实在不想多管。但是，他也深知这位四弟的秉性，担心他没事找事，于是，耐心回信开导：

第一，静观其变，不要激发事端。如果过于追究，将会适得其反。你说左宗棠上奏查办沈某，惊动朝廷，惊动湖南湖北，意在缉捕正法，他那折子，我没见过，有空你找一份寄来我看看。但依我看来，对那些保举到高级职衔的退役功臣，还是要网开一面，只要没有犯上作乱的“实迹实据”，还是不要轻易就说到“正法”上去。即使是这个沈某，不过就是索讨欠饷，也不算什么“叛逆”吧？还有你说到的那个王清泉，我知道他，是攻克南京的有功之臣，在撤销他的部队番号、遣散他的部下时，也是欠饷没发、打了欠条的，身为主帅，我是有对不住他们的地方的。欠饷没有拿到手，他们不肯交出军械，也是说得过去的。而且，那些曾经由朝廷正式授予实缺官职的亲信心腹，你若真要去他家搜查，很难说就查不出几把刀枪来，难道也要把他们说成是哥老会的首领不成？所以，最好的办法，是不要去刻意追查。追查出来，自己骑虎难下。

第二，重在感化，大事化小，小事化了。这些人，都是乡里乡亲，都是多年旧部，都是有功之臣，大小都有过官职，即便真有不法行为受到追捕，你也都应该去帮忙去疏通化解；即便是明知他们加入了哥老会，也只能悄悄在密室里开导教育。这些人，都是枪林弹雨里拼杀出来的，什么事不敢做？何必要跟他们硬碰硬呢？

第三，我们曾家，这十几年带兵杀敌，杀了多少人，造了多少孽，数都数不清，职责所在，毫无办法。但是，你在家里，就不要再得罪人了，应该反其道而行之，心存济物，多行善事，存心救护他人，这样，才合于相辅相成之道啊。

这些话，曾国藩对朝廷绝不敢说，对同僚绝不会说，只会在家书中说，而且还说得这么恳切，这么透彻。白纸黑字具在，这才可以看清一个真实的曾国藩，他的内心世界，他的处世作风。

致沅弟　同治五年八月二十四夜

沅弟左右：

二十三日接弟十八日信，来汝会晤一节尽可置之缓图〔一〕，顺斋排行一节〔二〕，请暂置缓图。此等事幸而获胜，而众人耽耽环伺〔三〕，必欲寻隙一泄其忿。彼不能报复，而众人若皆思代彼报复者。吾阅世最久，见此甚明。寄云一疏而参（抚黄、藩文）〔四〕，一片而保（抚郭、臬李）〔五〕，非不快意，当时即闻外议不平。其后小蓬果代黄报复〔六〕，而云仙亦与毛水火〔七〕，寄云近颇悔之。吾参竹伯时〔八〕，小蓬亦代为不平，至今尚痛诋吾兄弟。去冬查办案内，密片参吴少村〔九〕，河南司道颇为不平〔一〇〕，后任亦极隔阂。陈、黄非无可参之罪，余与毛之位望积累，尚不足以参之，火候未到，所谓“燕有可伐之罪，齐非伐燕之人”也〔一一〕。以弟而陈顺斋排行〔一二〕，亦是火候未到，代渠思报复者必群起矣。苟公事不十分掣肘，何必下此辣手？汴之紫三本家于余处颇多掣肘〔一三〕，余顷以密片保全之，抄付弟览。

吾兄弟位高功高，名望亦高，中外指目为第一家〔一四〕。楼高易倒，树高易折，吾与弟时时有可危之机。专讲宽平谦巽〔一五〕，庶几高而不危。弟谋为此举，则人指为恃武功，恃圣眷〔一六〕，恃门第，而巍巍招风之象见矣，请缓图之。

顺问近好。

再，星冈公教人常言："晓得下塘，须要晓得上岸〔一七〕。"又云："怕临老打扫脚棍〔一八〕。"兄衰年多病，位高名重，深虑打扫脚棍，蹈陆、叶、何、黄之覆辙〔一九〕。自金陵告克后〔二〇〕，常思退休藏拙〔二一〕。三年秋冬应让弟先归〔二二〕。四年夏间，僧邸殉难〔二三〕，中外责望在余，万难推卸。又各勇遣撤未毕，不得不徘徊审慎。今年弟既复出，兄即思退，逮大暑病瘦之后，言路又有避贼而行之劾〔二四〕，决计引归〔二五〕。拟八九月请假二次，十月开缺〔二六〕。今群捻东窜，贼情大变，恐又不能遽如吾意。弟若直陈顺斋排行，则人皆疑兄弟熟商而行，百喙无以自解〔二七〕，而兄愈不能轻轻引退矣。望弟平平和和作一二年，送阿兄上岸后，再行轰轰烈烈做去。至嘱，至嘱！胡润帅奉朱批不准专衔奏军事，其呕气百倍于弟今日也，幸稍耐焉。兄又手致。

注释

〔一〕汝：此处指周家口，汝河环绕其间。置之缓图：暂且搁置，从长计议。

〔二〕顺斋排行：此处暗指湖广总督官文。顺斋，旧时指亲戚朋友为吃素的人设酒肉宴席来开戒。

〔三〕耽耽环伺：受到众人的警惕监控。

〔四〕寄云：即前任两广总督毛鸿宾，字寄云。疏：大臣给朝廷的奏疏。参：参奏，旧指官员向上级检举揭发。抚黄：即广东巡抚黄赞汤

（1805—1869），字尹咸，号莘农，江西省庐陵县（今为吉安县）人。与曾国藩、毛鸿宾同榜进士，由翰林院编修历官监察御史、顺天府尹、通政使司、广东巡抚。藩文：即广东布政使文格。藩台、藩司是对布政使的尊称。

〔五〕片：密片，大臣在上奏折的同时，另纸具奏机密事件所用。保：保荐，推举。抚郭：指继任广东巡抚郭嵩焘，此处“抚”即巡抚。臬李：继任广东按察使李瀚章，此处“臬”即“臬司”（按察使）。

〔六〕小蘧：即胡家玉，号小蘧，同治四年任大理寺卿时，奉旨赴湘查办毛鸿宾案。

〔七〕云仙：即郭嵩焘。水火：比喻势同水火，两不相容。

〔八〕竹柏：即陈启迈（1796—1862），字子皋，号竹伯，湖南武陵（今常德市）人。与曾国藩同榜中进士，由翰林院编修历任江西左江道、江西按察使、直隶布政使、江宁布政使、江西巡抚，后被曾国藩参奏革职。

〔九〕吴少村：即吴昌寿（1810—1867），字仁甫，号少村，浙江省嘉兴县（今为嘉兴市）人。前任河南巡抚，协同曾国藩剿办捻军，在任不到一年即被免职。

〔一〇〕司道：清代省级与地市级官员。“司”指掌管一省财政、民政与官员任免的布政使司布政使（藩司）、分管一省司法的按察使司按察使（臬司），“道”指负责一省粮食储运的督粮道、负责一省食盐运销的盐法道以及省内各州府之上的分巡道、分守道。

〔一一〕燕有可伐之罪，齐非伐燕之人：语出《孟子·公孙丑下》，大意是燕国虽然国政紊乱，但齐国却无权乘机攻打燕国。

〔一二〕陈：陈述事实，向朝廷上奏。

〔一三〕汴（biàn）之紫三本家：此当指继任河南巡抚李鹤年。“汴”是河南省开封府的简称，开封是当时的河南省会。曾国藩兄弟书信中，经常用“本家”一词来代指临近省份的军政长官。

〔一四〕中外：朝廷内外，京城内外。指目：众手指之，众目视之，即“众所注视，众所指责”之意。语出《礼记·大学》：“十目所视，十手所指，其严乎!” 第一家：指官位、权势首屈一指。

〔一五〕谦巽（xùn）：即“谦逊”。“巽”同“逊”。

〔一六〕圣眷：皇上的宠眷。

〔一七〕晓得下塘，须要晓得上岸：湘中俗语，兼有“上台容易下台难”“与人方便与己方便”的意思。

〔一八〕怕临老打扫棍脚：湖南民间俗语，指预防后路，担心暮年被人一招致胜，从此难以自立。

〔一九〕陆、叶、何：此处指前任两江总督陆建瀛（阻击太平军不力，退守南京，城破被杀）、两广总督叶名琛（抵挡英国侵略军不力，被俘囚禁而死）、两江总督何桂清（轻弃驻防城池，被革职逮捕处死）。黄：似指被毛鸿宾参奏免职的广东巡抚黄赞汤。

〔二〇〕告克：宣告攻克，大功告成。

〔二一〕退休：此处指主动辞去官职，归休于家乡。藏拙：自谦之词，即自知才智拙劣，故隐藏不使人见。

〔二二〕三年：指同治三年（1864）。

〔二三〕僧邸：即僧格林沁。

〔二四〕言路：此处指负责纪检纠察的“言官”（监察御史之类）的批评之声。劾（hé）：弹劾，揭发过失与罪状。

〔二五〕引归：自行隐退，辞官归家。

〔二六〕开缺：此处指辞职离任。

〔二七〕百喙（huì）无以自解：百口难辩的意思。“喙”是鸟的嘴巴。

点评

去年曾国荃刚出山，曾国藩就立即写信告诫，要谦虚谨慎，要敬重上级，尊敬同僚，没想到自家老弟这么莽撞，这么快就与顶头上司闹翻了，而且还是公然弹奏一位清廷宗族的一品大员。

官文这个人，确实没什么过人的本领，也没有什么特别的业绩，但是人家根底好，宫廷侍卫出身，盘踞湖广总督的位置十几年，靠的就是表面上随和，但关键时刻下手快、下手重，能捞就捞，坐收渔利。这一点，湘军将帅都看得很清楚。曾国荃率领吉字营几万名将士苦战两年半，拼死打下南京，但是，曾国藩上奏的报捷奏折让湖广总督官文排名第一，官文连武昌城都没有迈出一步，却与攻城总指挥曾国荃一样，受封伯爵。

曾国荃本来就气愤功高赏薄，就任湖北巡抚后，又一再受到官文的排挤，曾国荃人还没有上任，官文就放出风来，要他像前几年胡林翼那样，带兵驻防前敌，等于给曾国荃来了个下马威。究其原因，可能是国荃缺乏官场经验，没有体现出对顶头上司的必要谦恭，动身赴任之前，没有向官文汇报请示，就大肆招邀旧部、扩充新军，一下子给湖北财政增添二十个陆营外加马队共计11600名的军饷压力，而且还要将“湖北原有勇将裁汰厘剔”，掌管一省财经大权的唐际盛是官文一手提拔的亲信，而曾国荃又不把他放在眼里。唐际盛于是对前来讨饷的曾国荃旧部成大吉怒目相加，多方训斥，导致成部哗饷溃变，捻军则乘机冲入湖北境内。曾国荃受到朝廷训斥，于是一封检举揭发的奏折捅到了朝廷，一是密奏将唐际盛革职，永不叙用，二是检举揭发老上级“滥支军饷”“冒保私人”“公行贿赂”“贪庸骄蹇”等七大罪状。而且声明，“吁恳特简廉正亲信大臣，逐加纠察，倘有虚诬，自甘重坐”。

一个汉人下级，如此冒犯满族权贵，当然犯了清朝的大忌。事情的结局，是朝廷照顾曾家兄弟的情面，毕竟剿捻战局不稳，大局为重，先把官文撤职，但仍保留大学士与伯爵，一年后，官文出任直隶总督，职位更加显赫，而同年同月，曾国荃却丢掉了湖北巡抚的乌纱帽，坐船一路南下，回到湘乡老家。

在这件事情的处理上，曾国藩明显有些处理不力：国荃来信，既然已经明确说到要上奏弹劾官文，而且同时还说要来河南面见，曾国藩应该当机立断，首先强行压住老弟，决不许发折惹事；其次，这封回信不但措辞较软，而且迟延两天才寄发，甚至阻止国荃前来面商，让他失去一次发泄倾吐的机会，最后导致意气用事，一吐为快。

细读曾国藩这封信，写得确实很用心，也很诚恳，很有说服力。问题是，明知曾国荃这是冒险蛮干，弊多利少，此时此刻，却用“汴之紫三本家于余处颇多掣肘，余顷以密片保全之，抄付弟览”这种以德报怨的行为来感化，在气盛的曾国荃看来，是否会适得其反？诸如“苟公事不十分掣肘，何必下此辣手”，“晓得下塘，须要晓得上岸”，“怕临老打扫脚棍”，“望弟平平和和作一二年，送阿兄上岸后，再行轰轰烈烈做去”，这些话，看似苦口婆心，谆谆教诲，实则口气都很软，而国荃正在气头上，大哥既然没有厉行禁止，这种“小心驶得万年船”的大道理，他是听不进去的了。

致沅弟 同治五年十二月十八夜

沅弟左右：

十四、十五六日接弟初十日函、十二日二函。奉初九、十三等日寄谕〔一〕，有“严行申饬”之旨〔二〕，弟之忧灼，想尤甚于初十以前。然困心横虑〔三〕，正是磨炼英雄，玉汝于成〔四〕。李申夫尝谓余怄气从不说出〔五〕，一味忍耐，徐图自强，因引谚曰“好汉打脱牙，和血吞”。此二语是余生平咬牙立志之诀，不料被申夫看破。余庚戌、辛亥间为京师权贵所唾骂〔六〕，癸丑、甲寅为长沙所唾骂〔七〕，乙卯、丙辰为江西所唾骂〔八〕，以及岳州之败、靖江之败、湖口之败〔九〕，盖打脱牙之时多矣，无一次不和血吞之。弟此次郭军之败、三县之失〔一〇〕，亦颇有打脱门牙之象。来信每怪运气不好，便不似好汉声口〔一一〕，惟有一字不说，咬定牙根，徐图自强而已。

注释

〔一〕寄谕：清朝逢重大军政要务，由军机处直接寄发给负责此事的督抚的上谕。

〔二〕申饬：训示、斥责。

〔三〕困心横虑：心意困苦，忧虑满胸，一般用于激励之词。

〔四〕玉汝于成：如同打磨璞玉一样磨炼你，使你成功。

〔五〕李申夫：即李榕，字申夫，曾为曾国藩幕僚。怄（òu）气：遭遇不平事而生气。

〔六〕庚戌：指道光三十年（1850）。辛亥：指咸丰元年（1851）。唾骂：鄙弃责骂侮辱。

〔七〕癸丑：指咸丰三年（1853）。甲寅：指咸丰四年（1854）。

〔八〕乙卯：指咸丰五年（1855）。丙辰：指咸丰六年（1856）。

〔九〕岳州：即岳州府，在湖南省北部，今为岳阳市。靖江：长沙城外靖港镇，濒临湘江。湖口：即湖口县，在江西省北部。

〔一〇〕郭军之败：同治五年十二月，曾国荃旧部、淮军大将郭松林在湖北接连惨败于捻军。三县之失：同治五年十一月，湖北省云梦县、应城县、天门县相继被捻军攻陷。

〔一一〕声口：口气。

点评

当曾国藩剿捻处于胶着状态时，一道圣旨，将解甲归田的曾国荃从湖南山乡调任湖北巡抚。于是，在平定太平天国之后两年，曾家两兄弟再次联手出现在中原战场上。

可惜的是，捻军不是太平军。太平军是自立一国，打下一座城，就开始坐地称王；而捻军则更具有“游匪”性质，神出鬼没，来无影，去无踪。这样一来，“曾铁桶”（太平军给曾国荃起的外号）的“铁壁合围”，在捻军的剽悍马队面前，就几乎失去了用武之地。这就出现了湘军宿将、淮军主力纷纷败北的局面。

而就在捻军欢笑曾国荃恼的关头，朝廷又以寄谕的形接连发下劈头盖脑的训斥，每次话都说得很重，很难听，如曾国荃“毫无布置”，“漫无调度”，“甚负期望”，“于大局何益”？这些训斥，都是白纸黑字下发到相关参战省份，不仅曾国荃能看到，而且曾国藩等人都能看到。这种情况下，曾国藩给老弟写来这份家书，及时开导，及时教育。

信不长，短短二百多字，关键就是那句话：“好汉打脱牙，和血吞。”吞下去，不让别人看笑话，“一字不说，咬定牙根”，不服输，从头再来。曾国藩没有在“困心横虑”“玉汝于成”这种口号式大道理上继续生发，而是转向自身，历数自己多次被人“打脱牙”的痛苦经历：

道光、咸丰之际，身兼数部侍郎，但遭“权贵唾骂”；

岳阳之败：咸丰四年三月，湘军挥师北上，增援湖北，在岳阳首战失利，被太平军节节追击，退避长沙，受人耻笑；

靖江之败：咸丰四年四月，亲率水师，出击长沙城外之太平军，被太平军大败于靖港，情急之下，投水自杀，被人救起，逃回长沙，遭受湖南官场冷眼；

湖口之败：咸丰四年十二月，水师大营遭太平军偷袭，不得已丢弃座船逃出，躲避南昌，无脸见人。

从北京说到湖南，从湖南说到江西，不论是风华正茂的青年京官，还是守孝在籍的帮办大臣，不论是首战败北的自杀之身，还是寄食于人的客军败将，总之，“打脱牙之时多矣，无一次不和血吞之”。怎么办？只有四个字，“徐图自强”，不怨天尤人，不自怨自艾，咬牙忍耐，向前做去。

致沅弟 同治六年正月初二日

沅弟左右：

鄂署五福堂有回禄之灾〔一〕，幸人口无恙，上房无恙〔二〕，受惊已不小矣。其屋系板壁纸糊，本易招火。凡遇此等事，只可说打杂人役失火，固不可疑会匪之毒谋〔三〕，尤不可怪仇家之奸细。若大惊小怪，胡思乱猜，生出多少枝叶，仇家转得传播以为快。惟有处处泰然，行所无事〔四〕。申甫所谓“好汉打脱牙，和血吞”，星冈公所谓“有福之人善退财”，真处逆境者之良法也。

弟求兄随时训示申儆〔五〕，兄自问近年得力，惟有一“悔”字诀。兄昔年自负本领甚大，可屈可伸，可行可藏〔六〕，又每见得人家不是。自从丁巳、戊午大悔大悟之后〔七〕，乃知自己全无本领，凡事都见得人家有几分是处。故自戊午至今九载，与四十岁以前迥不相同〔八〕，大约以能立能达为体〔九〕，以不怨不尤为用〔一〇〕。立者，发奋自强，站得住也；达者，办事圆融，行得通也。吾九年以来，痛戒无恒之弊，看书写字，从未间断，选将练兵，亦常留心。此皆自强能立工夫。奏疏公牍，再三斟酌，无一过当之语，自夸之词。此皆圆融能达工夫。至于怨天，本有所不敢，尤人则常不能免，亦皆随时强制而克去之。弟若欲自儆惕，似可学阿兄丁、戊二年之悔，然后痛下箴砭，必有大进。

“立”“达”二字，吾于己未年曾写于弟之手卷中〔一一〕，弟亦刻刻思自立自强，但于能“达”处尚欠体验，于“不怨尤”处尚难强制。吾信中言皆随时指点，劝弟强制也。赵广汉本汉之贤臣〔一二〕，因星变而劾魏相〔一三〕，后乃身当其灾，可为殷鉴〔一四〕。默存一“悔”字，无事不可挽回也。

注释

〔一〕鄂署：武昌城内湖北巡抚官署。五福堂：湖北巡抚官署内的官邸起居室。回禄之灾：火灾。“回禄”是传说中的火神。

〔二〕上房：正房，一般是一家之主的卧室。

〔三〕会匪：民间秘密会党匪徒。

〔四〕行所无事：处变不惊，若无其事，从容镇定。

〔五〕申儆（jǐng）：训诫，警示。

〔六〕可行可藏：既可做官效力，也可隐居不仕。

〔七〕丁巳：指道光二十七年（1847）。戊午：指道光二十八年（1848）。

〔八〕迥（jiǒng）不相同：很不一样，差别非常大。

〔九〕能立能达：既能卓然自立，又能和睦待人，和平共处。

〔一〇〕不怨不尤：不怨恨天，不责怪别人。

〔一一〕己未年：指道光二十九年（1849）。手卷：横幅书写的书法长卷。

〔一二〕赵广汉：西汉名臣，忠于职守，刚正严明，后遭腰斩。

〔一三〕星变：日月星辰出现反常现象。魏相：西汉丞相。

〔一四〕殷鉴：夏朝为殷商所灭，殷商的后人，以夏为前车覆灭之鉴。泛指可以作为后人鉴戒的前人失败之事。

点评

大年三十，曾国藩接到国荃从鄂西前线写来的家书，告知腊月二十二日黎明，湖北巡抚衙门官邸失火，并寄来儿子纪瑞原信，说“火从上而下”。据此，曾国荃判断，“非会匪之毒谋，即仇家之奸细”。

两天后，曾国藩写出这封回信。

首先当然得说慰问之词。水火无情，深宅大院的老房子一旦失火，以当时的消防条件，很容易伤及性命。曾国藩身为一家之长，对远方的手足与胞侄等人，不能不表示安慰与庆幸。这些话，必须得先说，但是，一句带过，赶紧说重点。

重点当然是给失火找个好借口。一口咬定，“板壁纸糊”的老房子，当然容易“招火”，一口咬定，“打杂人役失火”，哪里能够猜疑是“会匪之毒谋”呢？更不用说什么“仇家之奸细”？一省之长，堂堂伯爵，竟然能够叫“会匪之毒谋”轻易得逞，被“仇家之奸细”偷袭纵火，说出去，叫人笑话，起码是疏于防范吧？自己家门都管不住，还能拒敌于外吗？还能取信于民吗？告诉你，“凡遇此等事”，只能处变不惊，若无其事，决不张扬。即便是真被人暗算，也只能“好汉打脱牙，和血吞”，或者只当是“破财免灾”。

说完这个，曾国藩又一次展示现身说法的拿手本领，把自己近十年来的幡然悔悟，当故事般地逐一讲给老弟听：如何从“自负本领甚大”，“每见得人家不是”，到脱胎换骨般“乃知自己全无本领，凡事都见得人家有几分是处”，因而“与四十岁以前迥不相同”，最后达到“以能立能达为体，以不怨不尤为用”的境界；而且，举例说明，哪些是“自强能立工夫”，哪些是“圆融能达工夫”。你若学阿兄，“痛下箴砭，必有大进”。

曾国荃接到这封信，想来应该是豁然开朗、暖意融融吧。查其回信，摘抄如下：“前日奉初二日手示，训诲肫详。‘悔’字一诀，吉之所由生也；能站得住之谓‘立’，能行得通之谓‘达’，切实浅近，令人易于玩味。兄去年信内，随时指点一二语，弟犹漫然不甚介意。今于忧患之后，一经提醒，始知一字一珠，均早诰诫于事端未发之先也。”

其实，曾国藩写这封信的时候，心里对国荃还是颇有一些不满的。信尾赵广汉那句话，多少有点突如其来。两千年前，赵广汉一意孤行，弹劾魏相，两千年后，自家老弟又不听劝，冒失弹劾官相（官文位居大学士，人称“官相”或“官相国”），写完这封信后两天，曾国藩在给国潢的信中，多少有些悻悻地写道，“沅弟劾官相”，“米已成饭，木已成舟，只好听之而已”。但曾国藩教弟家书，好就好在这里，尽量不发泄负面情绪，不引发收信人心理反感。心中有气，不对当事人发，例如这次，如果把国荃一顿训斥，国荃可能是不会写来“训诲肫详”“一字一珠”的心悦诚服之词的了。

致沅弟 同治六年正月二十二日

沅弟左右：

日内有战事否？留霆军剿任、赖一股〔一〕，昨已附片具奏，另咨弟案〔二〕。嗣后奏事〔三〕，宜请人细阅熟商，不可壹意孤行、是己非人为嘱。

弟克复两省〔四〕，勋业断难磨灭，根基极为深固。但患不能达，不患不能立；但患不稳适，不患不峥嵘。此后总从波平浪静处安身，莫从掀天揭地处着想。吾亦不甘为庸庸者，近来阅历万变，一味向平实处用功。非委靡也〔五〕，位太高，名太重，不如是，皆危道也。

注释

〔一〕霆军：湘军主力鲍超的部队。任、赖一股：捻军任柱、赖文光的部队。

〔二〕咨：旧时大臣之间的平行公文，对有关工作互相咨送传阅。案："冰案"的省称，"冰案"是敬辞，意思是"您的案头"。

〔三〕嗣后：今后。

〔四〕克复：攻克失地。两省：此处指安庆、南京两处省会。安庆以前是安徽省会。

〔五〕委靡：形容不振作的精神状态。

点评

查曾国荃近期来信，可以看出，情绪非常低落，如"弟之招牌，此次已打坏"，"又不量力而参劾秀相（按：官文字秀峰，"秀相"即指官文）"，又遭遇火灾，都是自己"德凉福薄，谬列高位"所致。

为此，曾国藩因势利导，首先高度评价老弟的昔年战功，意在振奋精神，鼓舞斗志。“弟克复两省，勋业断难磨灭，根基极为深固”，劳苦功高，谁也磨灭不了，根基深固，后劲未可限量。不要过于自大，目空一切，也不能妄自菲薄，从此消沉。进而指出国荃目前的心态调整方向，很简单，“但患不能达，不患不能立；但患不稳适，不患不峥嵘”。只要心态调整好，做事慎重稳重，必能重振雄风，再显峥嵘。从今以往，低调做人，扎实做事，与人方便就是与己方便，自然就能渡过难关。

更要指出一点，除了这些言语上启迪、心态上引导，在曾国荃最低落的时候，曾国藩还作出了切实的行动。这封信第一段所说“留霆军剿任、赖”之奏，就是身为兄长最及时的出手援助。湘军劲旅霆军，本来奉旨救援陕西，近期被曾国荃截留在湖北作战，为此朝廷严词追责。曾国藩这封奏折，首先顺着朝廷近来上谕的意思，说鲍超的霆军确实不应该从“援救陕西”改为“援救湖北”，朝廷的谕旨“明见万里，无微不照”，是鲍超“急于立功”，“曾国荃亦无定见”所致；我现在已经传檄，严令鲍超就地追剿任柱、赖文光的东捻军，决不许流窜陕西，与张宗禹的西捻军合股，全力减轻陕西的压力；近日与接手剿捻的李鸿章面商，都认为应该如此，歼敌于中原，然后再奏调鲍超转战陕西。“是否有当”，请“皇太后、皇上明鉴训示”。这明显就是为曾国荃打圆场。上奏之后，曾国藩还把它转发给曾国荃，意思是我给你作补救了，你只管振作精神，把后面的事情做好。至于怎么给朝廷上奏，你也可以从中学着点。

致沅弟 同治六年二月二十九日

沅弟左右：

十八之败，杏南表弟阵亡〔一〕，营官亡者亦多〔二〕，计亲族邻里中或及于难，弟日内心绪之忧恼，万难自解。然事已如此，只好硬心很肠〔三〕，付之不问，而壹意料理军务〔四〕，补救一分，即算一分。弟已立大功于前，即使屡挫，识者犹当恕之。比之兄在岳州、靖港败后栖身高峰寺〔五〕，胡文忠在奓山败后舟居六溪口气象〔六〕，犹当略胜。高峰寺、六溪口尚可再振，而弟今不求再振乎？

此时须将劾官相之案、圣眷之隆替、言路之弹劾一概不管〔七〕。袁了凡所谓“从前种种譬如昨日死，从后种种譬如今日生”〔八〕，另起炉灶，重开世界，安知此两番之大败，非天之磨炼英雄，使弟大有长进乎？谚云“吃一堑，长一智”〔九〕，吾生平长进，全在受挫受辱之时。务须咬牙励志，蓄其气而长其智，切不可苶然自馁也〔一〇〕。

注释

〔一〕杏南表弟：即彭毓橘（1824—1867），字杏南，湖南省湘乡县人。曾国荃吉字营宿将，官至福建汀漳龙兵备道，战死于湖北。其祖母为曾国藩、曾国荃之姑祖母，其母又为国藩兄弟之姑，故与曾氏为表兄弟。

〔二〕营官：湘军以五百人为一营，立营官一人。

〔三〕硬心很肠：硬下心肠。“很”即“狠”。

〔四〕壹意：一心一意，专心专意。

〔五〕高峰寺：在长沙城南，面临湘江。曾国藩靖港溃败后曾栖身于此。

〔六〕胡文忠：即胡林翼，“文忠”是其谥号。奓（zhā）山：在湖北汉阳附近。咸丰四年八月，署理湖北巡抚胡林翼兵败于此，胡林翼几欲自杀。六溪口：在湖北汉阳东南，濒临长江。

〔七〕官相：即官文。隆替：盛衰。言路：此处指“言官”，即负责进谏朝廷与纠察百官的监察御史等人。

〔八〕袁了凡：即袁黄（1533—1606），号了凡，浙江嘉善县魏塘镇（今属嘉兴市）人。历任宝坻知县与兵部主事，有家训《了凡四训》传世。

〔九〕吃一堑（qiàn），长一智：比喻受一次栽倒沟里的教训，增长一分才智。“堑”是壕沟。

〔一〇〕苶（nié）然自馁（něi）：萎靡不振，灰心丧气。

点评

这一年，曾国藩、曾国荃两兄弟的处境都很难，心情都很差。曾国藩指挥剿捻一年半，进展很小，受到各方指责，一度还不得已自请削去侯爵封号，朝廷最后临阵换帅，让他与李鸿章对调。曾国荃出山不到一年，竟然节节失利，他指挥的湘军、淮军接连损失三员大将，一次次被朝廷通报批评。此时，曾国藩正在快快返回南京的路途上，接到国荃写来的家书，日记里说，整晚都没有怎么入睡，直到第二天晚上，才写下这封回信。

彭毓橘与曾国荃同年出生，从小生活在一起，当曾国荃投笔从戎招兵买马之初，彭毓橘就成为吉字营的骨干，十年来一直追随曾国荃，攻城略地，攻打南京尤其拼命。这次他又放着福建实缺道台的高官不做，再次带兵上战场，而且，因为曾国荃一再受到朝廷训斥，他比别人更加出死力奋战，不料在取得几次胜仗之后，孤军深入，被捻军一举歼灭。曾国藩当然知道这些底细，因此料想国荃“日内心绪之忧恼，万难自解”。但是，事已至此，只能硬下心肠，一切只当没发生，集中精力，整顿军务，“补救一分，即算一分”。不管怎样，你终归是打下南京立过头功的人，总比我当年两次出战两次大败要强，总比胡林翼刚当上湖北巡抚就坐困六溪口要强。我们都熬过来了，你还有什么挺不过去的？

写过这些，曾国藩进一步告诫，此时怨天尤人没有用，自怨自艾没有用，什么弹劾官文该不该、皇上恩眷再不再、御史纠察有没有，统统不要想，统统不要管，一切从头再来。老话说得好，“吃一堑，长一智”，我一生的所有长进，都是从受苦受难中总结改进得来。你现在只有记住一条，咬牙励志，决不可反其道而行之，一蹶不振，那就真的完了。

三天后，曾国藩再次去信，说“事已如此，亦只有逆来顺受之法，仍不外‘悔’字诀、‘硬’字诀而已”。所谓“悔”字诀，就是反躬自问，知错认错；所谓“硬”字诀，就是咬牙励志，从头再来。

致沅弟 同治六年五月十二日

沅弟左右：

接两函，知贼实已出境〔一〕，为之少慰。亢旱不雨〔二〕，鄂苏所同〔三〕。禾稻不能栽插，饥民立变流寇，亦鄂苏所同也。岂吾兄弟德薄位高，上干天和〔四〕，累及斯民〔五〕，中夜内省〔六〕，忧惶无措。

六月告病〔七〕，七月开缺，弟意既定，余亦不便阻止。盖一则大局日坏，气机不如辛、壬、癸、甲等年之顺〔八〕，与其在任而日日如坐针毡，不如引退而寸心少受煎逼〔九〕；一则鄂署内风水欠利〔一〇〕，余自初闻弟授鄂抚之信，即已虑之，离开亦未始非福。惟余辞江督、筠仙辞淮运司均不能如愿〔一一〕，恐弟事亦难必允准。

注释

〔一〕贼：此处指捻军。

〔二〕亢旱：长时间不下雨造成的严重干旱。

〔三〕鄂苏：指湖北、江苏两省。

〔四〕干（gān）：干犯，冒犯。天和：指大自然风雨协调的规律与气象。

〔五〕斯民：平民，老百姓。

〔六〕中夜内省：半夜自我反省。

〔七〕告病：旧指官员称病辞职。

〔八〕气机：此处指军政大势的盛衰。辛、壬、癸、甲等年：指咸丰辛亥年（1851）、壬子年（1852）、癸丑年（1853）与甲寅年（1854）。

〔九〕引退：旧指官员托词辞职。

〔一〇〕风水：此处指住宅所在地的风向、水流等地势，古代迷信说法，认为它能主宰居住者的吉凶。

〔一一〕江督：两江总督的简称。筠仙：即郭嵩焘，号筠仙。淮运司：两淮盐运使司盐运使的简称，从三品。

点评

曾国荃到任湖北巡抚刚满一年，这就萌生退意，主动辞职，其实是曾国藩很不愿意看到的。这两个月，他每隔几天就给国荃写信，开导他要忍耐坚持，不要过于焦闷，说自古英雄都是磨砺出来的。可是，国荃毕竟不如大哥修炼到家，几次来信，都申诉辞职理由。对此，曾国藩也只好松口了。

一方面，是他自己年老多病，几十年官海风波，让他身心憔悴。与太平军苦战十年，好容易侥幸成功，刚在两江总督府享了几天清福，就被朝廷接连征调，再上前线，而追剿一年，劳而无功，受到各方指责，最后是连辞职回老家安度晚年也做不到，朝廷就是不放手。在这种情况下，对国荃决意辞官，他心里还是很有同感的，因此才说，“弟意既定，余亦不便阻止”，“与其在任而日日如坐针毡，不如引退而寸心少受煎逼”。反正以前该说的都说尽了，劝他“力守‘悔’字、‘硬’字两诀，以求挽回”，老弟做不到，自己也就不逼他了。

另一方面，曾国藩内心也有个“心结”，就是这十几年，凡是担任湖北巡抚的，几乎都没有什么好下场。例如常大淳被太平军杀死在湖北巡抚的位子上，崇纶服毒自杀，青麟被朝廷问责处死，陶恩培兵败自杀，胡林翼病死在巡抚衙门，李续宜病死，严树森被连降三级。这些人，在别处做官都没事，一到湖北就出大事。所以很多人就盛传，湖北巡抚衙门风水有问题，说得神乎其神，有鼻子有眼。曾国藩以前也几次听到过这种说法，国荃调任湖北，他当时心里就有些疙瘩，而国荃到任以后，也几乎事事不顺，衙门外的火药局爆炸，衙门内的五福堂被焚，吉字营一再损兵折将，所有事情加在一起，让曾国藩的疑心越来越重。于是他觉得，辞职也行，“离开亦未始非福”。

当然，吉凶迷信之说，信则有，不信则无。曾国荃的后任郭柏荫，郭柏荫的后任吴元炳，都没事。至于曾国藩信末说，我想辞去江督、郭嵩焘想辞去盐运使都不能如愿，你可能不一定辞得掉。其实，只要铁心辞官，哪有辞不掉的？曾国荃、郭嵩焘都辞掉了，只有他曾国藩犹豫不决，这才一直被朝廷抓住不放。

致澄弟沅弟　同治十年正月十五日

澄弟、沅弟左右：

接澄弟十二月初三、初七、十六日等信，沅弟初六、十六日等信。澄弟以“心中舒畅以养福躬”为劝[一]，聆之生惭。余向来本多忧郁，自觉生平之事多可愧者，近因右眼失明，身体衰弱，尤念从前愆咎难再补救，此生学业毫无成就，用是愧郁交乘[二]，有如圣人所称“长戚戚”者[三]。以视澄弟之处逆境而善自排遣，沅弟之归林下而善寻乐趣[四]，自谢不如矣[五]。

新年以来，余体尚平安，眩晕之症未发。惟目疾日甚，右目久盲，左目亦极昏蒙。日间见客较多，凡改折稿、信稿之类[六]，不能不于灯下起草，故夜间不能静养。内人目病尤深，无可挽回。陈松生夫妇于十三夜入署[七]，一路平安。其余阖署清吉[八]，足慰远念。

郑小山尚书除夕抵江宁[九]，初二日即关门审案[一〇]，今已研讯十四日[一一]。该犯一味狡展[一二]，毫无确供，将来只好仍照魁、张二公原奏之法奏结[一三]。

鼎三侄文章长进[一四]，大慰，大慰。余老年他无所望，但望星冈公之后丁口蕃衍[一五]，文学蔚起[一六]。后辈若体不壮实，即不敢催督加功。闻鼎三身体充实，亦足为切实苦读之基。

沅弟意欲移居省城，已定计否？乡间人客动须留饭留宿[一七]，殊觉烦劳。近来日日练团[一八]，夜夜防匪，自不如住省之得以安枕。惟桑梓之地一离则后难再归[一九]，妇女幼孩惯于住城者，每不乐于居乡。由乡迁城则易，由城返乡则难，亦不可不预为熟计。至于阳宅阴基风水之说[二〇]，确有是理。然有缘则可遇，强求则不得，亦定理也。

顺问近好。

兄国藩手具

注释

〔一〕福躬：有福的身体，旧时书信中对尊长的敬语。

〔二〕交乘：交加。

〔三〕长戚戚：心里总是忧愁不安。语出《论语·述而》："君子坦荡荡，小人长戚戚。"

〔四〕归林下：辞官回家，隐居山林。

〔五〕自谢不如：自愧不如。

〔六〕改：核改。折稿、信稿：幕僚起草的奏折与书信。

〔七〕陈松生夫妇：即曾国藩二女儿曾纪耀及其丈夫陈远济。陈远济，字松生，湖南省茶陵县人。曾国藩会试同年陈源兖之子，后随曾纪泽出使英法，任使馆参赞，病逝于任。入署：来到两江总督官署。

〔八〕阖署清吉：官署亲友全都健康平安。

〔九〕郑小山：即郑敦谨（1803—1885），字小山，湖南省长沙县人。由进士官至刑部尚书。江宁：江宁府，今为南京市。

〔一〇〕审案：指审理前任两江总督马新贻被刺身亡一案。

〔一一〕研讯：追查审讯。

〔一二〕该犯：指张文祥（1824—1871），河南省汝阳县人。早年参加太平军，后逃亡失业，同治九年（1870）行刺两江总督马新贻，次年被凌迟处死。狡展：狡赖。

〔一三〕魁：指魁玉（1797—1877），字时若，姓富察氏，满洲镶红旗人。时任江宁将军。张：指张之万（1811—1897），字子青，直隶南皮（今河北省沧州市）人。由状元官至礼部尚书，授东阁大学士。此时以漕运总督之职奉上谕参与审理"张文祥刺马案"。奏结：上奏报请结案。

〔一四〕鼎三：即曾纪寿，字岳崧，排行鼎三，曾国华子。

〔一五〕丁口：人丁，人口，此处特指家中人口。

〔一六〕文学蔚起：此处指书生、秀才不断出现。

〔一七〕动：此处是“常常”“动不动就”的意思。

〔一八〕练团：训练民团乡勇。

〔一九〕桑梓：家乡，故乡。古人习惯于住处种植桑树、梓树，故以“桑梓”代指家乡。

〔二〇〕阳宅：住宅。阴基：住宅的地基。

点评

同治七年七月，曾国藩调任直隶总督，总算过了一两年平静的生活。但同治九年五月的“天津教案”，由于民众出于义愤打死法国领事与翻译，并且焚烧教堂，曾国藩受命赶赴天津，处理外交冲突，身心大受损伤。恰逢两江总督马新贻被刺身亡，曾国藩这才回任两江，两个月前回到南京。

从这封家书的开头来看，是家中两位老弟接连写来好几封信，既是汇报家里的大小事情，也是安慰大哥疲惫的身心，而国潢的信中，更有“心中舒畅以养福躬”的劝慰与祝福，而国荃辞官以后，闲居山村，不管世事。所以，曾国藩有感于宦海的风波险恶，自己的仕途羁绊，而又年老多病，右眼失明，对比弟兄们的家居之乐，不禁自愧不如。

不过，家书总是要多报喜，少报忧的。因此，曾国藩接下来就说，尽管自己与夫人都有些小毛病，但阖家上下，都还平安，二女儿二女婿从湖南老家来到南京团聚，一路上都很顺遂，请放心。

这封回信的要点，主要是为侄儿鼎三读书得法，作文大有进步而由衷喜悦。鼎三是国华的独子，幼年丧父，孤儿寡母，曾国藩对他们一直很牵挂，对侄儿的成长也倾注了很多心血。而且越到老年，他越是对仕途感到淡漠，而对家族人丁兴旺、科举有望更加倾心。现在又得知鼎三身体结实，因此喜悦之情，溢于言表。其次，听说国荃要离开老家，迁居到省城长沙去。对此，曾国藩先是表示理解，乡间人客往来较多，应酬频繁，加上还要过问民团的操练杂事，确实不如省城安静。但随即指出，一旦离开老家，要想再回乡安居，就很难的了，女人家、孩子家，都安逸于城市的繁华，厌苦农村的简陋，进城易，返乡难，这点你得先预想到，要深思熟虑才行。至于来信提到的住宅风水之说，道理是不错的，但能不能有福享用，还得看是不是有缘得到，这种事，一般是要随缘的，不必强求。

至于轰动一时的“张文祥刺马案”，曾国藩在信中只是轻描淡写地提了一两句，钦差大臣、刑部尚书负责，关门审案半个月，并无确供，看来还是照去年初审结论上报结案。他自己刚被“天津教案”搞得几乎身败名裂，因此对官场是非祸福，看得很淡了。

致澄弟沅弟 同治十年六月二十七日

澄弟、沅弟左右：

久未致书，想我弟悬望之至。屡接弟信，承寄健脾糕、茶叶、腊肉之类，谢谢不尽。又代寄南云茶叶、舫仙漆碗〔一〕，深为感荷。

余身体尚好。今年不甚酷热，眩晕、疝气等病未发〔二〕，惟目光昏蒙如常，亦不吃药、点药。内人脚肿已消，膝尚作疼，略可站立，不能行动。久病之后，此已算全愈矣。

纪鸿之次子日内有疾〔三〕，食物全不消化，夜不能寐，亦未服药。余满门平安。聂宅姻事〔四〕，余已两次回信。余于八九月出外府阅操〔五〕，请渠冬二月选择吉期〔六〕，在宁招赘〔七〕。新郎或八九月到宁，或稍迟再到，听渠裁夺。不知一峰近常与沅弟通信否〔八〕？

冯树堂已抵家否？渠在此小住兼旬〔九〕，八九月间将至湘乡二十四都等处为我预卜葬地〔一〇〕。若果至吾乡，请澄弟殷勤款接〔一一〕。渠昔在祁门〔一二〕，余与之口角失欢〔一三〕，至今悔之。今年渠至此间，余对之甚愧也。

余往年开罪之处，近日一一追悔，其于次青尤甚〔一四〕。昔与次青在营，曾有两家联姻之说。其时温弟、沅弟均尚有未定姻事者，系指同辈说媒言之，非指后辈言之也。顷闻次青欲与纪泽联姻，断无不允之理，特辈行不合，抱惭滋深耳。

澄弟索融封匾〔一五〕，八月当寄去。梅煦庵顷已到此〔一六〕，待差者虽难位置〔一七〕，然煦庵、唐洲必当有以玉成之也〔一八〕。元六小恙〔一九〕，比已全愈否〔二〇〕？至为系念。顺问近好。

兄国藩手具

注释

〔一〕南云：即刘连捷，字南云，曾国荃吉字营旧部，此时退伍在家。舫仙：即陈湜，字舫仙，曾国荃吉字营旧部，此时从山西按察使免官回乡。

〔二〕疝（shàn）气：俗称小肠气，老年疾病。

〔三〕纪鸿之次子：即曾广铨（1871—1940），字敬贻，出继曾纪泽，后短期担任驻英使馆参赞、驻朝鲜公使。

〔四〕聂宅姻事：曾国藩五女纪芬此时议嫁衡阳聂泰之子聂缉槼。

〔五〕出外府阅操：离开省城，到各府驻军巡视检验。这是总督的例行军政大典。

〔六〕冬二月：农历十一月。吉期：婚期。

〔七〕宁：指江宁，即南京。招赘：指男方到女家成亲。

〔八〕一峰：即聂泰（1813—1872），字一峰，或作亦峰，湖南省衡山县人。曾任新会知县、南雄知州，卒于高州知府任内。

〔九〕兼旬：即“两旬”，二十天。古人以十天为一旬。

〔一〇〕预卜葬地：依据风水知识，提前选择墓地。

〔一一〕款接：款待，礼貌招待。

〔一二〕祁门：祁门县，在安徽省南部。

〔一三〕口角：为小事争吵。失欢：失和，翻脸。

〔一四〕次青：即李元度，因徽州失防被曾国藩追责查处。

〔一五〕融峰：即祝融峰，南岳衡山主峰。

〔一六〕梅煦庵：曾氏兄弟旧友，当时来江苏谋求官府差事。顷：最近，前一段时间。

〔一七〕待差（chāi）者：排队等候安排差事。位置：为之安排差事。

〔一八〕唐洲：朱唐洲，曾国荃吉字营部将，攻克南京后赏记名总兵，解甲归田。

〔一九〕元六：曾国潢孙。

〔二〇〕比：近来。

点评

这封家书写得比较客气，与早年致弟家书相比，教诲之词全然不见。弟弟们寄来家乡土特产，顺便寄来湘军旧部的茶叶与餐具，大哥竟然说“谢谢不尽”，说“深为感荷”，人到老年，又远离家乡，大多如此吧。

接下来，便是介绍自己这一家子的近况，老夫老妻，身体越来越差，但目前没有什么大病痛；满女准备出嫁，婚期大约在年底；孙子近几天生毛病，不消化，睡不安，目前还没有用药。总体来说，还是“满门平安”，请老家亲人放心。

写完自己这边，再说与老家有关的几件事：一是问老友冯卓怀到了没有，告知老弟，人家是来帮我物色墓地的，请殷勤接待。这位老朋友，当年在祁门大营，因为小事责备他，惹得他拂袖而去，至今还让我非常后悔。除此之外，还有一些做过头了的事，现在想来，我都一件一件自我追悔，尤其是对李次青，下手查处过重。当年他提出与我家联姻，我答应了的，现在他想与纪泽结亲家，我不能不答应，只是辈分上让我感觉对不住他了。你们推荐的梅煦庵、朱唐洲，目前都安顿住下了，谋差使的多，很难保证人人都能如愿，但他俩人我一定会帮忙安排好的，请放心。来信说侄孙生毛病，现在好了吗？好了就好，好了就好。

致澄弟沅弟 同治十年十月二十三日

澄弟、沅两弟左右：

屡接弟信，具悉一切。兄以八月十三出省〔一〕，十月十五日归署。在外匆匆，未得常寄函与弟，深以为歉。

兄在外两月有余，应酬极繁，眩晕、疝气等症幸未复发，脚肿亦因穿洋袜而愈〔二〕。惟目蒙日甚，小便太数〔三〕，衰老相逼，时势当然，无足异也。

聂一峰信来，言其子须明春乃来，又商及送女至粤成婚一层。余复信仍以招赘为定，但许迟至春间耳。

茶叶、蛏干、川笋、酱油均已领到〔四〕，谢谢！阿兄尚未有一味之甘分与老弟，而弟频致珍鲜，愧甚，愧甚。川笋似不及少年乡味，并不及沅六年所送，不知何故？

顺问近好。

国藩手具

注释

〔一〕出省：此处指离开省城南京。

〔二〕洋袜：当时由外国进口的针织线袜。

〔三〕太数（shuò）：太频繁。

〔四〕蛏（chēng）干：指腌制过的野生蚌干。川笋：指腌制笋尖。

点评

曾国藩出生于清嘉庆十六年（1811）农历十月十一日，到同治十年（1871），刚满六十周岁。从道光十九年（1839）进京做官，三十多年奔波在外，尤其是十几年的南征北战，早就使他未老先衰。去年在直隶总督任内请病假在职疗养，不料想赶上“天津教案”，三四个月的外交风波与舆论谴责，令他身心交瘁。这两个月，他又奔赴扬州、上海等地，履行两江总督的阅军大典与南洋通商大臣的洋务工程等相关职责，一路上旅途劳顿，应酬纷繁，让他一次次感受到实实在在的“衰老相逼”。实际上，此时距他生命的终点，也只有短短的一百天了。

这封信，除了说身体近况，值得留意的，首先是他不同意准亲家聂泰在广东迎娶总督千金的提议。查看他的复信，话说得很委婉，但态度很明确，就是不想千里迢迢招摇过市，坚持在南京低调成婚，作为妥协，就是婚期听从男方的主张，从今冬延期到明年春季。没想到的是，次年二月初四日，曾国藩中风病逝，五月二十九，聂泰也因中风病逝于广东，这场婚事，推迟到光绪元年才举行。

另外还有一点，就是曾国藩历数“茶叶、蛏干、川笋、酱油”等家乡风味一一接到，很有情味。曾国藩的家乡湘乡县永丰镇，盛产酱菜，是远近闻名的佐餐佳品，蛏干、川笋都是经过盐腌曝晒的农家小菜，湘潭酱油更是享誉南北。看到老家兄弟从湖南山村辗转托人捎带而来的这些大大小小的坛坛罐罐，亲情、乡情与乡味，想来是纷然杂陈，让南京城内的一品大员大受感动，“阿兄尚未有一味之甘分与老弟，而弟频致珍鲜，愧甚，愧甚”。最有意思的末一句，怎么没有小时候吃到的那个味道了？好奇怪。其实呢，奇怪的不是味道，可能是味觉。随着时光的流失，大概人人都会觉得，只有自己的“少年乡味”，才是天下无双的。

写给夫人与子侄

致欧阳夫人〔一〕　同治五年十二月初一日

欧阳夫人左右：

接纪泽儿各禀〔二〕，知全眷平安抵家〔三〕，夫人体气康健，至以为慰。

余自八月以后，屡疏请告假开缺〔四〕，幸蒙圣恩，准交卸钦差大臣关防〔五〕，尚令回江督本任〔六〕。余病难于见客，难于阅文，不能复胜江督繁剧之任，仍当再三疏辞。但受恩深重，不忍遽请离营，即在周口养病〔七〕。少泉接办〔八〕，如军务日有起色，余明年或可回籍省墓一次〔九〕，若久享山林之福〔一〇〕，则恐不能。然办捻无功〔一一〕，钦差交出，而恩眷仍不甚衰〔一二〕，已大幸矣。

家中遇祭〔一三〕，酒菜必须夫人率妇女亲自经手〔一四〕。祭祀之器皿，另作一箱收之，平日不可动用。内而纺绩做小菜〔一五〕，外而蔬菜、养鱼、款待人客，夫人均须留心。吾夫妇居心行事，各房及子孙皆依以为榜样〔一六〕，不可不劳苦，不可不谨慎。

近在京买参〔一七〕，每两去银二十五金〔一八〕，不知好否？兹寄一两与夫人服之。澄叔待兄与嫂极诚极敬〔一九〕，我夫妇宜以诚敬待之，大小事丝毫不可瞒他，自然愈久愈亲。此问近好。

注释

〔一〕欧阳夫人（？—1874）：曾国藩妻。

〔二〕禀（bǐng）：向长辈或上级报告为“禀”。此处指曾纪泽写给父亲的家书。

〔三〕全眷：家里所有的人。

〔四〕疏请：上奏请求。告假：在职官员请病假，一般都作为辞职的先期步骤。

〔五〕钦差大臣：由皇帝专门派遣，代表皇帝出外、处理重大事务的高级官员。关防：朝廷临时派出、非国家经制性常设机构的官员所用的官印，长方形，区别于州府地方官的正方形。

〔六〕本任：交卸临时委任之职，回任以前担任的职务。

〔七〕周口，即周家口，在河南省睢阳县，今为周口市。

〔八〕少泉：即署理两江总督李鸿章，少泉是其号。

〔九〕回籍：回原籍，回家乡。省（xǐng）墓：为家中去世的长辈扫墓。

〔一〇〕山林之福：指没有公务缠身的隐居生活。

〔一一〕办捻：剿办捻军。

〔一二〕恩眷：朝廷的恩遇与宠信。

〔一三〕祭：祭祀，一般是指对家族已故先辈的纪念供奉仪式。

〔一四〕妇女：此处指“儿媳妇”与“女儿”。

〔一五〕纺绩：手工纺织。

〔一六〕各房：各兄弟家。

〔一七〕参（shēn）：人参。

〔一八〕二十五金：此处指25两银钱。

〔一九〕澄叔：即曾国潢，字澄侯，与欧阳夫人为叔嫂关系，故此处将“澄弟”改称“澄叔”。

点评

据曾国藩现存日记，他前后写给夫人的信只有十封左右。

从这封信可以看出，曾国藩对夫人既关心，又约束，既尊重，又督促。如信的开头，“夫人体气康健，至以为慰”，信的末尾，又说我最近托人在京城用高价买来人参，“兹寄一两与夫人服之”，话不多，但很暖人心。

当然，曾国藩写信的初衷不在这里，劝诫夫人勤俭持家、以身作则、操持家务，“不可不劳苦，不可不谨慎”，这才是重点。

欧阳夫人虽然是乡村塾师之女，但那是四五十年前的事了，自从二十六年前进京，她便逐渐过上了夫贵妻荣的京官太太、诰命夫人的享福日子，居京十四年，家里的很多劳作，都有仆人代劳。除了回乡为公婆守孝的那些年，最近几年，她一直都是带着一大帮儿子媳妇、女儿女婿住在总督衙门里。当曾国藩卸任两江总督北上剿捻之后，她又因小叔子曾国荃出任湖北巡抚，便又领着一家老小，在湖北巡抚衙门住了小半年。过惯了北京、南京、武汉那种大城市的热闹繁华，现在重新回到穷乡僻壤，多少会有些心理落差，是不难想见的。

大概因为正是出于这个缘故，曾国藩在已经给儿子写下回信后，特意给夫人再写一封，明确告知，自己不愿继续担任两江总督之职，理由是身体有病，“难于见客，难于阅文，不能复胜江督繁剧之任”，只是因为剿捻无功，不好意思马上辞职，只能先请病假，为稍后的辞职开缺作铺垫。如果顺利，过年之后，或者有望回家扫墓。这些都是暗示，你们此番回家，要有心理准备，可能要从此在乡村安家度日了。信中一再强调，“必须夫人率妇女亲自经手”，“内而纺绩做小菜，外而蔬菜、养鱼、款待人客，夫人均须留心”，意思是，不要把总督衙门的气派带到家乡，我们大房怎么做，其他四房是会跟着学样子的，所以“居心行事”，要以身作则。尤其还有一点，对待小叔子，要有亲意，要有敬意，更要有诚意，“大小事丝毫不可瞒他”，这句话要求很严，但曾国藩在前面加上一个主语，“我夫妇”，这就把自己摆进去，口气就舒缓多了，夫人听起来，也就不觉得生硬难听了。

致欧阳夫人　同治六年五月初五日

欧阳夫人左右：

自余回金陵后，诸事顺遂。惟天气亢旱，虽四月二十四、五月初三日两次甘雨〔一〕，稻田尚不能栽插，深以为虑。

科一出痘〔二〕，非常危险，幸祖宗神灵庇佑，现已全愈，发体变一结实模样〔三〕。十五日满两个月后，即当遣之回家，计六月中旬可以抵湘。如体气日旺，七月中旬赴省乡试可也〔四〕。

余精力日衰，总难多见人客。算命者常言十一月交癸运，即不吉利，余亦不愿久居此官，不欲再接家眷东来。夫人率儿妇辈在家，须事事立个一定章程。居官不过偶然之事，居家乃是长久之计，能从勤俭耕读上做出好规模，虽一旦罢官，尚不失为兴旺气象；若贪图衙门之热闹，不立家乡之基业，则罢官之后，便觉气象萧索。凡有盛必有衰，不可不预为之计。望夫人教训儿孙妇女，常常作家中无官之想，时时有谦恭省俭之意，则福泽悠久，余心大慰矣。

余身体安好如常，惟眼蒙日甚，说话多则舌头蹇涩〔五〕，左牙疼甚，而不甚动摇，不至遽脱，堪以告慰。顺问近好。

注释

〔一〕甘雨：久晴不雨以后所下之雨，对农作物特别有利。

〔二〕科一：曾国藩次子纪鸿的派名。出痘（dòu）：小儿病毒性皮肤感染，一般会自行痊愈，经此之后，终生对此有免疫力，若照料不周，也偶尔会危及性命。

〔三〕发体：发胖。

〔四〕乡试：获得生员（秀才）资格者参加的科举晋级考试，考中者叫作举人，一般三年举行一次，由朝廷钦派考官分赴各省主考。

〔五〕蹇（jiǎn）涩：发干，不灵便。

点评

这一天是五月初五端阳节，写这封信的时候，曾国藩已经回任两江总督半年，而且在两个月前，已经回到南京，回到总督府。那么，总督夫人一家老小是否可以如愿回到南京呢？欧阳夫人正是这么想的，当初离开南京，她就很不情愿，当她得知丈夫官复原职、即将回到南京，特意亲笔写信给丈夫，希望全家返回南京。

没想到，曾国藩明确告知，“不欲再接家眷东来”，理由是“余精力日衰，总难多见人客。算命者常言十一月交癸运，即不吉利”。我不想继续做官，也不想再把你们接过来，从此以后，“夫人率儿妇辈在家”，要“从勤俭耕读上做出好规模”，希望“夫人教训儿孙妇女，常常作家中无官之想，时时有谦恭省俭之意”。如果你们能够做到这样，那么，我们家的福泽就会更长久，我就很高兴了。

同一天，曾国藩还给四弟国潢写了一封信，其中有这样一段话：“家眷拟不再接来署。吾精力日衰，断不能久作此官，内人率儿妇辈久居乡间，将一切规模立定，以‘耕读’二字为本，乃是长久之计。”两相比较，给夫人的信，“不欲再接家眷”，用的是商量的口气；“凡有盛必有衰，不可不预为之计”，用的是启发的口气。而给国潢的信，则态度果决得多，“断不能久作此官”，一切以耕读为本，以此作为“长久之计”。由此可见，曾国藩虽说治家较为严明，但态度还是比较平和的，注重启发、鼓励，较少摆架子，不搞“一言堂”。作为一家之主，曾国藩似乎极少盛气凌人地强行实施自己的主张，而是耐心说服，以理服人。

平心而论，曾国藩不接家眷，不仅要求他们“久居乡间”，而且还要“耕读为本”，还要作为“长久之计”，放着南京城不去，放着总督府不住，甘心到穷乡僻壤，还要安居乐业，这真的是很有些一厢情愿的。而且，两个多月前，是欧阳夫人亲手写信来，表示要全家重返南京。曾国藩当时没有正面给夫人回信，而是侧面给纪泽写信，说我的本意，就是让你们回老家安家立业的，现在你妈说要离开故乡，赶上纪鸿生重病，先看看再说，如果病好了，他回家，参加湖南乡试，如果不行，你们再来。随后查明纪鸿是出痘子，有惊无险，一场虚惊，马上打定主意，纪鸿回家，家眷不来，全家在湘安心生活，不作迁居之想。

有了这番铺垫，曾国藩这才给夫人回信，表明态度，说明理由。但曾国藩写信的口气，让收信人很难发火，话还说得很剀切，很真诚，没办法，身体有病，不容人不依。试想，如果曾国藩一味强蛮，激怒夫人，二话不说，领着儿子媳妇、女儿女婿、孙子外孙，浩浩荡荡沿江而下，曾国藩又能怎么样？还能把他们拒之门外不成？

谕纪泽　咸丰二年七月二十五夜

字谕纪泽儿〔一〕：

七月二十五日丑正二刻〔二〕，余行抵安徽太湖县之小池驿，惨闻吾母大故〔三〕。余德不修，无实学而有虚名，自知当有祸变，惧之久矣。不谓天不陨灭我身〔四〕，而反灾及我母。回思吾平日隐慝大罪不可胜数〔五〕，一闻此信，真无地自容矣。小池驿去大江之滨尚有二百里〔六〕，此两日内雇一小轿，仍走旱路，至湖北黄梅县临江之处即行雇船。计由黄梅至武昌不过六七百里，由武昌至长沙不过千里，大约八月中秋后可望到家。一出家辄十四年，吾母音容不可再见，痛极痛极！不孝之罪，岂有稍减之处！

兹念京寓眷口尚多〔七〕，还家甚难，特寄信到京，料理一切，开列于后：

一、我出京时，将一切家事面托毛寄云年伯〔八〕，均蒙慨许。此时遭此大变，尔往叩求寄云年伯筹划一切，必能俯允。现在京寓并无银钱，分毫无出，不得不开吊收赙仪〔九〕，以作家眷回南之路费。开吊所得，大抵不过三百金。路费以人口太多之故，计须四五百金。其不足者，可求寄云年伯张罗。此外同乡如黎樾乔、黄恕皆老伯〔一〇〕，同年如王静庵、袁午桥年伯〔一一〕，平日皆有肝胆，待我甚厚，或可求其凑办旅费。受人恩情，当为将来报答之地，不可多求人也。袁漱六姻伯处〔一二〕，只可求其出力帮办一切，不可令其张罗银钱，渠甚苦也〔一三〕。

一、京寓所欠之帐，惟西顺兴最多〔一四〕，此外如杨临川、王静安、李玉泉、王吉云、陈仲鸾诸兄皆多年未偿〔一五〕。可求寄云年伯及黎、黄、王、袁诸君内，择其尤相熟者，前往为我展缓，我再有信致各处。外间若有奠金来者〔一六〕，我当概存寄云、午桥两处。有一两即以一两还债，有一钱即以一钱还债。若并无分文，只得待我起复后再还〔一七〕。

一、家眷出京，行路最不易。樊城旱路既难〔一八〕，水路尤险，此外更无好路。不如仍走王家营为妥〔一九〕，只有十八日旱路。到清江（即王家营也）时有郭雨三亲家在彼[二〇]，到池州江边有陈岱云亲家及树堂在彼[二一]，到汉口时，吾当托人照料。江路虽险，沿途有人照顾，或略好些。闻扬州有红船最稳，虽略贵亦可雇。尔母最怕坐车，或雇一驮轿亦可（又闻驴子驮轿比骡子较好）[二二]。然驮轿最不好坐，尔母可先试之。如不能坐，则仍坐三套大车为妥（于驮轿大车之外，另雇一空轿车备用[二三]，不可装行李）。

一、开吊散讣不可太滥[二四]，除同年、同乡、门生外[二五]，惟门簿上有来往者散之，此外不可散一分。其单请庞省三先生定[二六]。此系无途费，不得已而为之，不可滥也；即不滥，我已愧恨极矣！

一、外间亲友，不能不讣告寄信，然尤不可滥。大约不过二三十封，我到武昌时当寄一单来，并寄信稿，此刻不可遽发信。

一、铺店账目宜一一清楚，今年端节已全楚矣[二七]。此外只有松竹斋新账，可请省三先生往清[二八]，只可少给他，不可欠他的出京。又有天元德皮货店，请寄云年伯往清。其新猞猁狲皮褂即退还他，若已做成，即并缎面送赠寄云可也。万一无钱，皮局账亦暂展限[二九]，但累寄云年伯多矣。

一、西顺兴账，自丁未年夏起至辛亥年夏止[三〇]，皆有折子，可将折子找出，请一明白人细算一遍。究竟用他多少钱，专算本钱，不必兼算利钱。待本钱还清，然后再还利钱。我到武昌时，当写一信与萧沛之三兄[三一]。待我信到后，然后请寄云年伯去讲明可也。总须将本钱、利钱划为两段，乃不至胶葛不清[三二]。六月所借之壹百二十余金，须设法还他，乃足以服人。此事须与寄云年伯熟计，其折子即交与毛，另誊一个带回。

一、书籍我出京时一一点明，与尔舅父看过。其要紧者皆可带回。

一、大厅书架之后有油木箱三个，内皆法帖之类〔三三〕。其已裱好者可全带回，其未裱者带回亦可送人。家信及外来信，粘在本子上者皆宜带回。

一、我本思在江西归家，凡本家亲友皆以银钱赠送，今既毫无可赠矣。尔母归来，须略备接仪〔三四〕，但须轻巧不累赘者，如毡帽、挽袖之类，亦不可多费钱。捞沙膏、眼药之属亦宜带些，高丽参带半斤。

一、送家眷出京，求牧云总其事〔三五〕。大约男仆须四人，女仆须三人。九月二十前后必须起程，不可再迟。一定由王家营走，我当写信托沿途亲友照料。

一、水陆途费约计三百余金，买东西捆装行李之物及略备接仪约须数十金，男女仆婢支用安家约须数十金（罗福、盛贵、鲁厨子多给几许钱亦可），共须五百金也。开吊之所入不足，则求毛年伯及诸位老伯张罗，总以早出京到家为妥。其京中各账，我再写信去料理。

注释

〔一〕字谕：写信告示、吩咐。

〔二〕丑正二刻：凌晨两点三十分。

〔三〕大故：子女对家中长辈去世的委婉用词。

〔四〕陨（yǔn）灭：灭亡，丧命。

〔五〕隐慝（tè）：不为人知且不可告人的罪恶。

〔六〕大江：长江。

〔七〕京寓（yù）：北京住所。古人称出生之处、父母所居之处为“家”，称借住、暂住之处为“寓”。眷口：亲眷，家中人口。

〔八〕毛寄云：即毛鸿宾，字寄云，曾国藩早年好友，此时在京任监察御史。年伯：与自己父亲同年考中科举的人。此处曾国藩是用曾纪泽的口气称呼毛鸿宾。

〔九〕开吊：丧家布置灵堂，接受亲友前来吊唁及所赠礼金。赙

（fù）仪：赠与丧家助办丧事的财礼。

〔一〇〕黎樾乔：即黎吉云（1795—1854），初名光曙，字樾乔，湖南省湘潭县人。由翰林院编修授监察御史。黄恕皆：即黄倬，字恕皆，湖南省长沙县人。

〔一一〕同年：明清时期，同一科考取者，互称"同年"。王静庵：即王溥，字博之，号静庵，陕西省蒲城县人。曾国藩会试同年，授工部主事，升员外郎，官至两淮盐运使。袁午桥：即袁甲三，字午桥，官至漕运总督。

〔一二〕袁漱六：即袁芳瑛，号漱六，湖南省湘潭县人。历任翰林院编修、监察御史、苏州知府、松江知府，与曾国藩为儿女亲家。姻伯：子女对父母之亲家的称呼。

〔一三〕渠：他。

〔一四〕西顺兴：北京一家钱庄。

〔一五〕杨临川：名字籍贯不详，当是曾国藩京中旧友。王静安：即上文王静庵（王溥），当时习惯，对他人字号，可用同音字互换。李玉泉：不详。王吉云：即王履谦，字吉云，直隶顺天府（今北京市）人。曾国藩会试同年，此时钦派湖北主考，后官湖北学政等职。陈仲鸾：即陈鸿翊，字仲鸾，顺天府宁河县（今属天津市）人。曾国藩会试同年，历任吏部主事、监察御史、福建汀漳龙道。

〔一六〕奠金：送给丧家的礼金。

〔一七〕起复：离职官员重新起用。

〔一八〕樊城：襄阳县樊城镇（今属襄阳市），在湖北省西北部。

〔一九〕王家营：京杭大运河清江浦段枢纽码头，江苏省清河县（今属淮安市）境内。

〔二〇〕郭雨三：即郭霈霖，号雨三。曾国藩会试同年，此时已议定将女儿许配曾国藩次子纪鸿，故称"亲家"。由翰林院编修官至两淮盐运使司兼淮阳兵备道，为太平军所杀。

〔二一〕陈岱云：即陈源兖，字岱云，此时已议定聘曾国藩次女为儿媳，故称"亲家"。树堂：即冯卓怀，字树堂，此时在陈源兖幕府。

〔二二〕驮轿：驮在前后两匹骡马背上的轿子。

〔二三〕轿车：有轿子顶篷与车厢的马车。

〔二四〕散讣：丧家子弟发送讣告，告知家中长辈去世消息。

〔二五〕门生：参与科举考试者，对考官自称门生，考官也认其为门生。

〔二六〕庞省三：即庞际云，字省三，直隶宁津县（今属山东省）人。此时为曾纪泽家庭教师，后入曾国藩幕府，官至湖南布政使。

〔二七〕楚：清楚，了结。

〔二八〕清：结算，了结。

〔二九〕皮局：即皮货店。展限：延期。

〔三〇〕丁未年：指道光二十七年（1847）。辛亥年：指咸丰元年（1851）。

〔三一〕萧沛之：即萧光浩，字沛之，安徽人。北京西顺兴钱庄老板。

〔三二〕胶葛：交错纷乱的样子。

〔三三〕法帖：名家书法字帖。

〔三四〕接仪：远客回家，备礼物分送亲友，叫作“接仪”。

〔三五〕牧云：即欧阳秉铨，字牧云。秀才，曾国藩妻兄，此时在京帮曾国藩照管家事。总：总管。

点评

这封信写得很长，头绪很多，但有两点特别明显：

第一点，巨大的伤痛与强烈的自责。

曾国藩从道光十九年离家进京，至此已经十四年，这期间只有父亲来京一次，而且还是陪送纪泽母子及国荃赴京，而母亲则再未见过。近几年，曾国藩一直都梦想早日回家，看望生病的祖父母，看望年迈的父母亲，可是一直没有合适的机会，连年考差，外放学政、乡试主考，一次次都失望了。为此，他甚至决心请假离任，但都被父亲劝阻，因为一旦中断仕进之路，那整个家族的经济来源势必大受影响。好容易在本年六月十二日，得到梦寐以求的钦差，而且是临近湖南的江西主考，他赶紧上奏谢恩，同时请假报批，希望在江西乡试揭晓之后，便道回家探亲。在得到咸丰帝批准后，他兴冲冲出京南下，没想到，走到半路，接到母亲突然去世的噩耗，而且就是在钦派主考的同一天。在当时的交通条件下，即便他马上改道西行，到家也在一个月后，正是盛夏天气，其母必定早已装殓入土。一别十四年，母子二人从此天人两隔，为此他伤心欲绝，痛悔不已。

第二点，严以律己，宽以待人。

按照传统礼制，曾国藩必须立即上奏，主动辞职回家，服丧三年，因此，远在北京的妻子儿女，都必须随即离京回湘，共同守孝。可是，曾国藩做官十几年，竟然欠债一千多两银钱，而全家南下费用，还需要五百两。为此，曾国藩一共写下十几条的布置，指导家人，如何筹钱还债，如何顺利出京，每一条都很细致周到，每一条都很为他人着想。虽说京官清苦，但曾国藩官居侍郎四年，何以不仅没有积蓄，反而负债累累呢？这除了说明他为官清廉，也可见他平时的官场应酬较多，朋友周济较大手，尤其是每年寄回老家给五六位长辈的赡养费、远亲近邻的救济费，还有几位弟弟的学费、路费、生活费、报捐费，使得他只能四处借贷，挖东墙补西墙。现在他自己先期出京，老婆领着大大小小七个孩子留在北京，最小才一岁多，欠下一屁股债，如何才能体面出京，这是他信中反复筹划吩咐的。

信是写给纪泽的，纪泽当时只有十三四岁，为什么不直接写给夫人，也没有写给妻舅呢？这是因为，一方面，只有儿子出面，才能让各位朋友比较方便施以援手；另一方面，也可能是曾国藩担心夫人与妻舅考虑不周，处事不妥，信中对散讣开吊收礼各节，特别强调“不可滥”，所收奠金概交朋友还债，“有一两即以一两还债，有一钱即以一钱还债”，即便是现在再缺钱，但西顺兴“六月所借之壹百二十余金，须设法还他，乃足以服人”等等，都是脸面上不能失格的事情。有些人办丧事借机敛财，有些人借机躲债溜之大吉，曾国藩完全相反，他更看重的是为人处世的品格与脸面。

查曾国藩书信、家书与日记，这一千多两欠债，大约分三次还清，历时十二年：第一次，当月在江西省城收受官场奠份银一千，以三百捎回北京还急账，另以二百两带回长沙还旧债，第二次，咸丰九年十一月，托进京折差捎去三百两，还陈仲鸾等友人欠债；第三次，同治三年，还西顺兴钱庄连本带息一千三百两，此时，曾国藩已经是两江总督、协办大学士、受封一等侯爵了。

谕纪鸿　咸丰六年九月二十九夜

字谕纪鸿儿：

家中人来营者〔一〕，多称尔举止大方，余为少慰〔二〕。

凡人多望子孙为大官〔三〕，余不愿为大官，但愿为读书明理之君子。勤俭自持，习劳习苦，可以处乐〔四〕，可以处约〔五〕。此君子也。余服官二十年〔六〕，不敢稍染官宦气习，饮食起居，尚守寒素家风，极俭也可，略丰也可，太丰则吾不敢也。

凡仕宦之家，由俭入奢易，由奢返俭难。尔年尚幼，切不可贪爱奢华，不可惯习懒惰。无论大家小家、士农工商，勤苦俭约，未有不兴，骄奢倦怠，未有不败。尔读书写字不可间断，早晨要早起，莫坠高曾祖考以来相传之家风〔七〕。吾父吾叔，皆黎明即起，尔之所知也。

凡富贵功名，皆有命定，半由人力，半由天事。惟学作圣贤〔八〕，全由自己作主，不与天命相干涉。吾有志学为圣贤，少时欠居敬工夫〔九〕，至今犹不免偶有戏言戏动〔一〇〕。尔宜举止端庄，言不妄发，则入德之基也。

手谕，时在江西抚州门外

注释

〔一〕营：军营。

〔二〕少：即“稍”，“略微”的意思。

〔三〕凡：大凡，凡是。

〔四〕处乐：过丰衣足食的日子。

〔五〕处约：过节衣缩食的日子。

〔六〕服官：做官，为朝廷效劳。

〔七〕家风：一家上下老小做人做事的准则与风格。

〔八〕圣贤：道德高尚、才智超群的人。

〔九〕居敬：宋代理学家倡导的一种注重内心反省自律的道德修养方式。

〔一〇〕戏言戏动：轻率的言行。

点评

曾纪鸿生于道光二十八年（1848），本年刚满八岁。当他出生时，曾国藩已经官居二品，稍后又在礼部、兵部、刑部、吏部先后任职，这两三年又组建湘军，率部出征，从湖南打到湖北，又从湖北转战江西，因此，他对这个小儿子，可能就管得比较少。加上纪鸿又不如哥哥纪泽那样聪明伶俐，话不多，比较闷，所以，当一再听到家乡来人说纪鸿“举止大方”一类的好话时，曾国藩便主动给小儿子写信，而且是单独写给他的。这表明，尽管军务繁忙，军情紧张，曾国藩还是觉得，自己应该尽可能尽到父亲的教子职责。

信不长，三百多字，但一前一后，都是表扬与鼓励，这对儿童教育非常有必要，尤其是一个不善言辞的八岁小儿，不能让他产生畏惧严父的紧张心理习惯。

其次，通篇行文很平实，措辞比较通俗，态度很平和，道理比较浅显。如“人多望子孙为大官，余不愿为大官，但愿为读书明理之君子”。那怎么做才是君子呢？“勤俭自持，习劳习苦”，就是君子。哪样是勤俭自持呢？你爹我做官二十年，就很勤俭。哪样是习劳习苦呢？爷爷、叔叔，黎明即起，就很劳苦。这都是你看到了的。那么，你现在读书写字不间断，清晨早起不赖床，这就算是保持了我们家祖祖辈辈传下来的家风了。

纪鸿在京城出生，五岁时被带回老家，一个从小生长在京城副部级家庭的小孩子，一下子莫名其妙来到一个满嘴湖南方言的穷乡僻壤，最初肯定很不习惯。于是，曾国藩在信中特别指出，“凡仕宦之家，由俭入奢易，由奢返俭难”，你是从北京来的，“切不可贪爱奢华，不可惯习懒惰”，要向家中长辈学习，好日子都是吃苦换来的，只要“勤苦俭约”，没有不发家的；如果“骄奢倦怠”，没有不败家的。你现在还小，今后的路还很长，富贵功业，一半在客观条件，一半在主观努力。而从个人品质上向圣贤看齐，这却是可以完全由自己说了算的。说到这里，曾国藩不再继续讲大道理，而是突然把笔锋一转，我自幼有志学做圣贤，可惜居敬功夫做得太晚，因此至今还偶尔有言行轻率的时候。你不同，你生性就大方端庄，基础很好，你一定可以做得比我更好。

谕纪泽 咸丰六年十月初二日

字谕纪泽儿：

胡二等来，接尔安禀〔一〕，字画尚未长进。尔今年十八岁，齿已渐长〔二〕，而学业未见其益。陈岱云姻伯之子号杏生者，今年入学〔三〕，学院批其诗冠通场〔四〕。渠系戊戌二月所生〔五〕，比尔仅长一岁，以其无父无母家渐清贫，遂尔勤苦好学〔六〕，少年成名。尔幸托祖父余荫〔七〕，衣食丰适，宽然无虑，遂尔酣豢佚乐〔八〕，不复以读书立身为事。古人云劳则善心生，佚则淫心生，孟子云生于忧患，死于安乐，吾虑尔之过于佚也。

新妇初来〔九〕，宜教之入厨作羹〔一〇〕，勤于纺绩，不宜因其为富贵子女不事操作。大、二、三诸女已能做大鞋否？三姑一嫂，每年做鞋一双寄余，各表孝敬之忱，各争针黹之工〔一一〕；所织之布，所寄衣袜等件，余亦得察闺门以内之勤惰也〔一二〕。余在军中不废学问，读书写字未甚间断，惜年老眼蒙，无甚长进。尔今未弱冠〔一三〕，一刻千金，切不可浪掷光阴〔一四〕。四年所买衡阳之田〔一五〕，可觅人售出，以银寄营，为归还李家款。父母存，不有私财，士庶人且然〔一六〕，况余身为卿大夫乎〔一七〕？

余癣疾复发〔一八〕，不似去秋之甚。李次青十七日在抚州败挫，已详寄沅浦函中〔一九〕，现在崇仁加意整顿〔二〇〕，三十日获一胜仗。口粮缺乏，时有决裂之虞〔二一〕，深用焦灼〔二二〕。

尔每次安禀详陈一切，不可草率，祖父大人之起居，合家之琐事，学堂之工课，均须详载。切切此谕。

注释

〔一〕安禀：子孙写给父祖的请安问候信。

〔二〕齿：年齿，年龄。

〔三〕入学：明清时期，童生经过选拔考试，进入府县学宫读书。

〔四〕学院：即“学政”，负责一省的学校教育与科举考试等事务，由朝廷派出，一般三年一任。

〔五〕戊戌：指道光十八年（1838）。

〔六〕遂尔：于是，因此。

〔七〕余荫：祖上积德，庇佑子孙。

〔八〕酣豢（huàn）：沉醉于游乐。佚乐：悠闲享乐。

〔九〕新妇：一指新娘子，二指儿媳妇。此处指曾纪泽原配贺夫人，前任云贵总督贺长龄之女。

〔一〇〕入厨作羹：下厨房，做饭菜，侍奉长辈。

〔一一〕针黹（zhǐ）：针线活。

〔一二〕闺门：内室，特指女眷居室。

〔一三〕弱冠：指二十岁。

〔一四〕浪掷光阴：浪费时间，虚度年华。

〔一五〕四年：此处指咸丰四年（1854）。

〔一六〕士庶人：一般读书人与普通老百姓。且然：尚且如此。

〔一七〕卿大夫：本为古代官位，后泛指朝廷官员。

〔一八〕癣（xuǎn）疾：皮肤病，主要症状是瘙痒脱皮。

〔一九〕沅浦：即曾国荃，号沅甫，有时也写为“沅浦”。

〔二〇〕崇仁：崇仁县，在江西省中部。

〔二一〕决裂之虞：此处指忧虑士兵溃散逃亡的可能性。

〔二二〕用：以。

点评

现存曾国藩家书中，很少看到这种训斥之词。大概是纪泽来信过于草率，加上江西军务失利，这才触怒了曾国藩。

从首尾两段看来，纪泽来信，一是字迹不佳，二是内容不足。应该说，这不算很大的错误。曾国藩却归结于学业不用功，沉迷于享乐，有违于“读书立身”的本分，有违于“勤苦好学”的期待。

信中所说的陈岱云姻伯，是曾国藩同年考中进士、同时入选翰林院的湖南同乡，现在人家的儿子进入官学肄业，还被学政通报赞扬，誉为考场之冠，对比自家的儿子，曾国藩不禁生气训斥：你俩年龄相仿，他没爹没妈，却能少年成名；你丰衣足食，却游手好闲。古人说的真是没错，劳则善，佚则淫，生于忧患，死于安乐，我看你是过得太安逸了。

一般来说，父亲教子家书，应该是不会打草稿再修改誊正的吧？而且一旦生气训子，往往是话越说越重。奇怪的是，这封信却就此打住，转向新过门的儿媳妇，她也应该“三日入厨下，洗手作羹汤”了吧，作为长房长媳，她应该开始孝敬爷爷与公婆，不能把省城总督千金的娇气带到我家，不做家务，那可不行。当然，话说得还是很有分寸，用的词是“宜”与“不宜”，是“教之”。点到为止，眼光又转到自己几个女儿身上，老大、老二、老三，你们几个，会做鞋子了吗？然后又顺势把大媳妇拉进来，你们“三姑一嫂”，从今以后，每人每年给我亲手做一双鞋子寄过来，一来是各表孝敬之忱，二来是各争女工之美，我也从你们的纺纱织布、穿针走线的成品，察看你们平日是勤是懒。古人说：“教子婴孩，教妇初来。”新儿媳是前任云贵总督之女，从小生长在官府衙门，曾国藩既要防止自己儿子沉迷衣食无忧、燕尔新婚的二人世界，也要预防省城富家子女不习惯农村勤苦生活，所以不惜给他们一起来个“下马威”。不过，他将子女儿媳一视同仁，既得理得法，也足以服人。写到这里，他又戛然打住，忽然转向自身，“余在军中”如何如何，可惜“年老眼蒙”如何如何，归结于“尔今未弱冠，一刻千金，切不可浪掷光阴”。这就不仅是以理服人，更是以情感人了。夹在信尾的那两句，癣疾复发，抚州败仗，口粮缺乏，深为焦灼，看似闲笔，也都能感动子女，与严词教子，相辅相成。

要不为什么说曾国藩的家书能够传之久远呢，规劝，训诫，似乎还只是治标，他还要治本，治本就是不让你们太安逸。怎么办？两年前，你们不是背着我私置田产吗？现在给我卖了，把卖田所得现金规规矩矩给我寄到大营来，我再拿它归还你叔叔欠人家李老板的债。父母在，兄弟子女不能积攒私财，你们不懂吗？一般读书人、普通老百姓都能做到的事，我一个朝廷高官能不如他们吗？

最后，光训诫还不行，还制定规矩，那就是，从今以后，你每次来信，要详尽，再不能这么草率。怎么个详尽法？写清楚告诉你，“祖父大人之起居，合家之琐事，学堂之工课，均须详载”。

谕纪泽　咸丰八年七月二十一日

字谕纪泽儿：

余此次出门〔一〕，略载日记，即将日记封每次家信中。闻林文忠家书〔二〕，即系如此办法。尔在省〔三〕，仅至丁、左两家，余不轻出，足慰远怀。

读书之法，看、读、写、作四者，每日不可缺一。

看者，如尔去年看《史记》《汉书》《韩文》《近思录》〔四〕，今年看《周易折中》之类是也〔五〕。读者，如“四书”、《诗》《书》《易经》《左传》诸经、《昭明文选》、李杜韩苏之诗、韩欧曾王之文〔六〕，非高声朗诵则不能得其雄伟之概，非密咏恬吟则不能探其深远之韵。譬之富家居积〔七〕，看书则在外贸易，获利三倍者也，读书则在家慎守，不轻花费者也；譬之兵家战争，看书则攻城略地，开拓土宇者也〔八〕，读书则深沟坚垒，得地能守者也。看书如子夏之“日知所亡”相近〔九〕，读书与“无忘所能”相近，二者不可偏废。至于写字，真行篆隶〔一〇〕，尔颇好之，切不可间断一日。既要求好，又要求快。余生平因作字迟钝，吃亏不少。尔须力求敏捷，每日能作楷书一万则几矣〔一一〕。至于作诸文，亦宜在二三十岁立定规模；过三十后，则长进极难。作四书文〔一二〕，作试帖诗〔一三〕，作律赋〔一四〕，作古今体诗〔一五〕，作古文，作骈体文〔一六〕，数者不可不一一讲求，一一试为之。少年不可怕丑，须有狂者进取之趣，过时不试为之，则后此弥不肯为矣〔一七〕。

至于作人之道，圣贤千言万语，大抵不外“敬”“恕”二字。“仲弓问仁”一章〔一八〕，言“敬”“恕”最为亲切，是皆言“敬”之最好下手者；孔言‘欲立立人，欲达达人’〔一九〕，孟言‘行有不得，反求诸己’‘以仁存心，以礼存心’‘有终身之忧，无一朝之患’〔二〇〕，是皆言“恕”之最好下手者。尔心境明白，于“恕”字或易著功，“敬”字则宜勉强行之〔二一〕。此立德之基，不可不谨。

科场在即〔二二〕，亦宜保养身体。余在外平安，不多及。

涤生手谕，舟次樵舍下〔二三〕，去江西省城八十里〔二四〕

注释

〔一〕此次出门：指咸丰八年（1858）曾国藩奉旨再度出山带兵。

〔二〕林文忠：即林则徐（1785 —1850），字少穆，福建省侯官县（今福州市）人。由翰林院编修历任监察御史、江苏巡抚、湖广总督等职，以钦差大臣赴广州查办英商鸦片贸易，遭查办革职。后改任陕甘总督、云贵总督等职，并授钦差大臣镇压太平军，病逝于途，朝廷予谥“文忠”。

〔三〕在省：在省会，此处指长沙。

〔四〕《韩文》：唐代文学家韩愈的文集《昌黎集》。《近思录》：宋代思想家朱熹、吕祖谦合编的理学语录，主要摘自周敦颐、张载、程颢、程颐等人的著作。

〔五〕《周易折中》：清代理学名臣李光地编，将理学与《周易》结合，比较通俗实用。

〔六〕四书：儒家四部经典著作，即《大学》《中庸》《论语》《孟子》。《左传》：中国古代编年史，相传是左丘明对《春秋》一书的补充性注释。《昭明文选》：即南朝梁太子萧统所编《文选》，萧统未即位而卒，谥号“昭明”，故称《昭明文选》。李杜韩苏之诗：此处指唐代文学家李白、杜甫、韩愈与宋代文学家苏轼的诗歌。韩欧曾王之文：此处指唐代文学家韩愈和宋代文学家欧阳修、曾巩、王安石的古文。

〔七〕居积：积累家产。

〔八〕土宇：疆域，国家版图。

〔九〕子夏：即卜商，孔子的学生。他的名言“日知所亡，月无忘其所能，可谓好学也已”，编入《论语·子张》中。日知所亡（wú）：每天都学到一些以前不知道的东西。“亡”，同“无”。月无忘所能：每月都不要忘记已经学到的东西。

〔一〇〕真行篆隶：楷书、行书、篆书与隶书。

〔一一〕几（jī）：接近，差不多。

〔一二〕四书文：科举考试之文，因为题目大多摘自《大学》《中庸》《论语》《孟子》四部儒家经典，故称“四书文”。

〔一三〕试帖诗：科举考试之诗。唐代科举要试帖经，考生只能看到经书中抽出的某一行，其中还要用纸帖去几个字。后来科举考试，截取古人诗中成句为题，考生须以此题意并所限韵脚，作五言六韵或八韵之诗，称为“试帖诗”。

〔一四〕律赋：科举考试之赋，与一般的辞赋不同，限制韵脚。

〔一五〕古今体诗：古诗与近体诗。古诗无字数与格律限制，近体诗在唐初开始，形成比较严格的声韵格律与对仗及用韵。

〔一六〕骈体文：中国古代散文的一种，讲究句式的整齐对偶，讲究声韵、辞藻与用典。

〔一七〕弥：越发，更加。

〔一八〕“仲弓问仁”一章：见于《论语·颜渊》。仲弓名叫冉雍，字仲弓，孔子的学生，请教“如何才能做到仁”，孔子回答，要事事恭敬，己所不欲，勿施于人。

〔一九〕孔言：孔子说。欲立立人，欲达达人：语出《论语·雍也》，意即推己及人，将心比心。

〔二〇〕孟言：孟子说。行有不得，反求诸己：语出《孟子·离娄上》，大意是，我爱别人但他不亲近我，那就得反问自己，是不是自己的仁爱还不够。“以仁存心”与 “有终身之忧”句：皆出自《孟子·离娄下》，大意是，君子不同于别人的地方，就是居心很好，有仁有礼；终身之忧是如何达到尧舜那样的境界与贡献，而平时则没有什么需要担心计较的事。

〔二一〕勉强：指尽力而为，努力去做。

〔二二〕科场：科举考试。此处指乡试。

〔二三〕舟次：泊舟，上岸住宿。樵舍：山中打柴之人的临时住宿小屋。

〔二四〕去：距离。

点评

本年六月，曾国藩再度奉旨出山带兵，在此之前，他因为父亲去世，居家一年多，可以面对面教育子女，现在离家一月，因此又只能家书教子了。

从信中所说纪泽书目来看，看读写作应该是他们父子教读的主要功课，信末又说“科场在即”，当指八月乡试。曾国藩自己就是在父亲的教读下考中秀才的，父亲止步于秀才而他自己则中进士点翰林，又多次担任乡试主考、会试阅卷大臣、读卷大臣，更又担任负责全国文教的礼部侍郎多年，他当然要对儿子做考前培训与辅导。作为过来人，他深知其中的甘苦与重要性，因此，一旦说到“读书之法”，不仅头头是道，而且面面俱到。

看读写作，这是四项基本功，更是成才与进身的必由之路，因此，如同一日三餐，“每日不可缺一”。该看的必须要看，要看完；该读的必须要读，要读熟；字要写得快，更要写得好，否则考场吃亏；做四书文，作试帖诗，作律赋，这都是考场的规定项目，一个也不能少。当然，教子家书，不能这么直白，其中的措辞行文，句式之排比整齐，比喻之新颖奇妙，引经据典之随手拈来，都是值得欣赏、值得学习的。

此外还有一点，在这封教子家书中，做人与读书并重，说过“读书之法”，再说“作人之道”，而且特别强调“敬”“恕”二字。曾国藩前些年在北京潜心修炼理学，对此当然很擅长。《论语》里怎么说的，《孟子》里怎么说的，这一章什么意思，那一章重点在哪，何处下手，怎样领会，一一点明启发。最后再来一句，这些都是“立德之基”，不可掉以轻心。而落款那句“舟次樵舍下”，看似不经意，实则很具有感染力。为父行军打仗，在外奔波，为人子者，更当力学成才。

谕纪泽　咸丰八年十二月三十日

字谕纪泽：

闻尔至长沙已逾月余，而无禀来营，何也？近想已归家度岁〔一〕？

今年家中因温甫叔之变〔二〕，气象较之往年迥不相同〔三〕。余因去年在家，争辨细事，与乡里鄙人无异〔四〕，至今深抱悔憾。故虽在外，亦恻然寡欢。尔当体我此意〔五〕，于叔祖、各叔父母前尽些爱敬之心。常存休戚一体之念〔六〕，无怀彼此歧视之见，则老辈内外必器爱尔〔七〕，后辈兄弟姊妹必以尔为榜样，日处日亲，愈久愈敬。若使宗族乡党皆曰，纪泽之量大于其父之量〔八〕，则余欣然矣。

余前有信教尔学作赋，尔复禀并未提及；又有信言“涵养”二字，尔复禀亦未之及。嗣后我信中所论之事，尔宜一一禀复。

余于本朝大儒，自顾亭林之外〔九〕，最好高邮王氏之学〔一〇〕。王安国以鼎甲官至尚书〔一一〕，谥文肃〔一二〕，正色立朝。生怀祖先生念孙〔一三〕，经学精卓〔一四〕。生王引之〔一五〕，复以鼎甲官尚书，谥文简。三代皆好学深思，有汉韦氏、唐颜氏之风〔一六〕。余自憾学问无成，有愧王文肃公远甚，而望尔辈为怀祖先生，为伯申氏〔一七〕，则梦寐之际，未尝须臾忘也〔一八〕。怀祖先生所著《广雅疏证》《读书杂志》〔一九〕，家中无之。伯申氏所著《经义述闻》《经传释词》〔二〇〕，《皇清经解》内有之〔二一〕。尔可试取一阅。其不知者，写信来问。本朝穷经者皆精小学〔二二〕，大约不出段、王两家之范围耳〔二三〕。余不一一。

父涤生示〔二四〕

注释

〔一〕度岁：过年。

〔二〕温甫叔：即曾国华，本年十月战死于安徽省三河镇，归骨无头。变：不好的事件，灾祸。

〔三〕迥（jiǒng）：差别很大。

〔四〕乡里鄙人：乡野无知愚民。

〔五〕体：体会，领悟。

〔六〕休戚一体：即同甘共苦。“休戚”即欢乐与忧愁。

〔七〕器爱：器重，喜爱。

〔八〕量：度量，气量。

〔九〕顾亭林：即顾炎武，清初学者，人称亭林先生，江苏省昆山县（今为昆山市）人。

〔一〇〕高邮：即高邮州，在江苏省中部，今为高邮市。

〔一一〕王安国：江苏高邮人，由翰林院编修官至吏部尚书。鼎甲：鼎有三足，会试一甲三名，俗称状元、榜眼、探花，统称“鼎甲”。王安国是雍正甲辰（1724）科会试一甲二名，名列鼎甲。尚书：中央六部正职。

〔一二〕谥（shì）：给予谥号，封建时代，君王、大臣死后，由国家给予的评价性称号。

〔一三〕怀祖先生念孙：即王念孙，字怀祖。清代著名经学家。

〔一四〕经学：以儒学为主体的传统学术。精卓：精深卓越。

〔一五〕王引之：字伯申，以会试一甲三名，授翰林院编修，官至工部尚书。清代著名学者。

〔一六〕汉韦氏：汉代韦贤、韦弘、韦赏三代皆为经学名家。唐颜氏：唐代颜师古精于训诂，其祖颜之推，擅长《周礼》《左传》之学。

〔一七〕伯申氏：伯申先生，“氏”是对有位望、有学问之人的尊称。

〔一八〕须臾（yú）：片刻。

〔一九〕《广雅疏证》：王念孙著，对三国时期百科性工具书《广雅》的整理研究。《读书杂志》：王念孙著，对先秦与汉代史书的校勘研究专著。

〔二〇〕《经义述闻》：王引之著，对古代历史文献的阐释与校勘专著。《经传释词》：王引之著，虚词研究专著。

〔二一〕《皇清经解》：清代阮元编，清初各家经学文献汇编。

〔二二〕小学：汉语文字学与训诂学，因为是儿童们读书入门所学，故称“小学”。

〔二三〕段：此处指段玉裁，清代著名语言文字学家，有《说文解字注》传世。王：即高邮王念孙、王引之父子。

〔二四〕涤生：曾国藩自号。示：尊长给下级或晚辈的书面指示。

点评

这封信落款日期，是十二月三十日，那就是农历大年三十了。父亲给儿子写信，而且不是回信，而从第一句来看，儿子离家，客居省城一个多月，竟然没有就近托官私信差写来只言片语，确实有点不可思议。现存曾纪泽家书起于咸丰九年，查正月初二日《禀父亲》信，得知他是半月前离开长沙回乡，在半路“患口渴、发热、畏寒诸病”，到家才诊断出是得了麻疹。如此看来，曾国藩当时不作严词质问，是很难得的。

曾国藩这封信说了两件事：

第一件，年终回顾，痛失手足，痛悔兄弟争辩。曾国藩与曾国华，两人性格差别很大，哥哥谨慎自律，弟弟狂狷不羁，互相都不喜欢对方的处事风格。以前在北京，弟弟就不服管教，去年曾国藩因父丧回家长住，一年多的时间，两兄弟又有过正面冲突。这些事，纪泽当然知道。因此，时当岁末，又独处异乡，曾国藩不禁深自责悔，为什么要为一些鸡毛碎皮的小事去争吵？简直与乡野愚民没有区别。因此他告诫纪泽，你要体会为父的悔改之心，从此对各位叔叔，尤其对叔祖即温甫叔的养父，要格外尽些孝敬之心，你是家中长孙，今后在弟弟妹妹们面前，要做个好榜样，这样才会“日处日亲，愈久愈敬”。如果你能让全族亲戚、远近邻舍们真心感觉到，纪泽的气量比他爹大，那就既为我挽回面子，也是给我挣面子了。

第二件，指出儿子近期回信接连出现的疏失，“余前有信教尔学作赋，尔复禀并未提及；又有信言‘涵泳’二字，尔复禀亦未之及”。一次犯，两次犯，怎么回事？湖南乡间有句老话：可一可二不可三，因此曾国藩接着说“嗣后我信中所论之事，尔宜一一禀复”。查“有信言‘涵泳’”写于八月初三，是纪泽来信，说“读《四书》无甚心得”，请父亲教导，曾国藩隔天马上写信指导，说这是没有用心切身体验，说我以前也犯过这种错误，近些年才悟出诀窍，就是要“切己体察”，要把自己浸泡到古人的话语中。曾国藩一口气写了近五百字，可谓兴致勃勃，但儿子来信一字不提，未免让父亲既扫兴，又失望。因是初犯，曾国藩未予计较，继续写信答疑。当纪泽来信，问八股文是否可以暂时中止，改学别的，曾国藩复信指示，行，你学学作赋吧，古今通用，《文选》中所收汉魏六朝名家名篇，我以前给你讲过的，可以复习，还有《古赋识小录》，还有本朝吴谷人等名家，都可以示范。纪泽回信还是置若罔闻，显然不妥。作为父亲，曾国藩觉得应该提醒教育了，儿子到底在忙些什么？他忘了还要进考场见真本事的吗？指出失误，不作训斥，但定下规矩，“嗣后我信中所论之事，尔宜一一禀复”。

讲好规矩，接着就是布置任务。在信末，曾国藩一下子列出一长串人名书名，都是世承家学代代相传的。或许有人觉得目标定得可能太高，但在曾国藩这里，一来是期待儿子学有专攻，二来也可以约束身心，减少外出应酬，当然还有一点，就是纪泽已经逐渐显露出对文字音韵之学的兴趣，曾国藩这便是因材施教了。

谕纪泽　咸丰九年十月十四日

字谕纪泽儿：

接尔十九、二十九日两禀，知喜事完毕〔一〕，新妇能得尔母之欢，是即家庭之福。

我朝列圣相承〔二〕，总是寅正即起〔三〕，至今二百年不改。我家高曾祖考相传早起，吾得见竟希公、星冈公皆未明即起〔四〕，冬寒起坐约一个时辰〔五〕，始见天亮。吾父竹亭公亦甫黎明即起〔六〕，有事则不待黎明，每夜必起看一二次不等，此尔所及见者也。余近亦黎明即起，思有以绍先人之家风〔七〕。尔既冠授室〔八〕，当以早起为第一先务。自力行之〔九〕，亦率新妇力行之。

余生平坐无恒之弊〔一〇〕，万事无成。德无成，业无成，已可深耻矣。逮办理军事〔一一〕，自矢靡他〔一二〕，中间本志变化，尤无恒之大者，用为内耻〔一三〕。尔欲稍有成就，须从“有恒”二字下手。

余尝细观星冈公仪表绝人〔一四〕，全在一“重”字。余行路容止亦颇重厚，盖取法于星冈公。尔之容止甚轻，是一大弊病，以后宜时时留心。无论行坐，均须重厚。早起也，有恒也，重也，三者皆尔最要之务。早起是先人之家法，无恒是吾身之大耻，不重是尔身之短处，故特谆谆戒之。

吾前一信答尔所问者三条，一字中换笔，一“敢告马走”、一注疏得失，言之颇详，尔来禀何以并未提及？以后凡接我教尔之言，宜条条禀复，不可疏略。此外教尔之事，则详于寄寅皆先生“看读写作”一缄中矣〔一五〕。此谕。

注释

〔一〕喜事：此处指曾纪泽丧偶后再娶。

〔二〕列圣：各位皇帝。

〔三〕寅正：凌晨四点钟。

〔四〕竟希公：曾国藩的曾祖父。星冈公：曾国藩的祖父。

〔五〕一个时辰：两小时。

〔六〕甫：刚，才。

〔七〕绍：继承，发扬。

〔八〕既冠：古代男子成年礼，满二十岁时，由家中长辈举行戴冠帽仪式，故以“弱冠”代指二十岁。此处“既冠”即二十以后。授室：娶妻。

〔九〕力行：努力去做。

〔一〇〕坐：因为。

〔一一〕逮：及至，等到。

〔一二〕自矢：即“自誓”。“矢”本有“誓”义。靡他：没有别的，意即“坚持不变”。

〔一三〕用为内耻：即“为此内心感到可耻”。

〔一四〕绝人：过人，出众。

〔一五〕寅皆先生：即邓汪琼，字寅皆，又写作“瀛阶”，曾国藩为子侄聘请的家庭教师。

点评

曾纪泽原配贺夫人，两年前因难产在湘乡农村去世，去年曾国藩再出带兵，为纪泽聘定刘蓉之女。上个月，纪泽来信禀报，告知成亲各事，为此，曾国藩首先表示祝福，接着便是教导。

教导的内容，主要有三点，即信中总结的“早起也，有恒也，重也，三者皆尔最要之务”。

先说“早起”，无论大到一国，还是小到一家，一代代的皇帝，一代代的祖先，都是天不亮就起床。你现在组成新的家庭，也要继承“本朝”与“我家”的光荣传统，克复困难，努力去做。你率先示范，而且要带动我家的新媳妇，这是我家的传统家风。

再说“有恒”，有恒是人生美德，贵在持久不衰。曾国藩先说自己的缺失，所谓“德无成，业无成”，当是指一度潜心理学修炼与诗文写作，可后来因为位任侍郎而耽搁；所谓“办理军事”却“本志变化”，当是指因为父丧而负气回家，并且曾经顶撞朝廷，不肯再出带兵。通过反省自身，曾国藩这才教导纪泽，人要想略有成就，就必须从“有恒”做起。

至于“厚重”，则完全是针对纪泽的性格缺点。“说话太易，举止太轻”，一直是曾国藩对长子最不满意的地方，多次在教子家书中切实告诫。

最后再次指出纪泽来信的轻率：我上次信中，解答你三个疑问，一条一条都指导得很详细，你怎么一个都没有回音？这是不可以的。知子莫若父，看来曾纪泽不仅说话较随便，而且写信也是匆忙不仔细，问过的话，读过的信，似乎不怎么上心。所以，作为父亲，曾国藩这才一次次予以告诫和纠正。

谕纪泽　咸丰十年四月二十四日

字谕纪泽儿：

十六日接尔初二日禀并赋二篇，近日大有长进，慰甚。

无论古今何等文人，其下笔造句，总以“珠圆玉润”四字为主〔一〕。无论古今何等书家，其落笔结体〔二〕，亦以“珠圆玉润”四字为主。故吾前示尔书，专以一“重”字救尔之短，一“圆”字望尔之成也。尔于古人之文，若能从江、鲍、徐、庾四人之“圆”步步上溯〔三〕，直窥卿、云、马、韩四人之“圆”〔四〕，则无不可读之古文矣，即无不可通之经史矣。尔其勉之。余于古人之文，用功甚深，惜未能一一达之腕下〔五〕，每歉然不怡耳〔六〕。

江浙贼势大乱，江西不久亦当震动，两湖亦难安枕〔七〕。余寸心坦坦荡荡，毫无疑怖。尔禀告尔母，尽可放心。人谁不死？只求临终心无愧悔耳。家中暂不必添起杂屋〔八〕，总以安静不动为妙。

寄回银五十两，为邓先生束脩〔九〕。四叔四婶四十生日，余先寄燕窝一匣、秋罗一匹〔一〇〕，容日续寄寿屏〔一一〕。甲五婚礼〔一二〕，余寄银五十两、袍褂料一付〔一三〕，尔即妥交。

赋二篇发还。

涤生手示

注释

〔一〕珠圆玉润：像珠子一样圆，像玉石一样润，形容文采蕴藉。

〔二〕结体：此处指写字时的结构安排。

〔三〕江、鲍、徐、庾：此处指南朝文学家江淹、鲍照、徐陵、庾信。上溯（sù）：从现在起往前推算（过去的年代）。

〔四〕卿、云、马、韩：此处指汉代文学家司马相如（字长卿）、扬雄（字子云）、司马迁与唐代文学家韩愈。

〔五〕腕下：笔下，纸上。

〔六〕歉然不怡（yí）：心里惭愧，不开心。

〔七〕安枕：放好枕头（放心去睡觉），借指没有忧虑和牵挂。

〔八〕起：此处是“建造”之意。

〔九〕邓先生：即邓汪琼，曾家聘请的家庭教师。束脩：“脩”是干肉，“束脩”是十块干肉，古人用来表示教师酬金。

〔一〇〕秋罗：罗纹丝织品，质地轻薄，比较高档。

〔一一〕容日：容待日后（再办）。寿屏：写在屏风上的祝寿文。

〔一二〕甲五：曾国潢长子纪梁的派名。

〔一三〕料：布料，衣料。

点评

一下子接到儿子寄来的两篇习作，曾国藩心里高兴，于是提笔先做表扬，“近日大有长进”，让我非常欣慰。

虽然大有长进，但毕竟是初学的习作，离理想的目标还有不小的距离。曾国藩不是在家书中直接讲评，那样可能会挫伤年轻人的自尊心与积极性。他采取的方式是，在习作上批改，随信寄回，而信中再具体指示与引导。写文章，不管是一流还是末流文学家，他们追求的目标，总不外是“珠圆玉润”四个字。以前的信中，教你一个“重”字，那是补救你的短处；今天教你一个“圆”字，让你掌握行文的诀窍。然后就历数汉魏六朝以至唐宋各大家，行文的气势，无不圆适流转，笔下的辞藻，无不温润可爱。也就是说，他不是泛泛悬置一个高不可及的目标，而是娓娓告知通向这一目标的具体途径，这样才不使受教者茫无所归。

写信当天，曾国藩还给四弟国潢同时写了一封家书，告知江苏前线主力接连溃败，浙江危在旦夕，自己临危受命，为此写下长篇嘱咐性交代，表示听天由命，置死生于度外。因此，在给纪泽的信中，他也表示了同样态度，“禀告尔母”，“余寸心坦坦荡荡”，“只求临终心无愧悔”。也许是避免让妻儿过于担心，他没有像在写给国潢的信中那样具体介绍危急军情，转而把话题移到家庭教师的酬谢金、叔叔婶婶的生日礼与甲五弟堂的婚庆贺礼上。

谕纪泽　咸丰十一年正月初四日

字谕纪泽儿：

尔问文中雄奇之道。雄奇以行气为上〔一〕，造句次之，选字又次之。然未有字不古雅而句能古雅，句不古雅而气能古雅者；亦未有字不雄奇而句能雄奇，句不雄奇而气能雄奇者。是文章之雄奇〔二〕，其精处在行气，其粗处全在造句选字也。余好古人雄奇之文，以昌黎为第一〔三〕，扬子云次之〔四〕。二公之行气，本之天授。至于人事之精能，昌黎则造句之工夫居多，子云则选字之工夫居多。

尔问叙事志传之文难于行气〔五〕，是殊不然。如昌黎《曹成王碑》《韩许公碑》，固属千奇万变，不可方物〔六〕，即卢夫人之铭、女挐之志〔七〕，寥寥短篇，亦复雄奇崛强。尔试将此四篇熟看，则知二大二小，各极其妙矣。

尔所作《雪赋》，词意颇古雅，惟气势不鬯〔八〕，对仗不工。两汉不尚对仗，潘、陆则对矣〔九〕，江、鲍、庾、徐则工对矣〔一〇〕。尔宜从对仗上用工夫。此嘱。

涤生手示

注释

〔一〕行气：此处指作者提炼立意进而设计的文章结构与措辞造句。

〔二〕是：此处是“如此……则”的意思。

〔三〕昌黎：此处指唐代文学家韩愈。

〔四〕扬子云：即扬雄，西汉文学家，长于辞赋与政论文。

〔五〕叙事志传之文：人物传记、墓志铭之类的文章。

〔六〕方物：识别，形容。

〔七〕卢夫人之铭：即韩愈《河南府法曹参军卢君夫人墓志铭》。女挐（ná）之志：即韩愈《女挐圹铭》。“挐”即“拏”。

〔八〕鬯（chàng）：同“畅”。

〔九〕潘、陆：此处指西晋文学家潘岳、陆机。对：对句，句子工整。

〔一〇〕工对：工于对句。

点评

一问一答，有来有往，有批注，有指导，这里与其说是父子家书，不如说是师生答问。

曾国藩早年就很喜欢韩愈的文章，连续好几年，他还仿照韩愈文集里面的题目，做命题作文，甚至还在朋友中间开玩笑，把韩愈称为“敝师”。他欣赏的是韩愈古文的阳刚之美，加上这几年带兵作战，社会环境更加促使他崇尚行文的雄奇之概。大概是平时受父亲影响，纪泽也试图探寻文章的“雄奇之道”，特意来信询问。曾国藩明确指出，首先要注意“行气”，立意高远，构思切当，然后才可能有恰当的“选字”与

“造句”，前者是内在的，后者是外在的。要想学会“行气”，可以多读韩愈的文章，多读扬雄的文章。

大概是纪泽信中追问，人物传记尤其是碑铭之类，好像难于“行气”，曾国藩断然表示，不是这样的，照样贵在行气，照样可以“千变万化”，照样能够“雄奇崛强”。我给你找出几个例证，你去细心体会。讲说自己确有心得而且深信不疑的甘苦体会，不论是立德立志，还是读书作文，曾国藩的家书，都显得那么循循善诱，因为这些都是他的经验之谈。这便是曾国藩教子家书中最有感染力的地方。

回答完提问，再讲评作业。因为这两年纪泽要接连参加科举晋级考试，所以曾国藩要求他每个月都要按时送交古文与辞赋习作。这篇《雪赋》，可能是对应寒冬时节的命题作文，曾国藩先肯定其优点，即词意还算“古雅”，然后指出短处，一在“气势不畅”，二在“对仗不工”。怎样才有气势？要从“行气”入手，前面讲过了。怎样才能工于对句？去读潘岳、陆机的文章，去学江淹、鲍照，去学庾信、徐陵吧，你要“对仗上用工夫”，就去看他们是怎样“用工夫”的吧。

曾国藩一再在家书中警示，世家子弟，最容易滋长“骄气逸气”，最容易沉迷官场应酬交际，曾国藩一方面是切实告诫，不要这样不要那样，但如果仅止于此，难免流于泛泛之论。曾国藩的办法，看来就是布置大量的作业，开出很多书目，除了《四书》与《周易折中》，还有《经传释词》《说文段注》，还有什么“江、鲍、徐、庾”，什么“卿、云、马、韩”，逼得你提问，逼得你写作，用这样的方式，来占据你的时间与精力。曾家没有败家子，应该说，的确是得益于这种读书答疑的教子方式吧。

谕纪泽　咸丰十一年正月十四日

字谕纪泽儿：

正月初十日接尔腊月十九日一禀，十二日又由安庆寄到尔腊月初四日之禀，具知一切。

尔求抄古文目录，下次即行寄归。尔写字笔力太弱，以后即常摹柳帖亦好〔一〕。家中有柳书《玄秘塔》《琅邪碑》《西平碑》各种，尔可取《琅邪碑》日临百字、摹百字〔二〕。临以求其神气，摹以仿其间架。每次家信内，各附数纸送阅。

《左传》注疏阅毕，即阅看《通鉴》〔三〕。将京中带回之《通鉴》，仿我手校本〔四〕，将目录写于面上。其去秋在营带去之手校本，便中仍当寄送祁门〔五〕。余常思翻阅也。

尔言鸿儿为邓师所赏〔六〕，余甚欣慰。鸿儿现阅《通鉴》，尔亦可时时教之。尔看书天分甚高，作字天分甚高，作诗文天分略低，若在十五六岁时教导得法，亦当不止于此。今年已二十三岁，全靠尔自己扎挣发愤，父兄师长不能为力。作诗文是尔之所短，即宜从短处痛下工夫。看书、写字尔之所长，即宜拓而充之。走路宜重，说话宜迟，常常记忆否？

余身体平安，告尔母放心。

涤生手示

注释

〔一〕柳帖：唐代书法家柳公权的楷书字帖。

〔二〕临：比照字帖，模仿学写。摹：把薄纸或油纸覆盖在字帖上，一笔一划照着写。

〔三〕《通鉴》：即《资治通鉴》，宋代学者司马光编，中国古代第一部编年体通史。

〔四〕手校（jiào）：亲手用笔校正错讹。

〔五〕便中：得便时。祁门：祁门县，在安徽省南部，曾国藩当时驻军在此。

〔六〕鸿儿：此处是对曾纪鸿的称呼。邓师：即曾家塾师邓汪琼。

点评

在新式学堂开办之前，传统的教育方式，都是父兄教读子弟，曾国藩是家中长子，先后教过四个弟弟，积累了因材施教的感性经验。尽管在北京时，他就给纪泽聘请过几位家庭教师，但是他自己更清楚儿子的长处与短处。他知道，儿子早就有了二品荫生的功名，随时可以参加举人考试，不必要像父辈祖辈那样挣扎苦读，因此科举文章的根基并不扎实；他也知道，儿子志不在此，但比较喜欢书法，早两年，他就在家书中一再鼓励，加以指导。从纪泽一次次的来信中，他察觉儿子“写字笔力太弱”，因此鼓励儿子“以后即常摹柳帖”。柳公权与欧阳询、虞世南、颜真卿号称唐代书法四大家，而颜体与柳体更是以结构硬实、笔力刚劲而著称，人称“颜筋柳骨”。纪泽笔力弱，从颜柳入手才是正道。于是，曾国藩一面告诉纪泽，家里有好几种柳帖，你一本一本用心去体会，先从那个《琅邪碑》学起，一面布置计量作业，每天临一百个字，摹一百个字，用临帖来体会柳体的神韵，用摹帖来掌握他的字体结构，而且，每次来信，各取几张随信寄来，我来检查。

知子莫若父，纪泽“作字天分甚高，作诗文天分略低”，因材施教，除了扬长，还要补短。在信的后半部分，曾国藩明确指出，“看书、写字尔之所长，即宜拓而充之”，但“作诗文是尔之所短，即宜从短处痛下工夫”。信中说纪泽十五六岁时没能“教导得法”，那正是曾国藩在长沙、衡阳创办湘军的时候，没能顾得上，耽误了。事已至此，只能“全靠尔自己扎挣发愤，父兄师长不能为力”。顶多只能引导、督促，但每天的潜心临摹，日积月累，坚持不懈，这是谁也代替不了的。

尤其可贵的是，曾国藩作出这些教导的时候，军情其实非常紧张，在同一天写给四弟国潢的信中，他坦言“自十一月至今七十余天，危险万状”，在写给朋僚的信中，他甚至说“几乎不觉生之可贵，死之可畏”，但在教子家书中，他还是那么耐心细致。当父亲的做到这个分上，太不容易了。

谕纪泽纪鸿　咸丰十一年三月十三日

字谕纪泽、纪鸿儿：

接二月二十三日信，知家中五宅平安，甚慰甚慰。

此间局势危急，恐难支持，局势万紧，四面梗塞，接济已断。所盼望者，左军能破景德镇、乐平之贼〔一〕，鲍军能从湖口迅速来援[二]，事或略有转机，否则不堪设想矣。

余自从军以来，即怀见危授命之志[三]。丁、戊年在家抱病[四]，常恐溘逝牖下[五]，渝我初志，失信于世。起复再出，意尤坚定。此次若遂不测[六]，毫无牵恋。自念贫窭无知[七]，官至一品，寿逾五十，薄有浮名[八]，兼秉兵权，忝窃万分[九]，夫复何憾！惟古文与诗，二者用力颇深，探索颇苦，而未能介然用之[一〇]，独辟康庄[一一]。古文尤确有依据，若遽先朝露[一二]，则寸心所得，遂成广陵之散[一三]。作字用功最浅，而近年亦略有入处。三者一无所成，不无耿耿[一四]。至行军本非余所长，兵贵奇而余太平，兵贵诈而余太直，岂能办此滔天之贼？即前此屡有克捷，已为侥幸，出于非望矣。尔等长大之后，切不可涉历兵间，此事难于见功，易于造孽，尤易于诒万世口实[一五]。余久处行间[一六]，日日如坐针毡，所差不负吾心[一七]，不负所学者，未尝须臾忘爱民之意耳。近来阅历愈多，深谙督师之苦。尔曹惟当一意读书[一八]，不可从军，亦不必作官。

吾教子弟不离“八本”“三致祥”。八者曰：读古书以训诂为本[一九]，作诗文以声调为本，养亲以得欢心为本[二〇]，养生以少恼怒为本，立身以不妄语为本，治家以不晏起为本[二一]，居官以不要钱为本，行军以不扰民为本。三者曰：孝致祥，勤致祥，恕致祥。吾父竹亭公之教人，则专重“孝”字。其少壮敬亲，暮年爱亲，出于至诚，故吾纂墓志[二二]，仅叙一事。吾祖星冈公之教人，则有八字，三不信。八者曰考、宝、早、扫、书、蔬、鱼、猪。三者曰僧巫[二三]，曰地仙[二四]，曰医药，皆不信也。处兹乱世，银钱愈少，则愈可免祸；用度愈省，则愈可养福。

尔兄弟奉母，除“劳”字“俭”字之外，别无安身之法。吾当军事极危，辄将此二字叮嘱一遍，此外亦别无遗训之语，尔可禀告诸叔及尔母无忘。

注释

〔一〕左军：指左宗棠组建的楚军。乐平：乐平县，在江西省东北部，今为乐平市。

〔二〕鲍军：指鲍超率领的湘军。

〔三〕见危授命：危急关头，为了大义，不惜献出自己的生命。

〔四〕丁、戊年：指咸丰丁巳（1857）、戊午（1858）年。当时曾国藩因父丧在家守孝。

〔五〕溘（kè）逝牖（yǒu）下：形容碌碌无为，老死在家。溘，忽然。牖，窗户。

〔六〕不测：遭遇不测之事，常常作为“死亡”的委婉说法。

〔七〕窭（jù）：贫穷。

〔八〕薄有浮名：多少有些虚名。

〔九〕忝窃：自谦之词，表示不该拥有而拥有。

〔一〇〕介然：此处是“特别地”“很大地”的意思。

〔一一〕康庄：四通八达的大道。

〔一二〕遽（jù）先朝露：早上的露水一见太阳便消失，古人用消失得比朝露还快，形容在世之短，表示“忽然一下子就死掉了”。

〔一三〕广陵之散：中国古代著名琴曲。魏晋文学家嵇康善弹此曲，不肯轻易传授他人，中年被杀，临刑自叹：“广陵散于今绝矣！”后世称事无后继、已成绝响者为“广陵散”。

〔一四〕耿耿：念念不忘，不能释怀。

〔一五〕诒（yí）：留下，传给。口实：话柄，被人谈笑的资料。

〔一六〕行（háng）间：兵间，军队中。古代兵制，五人为伍，二十五人为行，故以“行间”或“行伍”泛指军队。

〔一七〕差：此处是“大致还可以”的意思。

〔一八〕尔曹：你们。

〔一九〕训诂：此处指对古文字的字义了解与运用。

〔二〇〕养亲：孝敬父母亲。

〔二一〕晏（yàn）起：晚起，睡懒觉。

〔二二〕纂（zuǎn）：搜集材料编书。墓志：即墓志铭。

〔二三〕僧巫：和尚与借巫术谋生的人。

〔二四〕地仙：旧时指专为他人建房、筑坟而看风水测吉凶的人，也叫风水先生。

点评

查曾国藩日记，当天凌晨，他接到军报，进攻徽州的主力部队遭太平军纵火偷袭，二十二个营，一万一千官兵，全军溃败，这一下子，把曾国藩惊吓得“浩然长叹，不知天意如何”。为此，在“未刻后，写信与纪泽儿兄弟，略似写遗嘱之式样，盖军势不振，旦夕恐蹈不测，故先将格言预先训诫也”。早在一两个月前，曾国藩就先后给家中的四弟，给安庆前线的九弟、季弟一再写去类似的“遗嘱”，当时他被围困在祁门县七十多天，太平军一度进攻到祁门县城不到十公里，只是不知道湘军主帅藏身于此而失去得手机会。现在曾国藩刚刚撤退到稍微安全一点的休宁县，却又遭遇徽州之败，溃散各部队纷纷逃到休宁。休宁县紧邻徽州城，太平军随时有可能再次偷袭，而溃军龟缩于此，早已成了惊弓之鸟。在此情况下，曾国藩不得不做出最坏的打算，从中午开始给子女写遗嘱，一直写到晚上，“至夜写毕”。

一封家书之所以写这么几个小时，只是因为这是“遗嘱”，需要考虑怎么写、写什么。

首先，当然是简单介绍起因，告知军情危急，信中一连出现“局势危急”“局势万紧”“不堪设想”等词句，这是在前几次给弟弟们写信都不曾说过的。正如他在当日日记所写，“不知天意如何”，“老怀尤觉难遣”，也就是说，他真有点绝望了。

当然，他不能把日记中的话写进遗嘱，他得告知子女，这是马革裹尸，为国尽忠。所以接来下那段话，就是从“余自从军以来，即怀见危授命之志”写起。中间一度脱离军营甩手不干，但那时就担心老死在家，碌碌无为。二次出山，“意尤坚定”，大臣尽节，死在军营是善终，“此次若遂不测，毫无牵恋”，官至一品，年过五十，毫无遗憾。本来可以就此转入家事，但曾国藩毕竟是文臣出身，他还是不由自主流露出对“古文与诗”的念想，遗憾“寸心所得，遂成广陵之散”。但也正是因为要写这种“最后的话”，而且是写给子女们，这也就更加真实可信。

写完这些，后两段开始交代后事：

第一，“尔等长大之后，切不可涉历兵间”，这份差事不是人干的，太苦太累。

第二，“尔曹惟当一意读书，不可从军，亦不必作官”，老老实实做个平头百姓，希望你们能太太平平过一辈子。

第三，立身处世，治家过日子，一辈子的经验，浓缩为“八本”与“三致祥”。这是为父的人生经验。至于祖辈，则有“八宝”与“三不信”。然后又回到自己一贯教导的“劳”字“俭”字。一口气说了这么多，最后一句，“此外亦别无遗训之语，尔可禀告诸叔及尔母无忘”。

生死莫测之际，这便是曾国藩一生家训的集中体现了。

谕纪泽　同治元年四月初四日

字谕纪泽儿：

连接尔十四、二十二日在省城所发禀，知二女在陈家〔一〕，门庭雍睦〔二〕，衣食有资，不胜欣慰。

尔累月奔驰酬应，犹能不失常课，当可日进无已〔三〕。人生惟有常是第一美德〔四〕。余早年于作字一道，亦尝苦思力索，终无所成。近日朝朝摹写，久不间断，遂觉月异而岁不同。可见年无分老少，事无分难易，但行之有恒，自如种树畜养〔五〕，日见其大而不觉耳。尔之短处在言语欠钝讷〔六〕，举止欠端重，看书能深入而作文不能峥嵘。若能从此三事上下一番苦工，进之以猛，持之以恒，不过一二年，自尔精进而不觉〔七〕。言语迟钝，举止端重，则德进矣。作文有峥嵘雄快之气，则业进矣。尔前作诗，差有端绪〔八〕，近亦常作否？李、杜、韩、苏四家之七古〔九〕，惊心动魄，曾涉猎及之否〔一〇〕？

涤生手示

注释

〔一〕二女：此处指曾国藩次女曾纪耀。

〔二〕门庭：家庭。雍睦：团结和睦。

〔三〕无已：没有止境。

〔四〕有常：有恒。

〔五〕畜养：养殖动物。

〔六〕钝讷（nè）：说话迟钝、木讷。

〔七〕自尔：自然，当然。

〔八〕差有端绪：大体有了头绪。

〔九〕七古：七言古诗，每句七个字，但句数不限。

〔一〇〕涉猎：浏览，泛读。

点评

过去的这两年，堪称曾国藩一生的重大转折点。咸丰十年五月，曾国藩时来运转，在历经七八年艰难支撑之后，终于一跃成为两江总督。但随之而来的一年多，由于曾国荃率部围攻被太平军牢固占领的安庆城，湘军从战略防御转为战略进攻，太平天国为保卫南京城外的战略屏障安庆，先后发起南下与东进战役，意在攻其必救，围魏救赵，双方都投入了大量的军队，展开大半年的拉锯战。这就是曾国藩皖南一再告急的真正原因，只可惜，太平军功亏一篑，这才让曾国藩得以死里逃生。曾国藩不撤安庆之围，终于在咸丰十一年八月攻占安庆，太平军从此处于被动挨打局面，而曾国藩则晋升大学士。

在家庭生活方面，他接连嫁出大女儿、二女儿，大女嫁给已故松江知府袁芳瑛之子，二女嫁给已故池州知府陈源兖之子，都是在北京时期定下的娃娃亲，而纪泽作为长兄，则承担内外所有安排与交际，然后接连给父亲写信，汇报方方面面的情况。

所以，曾国藩在为女儿家庭和睦表示欣慰与祝福之后，马上就表扬纪泽，家庭琐事集于一身，但“累月奔驰酬应，犹能不失常课”，非常值得肯定，并且再加一句鼓励，“当可日进无已”。然后顺着这一句，转入“人生惟有常是第一美德”，在表扬纪泽不废习字的同时，他还特别坦言自己早年摸索不得法、近日持久不间断，而且用种树与养殖的浅显例证来说明。说完这些，才转入“尔之短处”。先作铺垫，再进入正题，避免让年轻人产生抵触心理。

曾国藩教子，有一点很突出，就是认准性格短处，反复切实针砭。如对纪泽，就是一次次针对“言语欠钝讷，举止欠端重，看书能深入而作文不能峥嵘”，一次次提醒告诫，这次还是这样，要求纪泽在“此三事上下一番苦工”。如何才是痛下苦工？那就是“进之以猛，持之以恒”。不过，曾国藩有意不使语气显得生硬，而是选择了假设句式，若能这样，不过一两年，自然就能大有改观。如此教子，当然可以充分激发年轻人的好胜心。

谕纪鸿　同治元年五月二十七日

字谕纪鸿儿：

前闻尔县试幸列首选〔一〕，为之欣慰。所寄各场文章〔二〕，亦皆清润大方。昨接易芝生先生十三日信〔三〕，知尔已到省。城市繁华之地，尔宜在寓中静坐，不可出外游戏征逐〔四〕。兹余函商郭意城先生〔五〕，在于东征局兑银四百两〔六〕，交尔在省为进学之用〔七〕。如郭不在省，尔将此信至易芝生先生处借银亦可。

印卷之费〔八〕，向例两学及学书共三分〔九〕，尔每分宜送钱百千〔一〇〕。邓寅师处谢礼百两〔一一〕，邓十世兄处送银十两〔一二〕，助渠买书之资。余银数十两，为尔零用及略添衣物之需。

凡世家子弟〔一三〕，衣食起居，无一不与寒士相同，庶可以成大器〔一四〕；若沾染富贵气习，则难望有成。吾忝为将相〔一五〕，而所有衣服不值三百金。愿尔等常守此俭朴之风，亦惜福之道也。其照例应用之钱，不宜过啬（谢廪保二十千，赏号亦略丰）〔一六〕。谒圣后〔一七〕，拜客数家，即行归里〔一八〕。今年不必乡试，一则尔工夫尚早〔一九〕，二则恐体弱难耐劳也。此谕。

涤生手示

再，尔县考诗有错平仄者[二〇]。头场（末句“移”），二场（三句“禁”，仄声用者，“禁止”“禁戒”也；平声用者，犹云“受不住”也，谚云“禁不起”），三场（四句“节俭仁惠崇”，系倒写否？十句“逸”仄声），五场（九、十句失粘[二一]）。过院考时[二二]，务将平仄一一检点，如有记不真者[二三]，则另换一字。抬头处亦宜细心[二四]。再谕。

注释

〔一〕县试：明清时代，在各县学官举行的科举晋级小考。

〔二〕各场文章:小考中的每次命题应试诗文。

〔三〕易芝生：曾家姻亲。

〔四〕游戏征逐：外出游荡，热衷吃喝玩乐的应酬交际。

〔五〕郭意城：即郭昆焘，号意城，曾家姻亲。

〔六〕东征局：湖南省为筹集湘军东征太平军而设置的临时税收机构。

〔七〕进学：即童生考中秀才。

〔八〕印卷之费：童生参加入学考试的学杂费。

〔九〕向例：旧例，以前一向的习惯做法。两学：即县学的正副教官，教谕与训导。

〔一〇〕分（fèn）：即“份”。百千：一百个“千”，即一百吊大钱（铜板）。当时一千个铜板为“一吊”，也叫“一千”。

〔一一〕邓寅师：即曾纪鸿的家庭教师邓汪琼，字寅阶。

〔一二〕邓十世兄：即邓汪琼之子，“十”为其排行，“世兄”是旧时对平辈熟识者之子的尊称。

〔一三〕世家子弟：官宦人家的子弟。

〔一四〕庶：或许可以。大器：特别有用之才。

〔一五〕忝：谦辞，表示“有愧于”的意思。

〔一六〕廪保：童生应考前的资格担保人员。赏号：分发给每人一份的奖赏。

〔一七〕谒圣：旧时童生考中秀才，须在张榜公布后，前往当地学官，拜谒孔子像，叫作“谒圣”。

〔一八〕归里：回家乡。

〔一九〕工夫：此处是“本领”“本事”的意思。尚早：此处是“还不够”“还要努力去做”的意思。

〔二〇〕平仄：汉字有声调，分为平声和仄声。平声有阴平与阳平，仄声有上声、去声与入声。旧体诗词和骈俪文所用字音，必须平仄相互交替，使声调谐协，谓之调平仄。

〔二一〕失粘：律诗前一联的“对句”（下句）与下一联“出句”（上句），它们第二个字的平仄必须相同，称作“粘”，平粘平，仄粘仄，违者便是失粘。

〔二二〕院考：即学院（各省学政，官称是“提督学院”）主持的科举晋级考试，应试者为通过县考、府考之人，录取者成为生员，俗称秀才。

〔二三〕记不真：记不准，不确定。

〔二四〕抬头：旧时行文规范，从上至下、从右到左书写，凡言及尊长处，须另起一行，以示尊敬，若是君王还须高抬几格书写。

点评

曾纪泽、曾纪鸿两兄弟，性格反差比较大。哥哥灵泛多言，弟弟沉默寡语。县考第一名，纪鸿自己并没有声张，反倒是大哥给父亲写信报喜，并随信寄来了五场考试的所有诗文。一个多月过去，曾国藩从纪泽与朋友先后来信得知，纪鸿已经进省，即将参加府考与院考，这才抽出时间，给儿子交代应考事项。

首先是祝贺县考荣获第一名，并且表扬各篇应试诗文写得好，每一篇都是“清润大方”。当然，这与附在信后的加片逐一挑错，明显比较矛盾。但先不管它，表扬在前总是对的，批评与教育放在后面再说。

这是因为，曾国藩先要顾及写信的重点，那就是省城繁华之地，你“宜”在出租屋静坐，“不可”出门搞那些交际应酬的吃喝玩乐。请注意这里的用词，一个是“宜”，这是吩咐；一个是“不可”，这是规定。话不多说，一是一，二是二。接着就说，我让你取一大笔银子，四百两，作为此次参试的各项开支，你去郭家、易家两位姻叔处支领。具体用途如下：报名学杂费，照老规矩，两位学官，一名学书，共三份，每份各一百吊；给邓先生的谢师礼，一百两；再给他儿子赠送十两，就说是给他作为书籍费；剩下的，作为你的零用开支，包括添置一两件衣服，还有，按照科举考场的惯例，该用的钱，如答谢廪保的费用，分发勤杂人员的赏号，还得略微丰厚一点。

顺着这些话，曾国藩又从正反两个方面，写了几句教诲之言：凡是仕宦人家的子弟，平时生活开支，穿衣吃饭，无一不与穷书生相同，那就很有希望成为栋梁之才；如果沾染富贵习气，那就很难指望成才了。就拿你爹我来说，现在位居将相，但所有衣服加起来也不到三百两银钱。所以，希望你能够守住这种俭朴家风，也算是一种惜福之道。

最后，曾国藩指示，即便是考中秀才，也要随即回家，不要参加两个月以后的乡试。理由是，你现在功夫还不到家，不要仓促应考，而且你身体差，担心你目前还吃不了考棚里的那份苦。

从后面的那个冠以“再”的加片来看，曾国藩对纪鸿的考试本领是很不放心的。县考五场，四场出错，不仅错平仄，而且错粘对。这样的水平，县官给你第一名，很难说不是送人情。为此，曾国藩特别嘱咐，参加院试的时候，务必要将平仄逐一检查，如果记忆不牢靠，宁可换个字，还有，行文要注意抬头等格式规范，这样的低级错误，是很丢份的。

六月十五日，曾纪鸿在长沙参加院试，三天后张榜，以第五名的成绩入学，成为秀才。他很想趁热打铁，参加八月举行的本省乡试，也得到了母亲的大力支持，但曾国藩为求稳妥，坚持不批准。后来纪鸿也参加了几次乡试，但成绩都不理想，最后，还是在曾国藩去世后，朝廷给曾纪鸿恩赏了一个举人。

顺便说一句，曾纪泽也参加过乡试，也没有录取。他的秀才资格，也不是考上的，是曾国藩在北京任侍郎时，朝廷恩赐大臣子弟，纪泽是长子，所以有幸得到荫生。而纪鸿就只能一路参加科举才能有进身的机会，可惜倒在了考进士的道路上，而他的儿子曾广钧，二十出头就考上了进士，还进入了翰林院。这是后话。

谕纪鸿　同治二年八月初四日

字谕纪鸿儿：

接尔澄叔七月十八日信并尔寄泽儿一缄〔一〕，知尔奉母于八月十九日起程来皖〔二〕，并三女与罗婿一同前来〔三〕。

现在金陵未复，皖省南北两岸群盗如毛〔四〕，尔母及四女等姑嫂来此〔五〕，并非久住之局。大女理应在袁家侍姑尽孝〔六〕，本不应同来安庆，因榆生在此〔七〕，故吾未尝写信阻大女之行。若三女与罗婿，则尤应在家事姑事母〔八〕，尤可不必同来。余每见嫁女贪恋母家富贵而忘其翁姑者〔九〕，其后必无好处。余家诸女，当教之孝顺翁姑，敬事丈夫，慎无重母家而轻夫家，效浇俗小家之陋习也〔一〇〕。三女夫妇若尚在县城省城一带，尽可令之仍回罗家，奉母奉姑，不必来皖；若业已开行，势难中途折回，则可同来安庆一次，小住一月二月，余再派人送归。其陈婿与二女〔一一〕，计必在长沙相见，不可带之同来。俟此间军务大顺，余寄信去接可也。

涤生手示

注释

〔一〕泽儿：指曾纪泽，上月从湘乡启程赴安庆，探望父亲曾国藩。

〔二〕奉母：侍奉母亲，奉陪母亲。

〔三〕三女：指曾纪琛。罗婿：即罗兆升，湘军已故将领罗泽南次子。

〔四〕皖省：即安徽省。群盗如毛：形容匪徒很多，此处指太平军。

〔五〕四女：此处指四个女儿。此次来安庆者，有大女纪静、三女纪琛、四女纪纯、六女纪芬与大儿媳。下文“姑嫂”即指此数人。

〔六〕大女：即曾纪静。袁家：曾纪静夫家。姑：指丈夫之母，俗称“婆婆”。

〔七〕榆生：即袁秉桢，字榆生，曾纪静丈夫。

〔八〕事：侍奉。

〔九〕翁：指丈夫之父，俗称“公公”。

〔一〇〕浇俗：浮薄的社会风气。

〔一一〕陈婿：曾国藩二女婿陈远济。二女：即曾纪耀。

点评

曾国藩在咸丰十年当上两江总督，至此已经四年，安庆攻克，曾国藩将两江总督府设置在此，也有二年了。夫人子女迁居于此，也是人之常情，但曾国藩不想太过张扬，内心并不情愿。此前，纪泽转达母亲意见，要带儿子媳妇、女儿女婿，还有一个小孙女，一同前来，曾国藩表示为难，纪泽只好先期东下，所以曾国藩这封信，便写给纪鸿了。

安庆曾经是安徽省的省会，曾国藩此时已经是协办大学士、两江总督，欧阳夫人在北京做过十几年的京官太太，因为公公婆婆先后去世，她这才带着二子五女回到湘乡山沟沟里，一住就是十年，早就守孝期满。现在回到丈夫身边，名正言顺，她不像丈夫那样克己谨慎，小心低调，带着一家老小，坐上湘军水师大将彭玉麟特意调配的大帅座船，浩浩荡荡顺江而下。曾国藩听到风声，这才在老婆孩子到来之际，赶紧写信，有言在先：

首先是南京还没打下来，安徽省到处是太平军，你们祖孙母子、夫妻姑嫂离家来此，不是长久之计。当然，话没有这么生硬，只是说，“并非久住之局”，但言下之意已经包含其中了。而且，大女儿应该在乡间侍奉婆婆，只因为大女婿（品行很差，名声很坏，此番前来，曾国藩本意是想就近约束）已经先期随纪泽来此，也就不便阻拦。但三女三婿去年才成亲，此时应该在家孝顺公婆。于是曾国藩便在信中直言不讳地教训，我就一直看不惯这种习惯，嫁出去的女儿贪恋娘家富贵，把公公婆婆扔在一边，不仅影响不好，而且家庭也不和睦。我曾某人的女儿，一个个都应该孝顺公公婆婆，尊敬丈夫，不可效仿市井间那种浮薄的社会陋习。因此，三女夫妇，如果还在县城，哪怕是在长沙省城，完全可以转身回家，陪伴公婆，不要来了；如果已经离开长沙，那就住一两个月，到时候我再派人把你们送回去。至于二姑娘二女婿，也是住在长沙，想必你们也会聚会见面，但不可也跟着一起来。等到军务彻底好转，我再写信接你们过来都行。

这样看来，曾国藩对待家人，是不是过于严格了？要知道，当时东南半壁江山，被太平天国闹得天翻地覆，十几年间，兵荒马乱，百姓流离失所，朝廷上下动荡不安，曾国藩还是钦差大臣，肩负整个东南战局的重大使命，南京前线，敌我双方，都在拼死厮杀。这个时候，老婆孩子、内外亲戚包括仆人十几人一下子涌过来，曾国藩没有被亲情冲昏头脑，正体现出他的理学修养、人生境界，尤其是官场历练与政治远见。

谕纪瑞 同治二年十二月十四日

字寄纪瑞侄左右〔一〕：

前接吾侄来信，字迹端秀，知近日大有长进。纪鸿奉母来此，询及一切，知侄身体业已长成，孝友谨慎〔二〕，至以为慰。

吾家累世以来〔三〕，孝弟勤俭。辅臣公以上吾不及见，竟希公、星冈公皆未明即起，竟日无片刻暇逸。竟希公少时在陈氏宗祠读书，正月上学，辅臣公给钱一百〔四〕，为零用之需。五月归时，仅用去一文〔五〕，尚余九十八文还其父，其俭如此。星公当孙入翰林之后，犹亲自种菜收粪。吾父竹亭公之勤俭，则尔等所及见也。

今家中境地虽渐宽裕，侄与诸昆弟切不可忘却先世之艰难〔六〕，有福不可享尽，有势不可使尽。“勤”字工夫，第一贵早起，第二贵有恒；“俭”字工夫，第一莫着华丽衣服，第二莫多用仆婢雇工。

凡将相无种〔七〕，圣贤豪杰亦无种，只要人肯立志，都可以做得到的。侄等处最顺之境，当最富之年〔八〕，明年又从最贤之师，但须立定志向，何事不可成？何人不可作？愿吾侄早勉之也。荫生尚算正途功名〔九〕，可以考御史〔一〇〕。待侄十八九岁，即与纪泽同进京应考。然侄此际专心读书〔一一〕，宜以八股、试帖为要，不可专恃荫生为基，总以乡试、会试能到榜前，益为门户之光。

纪官闻甚聪慧〔一二〕，侄亦以“立志”二字，兄弟互相劝勉，则日进无疆矣〔一三〕。顺问近好。

涤生手示

注释

〔一〕纪瑞：即曾纪瑞（1849—1880），字伯祥，一字符卿，派名科四，曾国荃长子。以荫生考选兵部员外郎，早卒。

〔二〕孝友：孝顺父母，友爱兄弟。

〔三〕累世：历代，接连几代。

〔四〕一百：此处指一百个铜板，

〔五〕文：此处指一个铜板，俗称一文钱。“一文”与下文“九十八文”，原文如此。

〔六〕昆弟：兄弟。

〔七〕将相无种：将相都不是天生的，一般用于激励奋发，立志自强。

〔八〕最富之年：正当年轻有为的时候。

〔九〕荫生：明清时代，朝廷对于大臣子弟，恩赐进入国子监读书，同时取得生员（秀才）资格。正途：进入官场的正式渠道，不同于捐资为吏或奖励性虚衔。监生与举人、进士一样，享有国家认可的仕途出身。

〔一〇〕考御史：清代官制，御史一职，除正式调迁之外，还可以从监生或大臣保荐人员中考试选拔。

〔一一〕此际：此时。

〔一二〕纪官：即曾纪官（1852—1881），字剑农，号郑卿，改字愚卿，号显臣，派名科六，曾国荃次子。后以荫生考选户部员外郎，早卒。

〔一三〕日进无疆：每天都取得新的进步，永无止境。

点评

曾国藩于去年晋升协办大学士，按照惯例，将有一名家中子弟获得朝廷恩赐的一品荫生。早在十几年前，当曾国藩晋升礼部侍郎后，曾纪泽就获得了二品荫生，考虑到国荃这几年一直在前线艰苦作战，曾国藩背地里把这个一品荫生的机会给了国荃的长子纪瑞。本年五月，朝廷依据曾国藩上报的材料，颁发曾纪瑞荫生执照，曾国藩稍后转寄到家。曾纪瑞随即给伯父来信致谢，曾国藩这封信，便是对纪瑞来信的回复。

首先便是表扬，表扬什么呢？从来信看，“字迹端秀”，那就说明你平日很用功，由此知道，你“近日大有长进”；纪鸿最近从家乡来，我向他询问你的各方面情况，都让我很满意，身体好，有孝心，兄弟友爱和睦，真不错。

说完这个开场白，下一段，就顺着这个“孝友谨慎”往下说：我家祖祖辈辈，都是孝悌的，都是勤俭的，从高祖、曾祖、祖父们，一天到晚忙个不停的；竟希公外出读书，五个月只舍得用去了一个铜板；星冈公有了孙子做翰林，还亲自种菜，亲手收粪。至于你的爷爷是怎么勤俭的，你已经都看到了的。现在家里的条件逐渐好一些了，但你们这辈弟兄，不可忘记祖辈们的艰难，要继承发扬我们家的勤俭家风。勤有两点，“第一贵早起，第二贵有恒”；俭也有两点，一是衣着朴素，二是少用佣人帮工。

写到这里，话题就自然而然转到了立身处世，将相无种，圣贤豪杰都不是天生的，都是靠自己努力奋斗出来的。只要“立定志向，何事不可成？何人不可作？”你现在有了荫生的功名，这与举人、进士一样，都是正途出身，可以考御史的。再过几年，你与纪泽一起进京，兄弟联手考荫，多好。当然，你现在还要专心读书，一门心事钻研八股文、试帖诗，能够中举人、中进士，那就更加为家庭争光彩了。

虽然是给纪瑞回信，但曾国藩没有忘记对纪瑞的弟弟纪官也写几句:听说纪官很聪明，上述立志的话，你也记在心上，与哥哥一起互相勉励，一定可以不断进步。

这封信，通篇没有什么大道理，只有真情实感；也没有长篇大论，话也不用多说，思路非常清晰。

谕纪泽纪鸿　同治四年八月初三日

字谕纪泽、纪鸿儿：

八月初二接泽儿二十八日一禀，并郭云仙姻丈与尔之信〔一〕，具悉一切。

郭宅姻事〔二〕，吾意决不肯由轮船海道行走〔三〕。嘉礼尽可安和中度〔四〕，何必冒大洋风涛之险？至成礼〔五〕，或在广东，或在湘阴，须先将我家或全眷回湘，或泽儿夫妇送妹回湘，吾家主意定后，而后婚期之或迟或早可定，而后成礼之或湘或粤亦可定。

吾既决计不回江督之任，而全眷犹恋恋于金陵，不免武仲据防之嫌〔六〕，是尔母及全眷早迟总宜回湘〔七〕，全眷皆须还乡，四女何必先行？吾意九月间，尔兄弟送家属悉归湘乡，经过省城时，如吉期在半月之内〔八〕，或尔母亲至湘阴一送亦可。如吉期尚遥，则纪泽夫妇带四妹在长沙小住，届期再行送至湘阴成婚〔九〕。

至成礼之地，余意总欲在湘阴为正办。云仙姻丈去岁嫁女，既可在湘阴由意城主持，则今年娶妇，亦可在湘阴由意城主持。金陵至湘阴近三千里，粤东至湘阴近二千里；女家送三千，婿家迎二千，而成礼于累世桑梓之地〔一〇〕，岂不尽美尽善？尔以此意详复筠仙姻丈一函，令崔成贵等由海道回粤。余亦以此意详致一函，由排单寄去，即以此信为定。喜期定用十二月初二日，全眷十月上旬自金陵启行，断不致误。如筠仙姻丈不愿在湘阴举行，仍执送粤之说，则我家全眷暂回湘乡，明年再商吉期可也。

郭宅送来衣服、首饰及燕菜、马褂之类全数收领，途费四百则交来使带回，无庸收存〔一一〕，此间送女途费理应自备也。崔巡捕、杨仆各给银四十两〔一二〕，但用余名写书一封答之。其喜期之书帖〔一三〕，待湘阴成礼时再办。

鸿儿之文气势颇旺，下次再行详示。尔母须用伏苓〔一四〕，候至京之便购买。余以二十四日自临淮起行〔一五〕，十日无雨，明日可到临徐州矣〔一六〕。途次平安勿念〔一七〕。

涤生手示

注释

〔一〕郭云仙：即郭嵩焘，号筠仙，又作云仙。姻丈：用于称呼姻亲中的长辈。曾国藩与郭嵩焘早年约为儿女亲家，此处给纪泽写信，故用儿辈的口气称呼郭嵩焘。

〔二〕姻事：婚事。

〔三〕轮船：此处指近代欧洲蒸汽机作动力的“火轮船”。

〔四〕嘉礼：婚礼。中度：合乎法度，恰到好处。

〔五〕成礼：举行婚礼。

〔六〕武仲据防之嫌：意即“要挟之嫌”。典出《论语·宪问》：孔子说，鲁国大夫武仲先占据防城，然后请求鲁君封立自家子弟，虽然嘴上说不敢要挟，我是不相信的。

〔七〕是：此处是“如此……则”的意思。

〔八〕吉期：婚期。

〔九〕届期：到期。

〔一〇〕桑梓之地：古人习惯在住宅周边种植桑树与梓树，后世因以“桑梓”指代家乡。

〔一一〕无庸：即“毋庸”，不需要。

〔一二〕巡捕：清代将军、总督、巡抚的随从官，文职负责接待，武职负责护卫。

〔一三〕喜期：婚期。书帖：请柬类书信。

〔一四〕茯苓（fú líng）：一种中草药。

〔一五〕临淮：即临淮镇，在江苏省泗洪县境内。

〔一六〕徐州：徐州府，在江苏北部，今为徐州市。

〔一七〕途次：旅行途中。

点评

三十年前，曾国藩经由刘蓉介绍，与郭嵩焘相识于长沙，当时三个年轻人都在赶考路上。刘蓉止步于秀才，曾国藩中进士点翰林做京官，郭嵩焘中举后接连参加会试，每次都是借住在曾家，直到考取进士当上翰林。此前一年，曾国藩四女纪琛出生，郭嵩焘也在此期间得子，于是两家订下“娃娃亲”。现在，两个孩子都已成人，郭家的儿子郭刚基还考上了秀才，郭嵩焘也当了几年广东巡抚，因此，他接连给曾家父子写信，提请在广州迎娶相国千金，时间是腊月初二，并特派自己的副官带上女佣前来南京迎接，还有衣装首饰等彩礼，包括船费银钱四百两。按照他的计划，接亲与送亲的人，陪着新娘子，出两江总督衙门，坐西洋新式机器船，从南京顺长江直下上海，然后出吴淞口到东海，一路航行到南海，再经由珠江进入广州城，在巡抚衙门成亲。总之，兴高采烈，诚意满满，体面周到。

但是，老朋友曾国藩不干，作为女方家长，几乎是很不配合：第一是“绝不肯由轮船海道行走”，理由是儿女成亲，仪式“尽可安和中度，何必冒大洋风涛之险”。第二，婚礼地点，不必定在广州，在郭家故乡湘阴就很合适，理由是，既然你去年嫁女儿是由你老弟在故乡代办，那么，今年娶媳妇也可照此办理。南京到湘阴三千里，女家送亲三千里，广州到湘阴两千里，男家迎亲两千里，而且是在祖祖辈辈生活的老家成婚，“岂不尽善尽美”？所以，“成礼之地，余意总欲在湘阴为正办”。至于彩礼，全部收领，船费四百两则退回，接亲者二人，我家各赠四十两，也要给老朋友亲家做足面子。然后吩咐儿子，你按照我说的这些，用我的名字，给云仙姻丈回封信，我也给他写封信。如果他不同意在湘阴，坚持己见，那婚期就只能另行商议了。

这里有许多背景需要交代：

一是曾国藩此时不在南京，在南京的是欧阳夫人领着一大帮儿子媳妇、女儿女婿，所以郭嵩焘需要同时给曾家父子写信商议婚事。曾国藩此时在北上剿捻的行军途中，作为钦差大臣，总统各路剿捻大军，但进展不顺，朝廷又不体谅老臣，捻军的骑兵流窜到哪儿，就命令他把大营驻扎在哪儿，最近一直让他进驻河南，那就是离开了两江总督的管辖范围。而他的湘军旧部，又接连在湖北、安徽因为欠发军饷而闹事，还有很多人投奔了太平军余部，影响很坏。这个时候嫁女儿，他只想着“安和中度”，像此前三姐妹出嫁时一样低调处理。搭乘洋人机器船，漂洋过海，去广州巡抚衙门操办婚礼，那就低调不了了。只有到湘阴农村，才能如愿低调。所以，“大洋风涛之险”，只是一种借口。

二是郭嵩焘此时官运也很不顺，先是与两任顶头上司两广总督不和，接着又是太平军余部逃窜到广东，当地防军接连失利，被闽浙总督左宗棠上奏痛责。而郭嵩焘却不太在意官运好坏，只想如何把儿子的婚事办得舒畅一些，大不了辞职不干，就像当年与僧格林沁闹意见，便丢下咸丰皇帝南书房行走这一天子近臣的锦绣前程，负气回湘阴做绅士一样。但曾国藩不是这么想的。尽人事而听天命，首先得尽其在我吧，自己低调一点，不是很好吗？

三是两年前郭嵩焘就是坐洋船从上海到广州的，而且也是带着新婚续弦钱夫人同行，到广东巡抚衙门拜见家人。但正是这门亲事这次旅行，闹得沸沸扬扬。据郭嵩焘日记记载，新婚夫人一路上大吵大闹，进了衙门吵得更厉害，竟然在十二天以后，夫妻不欢而散，就此绝婚，钱夫人原路返回。新官上任，闹出这么一个洋相。这会不会是曾国藩内心的一个疙瘩呢？

当然，曾国藩不会这么说，查阅他在八月二十日给郭嵩焘的回信，写得很简单，而且很谦和："十二月初二日之喜期，尽可遵办。但求即在湘阴成婚，则敝处送亲可省二千里，实为近便。闻去年令爱于归左宅，亦在湘阴，尊府由意城主持一切，今年似可踵而行之。如蒙允许，十月间即命儿子送妹还湘，不至愆期。"

曾郭两家的婚事，一年之后，还是在湘阴举行。此时郭嵩焘已经辞官回湘，欧阳夫人率全家老小回湘乡，半路经过湘阴，四姑娘纪琛在母亲与兄嫂的陪伴下，走进郭家，拜堂成亲，开始新生活。

还有一个小插曲，据曾纪芬《崇德老人自订年谱》记载，欧阳夫人率全家离开南京回湖南，半路经过武汉，住在湖北巡抚曾国荃的衙门里。国荃听说大哥嫁女，历来只有二百两嫁妆，感到不可思议，说："怎么会有这样的事？"亲自打开侄女的衣箱检查，一看这才相信老哥竟然这样做得出，"再三嗟叹，以为实难敷用，因更赠四百金"。你老爸给你两百，九叔给你四百，翻倍。

谕纪泽　同治四年九月初一日

字谕纪泽儿：

三十日接尔八月十六日禀，具悉尔十一后连日患病，十六尚神倦头眩，不知近已全愈否？

吾于凡事皆守"尽其在我，听其在天"二语，即养生之道亦然。体强者，如富人因戒奢而益富；体弱者，如贫人因节啬而自全〔一〕。节啬非独食色之性也〔二〕，即读书用心，亦宜检约〔三〕，不使太过。余"八本匾"中，言"养生以少恼怒为本"；又尝教尔胸中不宜太苦，须活泼泼地养得一段生机，亦去恼怒之道也〔四〕。既戒恼怒，又知节啬，养生之道，已尽其在我者矣。此外寿之长短，病之有无，一概听其在天，不必多生妄想去计较他。凡多服药饵，求祷神祇[五]，皆妄想也。吾于医药、祷祀等事[六]，皆记星冈公之遗训而稍加推阐，教示后辈。尔可常常与家中内外言之[七]。尔今冬若回湘，不必来徐省问[八]，徐去金陵太远也[九]。

朱金权于初十内外回金陵[一〇]，欲伴尔回湘。此嘱。

涤生手示

注释

〔一〕节啬：节减，约束。

〔二〕食色之性：饮食男女，生理本性。

〔三〕检约：检束，约束。

〔四〕去：减除。

〔五〕神祇（qí）：泛指各类神灵。

〔六〕祷祀：祈祷祭拜神灵以求庇佑。

〔七〕家中内外：此处指家庭里的男女尊卑老幼。

〔八〕徐：此处指徐州。省（xǐng）问：子女探望父母。

〔九〕徐去金陵：徐州与南京之间的距离。

〔一〇〕朱金权：曾国藩乡邻，以前在曾家做管家，此番来谋差事。

点评

写这封信的时候，曾国藩还在徐州大营指挥湘淮各部追剿捻军，得知纪泽生病连日，随即去信询问，是否痊愈，然后重点就是指导怎么养生，怎么祛病。

首先揭示自己多年来的处世之道，那就是凡事都只能守住“尽其在我，听其在天”两句话，这是自己大半辈子的阅历有得之言，凡事都是如此，养生之事也不会例外。然后就纵横排比，先天体质有好坏，后天财富有多寡，体质强的戒奢侈，体质弱的靠节劳，都可以安度一生；养生之道，防病重于治病，家里悬挂的“八本匾”，其中养生就是“以少恼怒为本”，我以前也教育你要多开心，心里保持一种春意，这些都是“尽其在我”。除此之外，“寿之长短，病之有无，一概听其在天”，而滥服药，乱祈祷，都是“妄想”。说到这里，曾国藩一连用了两个“妄想”，可见态度之坚决。

不信医药，本来是曾国藩祖父的持家之道，但到了曾国藩这一代，他们几个姐妹兄弟，体质都不太好，再到纪泽这一辈，几个堂兄弟，都是医药不断，补药不断。可能是因为家里有人做官，平时自己缺少劳动锻炼，又有钱请医，有钱买药，因此，无论是湘乡老家，还是南京官署，都有张医李医进进出出。乡间郎中，医道也有限，中医的医理又是辨证施治，一人一方，感性经验居多。所以，曾国藩也像他爷爷一样，几乎看到医生就反感，因此，反复交代，少恼怒，尽其在我；远离医药，听其在天。

在信的末尾，曾国藩还特别嘱咐两点：第一，你要把这番道理记在心中，给家里的老老少少时时提醒。第二，如果打算回湘，那你启程之前，不必专程来徐州辞行，路太远，跑来跑去，你太辛苦。

谕纪泽纪鸿 同治四年九月晦日〔一〕

字谕纪泽、纪鸿儿：

二十六日接纪泽二十日排递之禀，李老太太病势颇重〔二〕，近日略愈否？深为系念。泽儿肝气痛病全好否？尔不应有肝郁之症〔三〕。或由元气不足〔四〕，诸病易生，身体本弱，用心太过。上次函示以节啬之道，用心宜约，尔曾体验否？张文端公（英）所著《聪训斋语》〔五〕，皆教子之言，其中言养身、择友、观玩山水花竹，纯是一片太和生机〔六〕，尔宜常常省览〔七〕。鸿儿体亦单弱，亦宜常看此书。吾教尔兄弟不在多书，但以圣祖之《庭训格言》（家中尚有数本）、张公之《聪训斋语》（莫宅有之，申夫又刻于安庆）二种为教〔八〕，句句皆吾肺腑所欲言〔九〕。

以后在家则莳养花竹〔一〇〕，出门则饱看山水，环金陵百里内外，可以遍游也。算学书切不可再看，读他书亦以半日为率〔一一〕。未刻以后〔一二〕，即宜歇息游观。古人以“惩忿窒欲”为养生要诀〔一三〕。惩忿即吾前信所谓“少恼怒”也，窒欲即吾前信所谓“知节啬”也。因好名好胜而用心太过，亦欲之类也。药虽有利，害亦随之，不可轻服。切嘱。余不多及〔一四〕。

涤生手示

注释

〔一〕晦日：农历每月的最后一天。

〔二〕李老太太：此处指署理两江总督李鸿章之母。

〔三〕肝郁之症：肝气抑郁不畅。

〔四〕元气：中医指的是人体的正气，与“邪气”相对。

〔五〕张文端公（英）：即张英，清代大学士，礼部尚书，去世后朝廷予谥“文端”。《聪训斋语》：张英所著治家格言。

〔六〕太和：本指天地阴阳二气协调，此处用来形容身心真气饱满、元气充溢的样子。

〔七〕省（xǐng）览：检查，观览。

〔八〕圣祖：即清圣祖爱新觉罗·玄烨（1654—1722），年号康熙，俗称康熙帝，圣祖是他去世后的庙号。《庭训格言》：清圣祖的教子语录，其子允禛（清世宗，俗称雍正帝）即位后追述而成。莫宅：此处指曾国藩好友、藏书家莫友芝家。申夫：即李榕，曾国藩前期幕僚。

〔九〕肺腑：此处指内心深处。

〔一〇〕莳（shì）养：栽种花木。

〔一一〕为率：“以……为度”的意思。

〔一二〕未刻：即未时，下午一点到三点。

〔一三〕惩忿（fèn）窒（zhì）欲：克制愤怒，压制欲望。

〔一四〕余不多及：其他的不多说了。

点评

《论语·为政》里面记录了孔子的一句话，叫作“父母唯其疾之忧”。意思是，做父母的，最担心的就是儿女的身体健康。曾国藩上封信殷切教导养生之道，但纪泽来信，却忘了给父亲汇报是否痊愈，只是说李家老太太生重病。当然，如果李母一旦不测，李鸿章必须离开两江总督的职位，回家守孝，这对曾国藩前线部队的军需保障，肯定有影响，所以曾国藩要问，病情好转了没有，非常担心。不过，接下去要说的，就是“父母唯其疾之忧”了。

上次来信，说一病几天不见好，现在完全好了吗？你不应该有肝气不畅之病啊？是不是用心太过了呢？纪泽、纪鸿两兄弟，体质不太强，但一个迷于文学，一个迷于数学，这不行，这太累人了，算学的书，以后不要再看了，看书最好只看上半天，下午两点，就应该放下书本，去种养花木，去郊外远足。要看书，我给你们推荐几本，圣祖的《庭训格言》，张文端的《聪训斋语》，就这两种，家里有，家里没有的，找莫叔家借。书中所说，“养身、择友、观玩山水花竹，纯是一片太和生机”，“句句皆吾肺腑所欲言”，你们要记得，经常去读。古人把“惩忿窒欲”当作养生要诀，上次信里叫你们“少恼怒”，这便是“惩忿”；而“窒欲”，也就是我所说的“知节啬”，好名好胜，都是欲望，都会“用心太过”，都要节制。不要动不动就吃药，这也是节制。

越到晚年，曾国藩对子侄的家书教育就越是重视身体保养，甚至还将毕生阅历总结为“养生五诀”，即眠食有恒，饭后散步，惩忿，节欲，睡前热水烫脚，在家书里面多次提示督促。很可惜，纪泽、纪鸿，包括纪瑞、纪官，他们几个堂兄弟，最后享年都不高，都不及他们父辈的年寿。

谕纪鸿　同治五年正月十八日

字谕纪鸿：

尔学柳帖《琅琊碑》，效其骨力则失其结构，有其开张则无其抗摔〔一〕。古帖本不易学，然尔学之尚不过旬日〔二〕，焉能众美毕备，收效如此神速？

余昔学颜柳帖〔三〕，临摹动辄数百纸，犹且一无所似〔四〕。余四十以前在京所作之字，骨力间架皆无可观，余自愧而自恶之。四十八岁以后，习李北海《岳麓寺碑》〔五〕，略有进境，然业历八年之久，临摹已过千纸。今尔用功未满一月，遂欲遽跻神妙耶〔六〕？

余于凡事皆用困知勉行工夫〔七〕，尔不可求名太骤，求效太捷也。以后每日习柳字百个，单日以生纸临之〔八〕，双日以油纸摹之。临帖宜徐，摹帖宜疾，专学其开张处。数月之后，手愈拙，字愈丑，意兴愈低，所谓“困”也。困时切莫间断，熬过此关，便可少进。再进再困，再熬再奋，自有亨通精进之日〔九〕。不特习字，凡事皆有极困极难之时，打得通的，便是好汉。

余所责尔之功课，并无多事，每日习字一百，阅《通鉴》五叶，诵熟书一千字（或经书，或古文、古诗，或八股、试帖。从前读书即为熟书。总以能背诵为止，总宜高声朗诵），三、八日作一文一诗〔一〇〕。此课极简，每日不过两个时辰，即可完毕，而看、读、写、作，四者俱全。余则听尔自为主张可也。

尔母欲与全家住周家口，断不可行。周家口河道甚窄，与永丰河相似〔一一〕，而余住周家口亦非长局，决计全眷回湘。纪泽侯全行复元〔一二〕，二月初回金陵。余于初九日起程也。此嘱。

注释

〔一〕开张：近似上文所说的“结构”。捖（wán）搏：本义是搏击，此处指汉字的笔画交汇。

〔二〕旬日：十天，也泛指较短的时日。

〔三〕颜柳：唐代书法家颜真卿与柳公权。

〔四〕犹且：仍然。

〔五〕李北海：唐代书法家李邕，因为做过北海郡太守，故称。

〔六〕跻（jī）：登，上升，达到。

〔七〕困知勉行：克服困难去获得知识，努力坚持，付诸实践。

〔八〕生纸：没有经过煮硾或涂蜡的纸。

〔九〕亨通：通达，顺畅。

〔一〇〕三、八日：每月逢三逢八的日子，即初三、初八、十三、十八、二十三与二十八日。

〔一一〕永丰河：曾国藩家乡永丰镇边的小河。

〔一二〕俟（sì）：等待，等到。复元：复原，恢复健康。

点评

古人学习书法，非常强调临摹名家字帖，称之为“法书”“法帖”。而临摹又是一件非常别扭非常痛苦的事情，而且需要一个很长的过程。从这封信的第一段来看，显然是纪鸿来信诉苦，学了他的笔画笔力，但字体结构又不像，学了他的结构，但笔画又不像，好烦人。于是，曾国藩这才开导，大师字帖本来就很难学的，你才学了十来天，不要急于求成，要耐心，慢慢来吧。

当然，如果仅仅一句不要急，慢慢来，就甩手不管了，显然有些敷衍应付，漫不经心。曾国藩却是马上放下父亲的架子，从自己早年学字的经历写起，自我揭短，四十岁以前，简直自己都看不下去，直到四十八岁以后，才略有进步，但这又过去了八年，临摹了一千多张纸。你现在学了还不到一个月，何必着急呢？

不仅放下父亲架子来劝慰，而且放下将相的军务来辅导：困知勉行，咬牙坚持，先不问收获，先只管耕耘，每天临摹一百个。单日子，临帖，用生纸；双日子，摹帖，用油纸。临帖要慢，一笔一划看好了去写，摹帖要快，就学他的字体结构。预先告诉你，根据我的经验，几个月下来，手会越来越笨，字会越写越丑，兴趣会越来越低，这时候，就是所谓的“困”的关头了，切不可间断，要熬过去。只要忍受煎熬，总会有点进步。“再进再困，再熬再奋”，如此反反复复，终将会有成功之时。告诉你，不仅是习字如此，人生在世，谁都会有“极困极难之时”。怎么办？“打得通的，便是好汉”。激将法用上来了。纪鸿此时不满十八岁，年轻人，耐性差，此时便需要鼓励，也需要激将。

信的后半部分，突然出现“余所责尔之功课，并无多事”，此外“则听尔自为主张”，这是为何？从这前后的家书得知，明年又是乡试之期，曾国藩不放心小儿子的考场功夫，考取与否还在其次，但字迹、字句总要过得去才行。为此，他特意给纪鸿请来知名教师。可是，曾国藩此时已经五十五岁，一个十七八岁的小儿子，大概不愿跟在日见老态的父亲身边读书，受不了老爹的管束与唠叨，要么在南京，要么在长沙，老师还不是哪儿都有？看来，在这个问题上，父子二人是各持己见。教子家书，当然是家长让孩子听自己的，照我说的做。曾国藩采取的态度是，平和说服，放宽标准：你来吧，我这里给你订的功课并不多，习字一百，读《鉴》五页，朗诵熟书一千字，每月四首诗四篇文，已经是“极简”了吧，分摊到每天，四个钟头而已，看读写作，样样齐全了，其他的事，随你自己作主。如此宽松，如此耐心，纪鸿还有什么话说。由于捻军冲入山东，曾国藩跟着将大营推进到山东，纪鸿随营学习的事一度搁置，但当年十月还是照原计划执行了。

信的最后一段，与纪鸿无关，是明确拒绝欧阳夫人的要求，“断不可行”，与上面对儿子的口气完全两样。为什么呢？曾国藩现在早已不再担任两江总督，而是钦差大臣、剿捻统帅，即将离开江苏，前往河南，家眷长时间逗留在南京，显然不合适，似乎是曾国藩明摆着还要回来，等着官复原职。八月份写给纪泽的信，那句“武仲据防之嫌”，说的就是这个。但欧阳夫人很不愿意回湘，不断找出理由，如老屋接连死人，水塘淹死过人，要回也最好是住在长沙，这次甚至提出，要带着儿子儿媳，跟着跑到周家口军营来。曾国藩当然不干了，哪有钦差大臣的行营住着老婆孩子儿媳妇的？“决计全眷回湘”，不要再说了。

谕纪泽纪鸿　同治五年三月十四夜

字谕纪泽、纪鸿：

顷据探报，张逆业已回窜〔一〕，似有返豫之意〔二〕。其任、赖一股锐意来东〔三〕，已过汴梁〔四〕，顷探亦有改窜西路之意。如果齐省一律肃清〔五〕，余仍当赴周家口，以践前言〔六〕。

雪琴之坐船已送到否〔七〕？三月十七果成行否？

沿途州县有送迎者〔八〕，除不受礼物酒席外，尔兄弟遇之，须有一种谦谨气象，勿恃其清介而生傲惰也〔九〕。

余近年默省之“勤”“俭”“刚”“明”“忠”“恕”“谦”“浑”八德〔一〇〕，曾为泽儿言之，宜转告与鸿儿，就中能体会一二字〔一一〕，便有日进之象。泽儿天质聪颖，但嫌过于玲珑剔透〔一二〕，宜从“浑”字上用些工夫；鸿儿则从“勤”字上用些工夫，用工不可拘苦[一三]，须探讨些趣味出来。

余身体平安，告尔母放心。此嘱。

济宁州[一四]

注释

〔一〕张逆：指捻军首领张宗禹。
〔二〕豫：河南省的简称。
〔三〕任、赖：指捻军首领任柱、赖文光。东：指山东省。
〔四〕汴梁：河南省开封府（今为开封市）的旧称。
〔五〕齐省：即山东省，古代齐国所在地。
〔六〕践：履行（诺言）。
〔七〕雪琴：即彭玉麟，字雪琴，湘军水师统帅。
〔八〕州县：此处指知州、知县地方官。
〔九〕清介：清廉耿直。
〔一〇〕浑：此处是“做人做事大度包容”的意思。
〔一一〕就中：从中。
〔一二〕玲珑剔透：本指精致的手工制作，此处指人的聪明伶俐。
〔一三〕拘苦：约束刻苦。
〔一四〕济宁州：在山东省西南部，今为济宁市。

点评

信不长，但有好几层意思：

一是告知近期军情与行程安排。捻军以马队居多，战术以游击见长，来去迅猛果决，而且常有出其不意大范围远距离奔袭作战，湘淮各军围追堵截，疲于奔命，见效不大。曾国藩有时在朋僚往来通信中大吐苦水。但在写给孩子们的家书中，他对此并不多说，可见他是非常注意对象与分寸的。

二是关注家眷启程的布置。一连两个问句，体现一家之主对此番远行的关切。毕竟是全家老小迁居，而且各人心中并不情愿，所以，曾国藩不仅同意调派自己曾经的座船，而且询问是否已经停泊待命。至于“三月十七果成行否”，则是因为此前纪泽母子择日求吉，时间不确定，但曾国藩担心有所延搁，官场送行者诸多不便，耽误别人的时间与精力。

三是告诫家属，三千里行程，沿途州县政府官员，必定谦恭迎送，送酒席、送财礼者将会络绎不绝，你们可能也将疲于应酬。但人家是一番好意，你们除了不受酒席、不收财礼外，待人接物，必须要有一副谦虚谨慎态度，不要让人感觉到你们清高傲慢，拒人于千里之外的样子。

四是接着前面所说待人接物的话，顺势告诫子弟，做人要从“勤”“俭”“刚”“明”“忠”“恕”“谦”“浑”八德中对照改进。纪泽人很聪明，“但嫌过于玲珑剔透”，这不好，要改，对人对事，都要“含浑”一些，这样既可以大度包容，也可以装糊涂少些麻烦事。至于纪鸿，“则从‘勤’字上用些工夫”，用“勤”字提高学习水平。

五是让儿子转告夫人，我身体平安，告诉你娘，放心。落款的“济宁州”，则不经意中，显示出几分行军征途的重任与孑然一身的孤苦来。

谕纪泽　同治六年二月十三日

字谕纪泽儿：

二月初九日王则智等到营，接澄叔及尔母腊月二十五日之信并甜酒、饼粑等物。十二日接尔正月二十一日之禀，十三日接澄叔正月十四日之信，具悉一切。

富圫修理旧屋〔一〕，何以花钱至七千串之多〔二〕？即新造一屋，亦不应费钱许多〔三〕。余生平以大官之家买田起屋为可愧之事，不料我家竟尔行之〔四〕。澄叔诸事皆能体我之心〔五〕，独用财太奢，与我意大不相合。凡居官不可有清名，若名清而实不清，尤为造物所怒〔六〕。我家欠澄叔一千余金，将来余必寄还，而目下实不能遽还。

尔于经营外事颇有才而精细，何不禀商尔母暨澄叔〔七〕，将家中每年用度必不可少者逐条开出〔八〕，计一岁除田谷所入外〔九〕，尚少若干，寄营，余核定后以便按年付回。

沅叔屡奉寄谕严加诘责〔一〇〕。劾官之事，中外多不谓然〔一一〕，湖北绅士公呈请留官相〔一二〕，幸谭抄呈入奏时朝廷未经宣布〔一三〕。沅叔近日心绪极不佳，而捻匪久蹂鄂境不出〔一四〕，尤可闷也。

此信呈澄叔阅，不另致。

涤生手草

注释

〔一〕富坨（tuó）：曾国藩老家，今为双峰县荷叶乡。

〔二〕七千串：七千吊钱。一串钱，即一千个铜钱，俗称一吊钱。七千串当时大体相当于六千多两银钱。

〔三〕许多：这么多。

〔四〕竟尔：竟然。

〔五〕体：体会，体谅。

〔六〕造物：即“造物者”，创造万物的天地神灵。

〔七〕暨：与，和。

〔八〕用度：此处指生活开支。

〔九〕一岁：一年。田谷所入：稻田产量收入。

〔一〇〕寄谕：由军机处直接寄发给相关高官的上谕。诘（jié）责：严厉质问、责备。

〔一一〕劾官之事：即曾国荃弹劾湖广总督官文一事。中外：此处指朝廷内外。多不谓然：大多不认可。

〔一二〕公呈：集体上书。官相：即官文，位居文华殿大学士。

〔一三〕谭：此处指谭廷襄（？—1870），字竹崖，浙江省山阴县（今绍兴）人。由刑部主事官至刑部尚书。

〔一四〕捻匪：指捻军。蹂：即“蹂躏”，有“侵扰”“欺凌”等义。鄂境：湖北省内。

点评

第一段话，哪一天，谁来了，接到你四叔与你母亲哪一天的信，还有哪些家乡土特产；哪两天，又接到你的信，你四叔的信，说这么清楚干什么呢？看来是有意如此，避免拿起笔就生气训人。

因为接下来就是生气质问：旧宅整修，怎么花掉六千多两银子？造个新屋，也要不了这么多钱！我一辈子从来都是看不起别人当官就买田造房，没想到你们竟然让我也落下这个骂名。你四叔别的都好，就是花钱太大手，与我决然两样。谁都知道，做官的人要避开那个“清廉”的大名，清廉大名天下皆知，却又并不清廉，天地神灵都要制裁的。你四叔垫付这么多钱，我将来一定寄还给他，只是现在实在拿不出。

以上一段话，确实很生气，很少见他如此写信。查看曾国藩日记，二月初九日有如下记载：“是日，接腊月廿五日家信，知修整富厚堂屋宇，用钱共七千串之多，不知何以浩费如此，深为骇叹。余生平以起屋买田为仕宦之恶习，誓不为之，不料奢靡若此，何颜见人？平日所说之话全不践言，可羞孰甚！屋既如此，以后诸事奢侈，不问可知。”过了三天再写信，尽管很生气，但是严厉批评不多。因为房子不是老婆孩子装修的，是自家老弟擅自主张先斩后奏的。花了六千多两银子，还要还他一千多两，一时又还不出，生气。更气人的是丢面子，这么豪华的装修，自己再也说不起硬话了，丑话要给别人说去了。

这所房子就是现在的国家文物保护单位曾国藩故居“富厚堂”。豪华不见得，就是场面很大，房子很多，一看就是乡间土财主的搞法。我曾经陪伴湘军将领后裔去看过，他说，就这呀，让文正公那么生气，没什么呀，我们徽州老宅，比这好很多。

最后一段，则表现出对九弟国荃冒失弹劾官文的悻然之色。反正，都不省心。这封信，你拿给四叔去看，不给他写信了。

谕纪泽　同治七年二月二十五日

字谕纪泽儿：

科一作文数次〔一〕，脉理全不明白〔二〕，字句亦欠清顺。欲令其归应秋闱〔三〕，则恐文理纰缪〔四〕，为监临以下各官所笑〔五〕；欲不令其下场〔六〕，又恐阻其少年进取之志。拟带至金陵，于三月初八、四月初八，学乡场之例〔七〕，令其于九日内，各作三场，十四艺〔八〕，果能完卷无笑话，五月再遣归，应秋试〔九〕。

科一生长富贵，但闻谀颂之言，不闻督责鄙笑之语，故文理浅陋而不自知，又处境太顺，无困横激发之时〔一〇〕，本难期其长进。惟其眉宇大有清气，志趣亦不庸鄙，将来或终有成就。

余二十岁在衡阳从汪师读书〔一一〕，二十一岁在家中教澄、温二弟，其时之文与科一目下之文相似〔一二〕，亦系脉不清而调不圆。厥后癸巳、甲午间〔一三〕，余年二十三四，聪明始小开，至留馆以后年三十一二岁〔一四〕，聪明始大开。科一或禀父体〔一五〕，似余之聪明晚开，亦未可知。拟访一良师，朝夕与之讲《四书》、经书、八股，不知果能聘请否？若能聘得，则科一与叶亭及今为之未迟也〔一六〕。

涤生手示，宝应舟中〔一七〕

注释

〔一〕科一：即曾纪鸿，科一是他的派名。

〔二〕脉理：指行文的思路与层次的条理性。

〔三〕应：此处是“参与”的意思。秋闱：即乡试，乡试一般在贡院举行，四周有围墙两层，每位考生一间号房，故有“闱场”之称，又因为在秋季八月中举行，故称“秋闱”。

〔四〕纰缪（pī miù）：错误，荒谬。

〔五〕监临以下各官：乡试的正副主考为朝廷钦派，监临则或为巡抚、布政使、按察使，或为道员、知府。监临以下，还有外提调、外监试、外收掌、受卷、弥封、誊录、对读，负责监考与收卷等事，一般由当地举人、进士出身的中层官员担任。

〔六〕下场：此处指进入考场，参加科举考试。

〔七〕乡场：乡试期间的各场考试。

〔八〕十四艺：十四篇应试诗文。

〔九〕秋试：即乡试。

〔一〇〕困横：即“困心横虑”之省，意指心意困苦，穷思苦想。

〔一一〕汪师：即汪炳龙，字阶云，号觉庵。衡阳私塾教书先生，曾国藩早年从师一年。

〔一二〕目下：眼下，当前。

〔一三〕厥后：此后，后来。癸巳：指道光十三年（1833）。甲午：指道光十四年（1834）。

〔一四〕留馆：清代制度，翰林院庶吉士经过两到三年学习后，举行散馆考试，优者留馆，授予正式官职，欠佳者改发六部当主事，或分发到地方做知县。

〔一五〕禀父体：禀性继承父亲的基因。

〔一六〕叶亭：即王镇镛，字叶亭，曾国藩二妹曾国蕙之子，此时在曾国藩幕中担任文秘工作。

〔一七〕宝应：即宝应县，在江苏省中部。

点评

曾纪鸿在三年前考上了秀才，现在已经年满二十，作为父亲，曾国藩当然希望他尽快考中举人、考取进士，但是，从他这几年看到的儿子诗文，他又几次阻止纪鸿仓促参与乡试。最近几个月，他把纪鸿从湖南叫到江苏，在徐州等地亲自督促，亲自指导，但效果不明显，最近写出来的文章，让他非常失望。曾国藩自己既做过乡试考生，也当过乡试考官，什么样的文章能考取，什么样的文章被淘汰，他心里非常清楚，“脉理全不明白，字句亦欠清顺”，这种话，他不是随便说的，这样的水平，想考中举人，必须下大力气苦读苦学。他自己当年就是这么挣扎发愤才金榜题名的。

可是，命运就这么神奇：曾国藩只是一个乡村塾师的儿子，老爹考了十七次，四十三岁才中了个秀才，曾国藩只能从草根做起，靠的是勤学苦练，靠的是真才实学；而曾纪鸿生长于侍郎、相国之家，他不可能去悬梁刺股、挑灯夜读。这一点，曾国藩自己也明白，所以他在信中感叹，“生长富贵，但闻谀颂之言，不闻督责鄙笑之语，故文理浅陋而不自知，又处境太顺，无困横激发之时”。怎么办呢？自己养的儿子，总不能坐视不管吧？而且，看他眉宇之间，大有清气，应该不算凡庸啊，或者，像我当年？我二十岁的时候，跟他现在差不多，也是文脉不清，行文不畅。但三四年后，开始心智小开，三十一二岁后，心智才大开。科一的天分或者就像他爹，后知后觉，大器晚成？这么看来，还是打起精神，把他带到南京，三月一次，四月一次，仿照乡试三场的做法，九天十四篇，如果能够完卷，如果不太难看，或许可以回湘参试吧。

真是应了那句老话：家家都有一本难念的经。为纪鸿读书应考之事，曾国藩真是伤透了脑筋，而曾纪鸿最后也倒在了科举考试的荆棘途中。

谕纪泽　同治七年三月二十八日

字谕纪泽儿：

接尔三月十一日省城发禀，具悉一切。

尔信中述左帅密劾次青〔一〕，又与鸿儿信言闽中谣歌之事〔二〕，恐均不确。余闻少泉言及闽绅公禀留左帅〔三〕，幼丹实不与闻〔四〕。特因官阶最大，列渠首衔〔五〕。左帅奏请幼丹督办轮船厂务〔六〕，幼已坚辞〔七〕，见诸廷寄矣〔八〕。余于左、沈二公之以怨报德，此中诚不能无芥蒂〔九〕，然老年笃畏天命，力求克去褊心忮心〔一〇〕。尔辈少年，尤不宜妄生意气，于二公但不通闻问而已〔一一〕，此外着不得丝毫意见〔一二〕。切记，切记。

尔禀气太清〔一三〕，清则易柔，惟志趣高坚，则可变柔为刚；清则易刻〔一四〕，惟襟怀闲远，则可化刻为厚〔一五〕。余字汝曰劼刚〔一六〕，恐其稍涉柔弱也；教汝读书须具大量〔一七〕，看陆诗以导闲适之抱〔一八〕，恐其稍涉刻薄也。尔天性淡于荣利〔一九〕，再从此二事用功，则终身受用不尽矣。

涤生手示

注释

〔一〕左帅：即左宗棠，同治五年由闽浙总督调任陕甘总督。密劾：大臣用密片上奏朝廷，检举弹劾违纪官员。次青：即李元度，在浙江按察使任内被查处。

〔二〕谣歌：民间涉及政治批评的歌谣式传言。

〔三〕少泉：即李鸿章，号少泉。闽绅：福建绅士。公禀：集体联名上书。

〔四〕幼丹：即沈葆桢（1820—1879），字幼丹，福建省侯官县（今属福州市）人。由翰林院编修官至两江总督。与闻：参与其事。

〔五〕列渠首衔：把他的官衔列在首位。

〔六〕轮船厂：此处指福州轮船局。

〔七〕幼：此处为“幼丹”的省称。

〔八〕廷寄：清代由军机处密封寄出的机密谕旨。

〔九〕诚：确实。芥蒂：本义为细小之物，引申为积压在心中的怨气与不满。

〔一〇〕褊（biǎn）心：狭隘之心。“褊”的本义是衣服狭小。忮（zhì）心：嫉妒忌恨之心。“忮”的本义是“强悍”。

〔一一〕不通闻问：不通音问，不与往来。

〔一二〕着（zhuó）：附加上。意见：此处有“意气”“不服气”的意思。

〔一三〕禀气：与生俱来的性格。

〔一四〕刻：刻薄。

〔一五〕厚：宽厚。

〔一六〕字汝曰劼（jié）刚：给你取字“劼刚”。“劼”的本义是“慎重”。

〔一七〕大量：广大的气量。

〔一八〕陆诗：宋代文学家陆游的诗歌。闲适：清闲安逸。抱：怀抱，气度。

〔一九〕荣利：功名利禄，荣华富贵。

点评

曾纪泽写给父亲与纪鸿这两封信，现存《湘乡曾氏文献》未见留存。但就是这两封信，让曾国藩颇不以为然。

此时曾纪泽刚从南京回到湖南不久，大概是从长沙官场得知传闻，左宗棠又在弹劾李元度了，而且是用密折参奏。因为曾国藩兄弟上奏攻克南京的战报与事实不尽相符，闽浙总督左宗棠为此公然指责二曾追杀不力，有虚报战功之嫌，曾、左二人从此失和，老死不相往来。至于“密劾”李元度，则传闻不确。这里情况很复杂：本来是曾国藩几次上奏追究李元度徽州溃败失职，致使朝廷下旨，命时任浙江巡抚的左宗棠查实上报，而李元度的浙江按察使与署理布政使的职务又在左宗棠到任之前，两人本来互不买账，左宗棠当时看在曾国藩求情的面子上，对李元度略有开脱，但又留有很大的尾巴，体现出左宗棠既公正又记仇的两面性。这些事情，曾国藩其实非常清楚，他看到的都是第一手材料，比湖南官场的传闻要迅速得多，准确得多。此外，纪泽写给纪鸿的福建民间歌谣传言，大概都是不利于前任闽浙总督左宗棠与现任船政大臣沈葆桢的，曾国藩也据自己的亲信李鸿章所言，和自己亲眼见到的廷寄，认为歌谣言过其实。为此，他觉得自己的儿子在此两件人事问题上，态度与方式均属不妥。

首先，左宗棠与沈葆桢，都是曾经得恩于曾国藩的，没有曾国藩的力荐，这两个人不可能这么快被朝廷破格重用，升任巡抚职位。但这两人，后来都颇有点忘恩负义：沈葆桢为了争夺江西财税，不惜与恩公撕破脸，当时国荃在南京前线万分紧急，沈葆桢如此绝情，让曾国藩很伤心；左宗棠生性霸道，远近闻名，他之所以揭穿南京破城漏网众多，仅仅是因为曾国藩以前说过杭州克复的近似情形，这才以牙还牙，多少有点公报私仇。大概是出于对李元度的同情，当然也有对左、沈二人的不屑，曾纪泽这才把这些事写进家书中。但是，曾国藩训诫纪泽，“尔辈少年”，对父辈的恩怨，“不宜妄生意气”，“着不得丝毫意见”。

第二，曾国藩希望看到的，是家眷们在老家湘乡耕读立业，应该远离这种官场谣言，不要听，不要信，更不要传，这才是正道。曾国藩封侯拜相，位极人臣，本来已经众人瞩目，子弟更应该谦虚谨慎，远离是非，何况这些是非直接涉及自己父辈的纠葛。因此，他明确教导纪泽，对于左、沈二公，只要不相往来就可以了。

第三，曾国藩一直认为纪泽性格不稳重，说话太轻易，走路太轻快，一直要他说话宁可迟钝一点，想好了再说，有话也要少说；做人要“含浑”一点，遇事装点糊涂，不要看穿，不要说破，宁可大度包容。大概是纪泽这次的信中，有些言辞不当，曾国藩在信末重重写了几笔：你禀性本就不宽厚，容易走向刻薄一路，所以给你取字“劼刚”，为的就是要慎重、阳刚，做人要大度大量，要襟怀闲远闲适，要“化刻为厚”，不要太计较别人。你要改正这个毛病，这会让你终身受用不尽。

谕纪泽　同治八年正月二十二夜

字谕纪泽儿：

久未闻两江折差入京〔一〕，是以未及写信。前接尔腊月二十六日禀，本日固安途次又接尔正月初七禀〔二〕，具悉一切。

正月灯节以前惟初三、初五无宴席〔三〕，余皆赴人之召。然每日仅吃一家，有重复者辄辞谢。军机处及弘德殿诸公颇有相敬之意〔四〕，较去冬初到时似加亲厚，九列中亦无违言〔五〕。然余生平最怕以势利相接，以机心相贸〔六〕，决计不作京官，亦不愿久作直督〔七〕。约计履任一年即当引疾悬车〔八〕，若到官有掣肘之处〔九〕，并不待一年期满矣。

接眷北来〔一〇〕，殊难定策，听尔与尔母熟商〔一一〕。或全眷今春即回湖南，或全家北来保定，明年与我同回湖南，均无不可。

余送别敬壹万四千余金〔一二〕，三江两湖五省全送〔一三〕，合之捐款及杂费凡万六千上下，加以用度千余金，再带二千余金赴官，共用二万两。已写信寄应敏斋〔一四〕，由作梅于余所存缉私经费项下提出归款〔一五〕。阅该项存后路粮台者已有三万余金〔一六〕，余家于此二万外不可再取丝毫。尔密商之作梅先生、雨亭方伯〔一七〕，设法用去。凡散财最忌有名，总不可使一人知（一有名便有许多窒碍，或捏作善后局之零用〔一八〕，或留作报销局之部费〔一九〕，不可捐为善举费）。至嘱至嘱。余生平以享大名为忧，若清廉之名尤恐折福也。尔等进京，可至雨亭处取养廉数千金作为途费〔二〇〕，余者仍寄雨亭处（另款存库），余罢官后或取作终老之资〔二一〕，已极丰裕矣。此谕。

涤生手示，固安工次〔二二〕

注释

〔一〕两江折差（chāi）：指两江总督府往来北京传送奏折的下级军官。

〔二〕固安：固安县，在河北省中部。途次：旅行途中。

〔三〕灯节：即元宵节，农历正月十五日，因观赏花灯而得名。

〔四〕军机处：清朝辅佐皇帝处理国事的政务机构，选拔大学士、尚书、侍郎等得力者入值，即军机大臣，领班者称首辅，职权相当于首相。弘德殿：清代皇帝处理政务和读书的地方。“弘德殿诸公”即朝廷重臣。

〔五〕九列：即“九卿”，清代的九卿，通常指都察院、大理寺、太常寺、光禄寺、鸿胪寺、太仆寺、通政使司、宗人府、銮仪卫的主官。违言：此处指“不好的看法”。

〔六〕机心：机巧功利之心。相贸：互相交换利用。

〔七〕直督：即直隶总督，掌管直隶（今天津市，河北省大部分及河南省、山东省一小部分）军民政务的军政长官。

〔八〕履任：官员到任，履行职责。引疾：托病辞职。悬车：古人七十岁可以不再当官，称为“致仕”，即把官职还给君王，将官车架起来不再使用，表示不再需要乘坐外出。

〔九〕掣（chè）肘：被人拉着胳膊，比喻有人从旁牵制，工作受干扰。

〔一〇〕眷：家眷，家属。

〔一一〕听：听凭，任凭。

〔一二〕别敬：也叫“别仪”，此处指地方官出京任职前，送给大小京官的酬谢与笼络性礼金。

〔一三〕三江：即江苏、安徽与江西三省。清代初期，设江南省与江西省，后将江南省拆分为江南左省与江南右省，左省取江宁府与苏州府首字，称江苏省，右省取安庆府与徽州府首字，称安徽省。两湖：即湖南省、湖北省。

〔一四〕应敏斋：即应宝时（1821—1890），字敏斋，浙江省永康县（今永康市）人。以举人历官松江知府、苏松太道、江苏按察使。

〔一五〕作梅：即陈鼒，字作梅，曾国藩后期幕僚。缉私：政府专职机构稽查民间违法走私行为。提出：提取出来。

〔一六〕粮台：清代各路大军自行设立的军需处，负责军粮供应以及各项军需保障。

〔一七〕雨亭：即李宗羲（1818—1884），号雨亭，四川开县（今重庆市开州区）人。历任安庆知府、两淮盐运使、江宁布政使、山西巡抚、两江总督。方伯：布政使的尊称。

〔一八〕捏：假冒，谎称。善后局：当时江苏、安徽等省战后临时设置处理民政的善后机构。

〔一九〕报销局：当时江苏、安徽等省战后处理历年军费开支的临时机构。部费：地方政府向户部报销各种财政开支，需要上缴一定数量的手续费。

〔二〇〕养廉：即养廉银，地方官员从当地财政杂款中支取的补贴性俸禄。途费：路费。

〔二一〕罢官：免除官职。终老之资：官员退休、停止俸禄之后的养老钱。

〔二二〕工次：巡视工地的途中。

点评

曾国藩去年调任直隶总督，十一月从南京启程北上，十二月抵达北京。前三天，连日进宫，接受两宫皇太后的各项询问与指示。完成这种陛见请训的首要任务后，他便开始拜会王公大臣。这是他咸丰二年出京后，十七年来首次回京，而且现在位居武英殿大学士，一等毅勇侯，又新任直隶总督，因此，接下来的一个月，他几乎是马不停蹄地拜客赴宴，直到前天才出京南下。在前往保定总督府所在地的途中，接到纪泽在南京发来的家书，这才抽空写下回信。

信中说了三件事：

第一件，告知在京交游简况，很热闹，但毕竟是京城，与王公大臣交际，应酬仪礼多，真情实感少，直隶紧邻首都，长此以往，恐怕多少会有些“以势利相接，以机心相贸”，免不了互相利用。因此，曾国藩明确表示，直隶总督，做满一年就辞官回家，如果工作不顺畅，不满一年也不干了。这不是他故作姿态，一年前他就与国潢、国荃以及纪泽等人一再讨论过辞官获批的可能性。宦海风波三十年，出将入相，文人封侯，功业也算到顶了，年近六十，告老还乡，享受几年清福，可以了。

第二件，家眷北上的问题。曾国藩表示，很难决策。继续住在南京是不可能的了，夫人以下，大概谁也不想回到湖南。习惯了南京这样的大都市生活，他们是不会主动要求回湘乡、回长沙的，同时，他们也不习惯保定这种北方城市的气候与饮食。另一方面，曾国藩又很不想在直隶总督的位子上做下去，而且连京官也不想做了，他似乎满心只有一年后叶落归根的愿望。所以，对于这个问题，曾国藩对纪泽表示，你们母子想清楚，先来保定也可，直接回湘也可，反正明年是要回家的。

第三件，是这封信的重点，处理自己在两江总督任内积累的养廉银与公务款。清朝制度，京官有两份俸禄，即正俸与恩俸，外官只有正俸，没有恩俸，但可以从当地财政中提取不同数量的补贴，这就是养廉银。正俸是严格按照官职领取，而养廉银则比较自由，何时领取，领取多少，用款去向，都是各地自行处理。两江总督的养廉银，一年高达一万八千两。除此之外，各级地方政府，又有各种名目的摊派费，地方财政按照惯例，按一定比例从中抽取行政经费，用于各种公务开支。曾国藩在信中说，送给三江两湖的京官的别敬款，一万四千两，加上各种捐费、杂费，共计一万六，进京路费、在京生活费，又花掉了一千多，再带两千去保定，共计二万两。于是，他吩咐纪泽，这两万，你去找应宝时、陈鼒二人，让他们在我名下留存的缉私公费里抵扣。这笔经费，总计三万多，存在后路粮台，我这一次用掉了两万，剩下的，你不能再拿一分一毫了。不仅不能拿走，你还要去找陈鼒和江宁布政使李宗羲，密谋合计，把它悄悄用掉，假报几个名目，或者是作为善后局的零用，或者是作为报销局的部费，但不能作为捐款善举。散财最招人瞩目，必须低调处理。至于你们离开南京的路费，可以从我历年留存的养廉银中领取一千两，余下的，继续存放在公款库内，将来罢官回家，我拿它养老，足够了。

曾纪泽这年已经三十一岁，这些年，他一直没有进京考荫进入官场，但曾国藩一直让他负责涉及家政与公务的机要事件，这既是培养儿子的行政能力，也是传授做人做事的眼光与气量。离任官员如何处理任内公款，最能体现人品高下，所以，曾国藩这才手把手教导纪泽，一定要妥善对待。

谕纪寿　同治九年正月初八日

岳崧三侄左右〔一〕：

顷接来禀，字迹圆整，文气清畅，昔时四岁而孤，至是已有成立，深以为慰！

侄念及三河旧事〔二〕，奋然有报仇雪憾之意，志趣远大，尤可嘉尚。古来圣贤豪杰，皆有非常之志。人之有志，犹水之有源，木之有根，作室之有基〔三〕，力田之有种〔四〕。今粤逆、捻逆均已殄灭〔五〕，中原次第荡平〔六〕，侄年方幼学〔七〕，宜立志多读古书，立志作第一好人。

读古书，先熟悉四书五经〔八〕，然后次及于《周礼》《仪礼》《公》《穀》《尔雅》《孝经》《国语》《国策》《史记》《汉书》《庄子》《荀子》《说文》《文选》《通鉴》〔九〕，及李、杜、苏、黄之诗〔一〇〕，韩、欧、曾、王之文〔一一〕，周、程、张、朱之义理〔一二〕，葛、陆、范、韩之经济〔一三〕，次第诵习。虽不能一旦全看，而立志不可不博观而广蓄。

作好人，先从五伦讲起〔一四〕。君臣有义，父子有亲，夫妇有别，长幼有序，朋友有信。自幼小以至老耄〔一五〕，自乡党以至朝廷，处处求无愧于五伦，时时以实心行之。又须求有济于斯世〔一六〕。伊尹以一夫不获为己之辜〔一七〕，范文正做秀才〔一八〕，便以天下为己任，可以为法。切不可度量狭隘，专作一自了汉〔一九〕，与他人较量锱铢〔二〇〕。又须习勤耐苦，处贫困而不忧，历患难而不惧。孟子所谓“苦其心志，劳其筋骨，饿其体肤，困乏其身”，正所以当大任。张子所谓“贫贱忧戚，正所以玉汝于成”〔二一〕。自古无终身安乐而克成伟人者，历尽多少艰苦不如意之事，乃可磨炼出大材来。又须从“敬”“慎”二字上用功。敬者，内则专静纯一，外则整齐严肃，《论语》之九思如“视思明，听思聪”之类〔二二〕，《玉藻》之九容如“足容重，手容恭”之类〔二三〕。慎者，凡事不苟，尤以谨言为先。此四端者，一讲敦伦〔二四〕，一求济世〔二五〕，是终身之远大规模也；一习艰苦，一学敬慎，是随时之切实工夫也。

侄此时虽不能将四者全行体验，而立志不可不广大而精凝。果有志于读古书、作好人，则将来可为愍烈公克家之子〔二六〕，即可为朝廷有用之材矣。目下尤切者，事嫡母、生母曲尽孝道〔二七〕，能使两母皆洽欢心，一门毫无闲言，此即尽伦之道；于九思九容上着力，使门内有一种肃雍气象，此即敬慎之效。余事且可从容做去。至嘱，至嘱！

余今年六十，精力衰颓，目光甚蒙。内人自八月得病，至今半年未愈，署内殊无佳况。纪鸿于元旦日得举一子〔二八〕，小大平安，差以为慰。余详日记中。顺请叔母罗太夫人福安〔二九〕，侄之嫡母、生母近好。

涤生手草

注释

〔一〕岳崧：即曾纪寿（1855—1930），字岳崧，派名鼎三，曾国华子。

〔二〕三河旧事：即咸丰八年湘军李续宾部在安徽三河镇大败，曾国华战死于此。

〔三〕作室：建造房子。基：地基，建造房屋的地基。

〔四〕力田：耕种农田。种：种子。

〔五〕粤逆：指太平军。捻逆：指捻军。殄（tiǎn）灭：消灭，灭绝。

〔六〕次第：依次。荡平：扫荡平定。

〔七〕幼学：指幼学之年，即十岁。

〔八〕四书五经：即儒家经典中的《大学》《中庸》《论语》《孟子》与《诗经》《尚书》《礼记》《周易》《春秋》。

〔九〕《公》《穀》：即《春秋公羊传》与《春秋穀梁传》。

〔一〇〕李、杜、苏、黄：指唐代诗人李白、杜甫和宋代诗人苏轼、黄庭坚。

〔一一〕韩、欧、曾、王：指唐代文学家韩愈和宋代文学家欧阳修、曾巩、王安石。

〔一二〕周、程、张、朱：指宋代思想家周敦颐、程颢、程颐、张载、朱熹。义理：宋代的儒家理学，强调心性修养。

〔一三〕葛、陆、范、韩：指三国政治家诸葛亮、唐代政治家陆贽，宋代政治家范仲淹、韩琦。经济：指经邦治国的政治才能。

〔一四〕五伦：封建时代指君臣、父子、兄弟、夫妻、朋友之间五种伦理关系。

〔一五〕老耄（mào）：高年老人。“耄”指八九十岁的年纪。

〔一六〕有济：有助于，有益于。

〔一七〕伊尹：商朝大臣。一夫：一人。不获：没有生活来源。辜：罪。

〔一八〕范文正：即范仲淹，谥“文正”。

〔一九〕自了汉：只管自己，不管别人，不管世事之人。

〔二〇〕较量锱铢（zī zhū）：为小事过分计较。“锱铢”是很小的计量单位。

〔二一〕张子：即张载，宋代思想家。玉汝于成：像打磨璞玉一样磨炼你，使你成器，比喻经过磨难后获得成功。

〔二二〕九思：语出《论语·季氏》：子曰：“君子有九思：视思明，听思聪，色思温，貌思恭，言思忠，事思敬，疑思问，忿思难，见得思义。”

〔二三〕《玉藻》：《礼记》中的一篇。九容：《玉藻》称君子有九容，足容重，手容恭，目容端，口容止，声容静，头容直，气容肃，立容德，色容庄。

〔二四〕敦伦：此处是“讲求人伦规范”的意思。

〔二五〕济世：救世，救助世人。

〔二六〕愍烈公：指曾国华，战死后予谥“愍烈”。克家：能够继承家业。

〔二七〕嫡母：父亲的正妻。

〔二八〕得举一子：生了一个儿子。“举”有“生育”“抚养”的意思。

〔二九〕叔母罗太夫人：指曾国藩叔父之妾。

点评

这封信，是我在20世纪80年代末从曾国藩家乡一农户家访得，共四张拓片，审其字迹．确为曾国藩亲笔，落款为“涤生手草，正月初八”。据信末“今年六十”及“纪鸿元旦日得举一子”，知为同治九年所作。查曾国藩日记，正月初八“夜写鼎三侄信，约五百余字”。“鼎三”是派名，“岳崧”是字，其本名则为纪寿。

曾纪寿是曾国华的庶子，曾国华在咸丰八年死于三河之役，纪寿四岁而孤，又是曾国华一脉单传，所以曾国藩对他非常关怀。当他丧父之初，曾国藩便与兄弟相约，共同承担教养义务，而且在致弟书中嘱咐：“纪寿侄目清眉耸，忠义之后，当有出息，全家皆宜另目看之。”家书中偶尔得知纪寿患病，便十分着急。及其康复，则立时转忧为喜。而其平素家书，尤以纪寿善于读书为大喜大慰之事。即如此次接纪寿来信，同治八年十二月二十七日《日记》便有如下记录：“接家信……有纪寿侄一信。余离家时，侄犹是四岁小儿，今已十有五岁，文理清顺，字亦圆秀，孤儿渐有成立，且慰且悲。”于是，曾国藩在政务繁重而又老眼昏花的情况下，勉力支持，亲笔复书，一气写下四纸，勖以读古书，做好人，反复教导，苦口婆心，至今读之，仍令人动容。

至信中开示读书门径，曾国藩在谕纪泽、纪鸿之时，已经无数次重复，人皆习知，励志敦品，也都是老人情怀。但是，“敬”“慎”二字，再三叮嘱，则似别有深意。曾国华性格傲狠孤僻，好为奇论惊俗，带兵以后，与吴坤修、刘峙衡、普承尧诸将各不相下，左宗棠致书胡林翼，曾大骂“曾温甫蠢”而“恨其庸”，稍后又寓书切诫。纪寿大概性格很像父亲，曾国藩经常夸他目清眉耸，轩昂出群。此次来书，“念及三河旧事，奋然有报仇雪憾之意”，曾国藩也许是担心侄儿流于虚骄一路，故复书起首便以发捻就灭、中原荡平为词，战争结束了，和平年代，要力学，要敦品，要平实，特别是要以日常之尽孝尽伦、肃雍敬慎为切实下手功夫，“余事且可从容做去”。信中“切不可度量狭隘，专作一自了汉，与他人较量锱铢”之句，也许是有所指而发。

曾纪寿次年考上秀才，曾国藩非常高兴。因为这样一来，他祖父星冈公的第四代，全都成了秀才，而他家书中有几句名言，“秀才者，读书之种子也，世家之招牌也，礼仪之旗帜也”，“吾不愿代代做大官，只愿代代有秀才”。代代都有读书人，曾家后人一直传到现在。

这封信当时可能没有录副，曾国藩的奏牍书札、诗文家书，凡重要者都有抄存副本，但他现存的亲笔信函抄本没有这封信，曾国藩去世后，家人汇编刊刻《家书》，也就没有将此信收入。检曾国藩日记，他写给侄儿辈的书信，大概只有四五封，而曾纪寿对大伯父的来信非常珍惜，所以把它拓印下来。

谕纪泽纪鸿　同治九年六月初四日

余即日前赴天津〔一〕，查办殴毙洋人焚毁教堂一案〔二〕。外国性情凶悍〔三〕，津民习气浮嚣〔四〕，俱难和叶〔五〕，将来构怨兴兵，恐致激成大变。余此行反复筹思，殊无良策。余自咸丰三年募勇以来，即自誓效命疆场，今老年病躯，危难之际，断不肯吝于一死，以自负其初心。恐邂逅及难〔六〕，而尔等诸事无所禀承，兹略示一二，以备不虞〔七〕。

余若长逝〔八〕，灵柩自以由运河搬回江南归湘为便。中间虽有临清至张秋一节须改陆路〔九〕，较之全行陆路者差易〔一〇〕。去年由海船送来之书籍、木器等过于繁重，断不可全行带回，须细心分别去留。可送者分送，可毁者焚毁，其必不可弃者，乃行带归，毋贪琐物而花途费。其在保定自制之木器全行分送。沿途谢绝一切，概不收礼，但水陆略求兵勇护送而已。

余历年奏折，令夏吏择要抄录，今已抄一多半，自须全行择抄。抄毕后存之家中，留于子孙观览，不可发刻送人，以其间可存者绝少也。余所作古文，黎莼斋抄录颇多〔一一〕，顷渠已照抄一分寄余处存稿，此外黎所未抄之文，寥寥无几，尤不可发刻送人，不特篇帙太少，且少壮不克努力，志亢而才不足以副之，刻出适以彰其陋耳。如有知旧劝刻余集者〔一二〕，婉言谢之可也。切嘱，切嘱。

余生平略涉儒先之书〔一三〕，见圣贤教人修身，千言万语，而要以不忮不求为重〔一四〕。“忮”者，嫉贤害能，妒功争宠，所谓“怠者不能修，忌者畏人修”之类也〔一五〕。“求”者，贪利贪名，怀土怀惠〔一六〕，所谓“未得患得，既得患失”之类也。“忮”不常见，每发露于名业相侔、势位相埒之人〔一七〕；“求”不常见，每发露于货财相接、仕进相妨之际。将欲造福，先去忮心，所谓“人能充无欲害人之心，而仁不可胜用”也〔一八〕。将欲立品，先去求心，所谓“人能充无穿窬之心，而义不可胜用”也〔一九〕。“忮”不去，满怀皆是荆棘；“求”不去，满腔日即卑污〔二〇〕。余于此二者常加克治〔二一〕，恨尚未能扫除净尽。尔等欲心地干净，宜于此二者痛下工夫，并愿子孙世世戒之。附作《忮求诗》二首录后。

历览有国有家之兴，皆由克勤克俭所致。其衰也，则反是。余生平亦颇以“勤”字自励，而实不能勤。故读书无手抄之册，居官无可存之牍〔二二〕。生平亦好以“俭”字教人，而自问实不能俭。今署中内外服役之人，厨房日用之数，亦云奢矣〔二三〕。其故由于前在军营，规模宏阔，相沿未改，近因多病，医药之资，漫无限制。由俭入奢易于下水，由奢反俭难于登天〔二四〕。在两江交卸时〔二五〕，尚存养廉二万金。在余初意，不料有此，然似此放手用去，转瞬即已立尽。尔辈以后居家，须学陆梭山之法〔二六〕，每月用银若干两，限一成数，另封秤出。本月用毕，只准赢余，不准亏欠。衙门奢侈之习，不能不彻底痛改。余初带兵之时，立志不取军营之钱以自肥其私，今日差幸不负始愿，然亦不愿子孙过于贫困，低颜求人，惟在尔辈力崇俭德，善持其后而已。

孝友为家庭之祥瑞。凡所称因果报应，他事或不尽验，独孝友则立获吉庆，反是则立获殃祸，无不验者。吾早岁久宦京师，于孝养之道多疏，后来展转兵间，多获诸弟之助，而吾毫无裨益于诸弟。余兄弟姊妹各家，均有田宅之安，大抵皆九弟扶助之力。我身殁之后〔二七〕，尔等事两叔如父，事叔母如母，视堂兄弟如手足。凡事皆从省啬，独待诸叔之家则处处从厚，待堂兄弟以德业相劝、过失相规，期于彼此有成，为第一要义。其次则亲之欲其贵，爱之欲其富，常常以吉祥善事代诸昆季默为祷祝〔二八〕，自当神人共钦。温甫、季洪两弟之死，余内省觉有惭德。澄侯、沅甫两弟渐老，余此生不审能否相见。尔辈若能从"孝友"二字切实讲求，亦足为我弥缝缺憾耳。

善莫大于恕，德莫凶于妒。妒者妾妇行〔二九〕，琐琐奚比数〔三〇〕。己拙忌人能，己塞忌人遇〔三一〕。己若无事功，忌人得成务。己若无党援，忌人得多助。势位苟相敌，畏逼又相恶。己无好闻望，忌人文名著。己无贤子孙，忌人后嗣裕。争名日夜奔，争利东西骛〔三二〕。但期一身荣，不惜他人污。闻灾或欣幸，闻祸或悦豫〔三三〕。问渠何以然，不自知其故。尔室神来格〔三四〕，高明鬼所顾。天道常好还〔三五〕，嫉人还自误。幽明丛诟忌，乖气相回互。重者灾汝躬，轻亦减汝祚。我今告后生，悚然大觉寤。终身让人道，曾不失寸步〔三六〕。终身祝人善，曾不损尺布。消除嫉妒心，普天零甘露〔三七〕。家家获吉祥，我亦无恐怖。

右《不忮》〔三八〕

知足天地宽，贪得宇宙隘。岂无过人姿，多欲为患害。在约每思丰，居困常求泰。富求千乘车〔三九〕，贵求万钉带〔四〇〕。未得求速偿，既得求勿坏。芬馨比椒兰〔四一〕，磐固方泰岱〔四二〕。求荣不知餍〔四三〕，志亢神愈忲〔四四〕。岁燠有时寒〔四五〕，日明有时晦。时来多善缘，运去生灾怪。诸福不可期，百殃纷来会。片言动招尤〔四六〕，举足便有碍。戚戚抱殷忧，精爽日凋瘵〔四七〕。矫首望八荒〔四八〕，乾坤一何大！安荣无遽欣，患难无遽憝〔四九〕。君看十人中，八九无倚赖。人穷多过我，我穷犹可耐。而况处夷途〔五〇〕，奚事生嗟忾〔五一〕？于世少所求，俯仰有余快。俟命堪终古〔五二〕，曾不愿乎外。

右《不求》

注释

〔一〕即日：近日。

〔二〕殴毙：殴打致死。洋人：外国人。

〔三〕外国：此处指“外国人”。

〔四〕津民：天津的民众。浮嚣（xiāo）：浮躁，不踏实。

〔五〕和叶：即“和协”，和睦相处。

〔六〕邂逅（xiè hòu）：此处是“万一”“意外”的意思。

〔七〕不虞（yú）：意料不到，意外事故与事变。

〔八〕长逝：即“去世”的委婉说法。

〔九〕临清：临清州，在山东省西北部，今为临清市。张秋：张秋镇，在山东省阳谷县。

〔一〇〕差易：略微容易一些。

〔一一〕黎莼斋：即黎庶昌（1837—1898），字莼斋，贵州省遵义县（今为遵义市）人。曾国藩幕僚，历任江苏吴江知县、青浦知县、出使英国参赞、驻日公使。

〔一二〕刻：刊刻出版。集：文集。

〔一三〕儒先：即先儒，历代儒学名家。

〔一四〕忮（zhì）：此处是“嫉妒”“害人”的意思。

〔一五〕怠者不能修，忌者畏人修：语出韩愈《原毁》。“修”此处是“自我约束”之意。

〔一六〕怀土怀惠：语出《论语·里仁》，大意是不注重道德修养的小人，只关心财产与实惠。

〔一七〕相侔（móu）：相等。相埒（liè）：相同。

〔一八〕人能充无欲害人之心，而仁不可胜用：语出《孟子·尽心下》，大意是人只要能够推广不想害人之心，那他的仁爱之心就是取之不尽、用之不竭的了。

〔一九〕人能充无穿窬之心，而义不可胜用：语出《孟子·尽心下》，大意是人只要能够推广不想钻墙打洞偷窃之心，那他的正义之心就是取之不尽、用之不竭的了。

〔二〇〕日即卑污：日渐走向下流。

〔二一〕克治：克制私欲邪念。

〔二二〕牍：此处指公文批件。

〔二三〕云：此处是“可谓”“堪称”的意思。

〔二四〕反：此处同“返”。

〔二五〕两江：此处指两江总督府。交卸：官员离任交接。

〔二六〕陆梭山：即陆九韶，字子美，江西省金溪县人。南宋思想家，筑书斋于梭山，人称“梭山先生”。

〔二七〕殁（mò）：死亡，去世。

〔二八〕昆季：兄弟。

〔二九〕妾妇行：女人家的行径。

〔三〇〕奚比数：怎么能相比。

〔三一〕蹇：此处指“不顺遂”。遇：此处指“好运气”。

〔三二〕骛（wù）：奔驰，乱跑。

〔三三〕豫：高兴。

〔三四〕格：来，至。

〔三五〕天道常好还：语本《老子》，意思是天道循环，早晚都有报应。

〔三六〕曾（zēng）：乃，犹，表示转折语气。

〔三七〕零：此处是“降下”的意思。

〔三八〕右：古人行文，自右向左竖行，此处“右”即“前”“上”的意思。

〔三九〕千乘（shèng）车：古时以一车四马为一乘，拥有千乘者为诸侯。

〔四〇〕万钉带：皇帝赏赐给功臣的金玉腰带。

〔四一〕椒兰：芳香植物。

〔四二〕方：比方，比拟。泰岱（dài）：即泰山。泰山又名岱宗，故称泰岱。

〔四三〕餍（yàn）：满足。

〔四四〕忲（tài）：奢侈。

〔四五〕燠（yù）：热，暖和。

〔四六〕动：动辄。招尤：招来抱怨。

〔四七〕精爽：精神气象。凋瘵（zhài）：凋敝，疾苦。

〔四八〕矫首：抬头。八荒：八方荒远之地。

〔四九〕憝（duì）：怨恨。

〔五〇〕夷途：坦途，平坦之路。

〔五一〕奚事：何事。嗟忾（xì）：嗟叹。

〔五二〕俟命：听天由命。

点评

曾国藩这封遗书，是因为上月在天津爆发的“天津教案”而写。在此，首先要简单说一下“天津教案”。

这次教案的起因，是天津的外国基督教教堂出现死婴。当时各地教堂大多设有育婴堂，对那些出于爱心将路边弃婴送到教堂的人，传教士给予奖励。当时，天津附近不断有婴儿失踪，被人拐卖。有一个叫作武兰珍的拐卖犯被抓获，受审时供认是受教堂的中国教民王三指使。加上教堂不断有婴儿死去，草草埋葬，市民们便谣传传教士用婴儿的眼睛与心脏制作药物。于是天津道台、知府与知县三名地方官，押解武兰珍到教堂指认，市民聚集围观，并向教堂投掷石块。法国领事丰大业闻讯，持枪闯入三口通商大臣衙门，要求派兵制止，通商大臣崇厚支支吾吾，丰大业失去理智，竟然开枪示威，然后有恃无恐原路返回。路上遇到天津知县，丰大业再次拔枪射击，打伤知县随员，丰大业的随员西蒙也鸣枪示威。天津市民忍无可忍，一轰而上，将丰大业与西蒙乱拳打死，随后现场失控，市民们捣毁领事馆、教堂和外国商会，19名无辜传教士与商人遇难，涉及法、英、美、俄等国。曾国藩作为直隶总督，代表政府审理此案，3个月后结案，天津道台撤职，天津知府、天津知县流放，天津市民16人被处死，25人充军，中国赔偿各国损失49万两，并派政府官员到法国道歉。

两年前，曾国藩在两江总督任内遭遇到“扬州教案”，但那次受伤者只是几名英国传教士，而英国领事麦华陀却大动干戈，动用外交部，出动军舰兵临南京城下，甚至无理扣押中国第一艘机器兵船。这次却是打死法国领事与翻译，并且伤及英法美俄多国无辜民众，曾国藩如临大敌，也许还担心十年前两广总督叶名琛被英军俘获囚禁致死那样的局面，这才接连两天写下这封遗书。

遗书的前半部分，一是表示临难不苟，以死报国，绝不苟且偷生，二是如何处理身后安葬、家眷回乡与奏稿文集留存等事，由此看出，他是充分预料到了局面的严重性的。

遗书的后半部分，则是一生经验的自我总结，很普通，很简单，不忮不求，勤俭孝友。

不忮不求，看似简单，实则很难，因为几乎人人都有忮求之心。他之所以特别强调这一点，与他晚年心境很有关系，不求大富大贵，只求平安度过一生。两个月前，他就在日记中写道，“衰病日深，欲将生平阅历为韵文以示儿侄辈，即以当遗嘱”，最后就是“用白香山体，取其易晓”，写成《不忮》《不求》两首五言古诗。从政几十年，他觉得最应该留给后辈的经验之谈，就是不忮不求，老老实实做人，平平安安度过一生，比什么都强。

至于勤俭孝友，则是曾国藩毕生的实践，并且贯穿在年年月月的家庭教育中。即便是这样，他还深深自责，认为自己没有很好地垂范，以此来激励儿女“切实讲求”，“为我弥缝缺憾”。

较之咸丰年间的军中遗嘱，这封信的内容更加平实，更加切用，也更为殷切，更为慈祥。

谕纪泽　同治九年六月二十四日

字谕纪泽儿：

二十三日接尔二十二日禀。

罗淑亚十九日到津〔一〕，初见尚属和平，二十一二日大变初态，以兵船要挟〔二〕，须将府县及陈国瑞三人抵命〔三〕。不得已从地山之计〔四〕，竟将府县奏参革职，交部治罪〔五〕。二人俱无大过，张守尤洽民望〔六〕。吾此举内负疚于神明〔七〕，外得罪于清议〔八〕，远近皆将唾骂，而大局仍未必能曲全〔九〕，日内当再有波澜。

吾目昏头晕，心胆俱裂，不料老年遘此大难〔一〇〕。兹将渠来照会及余照复抄去〔一一〕，尔可交与作梅转寄卢、钱及存之一看〔一二〕，以明隐忍为此〔一三〕，非得已也。

余自来津，诸事惟崇公之言是听〔一四〕，挚甫等皆咎余不应随人作计〔一五〕，名裂而无救于身之败。余才衰思枯，心力不劲，竟无善策，惟临难不敢苟免，此则虽耄不改耳。此谕。

涤生手示

注释

〔一〕罗淑亚：即Louis Jules Emilien de Rochechouart（1832—1879），法国外交官，1868年10月由法国驻华使馆参赞署理公使，1872年7月卸任代办，1874年又以参赞署理公使，1876年卸任。津：天津。

〔二〕兵船：法国远东舰队军舰。

〔三〕府县：知府、知县。此处指天津知府张光藻、天津知县刘杰。陈国瑞：清军前任提督，降职为总兵后又被革职查处。天津教案爆发时，他路经现场，呐喊助威。法方认定天津民众受其驱使，故要将他处死抵罪。

〔四〕地山：即崇厚（1826—1893），字地山，满洲镶黄旗人。以举人历官长芦盐运使、兵部侍郎、户部侍郎、吏部侍郎、三口通商大臣、出使俄国大臣，以中俄边界交涉失职而治罪，后赦免。

〔五〕部：此处指刑部。

〔六〕张守：即天津知府张光藻。当时是以前代官职“太守”来尊称知府。洽：符合。

〔七〕神明：内心，心思。

〔八〕清议：社会舆论批评。

〔九〕曲全：委曲成全。

〔一〇〕遘（gòu）：遇到。

〔一一〕照会：一国政府把自己对于彼此相关的某事件的意见，通知另一国政府的外交文件。照复：即对照会的答复。

〔一二〕作梅：即陈鼒，曾国藩后期幕僚。卢：即卢定勋，字午峰，江西省上饶县人。进士出身，此时担任直隶布政使，官至浙江布政使。钱：即钱鼎铭（1824—1875），字调甫，江苏省太仓州（今为太仓市）人。此时担任直隶按察使，官至河南巡抚。存之：即方宗诚（1818—1888），字存之，安徽省桐城县（今为桐城市）人。曾国藩后期幕僚。

〔一三〕隐忍：克制忍耐。

〔一四〕崇公：即崇厚。

〔一五〕挚甫：即吴汝纶（1840—1903），字挚甫，安徽省桐城县高甸（今属枞阳县）人。曾国藩后期幕僚，后以古文及新学制教育著称。咎：责怪，怪罪。随人作计：指做事一味顺应他人意旨。

点评

“天津教案”爆发之前，曾国藩已经请病假休养，头晕目眩的症状一直在加重，他也已经上奏续假。病假期间受命处理这一重大突发事件，朝廷也考虑到他年迈体弱，谕旨说得很松活：曾国藩精神如可支持，着前往天津。他没有推诿退缩，写下遗书就赶赴天津了。随后他才发现，前后左右，四面受敌：前有法国公使的逼迫，要求天津地方官抵命；后有京津官绅市民的反抗，要求驱逐外国人；上有朝廷的催责，要求尽快结案，避免开战；旁有崇厚的哄骗，屈服法、英各国的武力威胁。用他自己写给李鸿章等人的信中一再说过的话，就是“办理既多棘手，措施未尽合宜，内疚神明，外惭清议”。写给纪泽的这封家书，就是自责与辩白兼而有之。

曾国藩的失误，有以下几点：

第一，指望从情理上感化法国使节，而没有从法理上据理力争。一到天津，就训斥天津市民，又接受崇厚意见，将知府、知县革职，交刑部治罪，而没有抓住丰大业开枪在先、激起民愤来充分论辩。外交纠纷，历来就是一个既要说理又要争吵、软磨硬顶据理力争的事，面对职业外交官，哪能礼让三分呢？

第二，轻信崇厚，随人作计。崇厚历来畏服洋人，竟然听凭丰大业大发淫威，作为第一责任人，他没有控制事态，听任丰大业盛怒而去，导致惨案发生。对于这样一个人，曾国藩却急急忙忙给他写信交心，说“国藩于中外交涉事件，素未谙究，一切仍请阁下筹夺，惟祸则同当，谤则同分，不敢有所诿耳”，李鸿章看到曾国藩奏稿，马上就说，老头子“被崇厚玩弄了”，曾纪泽、郭嵩焘来信都说，干嘛给崇厚背黑锅？所以，曾国藩在这封家书中说，“余自来津，诸事惟崇公之言是听”，大有悔不当初之叹。崇厚惹的祸，曾国藩去收拾，昧着良心上报处死名单。

在天津办案的三个月，曾国藩每隔几天就与纪泽往返通信，介绍事态发展，吐露委屈心声，曾纪泽也时常畅述己见，从而达到历练的目的。十年后，曾纪泽在出使英国、法国公使任内，接替崇厚出使俄国大臣之职，为崇厚擅自协商边界条约作后期改约的艰苦谈判，挽回国家领土损失，这就是《中俄伊犁条约》。

谕纪泽纪鸿〔一〕 同治九年十一月初三日

一曰慎独则心安〔二〕。自修之道，莫难于养心。心既知有善知有恶，而不能实用其力，以为善去恶，则谓之自欺。方寸之自欺与否〔三〕，盖他人所不及知，而己独知之，故《大学》之“诚意”章两言慎独〔四〕。果能“好善如好好色，恶恶如恶恶臭”〔五〕，力去人欲，以存天理，则《大学》之所谓“自慊”〔六〕，《中庸》之所谓“戒慎”“恐惧”〔七〕，皆能切实行之。即曾子之所谓“自反而缩”〔八〕，孟子之所谓“仰不愧”“俯不怍”〔九〕，所谓“养心莫善于寡欲”，皆不外乎是。故能慎独则内省不疚，可以对天地，质鬼神，断无“行有不慊于心则馁”之时〔一〇〕。人无一内愧之事，则天君泰然〔一一〕，此心常快足宽平，是人生第一自强之道，第一寻乐之方，守身之先务也。

二曰主敬则身强〔一二〕。“敬”之一字，孔门持以教人〔一三〕，春秋士大夫亦常言之，至程朱则千言万语不离此旨〔一四〕。内而专静纯一，外而整齐严肃，“敬”之工夫也；出门如见大宾，使民如承大祭〔一五〕，“敬”之气象也；修己以安百姓〔一六〕，笃恭而天下平，“敬”之效验也。程子谓上下一于恭敬〔一七〕，则天地自位〔一八〕，万物自育，气无不和，四灵毕至〔一九〕。聪明睿智，皆由此出。以此事天飨帝〔二〇〕，盖谓敬则无美不备也。吾谓“敬”字切近之效，尤在能固人肌肤之会，筋骸之束。庄敬日强，安肆日偷〔二一〕，皆自然之征应，虽有衰年病躯，一遇坛庙祭献之时，战阵危急之际，亦不觉神为之悚，气为之振，斯足知敬能使人身强矣。若人无众寡，事无大小，一一恭敬，不敢懈慢，则身体之强健，又何疑乎？

三曰求仁则人悦。凡人之生，皆得天地之理以成性，得天地之气以成形，我与民物〔二二〕，其大本乃同出一源。若但知私己，而不知仁民爱物〔二三〕，是于大本一源之道已悖而失之矣。至于尊官厚禄，高居人上，则有拯民溺、救民饥之责。读书学古，粗知大义，即有觉后知、觉后觉之责。若但知自了〔二四〕，而不知教养庶汇〔二五〕，是于天之所以厚我者辜负甚大矣。孔门教人，莫大于求仁，而其最切者，莫要于“欲立立人、欲达达人”数语〔二六〕。立者自立不惧，如富人百物有余，不假外求；达者四达不悖〔二七〕，如贵人登高一呼，群山四应。人孰不欲己立己达？若能推以立人达人，则与物同春矣。后世论求仁者，莫精于张子之《西铭》〔二八〕。彼其视民胞物与〔二九〕，宏济群伦，皆事天者性分当然之事〔三〇〕。必如此，乃可谓之人；不如此，则曰悖德，曰贼。诚如其说，则虽尽立天下之人，尽达天下之人，而曾无善劳之足言，人有不悦而归之者乎？

四曰习劳则神钦。凡人之情，莫不好逸而恶劳，无论贵贱智愚老少，皆贪于逸而惮于劳，古今之所同也。人一日所着之衣、所进之食，与一日所行之事、所用之力相称，则旁人韪之〔三一〕，鬼神许之，以为彼自食其力也。若农夫织妇终岁勤动，以成数石之粟〔三二〕，数尺之布，而富贵之家终岁逸乐，不营一业，而食必珍羞〔三三〕，衣必锦绣，酣豢高眠〔三四〕，一呼百诺，此天下最不平之事，鬼神所不许也，其能久乎？

古之圣君贤相，若汤之昧旦丕显〔三五〕，文王日昃不遑〔三六〕，周公夜以继日〔三七〕，坐以待旦，盖无时不以勤劳自励。《无逸》一篇〔三八〕，推之于勤则寿考〔三九〕，逸则夭亡〔四〇〕，历历不爽〔四一〕。为一身计，则必操习技艺，磨炼筋骨，困知勉行〔四二〕，操心危虑，而后可以增智慧而长才识。为天下计，则必己饥己溺〔四三〕，一夫不获，引为余辜。大禹之周乘四载〔四四〕，过门不入，墨子之摩顶放踵〔四五〕，以利天下，皆极俭以奉身，而极勤以救民。故荀子好称大禹、墨翟之行，以其勤劳也。

军兴以来，每见人有一材一技〔四六〕、能耐艰苦者，无不见用于人〔四七〕，见称于时。其绝无材技、不惯作劳者，皆唾弃于时，饥冻就毙。故勤则寿，逸则夭，勤则有材而见用，逸则无能而见弃，勤则博济斯民，而神祇钦仰，逸则无补于人，而神鬼不歆〔四八〕。是以君子欲为人神所凭依，莫大于习劳也。

余衰年多病，目疾日深，万难挽回，汝及诸侄辈身体强壮者少，古之君子修己治家，必能心安身强而后有振兴之象，必使人悦神钦而后有骈集之祥〔四九〕。今书此四条，老年用自儆惕，以补昔岁之愆〔五〇〕；并令二子各自勖勉〔五一〕，每夜以此四条相课〔五二〕，每月终以此四条相稽〔五三〕，仍寄诸侄共守，以期有成焉。

注释

〔一〕此件在《曾文正公家训》称为“日课四条”，《曾纪泽日记》则称之为“家训”。

〔二〕慎独：在独处时仍能谨慎不苟。

〔三〕方寸：内心。

〔四〕《大学》：儒家经典，《礼记》中一篇专论德育的文章。

〔五〕好（hào）善如好（hào）好色，恶（wù）恶如恶（wù）恶臭（xiù）：语出《大学》，大意是人都是本能地喜欢美丽的容颜，厌恶难闻的气味，毫不掩饰自欺。后来宋明理学家加以补充，人应该像喜欢美色一样去追求善心，像厌恶恶臭一样去远离不道德的事情。

〔六〕自慊（qiè）：自我满足，充满愉悦。

〔七〕《中庸》：儒家经典，《礼记》中一篇专论人性修养的文章。戒慎：小心谨慎。

〔八〕曾子：即曾参，孔子弟子。自反而缩：自我反省，而无愧于心。

〔九〕仰不愧，俯不怍（zuò）：语出《孟子·尽心上》“仰不愧于天，俯不怍于人”，即做人做事问心无愧。

〔一〇〕行有不慊（qiè）于心则馁（něi）：语出《孟子·公孙丑上》，大意是行为若不完美，则内心就会气馁。

〔一一〕天君：即“内心”。古人把心脏视为思维器官，所以把“心”称为“君”。

〔一二〕主敬：注重克己恭敬，收敛身心。

〔一三〕孔门：孔子的门下，借指儒家。

〔一四〕程朱：宋代理学家程颢、程颐与朱熹。

〔一五〕出门如见大宾，使民如承大祭：语出《论语·颜渊》，大意是出门办事，要像接待贵宾一样恭敬认真，役使百姓，要像举行祭祀大典一样谨慎。

〔一六〕修己以安百姓：语出《论语·宪问》，大意是君子非常注意保持恭敬的心态来加强道德修养，用这种品德来使百姓安定。

〔一七〕程子：对宋代理学家程颢、程颐的尊称。

〔一八〕自位：各自安居应有的、本来的位置。

〔一九〕四灵：指麟、凤、龟、龙四种具有超凡灵性的动物。

〔二〇〕事天飨（xiǎng）帝：祭祀天帝。

〔二一〕安肆：安逸放纵。偷：苟且，马虎。

〔二二〕民物：民众，万物。

〔二三〕仁民：将仁爱和仁义施之于人。语出《孟子·尽心上》：“亲亲而仁民，仁民而爱物。”大意是亲爱亲人而仁爱百姓，仁爱百姓而爱惜万物。

〔二四〕自了：只顾及自己。

〔二五〕庶汇：万众，万物。

〔二六〕欲立立人、欲达达人：语出《论语·雍也》，孔子说："己欲立而立人，己欲达而达人。"即推己及人，推广仁爱之心。

〔二七〕四达：旧指当政者的四件大事：人口、车马、农事、军事。

〔二八〕张子：即宋代理学家张载。《西铭》：张载《正蒙》有"订顽篇""砭愚篇"，张载将此二篇分别书写悬挂在西、东两壁，作为自己的座右铭。后来程颐将其改称《西铭》与《东铭》。

〔二九〕民胞物与：语本《西铭》："民，吾同胞；物，吾与也。"即将他人视为同胞，将万物视为同类。

〔三〇〕性分（fèn）：天性，本性。

〔三一〕韪（wěi）：认同。

〔三二〕石（dàn）：古代计量单位，大约十斤为一斗，十斗为一石。粟（sù）：此处泛指粮食。

〔三三〕珍羞：美味佳肴。"羞"同"馐"。

〔三四〕酣豢（huàn）：沉迷享受。

〔三五〕汤：即商汤王，商朝开国之君。昧旦丕显：天不亮就起床，思考如何光大自己的德业。形容为政勤劳辛苦。"昧旦"指天色未亮时，"丕显"是"发扬光大"之意。

〔三六〕文王：即周文王姬昌，周朝的奠基者，其子武王灭夏，追尊为文王。日昃（zè）不遑（huáng）：太阳偏西了还没有时间吃饭，形容为政紧张、辛劳。"昃"是太阳偏西。"不遑"是"不遑暇食"的略语，"遑"是"闲暇"之意。

〔三七〕周公：周文王之子。

〔三八〕《无逸》：《书经》（即《尚书》）中的一篇，周公对周成王的训诲之词。"无"即"毋"，不要。

〔三九〕寿考：长寿。

〔四〇〕夭亡：早死。

〔四一〕不爽：不差，没有差失。

〔四二〕困知勉行：在不断克服困难中求得知识，有了知识就勉力实行。

〔四三〕己饥己溺：看到别人挨饿就像自己挨饿，看到别人溺水就像自己溺水一样，比喻对别人的痛苦深表同情，并视解除别人的痛苦为己任。

〔四四〕大禹：传说中的夏朝开国之君。周乘：周游巡视。

〔四五〕墨子：即下文“墨翟”（dí），春秋战国之际的宋国大夫，著名的思想家、科学家。摩顶放踵：从头顶到脚跟都受到劳损。形容不辞劳苦，舍己为人。

〔四六〕材：才能，才艺。

〔四七〕见：被。

〔四八〕神鬼：神灵。不歆（xīn）：不高兴，不接受祭祀。

〔四九〕骈（pián）集：凑集，聚会。

〔五〇〕愆（qiān）：罪过。

〔五一〕勖（xù）勉：勉励。

〔五二〕课：考核。

〔五三〕稽：检查。

点评

这四条家训，原本是曾国藩晚年的修身自励之言。同治九年九月二十二日，曾国藩离开天津前往北京的前一天，他在日记中写道：“是日细思古人工夫，其效之尤著者，约有四端：曰慎独则心泰，曰主敬则身强，曰求仁则人悦，曰思诚则神歆……四者之功夫果至，则四者之效验自臻。”此时他因两江总督马新贻被刺身亡，调任两江总督，准备进京拜见皇帝与皇太后，这四条就是他在“天津教案”陷入人生低谷之后的内心反思。回到南京后不久，他接连三天，将此四条逐一书写，“每条疏证二百余字，以为暮年盖愆之资”。所谓“盖愆”，就是修德行善，弥补罪过的意思。篇末跋语说，“今书此四条，老年用自儆惕，以补昔岁之愆；并令二子各自勖勉，每夜以此四条相课，每月终以此四条相稽，仍寄诸侄共守，以期有成焉”，可知它兼有自修与教子的双重目的，据《曾纪泽日记》，称“缮大人所作家训四条”，正相符合。

曾国藩翰林起家，理学修身，两度戴孝出征，平定东南半壁江山，文人封侯，汉人封侯，在清朝就被称为立德立功立言第一人。但他后期剿办捻军，无功而返，办理外交，举国失望。在他自己，几度辞职，都没能如愿，最后在忧患之中，以高血压中风猝死。但是，就在他生命的最后十几个月，他还是做了两件很有意义的大事情，一是全力推动留学生赴美深造，二是力保江南制造局额定巨款，接连上奏，都是说完成“先帝”（咸丰帝）的“自强”遗愿，清末“自强运动”的发轫与推进，曾国藩功不可没。他没有在“天津教案”后一蹶不振，这既有他早年的理学修养，也有他暮年的自励功夫。

“慎独则心安”，“主敬则身强”，“求仁则人悦”，“习劳则神钦”，四条格言，平生阅历，二十个字，切身切用。再对每条各加讲说，逐一阐释，立言既慈祥，用心又真诚，而且要求儿子每天对照检查，每月汇总稽核，并且嘱咐纪泽全文抄录，寄回老家，以便各位侄辈共同遵守，以此安身立命，各有成就。曾国藩一生教子千言万语，最后都浓缩在这里了。

图书在版编目(CIP)数据

曾国藩家书详注 / (清) 曾国藩著 ; 王澧华注评. — 杭州 : 浙江古籍出版社, 2020.8

(尺牍经典)

ISBN 978-7-5540-1583-4

Ⅰ. ①曾… Ⅱ. ①曾… ②王… Ⅲ. ①曾国藩(1811-1872)—书信集 Ⅳ. ①K827=52

中国版本图书馆CIP数据核字(2020)第091516号

曾国藩家书详注

〔清〕曾国藩 著　　王澧华 注评

出版发行　浙江古籍出版社(杭州市体育场路347号)

电话:0571-85176986　邮编:310006

网　　址　www.zjguji.com

责任编辑　陈小林

封面设计　吴思璐

责任校对　吴颖胤

责任印务　楼浩凯

照　　排　浙江时代出版服务有限公司

印　　刷　浙江新华印刷技术有限公司

开　　本　880mm × 1230mm　1/32

印　　张　12.5

字　　数　354千字

版　　次　2020年8月第1版

印　　次　2020年8月第1次印刷

书　　号　ISBN978-7-5540-1583-4

定　　价　59.00元